证券法苑

第三十五卷

（2022年3月）

Zheng Quan Fa Yuan

黄红元 总编
蔡建春
刘绍统 主编

法律出版社
LAW PRESS · CHINA
北京

图书在版编目(CIP)数据

证券法苑. 第三十五卷 / 蔡建春, 刘绍统主编. --北京 : 法律出版社, 2022
ISBN 978-7-5197-6863-8

Ⅰ. ①证… Ⅱ. ①蔡… ②刘… Ⅲ. ①证券法-中国-文集 Ⅳ. ①D922.287.4-53

中国版本图书馆CIP数据核字(2022)第113186号

证券法苑(第三十五卷)
ZHENGQUAN FAYUAN
(DI-SANSHIWU JUAN)

蔡建春 刘绍统 主编

责任编辑 彭 雨
装帧设计 贾丹丹

出版发行 法律出版社
编辑统筹 法律考试·职业教育出版分社
责任校对 晁明慧
责任印制 胡晓雅
经　　销 新华书店

开本 710毫米×1000毫米 1/16
印张 22.5 **字数** 338千
版本 2022年9月第1版
印次 2022年9月第1次印刷
印刷 固安华明印业有限公司

地址:北京市丰台区莲花池西里7号(100073)
网址:www.lawpress.com.cn
投稿邮箱:info@lawpress.com.cn
举报盗版邮箱:jbwq@lawpress.com.cn
销售电话:010-83938349
客服电话:010-83938350
咨询电话:010-63939796

书号:ISBN 978-7-5197-6863-8
定价:72.00元

凡购买本社图书,如有印装错误,我社负责退换。电话:010-83938349

证券法苑 第三十五卷
（2022年3月）

主办单位：上海证券交易所

卷首语

自2020年以来,党中央、国务院对资本市场法治建设多次做出重要战略部署。其中,强化反垄断和防止资本无序扩张,是完善社会主义市场经济体制、推动高质量发展的内在要求;提高上市公司质量,也是推动资本市场健康发展的重要内容。同时,2019年修订的《证券法》已落地实施,但仍有域外适用等制度需要进一步探讨完善。另外,资本市场运行的另一部基础性法律《公司法》的修订草案已纳入全国人民代表大会常务委员会的审议范围。这些都为证券法制研究提供了新的素材和主题。本卷围绕上述内容,组编了一批专题研究文章。本卷共分为5个栏目,简要介绍如下。

"前沿探讨"栏目收录了3篇文章。邱鈮、刘凤元翻译的论文《机构投资者的反垄断问题》探讨了大型、多元化机构投资者因平行持股所引发的根本性反垄断问题,认为应当设置一个准"安全港",免除符合一定条件的机构投资者的反垄断责任,允许投资者参与"正常"的公司治理活动。许多奇、蔡奇翰的《如何矫正不断增长的金融不平等?》对《金融正义论:金融市场与社会正义》一书作了评述,认为该书提供了金融正义论这一有益的分析框架与深刻的洞见,为中国将来坚守系统性金融风险底线,实现三次分配并走向共同富裕提供了一种有价值的探索路径。吴术豪、梁爽的《上市公司问询监管的预警机制设计——基于违规处理的经验说明》发现,是否收到问询函与上市是否受到违规处理呈正相关,并认为上市公司的合规责任人需对问询函的预警功能保持充分的重视。

“域外管辖”栏目收录了3篇文章。姚竞燕、翟爽的《我国证券法域外适用体系化构建的检视和完善——兼评新〈证券法〉第2条第4款的司法适用》认为,我国的证券法域外适用制度应当从诉讼管辖和法律适用的双重路径共同展开,以“效果原则”审慎核查诉讼管辖,以单边冲突规范规则叙事论证法律适用,并配置平行诉讼的处理规则和法律适用的适当性原则。王哲的《美国长臂管辖机制分析及对我国资本市场影响研究》指出,要在持续推进资本市场对外开放的同时,完善我国证券法域外管辖的配套制度,形成立法、执法与司法的合力。赵蓉的《加拿大证券域外司法管辖及相关案例研究》发现,加拿大较为原则的域外适用制度为司法实践留足了空间,法官一方面从实质性联系原则出发,给予境内外投资者同等保护;另一方面从合理管辖角度出发,灵活运用自由裁量权,在威慑市场违法违规与尊重他国司法主权之间寻求平衡。

“公司法修改”栏目收录了3篇文章。葛伟军、周青松的《中小微企业视角下的公司类型改革——〈贸易法委员会有限责任企业立法建议〉对我国的借鉴》介绍了联合国贸法委制定有限责任组织立法指南的有关情况,认为我国应从中小微企业主的核心需求出发,为其设置合适的公司类型,并处理好相关主体的利益关系。殷佳唯的《累积投票制的本土化困境及其出路——基于美国监管规则演进的反思》通过比较发现,中美的累积投票制均没有很好地验证当初规则设计的理论预设,进而建议我国累积投票制以许可主义为主,强制主义为辅,适当降低累积投票制前置程序的适用门槛。陈洪磊、张馨云的《有限责任公司异议股东股份回购请求权制度实证研究》考察发现,在有限责任公司异议股东请求公司收购股份纠纷中,法院表现出不同的裁判逻辑,建议法院应当运用法律解释和漏洞填补的规则,缓和主体要件与程序要件、扩展回购的场景、明确价格计算。

“市场观察”栏目收录了2篇文章。张永亮、林盛浩、张洁玉的《算法权力之规制:算法影响评估制度的生成及展开》发现异化的算法权力侵犯了公民的平等权、隐私权和自由选择权，造成了公众自由表达、正当程序、信息公开与司法公平的缺失，呼吁我国完善算法影响评估制度。张小义、孙磊、辛欣、洪娟、李智、张琳的《信用债违约风险及化解处置机制研究》认为，需要区分债券违约和信贷违约、正常违约和无序违约，构建有效的风险监测识别、市场化处置机制、司法救济机制和日常监管风险防控机制。

“域外法制”栏目收录了2篇文章。钟华韵、周苇航、蔺锦波、李林倚翻译的《表决权与控制权的分离：合同在公司治理中的角色》，探讨了合同对公司控制权的影响，发现合同改变了公司法中的控制权分配默认规则，认为需要进一步丰富公司治理和控制权的概念。针对上文，薛前强做了评述，归纳了原文的独特贡献：发现了强意定性股东协议凸显的两权分离矛盾与张力，以主体纵横论实现股东协议的二元类型区分，以实证研究手段还原了美国股东协议的具体实践面向。

编　者

2022年3月

【前沿探讨】

《证券法苑》(2021)
第三十五卷,第1~59页

机构投资者的反垄断问题*

[美]爱德华·B.洛克**
丹尼尔·L.鲁宾费尔德*** 著
邱 铌**** 刘凤元***** 译

摘要:随着大型机构投资者持股集中度的提高以及对公司治理参与的不断深入,平行持股的反垄断风险成为热议的话题。投资组合经理过度的热情

---

* Antitrust Law Journal, Vol. 82(1),2018. 埃米利亚诺·卡坦(Emiliano Catan)、斯科特·亨菲尔(Scott Hemphill)、埃里克·波斯纳(Eric Posner)、菲奥娜·斯科特·莫顿(Fiona Scott Morton)、马丁·施马尔茨(Martin Schmalz)和格伦·韦尔(Glen Weyl)对文章前期草稿进行了细致评论,笔者予以感谢。

** 纽约大学法学院的马丁·利普顿(Martin Lipton)法学教授、公司治理与金融研究所所长。曾作为顾问与美国司法部反垄断司合作处理各种交叉持股和平行持股案件,包括下文讨论的美国诉西北航空公司案和美国诉美国奶农公司案。

*** 加利福尼亚大学伯克利分校的罗伯特·布里奇斯(Robert L. Bridges)的法学名誉教授和经济学名誉教授、纽约大学法学院法学教授。1997年6月到1998年12月,曾为美国司法部反垄断局副助理部长。他曾为达美航空公司收购西北航空公司以及联合航空公司与大陆航空公司合并提供咨询。

**** 华东政法大学经济法学院2021级博士研究生。

***** 华东政法大学国际金融法律学院教授、博士生导师,资本市场研究中心主任。

最终可能会使其所在的机构和被投公司承担巨大的反垄断责任。本文从反垄断的基本原则出发,为机构投资者和被投公司的投资者关系团体勾画一份反垄断合规计划。与此同时,我们探讨了大型、多元化投资者因平行持股所引发的根本性反垄断问题(明示和默示的协同)。

随后,我们转向更加投机的问题,尽管这些问题可能会偏离反垄断问题的核心,但已经引起了广泛关注。我们批判性地研究了最新的观点,即航空业现有的持股模式导致股价大幅度上涨(Azar, Schmaltz & Tecu,2017 年)。接着讨论了 Elhauge(2016 年)关于现有的持股模式违反了《克莱顿法》第七条的主张。最后,我们认为,限制在寡头垄断行业中持有多家公司股票的政策建议太过严苛(Posner, Scott Morton & Weyl,2017 年)。机构投资者在公司治理中发挥着重要作用,为了限制反垄断对此产生的"寒蝉效应",我们提议设置一个准"安全港",免除持股份额低于 15%、在董事会中没有代表和仅仅参与"正常的"公司治理活动的投资者的反垄断责任。

前　言

假设一个投资组合经理,她为一个航空业基金工作,该基金在各大航空公司都持有大量股份。[1] 基金的持股情况因为营销活动以及向美国证券交易委员会(SEC)披露季度报告(Form 13F)为业内所熟知。投资组合经理积极参与同公司管理层的所有沟通,包括营收电话会议、投资者关系电话会议和行业会议。她因对航空公司运营细节具有敏锐而高悟性的专注力而闻名。2009 年开始,经济走出衰退,投资组合经理密切关注航空公司的运力状况。随着经济复苏,产能过剩消失,经理开始向航空公司施加压力,抑制其在需求增加时扩大载客量的冲动(他们曾经这样做过)。"不要那样做",投资组合经理对每一家基金投资的航空公司再三强调,"你最终会像过去一样压低价格。这次,聪明点! 维持目

〔1〕 参见《富达航空运输基金精选》,载 https://fundresearch. fidelity. com/mutual - funds/summary/316390798。

前的载客量并提高价格。这样,你会赚钱,你的竞争对手也会赚钱,我的投资者也会赚钱。经过几十年的破坏性竞争,我们终于有机会在航空业获得一些可观的利润。但是你们只有负起责任来,停止搬起石头砸自己的脚才会成功。"投资组合经理非常执着,专注于每一个营收电话会议、投资者关系电话,以及其他无论是公共的、私人的机会。她的努力似乎得到了回报,主要航空公司没有扩大载客量,空座率低,机票价格上涨了10%左右,航空公司的利润也大幅提高。行业基金今年上涨了20%,资金正源源不断地涌入。这有什么不好呢?

在反垄断法律师眼里,这种情况令人担忧:因为这可能是"以托拉斯或其他形式的联合、共谋限制贸易的契约",违反了《谢尔曼法》第1条。根据以上事实,原告律师可以主张投资组合经理扮演了"卡特尔头目",以限制产量和提高价格为目的在竞争的航空公司间组成了一个卡特尔。若被证实,这一行为本身就违反了《谢尔曼法》第1条,[2]将使行业基金和航空公司承担3倍的损害赔偿责任,并可能受到刑事追究。

考虑另一种情况,投资组合经理和其他经理人在所有航空公司营收电话会议上保持沉默,并被动地与航空公司高管洽谈。然而,航空公司高管认为增加载客量不符合航空公司利益最大化要求,因此他们维持现有载客量。最后的结果与第一种情况一样,都使股价上涨。根据现行反垄断法,这种"默示共谋"可能不会违反《谢尔曼法》,因为这不是限制贸易的共谋。然而,最近有人提出,在控制范围内的交叉持股更有可能导致反竞争,因为可能造成默示共谋,这违反了《克莱顿法》第7条。[3]

由于两种力量的相互作用,反垄断法和反垄断政策与机构投资者的关系更为紧密:机构投资者持股规模不断扩大,并且集中在具备卡特尔形成条件的密集行业;与此同时,公司与股东的互动日益增强。

本文探究了大型、多元化投资者因共同持股引发的基本反垄断问题。第一部分,分析开放型假设带来的反垄断风险。我们对是否违反《谢尔曼法》第1条不做评判,而是做其他方面的研究。[4] 此外,我们认

〔2〕 15 U. S. C. §1.

〔3〕 15 U. S. C. §18.

〔4〕 关于国内航空公司的反托拉斯诉讼,参见221 F. Supp. 3d 46 (D. D. C. 2016)。

为上述两种情况引发的政策问题很重要,机构投资者和被投公司的法律顾问应予以关注。特别是大型机构投资者和投资者关系专业人士应该制定严格的反垄断合规计划。

第二部分,将研究范围从主流的反垄断原则延伸到第二种情形,考虑机构投资者平行持股带来的更具投机性的挑战。根据现有文献,一些金融经济学家提出证据证明现有的平行持股模式与航空业、商业银行业股价上涨有关,并可能致使股价攀升。[5] 正如第二部分关于航空业的详细介绍,我们对何塞·阿斯纳尔(José Azar)、马丁·施马尔茨(Martin Schmalz)和伊莎贝尔·特库(Isabel Tecu)的分析和相关论文很感兴趣,但最终还是未被说服。他们认为,平行持股导致了航空业股价大幅上涨。

第三部分,对平行持股和交叉持股进行法律分析。在总结现有的法律结构后,基于阿斯纳尔(Azar)等人的研究成果,我们讨论了艾纳·艾尔豪格(Einer Elhauge)教授的观点,即现有的持股模式违反了《克莱顿法》第7条。[6]

第四部分,研究"新见解"的政策含义,首先关注埃里克·波斯纳(Eric Posner)、菲奥娜·斯科特·莫顿(Fiona Scott Morton)和格伦·韦尔(Glen Weyl)提出的"解决方案",以及在其成为法律后可能采取的对策。波斯纳(Posner)等人提出强制多元化机构投资者必须在"持股比例限制在1%"、"在任何集中市场上只投资一家公司"或"保持完全被动"之间作出选择。[7] 正如我们详细论述的,我们不认为机构投资者会选择波斯纳等人的建议,即"持股比例限制在1%"或"在集中市场上只投资一家公司"。事实上,我们担心,出于对法律风险的高度关注,机构投资者会遵循波斯纳等人的其他替代建议,即完全被动治理,因为这样做

[5] See José Azar, Martin C. Schmalz & Isabel Tecu, *Anti – Competitive Effects of Common Ownership*, 73 J. Fin(以下简称"阿斯纳尔等人航空方向的论文");José Azar, Sahil Raina & Martin Schmalz, *Ultimate Ownership and BankCompetition* (July 23, 2016)(以下简称"阿斯纳尔等人银行竞争方向的论文")。

[6] See Einer Elhauge, *Horizontal Shareholding*, 129 Harv. L. Rev. 1267 (2016).

[7] See Eric A. Posner, Fiona Scott Morton & E. Glen Weyl, *A Proposal to Limit the Anticompetitive Power of Institutional Investors*, 81 Antitrust L. J. 669 (2017).

他们可以获得《克莱顿法》第7条中"仅为投资"的豁免。关于反垄断责任的担忧,这样的回应没必要,也令人遗憾,可能会破坏长期以来鼓励机构投资者参与公司治理的努力,因此,我们提议设立一个15%的准"安全港",允许投资者参与"正常"的公司治理活动。[8]

一、关于投资组合经理协调式合谋的反垄断分析

(一)责任风险

《谢尔曼法》第1条规定"任何契约以托拉斯形式或其他形式的联合、共谋"来限制贸易是非法的。[9] "同意合谋"可以由当事人之间达成一致意见的直接或间接证据证明。[10] 非法合谋只需要证明竞争者接受了参加计划的邀请,而不需要各方同时采取行动。[11] 组织竞争对手形成卡特尔并分享利润的"头目"是贯穿反垄断的常见人物,他违反了《谢尔曼法》第1条的规定,原因在于其组织形成卡特尔,否则就不会有协调,或是因为将可能被视为合法的平行行为(默示共谋)转变为非法的共谋行为。[12]

例如,在美国柱木公司诉美国案(American Column & Lumber Co. v. U. S.)[13]中,具有竞争关系的硬木制造商们通过行业协会——美国硬木制造商协会(American Hardwood Lumber Manufacturers' Association)交换详细的定价和生产信息。协会的"统计经理"盖德(F. R. Gadd)通过"公开竞争计划"努力"组织"硬木行业。盖德通过会议、市场信函和

---

[8] "平行持股"在经济学和法律上更为仔细全面的介绍。See Menesh S. Patel, *Common Ownership*, *Institutional Investors*, *and Antitrust*, 82 Antitrust L. J. 279 (2018).

[9] 15 U. S. C. §1.

[10] 美国律师协会反托拉斯法部:《反垄断法的发展》(2017年第8版)第1. B. a("定义'协议':区分单边行为和一致行动")。

[11] Interstate Circuit, Inc. v. United States(州际巡回放映公司诉美国), 306 U. S. 208, 227 (1939)(引用大量案例)。

[12] JTC石油公司诉皮亚萨汽车燃料公司(JTC Petroleum Co. v. Piasa Motor Fuels, Inc.), 190 F. 3d 775, 778-79 (7th Cir. 1999) (Posner, J.)。

[13] 257 U. S. 377 (1921).

其他口头劝说形式,呼吁具有竞争关系的硬木制造商合谋,违反《谢尔曼法》第1条。

在美国诉美国亚麻油公司(U. S. v. American Linseed Oil Co.)案[14]中,朱利安·阿姆斯特朗(Julian Armstrong)是合谋的组织者,他以"阿姆斯特朗相关行业局"(Armstrong Bureau of Related Industries)的名义运作。亚麻油生产商是行业局的注册会员,他们分享机密的定价和产品数据。行业局致力于"尽最大的努力组织美国亚麻油、蛋糕和餐饮产业"。[15] 组织的勤劳和尽责稳定了亚麻油的价格。然而,这些制造商和"阿姆斯特朗相关行业局"涉嫌违反《谢尔曼法》第1条。

在州际巡回放映公司诉美国案(Interstate Circuit v. U. S.)[16]中,得克萨斯州一家大型连锁电影院扮演头目角色。"二流电影院"提供低票价和两场连映的竞争令人沮丧,州际巡回放映公司告知电影发行商,将不再向他们发放电影牌照,在后续的销售中,除非发行商同意,否则"A级"产品将不会在任何时间、任何剧院以低于25美分的夜间成人票价出售。[17] 发行商不得不同意不以两场连映的形式播放电影。正如美国最高法院判词所言,"电影发行商们知道有人策划并邀请自己一致行动,他们遵从并参与实施这就足够了。每个发行商都会被告知其他发行商都被要求参与,他们也都知道合作对计划的顺利实施至关重要"。[18]

最近,在苹果电子书案[19]中,这些原则得到了重申和应用。法院认为苹果扮演了出版商层面的卡特尔头目。面对亚马逊在电子书业务上日益增长的威胁,出版商接受了苹果的另一种"代销模式"——允许出版商控制畅销书的转售价格。按照这一模式,苹果公司设定了两项关键条件:出版商在应用软件商店设定的价格不能高于亚马逊的价格,出版社必须接受"最惠国"(most favored nations, MFN)条款,此条款遏制

---

〔14〕 262 U. S. 371 (1923).

〔15〕 参见前注〔14〕,第384页。

〔16〕 306 U. S. 208 (1939).

〔17〕 同上注,第216页,注释3。

〔18〕 同前注〔16〕,第226页;accord E. States Retail Lumber Dealers' Ass'n v. United States, 234 U. S. 600(1914)。

〔19〕 美国诉苹果公司案(United States v. Apple, Inc.), 791 F.3d 290 (2d Cir. 2015)。

了出版商以低价向亚马逊批发,并有效迫使出版商将所有电子书零售商转为代销模式。

与其他合谋"头目"一样,苹果公司的协议有一个关键特点,即只有在各方都合作的前提下才会让竞争者受益:苹果公司认识到,只有让所有出版商与亚马逊的关系都转变为代销模式,提高电子书的价格,才能吸引被告方出版商。[20] 州际巡回放映公司诉美国案中,这一特点把一项独立的商业决策变成共谋邀请,一项出版商愿意接受的邀请。正如美国第二巡回法院所称,"被告出版商将其与亚马逊的关系转变为代销模式是共谋的结果,苹果公司有意识地在这项共谋中扮演了核心角色。地方法院的观点具有合理性,苹果公司并非无辜的旁观者"。[21]

欧盟竞争法也采取了相同的路径。在最近的 AC – Treuhand 公司诉欧委会案中,欧洲法院认为,根据第 81 条的规定,协助建立并运作卡特尔的顾问应与其他卡特尔成员共同承担责任。[22]

顾问在案件中发挥重要作用:在苏黎世定期组织卡特尔会议并从供应商处获得酬劳,出席并积极参与会议,收集、提供销售数据,监督协议执行,在出现分歧时充当调解人,鼓励成员达成妥协。[23]

因此,即便顾问声称自己不是相关市场的竞争者,案件与他无关,欧洲法院并未采纳这一观点。[24]

这种情况下,开放型假设将为发起反垄断诉讼提供依据,并能经受住被告主张驳回诉讼申请的考验。开放型假设中,投资组合经理扮演卡特尔促进者的角色,组织、协调卡特尔,并分享由此产生的利润。正如先前的案例,竞争者知道:(a)头目正在与所有关键竞争者商谈;(b)方案能否成功很大程度上取决于所有人。如前所述,《谢尔曼法》第 1 条并不要求证明合谋的直接证据,间接证据就足够了。

---

〔20〕 同前注〔19〕,第 316 页。

〔21〕 同前注〔19〕。

〔22〕 Case C – 194/14 P, AC – Treuhand AG v. Comm'n (CJ 2015), ECLI:EU:C:2015:717.

〔23〕 新闻稿。欧委会:《反垄断:委员会欢迎法院判决确认卡特尔促进者的责任》(2015 年 10 月 22 日)(第 15/5893 号备忘录)。

〔24〕 AC – Treuhand AG, ECLI:EU:C:2015:717, 66 – 70; accord Case AT. 39861—Yen Interest Rate Derivatives, 2015 O. J. (C 305) 10.

与此同时,被告会提出:投资组合经理的意见越"片面",证据就越有力。航空公司会辩称:在一个集中市场,无须达成任何反竞争协议,限制产量也可能实现公司利润最大化。这一观点包含两层意思。首先,航空公司可以提出,在寡头垄断市场,理性的公司会逐渐认识到,竞争对手的反应具有可预测性,增加载客量会适得其反;其次,即使航空公司采取有意识的平行行为(正如第二种假设),达成默示共谋也不违反《谢尔曼法》第1条。[25]

以上观点涉及法律层面的问题。投资组合经理的行为在多大程度上构成共谋邀请?投资组合经理的行为是否有助于实现或稳定最佳的平行式共生行为(interdependent behavior)?航空公司是否知道投资组合经理在与他们的竞争对手谈判?投资组合经理的行为真的会影响航空公司增加运力的决定吗?价格上涨多少是共生行为的结果,又有多少是禁止共谋行为的结果?这些问题发现的过程所揭露的事实对结果至关重要。

(二)控制责任风险

然而,诉讼最终还是可能被提起,对航空公司和机构投资者而言,第一种假设可能带来重大法律风险。在本节中,我们从咨询建议的角度研究开放型假设:机构投资者如何控制反垄断风险?就我们所知,机构投资者历来没有向其投资人员提供反垄断合规培训。

在工业背景下,众所周知,潜在推动者带来反垄断风险,[26]与之相伴的是预防措施。事实上,明智的行业协会会制定反垄断合规政策。行业协会指南为机构投资者和投资者关系专业人士制定合规计划提供了一个良好的起点,因为他们提出了一个类似的问题,即如何避免促成竞争者间的协同。

---

〔25〕 Theatre Enters. 公司诉派拉蒙影业公司(Theatre Enters. v. Paramount Film Distrib. Corp.), 346 U. S. 537, 541 (1954); JTC 石油公司诉皮亚萨汽车燃料公司(JTC Petroleum Co. v. Piasa Motor Fuels, Inc.), 190 F. 3d 775, 779 (7th Cir. 1999) (Posner, J.)。

〔26〕 有关执法机关的意见请参见联邦贸易委员会/司法部2000年发布的《竞争者间合作行为之反垄断指南》(*Antitrust Guidelines for Collaborations Among Competitors*)(以下简称《竞争者间合作行为指南》),载 www. ftc. gov/sites/default/files/documents/public_events/joint – venture – hearings – antitrust – guidelines – collaboration – among – competitors/ftcdojguidelines – 2. pdf。

首先，美国种子协会关于指南禁止事项的描述十分具有代表性：

1. 讨论定价、促销政策、其他销售条款、客户身份或区域营销范围；

2. 对特定的会员或部门施加压力，要求采取特定的计划或政策；

3. 制定旨在排除某些行业会员的计划或政策；

4. 协助会员解决公司特有的问题；

5. 参与非正式或尾间会议（“rump” meetings）讨论任何正式会议上不适合讨论的议题。[27]

此外，指南一般对程序事项也提前作出规定：

1. 提前准备会议议程，在会议开始时由小组通过并认真遵守；

2. 提前准备会议记录，经华盛顿办公室批准，向所有与会会员分发，并在下次会议上通过；

3. 法律顾问应审阅会议议程和会议记录，出席涉及反垄断敏感问题的会议。[28]

最后一项规定不容小觑。律师的工作是防止讨论任何具有竞争性的敏感话题，并且记录该事实。

随着机构投资者开始关注开放型假设的突出风险，反垄断合规的核心目标是防止积极的投资组合经理成为卡特尔头目或诱导者。为了遵守行业协会指南，投资组合经理需要指导排除不需要讨论的议题以及在沟通之前需遵守的程序。当然，问题在于投资组合经理会拒绝这类指南，理由是：(a)为了评估投资，其中一些主题不可避免需要讨论；(b)程序方面的要求会降低会议效率。如此一来，“律师”又一次被视为花费高昂的反对者。

集中市场具有最大的反垄断风险，形成卡特尔的条件已经成熟，法律顾问希望把注意力集中在公司相关的沟通上。但这可能会使不了解反垄断的投资组合经理感到困惑。两者兼顾并非易事，不同公司的解决

---

〔27〕 美国种子贸易协会（Am. Seed Trade Ass'n）：《反垄断合规政策声明》（2016 年），载 www. betterseed. org/about – asta/antitrust/。

〔28〕 同上注。另见美国风能协会：《反垄断指南：美国风能协会会议讨论指南》（2018 年）；世界钢铁协会：《反垄断合规指南》（2012 年），载 www. worldsteel. org/about – us/antitrust. html; Elec. Transactions Ass'n, Antitrust Laws & Trade Associations (2018), www. electran. org/about – eta/antitrust/。

方式不同。在大型指数基金中,多由代理投票小组参与被投公司[29]治理,因此,机构投资者在管理这些基金时,可以培训该小组以避免竞争性敏感话题。在受到积极管理的共同基金中,更多的是由投资组合经理参与处理被投公司的治理,尤其注意行业基金(投资于特定行业的基金)和投资于一个行业中一个以上公司的基金。机构投资者的反垄断风险与基金投资竞争对手的程度有关。

从被投公司的角度看,这些问题有所不同。大型上市公司可能已经制定了反垄断指南,禁止与竞争对手讨论竞争性敏感话题。[30] 问题在于,为投资者关系部门提供建议的律师可能不会将与投资者的沟通视为潜在的反竞争行为。因此,应加强对沟通的关注,考虑开放型假设带来的潜在风险。在与行业协会竞争对手沟通时,重点是避免讨论竞争性敏感信息,无论是一对一的交流还是营收电话会议。因此,需要重新定位,这将遭到投资者的反对,因为这些信息是投资者买卖证券时最为关注的。

二、"新见解":反垄断干扰?

虽然集中持股程度的提高和由此产生的平行持股的增加,可能造成明显的协调问题,违反了《谢尔曼法》第 1 条,从而给机构投资者带来了严重的、尚未得到正确评估的反垄断风险,但阿斯纳尔、施马尔茨和特库在 2017 年发表的颇具争议的经济学研究和其他相关论文中,已经将注意力转向大为不同的默示协同问题。研究称:理论和实证表明,集中市场上多元化投资者集中持股具有明显的反竞争效应。[31] 艾尔豪格认为,假设这些观点是正确的,这一行为违反了《克莱顿法》第 7 条,即使没有任何证据表明存在共谋。[32] 随后,波斯纳、莫顿和韦尔提出,执

[29] "投资组合公司"(portfolio companies)是指持有基金投资组合的公司。

[30] 参见福特汽车公司 2016 ~ 2017 年发布的《行为准则手册:公司政策和指令》第 52 ~ 55 页,载 corporate. ford. com/microsites/sustainability - report - 2016 - 17/doc/sr16 - code - of - conduct. pdf。

[31] 参见阿斯纳尔等人航空方向、银行竞争方向的论文。

[32] 参见前注[6]。

行政策的重大变革和为机构投资者提供“安全港”,都会破坏当前的商业模式。[33] 鉴于实证分析仍在进行,我们认为这些建议为时过早,但对提高反垄断意识来说是有益的。

现有研究强调了基本反垄断框架的重要方面,并引起了广泛关注,我们将进一步研究,并将关注点集中在阿斯纳尔等人航空方向的论文,这篇文章的作者在理论结合实证分析的基础上,提出“多元化投资者平行持股导致反竞争效果”的观点。我们在第三部分分析艾尔豪格的观点,并在第四部分探讨波斯纳等人的政策建议。

(一)理论论证

从本质上讲,关于平行持股的负面影响,可以视为典型的谋杀调查案件(尽管可能是虚构的):有动机吗?有机会吗?在此背景下,平行持股是否具有提高股价的动机和能力。我们分别展开讨论。

1. 激励机制:如果管理者为实际股东,他们进行管理会实现哪一方利益的最大化?

要理解阿斯纳尔等人的激励机制,我们从一个简单的案例开始。假设沃伦·巴菲特持有4家主要航空公司51%的股份,并利用控股地位任命每家公司的董事。无论从公司法还是反垄断的角度来看,他很明显控制了这4家航空公司。从反垄断的角度来看,我们预计会出现两种反竞争效应。首先,正如阿斯纳尔等人所言,巴菲特的平行持股地位将改变每家公司的单边定价激励机制,因为达美航空的管理层们很可能会意识到,吸引美联航航班的客户并不会让老板巴菲特受益,因为他持有美联航的股份。其次,这更有可能发生共谋行为,随着巴菲特成为所有主要航空公司的控股股东,协同及实现协同变得更加容易。正如我们将要讨论的,巴菲特收购主要航空公司的行为违反了《克莱顿法》第7条,并且涉嫌违反《谢尔曼法》第1~2条。分散持股一般不需要达到51%就能实现对上市公司的有效控制,因此低于50%的交叉持股也将引起特别关注。

交叉持股可能改变公司单边定价激励机制和/或鼓励共谋行为,这

---

〔33〕 参见前注〔7〕。

在工业组织/反垄断文献中已经达成共识。[34] 在单边行为方面,丹尼尔·奥布莱恩(Daniel O' Brien)和史蒂文·萨洛普(Steven Salop)的贡献最为突出。[35] 而在共谋行为方面,吉洛(Gilo)等人做出了最佳的贡献。[36] 我们关注前者,因为萨洛普-奥布莱恩(Salop-O' Brien)的框架是阿斯纳尔等人进行实证分析的基础。[37]

奥布莱恩和萨洛普研究了公司收购竞争对手股票的影响。他们认为,在这种情况下,公司会考虑降价(或者其他战略竞争行为)对竞争对手股票价值的影响。交叉持股会改变公司的经营目标,由原来的实现本公司利润最大化转变为部分持有及控股持有的所有同业竞争者利润的加权平均最大化。为了了解竞争对手单边激励的影响,奥布莱恩和萨洛普扩大了集中度的标准,将依赖赫芬达尔指数(HHI)的市场力量分析扩大至改进版的赫芬达尔指数(MHHI)框架,并将竞争对手的部分持股纳入计算。他们指出,当使用这一框架来评估股权收购的潜在竞争效应时,赫芬达尔指数的增量(the MHHIΔ)与分析有关。[38] 奥布莱恩和萨洛普并未假设或主张,长期以来对合并(the HHIΔ)导致集中度增量的担忧与改进版赫芬达尔指数增量(MHHIΔ)相称。

---

〔34〕 众所周知,平行持股可以提高经济效率。Xavier Vives 在"Institutional Investment, Common Ownership and Antitrust"一文中指出,平行持股可以改善信息、企业合作(如航空合资企业),并促使管理者降低成本、提高绩效。相关证据,参见 Jie He, Jiekun Huang & Shan Zhao, *Internalizing Governance Externalities: The Role of Institutional Cross-Ownership*, draft March 2017。

〔35〕 See Daniel P. O' Brien and Steven C. Salop, *Competitive Effects of Partial Ownership: Financial Interest and Corporate Control*, 67 Antitrust L. J. 559(2000).

〔36〕 See David Gilo, Yossi Moshe & Yossi Spiegel, *Partial Cross Ownership and Tacit Collusion*, 37 Rand J. Econ 81 (2006). See, also, David Gilo, *The Anticompetitive Effect of Passive Investment*, 99 Mich. L. Rev. 1 (2000).

〔37〕 阿斯纳尔等人确实提出了一种默示共谋的可能结果:没有明确要求或鼓励被投公司之间更加激烈的竞争将让投资组合经理享受平静的生活。参见阿斯纳尔等人航空方向的论文。

〔38〕 赫芬达尔指数是指相关市场中企业市场份额的平方和,是衡量产业市场集中度的测量指标。在审查合并时,执法机关利用因合并而导致的集中度增量——赫芬达尔指数增量,作为一项重要的经验法则,用以确认合并给竞争带来的初步影响。参见美国司法部和联邦贸易委员会:《横向合并指南》(2010年)(以下简称"2010合并指南")§§5.3, 13 (2010),载 ftc.gov/os/2010/08/100819hmg.pdf;另见前注〔26〕,《竞争者间合作行为指南》,§3.34。两份指南都没有讨论 MHHI。

依靠奥布莱恩和萨洛普的模型，阿斯纳尔做出了一些潜在的贡献。首先，他们将 MHHI 的适用范围从公司持有竞争者股票（交叉持股）扩大到投资者（非竞争对手）持有竞争公司股票（平行持股）。其次，他们假设（并试图验证），由于股权集中度增量而导致的 MHHI 增量，与传统 HHI 增量所带来的的反竞争风险具有相同的关系。事实上，他们印象特别深刻的是，“根据 MHHIΔ 的测算，目前平行持股水平所隐含的反竞争的动机，比基于相同规模的传统测量方法所确认的市场的动机要大得多”。〔39〕

阿斯纳尔等人实证分析的核心假设是，管理层会考虑竞争航空公司股东的持股情况。出于各种原因，这是一个夸张的假设（对我们而言并没有说服力）。就航空业而言，大股东的持股具有很大的异质性。〔40〕 阿斯纳尔等人在他们航空方向的论文〔41〕中，展示了 2016 年第四季度的内容（见表 1）：

表 1　业内平行持股情况说明

航空公司	平行持股公司	占比（%）	航空公司	平行持股公司	占比（%）	航空公司	平行持股公司	占比（%）
达美航空	伯克希尔哈撒韦	8.25	西南航空	Primecap 基金	11.78	美国航空	普徕仕	13.99
	贝莱德	6.84		伯克希尔哈撒韦	7.02		Primecap 基金	8.97
	先锋	6.31		先锋	6.21		伯克希尔哈撒韦	7.75
	道富	4.28		贝莱德	5.96		先锋	6.02
	摩根大通	3.79		富达	5.53		贝莱德	5.82
	兰斯当	3.60		道富	3.76		道富	3.71

〔39〕 参见前注〔5〕，阿斯纳尔等人航空方向的论文。

〔40〕 这些数据来源于美国证券交易委员会 Form 13F、Form 13G，是资产管理公司拥有投资权的股票数量。由于一些受益所有人保留投票控制权，最好将这些数据理解为资产管理公司拥有投票控制权的股票上限。

〔41〕 参见前注〔5〕，阿斯纳尔等人航空方向的论文。

续表

航空公司	平行持股公司	占比（%）	航空公司	平行持股公司	占比（%）	航空公司	平行持股公司	占比（%）
达美航空	Primecap基金	2.85	西南航空	摩根大通	1.31	美国航空	富达	3.30
	联博	1.67		普徕仕	1.26		普南	1.18
	富达	1.54		纽约梅隆银行	1.22		摩根士丹利	1.17
	PAR资管	1.52		埃格顿资本(英国)	1.10		北方信托	1.02
联合大陆航空	伯克希尔哈撒韦	9.20	阿拉斯加航空	普徕仕	10.14	捷蓝航空	先锋	7.96
	贝莱德	7.11		先锋	9.73		富达	7.58
	先锋	6.88		贝莱德	5.60		贝莱德	7.33
	Primecap基金	6.27		Primecap基金	4.95		Primecap基金	5.91
	PAR资管	5.18		PAR资管	3.65		高盛	2.94
	道富	3.45		道富	3.52		德明信基金	2.42
	摩根大通	3.35		富兰克林资源	2.59		道富	2.40
	高度计资管	3.26		纽约梅隆银行	2.34		威灵顿	2.07
	普徕仕	2.25		城堡	1.98		唐纳德·史密斯	1.80
	ADR资管	2.15		文艺复兴科技	1.93		巴罗·韩利	1.52

续表

航空公司	平行持股公司	占比（%）	航空公司	平行持股公司	占比（%）	航空公司	平行持股公司	占比（%）
精神航空	富达	10.70	忠实航空	小加拉格尔（董事长、执行总裁）	20.30	夏威夷航空	贝莱德	11.20
	先锋	7.41		贝莱德	8.61		先锋	10.97
	威灵顿	5.44		文艺复兴科技	7.28		费城投资公司	5.99
	沃萨奇投资	4.33		先锋	6.65		文艺复兴科技	4.67
	贝莱德	3.77		富达	5.25		德明信基金	3.17
	杰尼桑合伙	3.49		富兰克林资源	4.52		道富	2.43
	威尔斯资管	3.33		沃萨奇投资	4.39		磐安资产	2.22
	富兰克林资源	2.79		普徕仕	4.23		LSV 资管	2.22
	奥本海默基金	2.67		时代广场资管	3.91		纽约梅隆银行	1.84
	资本研究管理	2.64		路博迈	3.07		数字投资者	1.79

资料来源：Capital IQ，反映 2016 年第四季度的持股情况。

阿斯纳尔等人和波斯纳等人将这些数据作为机构投资者平行持股程度的有力证据。但真的是这样吗？我们将前 6 家航空公司的数据重新格式化为表 2。

表 2　航空公司平行持股情况(2016 年第四季度)

单位:%

持股方	达美航空	西南航空	美国航空	联合大陆航空	阿拉斯加航空	捷蓝航空
联博	1.67	0	0	0	0	0
高度计资管	0	0	0	3.26	0	0
AQR 资管	0	0	0	2.15	0	0
巴罗·韩利	0	0	0	0	0	1.52
伯克希尔哈撒韦	8.25	7.02	7.75	9.2	0	0
贝莱德	6.84	5.96	5.82	7.11	5.60	7.33
纽约梅隆银行	0	1.22	0	0	2.34	0
城堡	0	0	0	0	1.98	0
德明信基金	0	0	0	0	0	2.42
唐纳德·史密斯	0	0	0	0	0	1.8
埃格顿资本(英国)	0	1.1	0	0	0	0
富达	1.54	5.53	3.30	0	0	0
富兰克林资源	0	0	0	0	2.59	0
高盛	0	0	0	0	0	2.94
摩根大通	3.79	1.31	0	3.35	0	0
兰斯当	3.6	0	0	0	0	0
摩根士丹利	0	0	1.17	0	0	0
北方信托	0	0	1.02	0	0	0
PAR 资管	1.52	0	0	0	0	0
Primecap 基金	2.85	11.78	8.97	6.27	4.95	5.91
普南	0	0	1.18	0	0	0
文艺复兴科技	0	0	0	0	1.93	0
道富	4.28	3.76	3.71	3.45	3.52	2.40
普徕仕	0	1.26	13.99	2.25	10.14	0
先锋	6.31	6.21	6.02	6.88	9.73	7.96
威灵顿	0	0	0	0	0	2.07

正如人们所期望的那样，三大机构投资者——先锋集团(Vanguard)、贝莱德集团(BlackRock)和道富公司(State Street)对上述6家航空公司都进行了投资。但其他投资者的情况截然不同。2016年年末，Primecap基金在航空业的持股比重并不均衡：达美航空(Delta)2.85%、西南航空(Southwest)11.78%、美国航空(American)8.97%、联合大陆航空(United)6.27%、阿拉斯加航空(Alaska Air)4.95%以及捷蓝航空(JetBlue)5.91%。相比之下，普徕仕(T. Rowe Price)持有股份情况为：美国航空13.99%，阿拉斯加航空10.14%，西南航空1.26%，联合航空2.25%，在达美航空和捷蓝航空则没有持股。正如表2所示，许多机构投资者并不持有全部6家航空公司的股票。

对于每个行业投资的权重，投资者将会基于行业内的竞争情况有不同的看法。尽管主要管理指数基金的公司，如先锋集团、贝莱德集团和道富公司能有“软竞争”(soft competition)的经济动机，但为了西南航空和捷蓝航空的利益，Primecap基金可能会支持西南航空和捷蓝航空等低成本航空公司而削弱达美航空和联合大陆航空。相比之下，如果联合大陆航空管理层考虑到战略对达美航空和捷蓝航空的影响的话，普徕仕就可能会反对，因为他只投资了联合航空和西南航空。

随着时间的推移，持股情况也将发生很大的变化。将西南航空2016年第四季度[42]前十大股东持股情况与2013年第一季度[43]进行对比，如表3所示：

表3　西南航空前十大股东持股情况对比

2016年第四季度		2013年第一季度	
机构	占比(%)	机构	占比(%)
Primecap基金	11.78	Primecap基金	11.20
伯克希尔哈撒韦	7.02	先锋	6.20

〔42〕 See Jose Azar, Martin C. Schmalz & Isabel Tecu, *Online Appendix to*: *Anti-Competitive Effects of Common Ownership* 2 tbl. A. 1 (Univ. of Mich. Stephen M. Ross Sch. of Bus., Working Paper No. 1235, Mar. 2015).

〔43〕 参见前注〔5〕，阿斯纳尔等人航空方向的论文。

续表

2016 年第四季度		2013 年第一季度	
机构	占比(%)	机构	占比(%)
先锋	6.21	普徕仕	5.30
贝莱德	5.96	贝莱德	4.50
富达	5.53	资本研究管理	4.30
道富	3.76	道富	3.70
摩根大通	1.31	富达	3.00
普徕仕	1.26	Bankmont 金融	2.80
纽约梅隆银行	1.22	曼宁 & 龙比亚咨询	2.80
埃格顿资本(英国)	1.10	唐纳德·史密斯	2.20

虽然 Primecap 基金在这两个时期都是最大的股东,但伯克希尔·哈撒韦(Berkshire Hathaway)在这期间内收购了 7% 的股份。相比之下,普徕仕持股从 5.30% 降到 1.26%,但富达(Fidelity)则从 3% 增加到了 5.53%。[44]

当人们意识到先锋集团、贝莱德集团和道富公司管理的指数基金也持有航空公司供应商[如埃克森美孚(Exxon)和波音(Boeing)]和客户[如通用电气(GE)、通用汽车(GM)、国际商业机器(IBM)]的股票时,机构投资者分散的利益加剧了问题的复杂性。对于指数基金来说,如果持有指数中所有公司(本质上是整个经济)的市场加权头寸,那么,航空公司的战略给基金投资组合带来的影响极其复杂,因为需要确定过度收

〔44〕 然而,这些持股排名所依据的数据[SEC Form 13F 和委托投票说明书(proxy statement)]存在问题,原因如下:第一,数据不准确;第二,数据不完整,因为没有全面披露"卖空"股份和衍生品;第三,没有区分卖出权和投票权,这一点非常重要。仔细研究披露信息会发现,西南航空的投资顾问先锋集团有权卖出股票,而个别经理有权投票,并基于基金的利益、基金投资者的利益行使该权利。此外,惠普-康柏(HP-Compaq)、西维斯健康公司(CVS-Caremark)等竞争并购交易关于分裂投票(split vote)的报道显示,投票需要符合基金的利益,而不是"家族"的利益。这与阿斯纳尔等人的假设不一致。

费是否会(以及多大程度上)传递到最终的消费者。

虽然阿斯纳尔等人的分析主要关注指数基金,但是机构投资者持有的大部分基金都不是指数基金,他们也没有投资于某一行业的全部公司。[45] 但是,有一点很有启发性,那就是:在一个简单但不切实际的情况下,所有股东都持有指数基金,并因此持有相同的股份,这对管理战略的影响尚不明确。阿斯纳尔等人和波斯纳等人的研究中都隐含着这样一种假设:管理层旨在实现指数投资者的投资组合价值最大化。但就指数基金而言,这是对其竞争本质的误解。指数基金力求匹配特定的指数,潜在的最大总回报是相同的,也就是指数的表现。因此,指数基金的竞争主要在于成本(管理费),跟踪指数的准确性和客户服务。对于指数基金而言,"软竞争"并不会带来任何有益的影响。[46]

考虑非指数基金的持仓情况,会使策略演算变得复杂。面对本质上不同、相互冲突且不断变化的股东偏好(由不同的、持续变化的投资组合驱动),只有实现单一航空公司的价值最大化才能获得投资者的支持,而无须关注对竞争对手价值的影响。[47] 因此,由于投资者偏好的多样化,航空公司的管理者不可能根据投资者的偏好优化利润。

---

〔45〕 2015年年底,指数基金的股票投资总额约为4万亿美元。See Jan Fichtner, Eelke M. Heemskerk & Javier Garcia – Bernardo, *Hidden Power of the Big Three? Passive Index Funds, Re – Concentration of Corporate Ownership, and New Financial Risk*, 19 BUS. & POL. 298, 299 (2017). 这约占美国企业25万亿美元总市值的16%。参见 http://data. worldbank. org/indicator/CM. MKT. LCAP. CD? view = map。随着指数商业模式的普及,指数基金已经成长起来,但市场占比仍不高。

〔46〕 实际上,相比化学品指数基金,很少有航空公司指数基金会从航空公司的利润增长中获利。

〔47〕 这是金融研究中的一个基本假设,公司的目标是实现自身价值的最大化。阿斯纳尔等人认识到,他们正在挑战金融文献中的一项核心假设:"金融研究中普遍存在的假设是,公司的目标是实现自身价值最大化,公司方针和投资者优化问题是可以分离的。我们的研究结果可以看作对这一假设的挑战。"参见前注〔5〕,阿斯纳尔等人航空方向的论文,第55页。普遍存在的分离性假设是对费雪分离定理(Fisher Separation Theorem)的非正式应用,传统的引用是欧文·费雪(Irving Fisher)提出的利息理论(the theory of interest)(Macmillan,1930)。以公司目标为切入点探讨分离定理在公司法和金融上的应用。See Richard MacMinn, The Fisher Model and Financial Markets, 2005, chapter 4; Daniel Spulber, *Discovering the Role of the Firm: The Separation Criterion and Corporate Law*, 6 Berkeley Bus. L. J. 298 (2009).

更概括地说,MHHIΔ 被用作集中行业内平行持股的反垄断分析工具,其数值取决于机构投资者的持股对航空公司激励机制的影响程度。为了说明这一点,假设 4 家主要航空公司在某条航线上的份额相等,2 家主要的机构投资者分别持有每家航空公司 10% 的股份。如果每家航空公司都独立选择经营策略,并将其他航空公司利润的 10% 合并计算,将产生正的 MHHIΔ。根据 O' Brien - Salop 的框架,MHHIΔ 大约等于 125。[48] 假设机构投资者将股权收益合并计算,航空公司在"古诺"(Cournot)框架内运营,选择利润最大化的经营策略,每个航空公司的投资者都有动机提高票价。另一方面,假设机构投资者的持股都由其单方面控制,MHHIΔ 提高到 750。[49] 相比之下,如果航空公司管理者忽略战略对机构投资者其他持股的影响,MHHIΔ 将等于 0。因此,MHHI 框架对管理者考虑对股东其他投资的影响程度极其敏感。基于上述不同的情形,我们严重怀疑航空公司管理者会这么做,除非投资者享有控股权。[50]

虽然也存在例外,在最普遍的 O' Brien - Salop 模型中,MHHI 取决于股份。但是这些股份可能源自内部(内生),即持股情况和航空公司的股价会相互影响。这给阿斯纳尔等人带来大量推理问题。将 O' Brien - Salop 模型应用于平行持股(非控制性)案例时,作者忽略了一个投资者持有 30% 的股份(可能是控制地位和内生)和其他 3 个投资者各

---

〔48〕 125 = 0.1 × 2 × 25 × 25,参见前注〔36〕。

〔49〕 同上。由于"单方面控制",所以 MHHIΔ = (1 + 0.2) × 25 × 25 = 750。

〔50〕 在航空业研究中使用 MHHIΔ 会引起以下问题。首先,该行业存在大量的产品差异化。先前对该行业的研究已经使用了伯特兰德(Bertrand)模型,在该模型下,航空公司选择价格而不是运输量。我们认为,在分析定价行为时,伯特兰德模型比古诺模型更适合于航空业的研究。然而,当关注运输量(和运力)问题时,古诺模型更具有潜在价值。詹姆斯 · 布兰德(James Brander)和 Anming Zhang 认为,古诺模型适用于分析双寡头市场。See James A. Brander & Anming Zhang, *Market Conduct in the Airline Industry: An Empirical Investigation*, 21 Rand J. Econ. 567(1990). 布兰德和 Anming Zhang 利用承运人—路线平行持股的衡量标准,提供稳健性测试,他们指出,这可以用伯特兰德框架进行解释。同上。

持有 10% 的股份(不太可能是内生)之间的因果区别。[51] 我们将在下文更详细地讨论控制或接近控制的影响力水平是现有法律框架和执行政策的关键要素。

为了进一步探讨“控制”,我们重申,阿斯纳尔等人依赖的模型暗含了一种假设——公司考虑了股东在同业竞争者的持股,并以实现股东的加权平均利润最大化为目标。平行持股情况下这合理吗?这是否比一般利润最大化的假设更精准地代表了航空公司的利益?个别航空公司管理者是否真的考虑了机构投资者持有竞争对手股票这一事实?鉴于投资者持股的多样性,他们会如何做?更广泛地说,我们思考,管理者在多大程度上追求利润最大化以外的目标?如果他们确实追求利润,在他们看来是长期还是短期的利润?

这对阿斯纳尔等人分析的核心理论动向提出了质疑:O'Brien – Salop MHHI 框架从交叉持股扩展到平行持股。关键问题在于平行持股如何以及在多大程度上产生影响。毫无疑问,像美国航空业这种寡头垄断行业,航空公司非常了解竞争对手的商业策略和行动。因此,一个可能的结果是,每个公司出于自身利益,认识到市场在不那么集中的情况下,不贸然降价或增加产量是有利的。但是,在平行持股的情况下,难以确定关键定价和商业决策将如何受到影响。

假设,在某种程度上,行业内的企业通过某种默许的形式将价格设定在特定水平上。那么,为什么我们会怀疑平行持股会促使公司及其竞争对手转向风险更高、价格更高的定价?为什么我们怀疑这个结果是可持续的纳什均衡?本质上,计算 HHI 和 MHHIΔ 似乎并不合理。但是我们并不能排除这种可能,特别是如果存在支持与第一个假设相符的共谋结果的交流,我们仍然对不明确的框架持高度怀疑态度。我们仍然没有

---

[51] 根据推论,若分析只关注持股对股价的影响而不关注反向因果关系,很可能会夸大其影响力。这点在下文中得到进一步发展:Pauline Kennedy, Daniel P. O'Brien, Minjae Song & Keith A. Waehrer, *The Competitive Effects of Common Ownership: Economic Foundations and Empirical Evidence* (July 2017)。肯尼迪等人对航空公司股价的核心实证分析中,运用了伯特兰德框架。See also Daniel P. O'Brien & Keith Waehrer, *The Competitive Effects of Common Ownership: We Know Less than We Think*, 81 Antitrust L. J. 729 (2017).

发现有任何证据表明公司管理层考虑了股东的其他投资。

2."能力"论证

阿斯纳尔等人理论实例的第二部分,是关于股东对管理者施加影响的能力,目的是缓和竞争并使投资者投资组合价值最大化。针对同类型股东的利益,股东如何施加影响,尤其是在会损害单个航空公司利益的情况下。

第一种可能是通过股东对董事、股东提案或公司并购进行投票。但是,没有任何证据表明股东对竞争策略进行投票,也没有证据表明董事对相关竞争策略展开讨论。代理权公告中涉及的信息仅限于任职资格、专业知识和其他管理者职位以及董事的持股和薪酬。[52] 总之,股东无法通过投票来减少竞争。

第二种可能是股东就管理者薪酬进行表决,促使管理者减少竞争。但实际上股东投票对高管薪酬的影响有限,这种情况也不太可能发生。2011 年以前,公司只需就股权薪酬计划的高级条款征求股东同意并由其定期批准年度激励(如奖金)计划条款。但是 2011 年以后,股东定期(通常是 1 年)对高管薪酬的各方面事项进行非约束性的"薪酬决定权"投票。总的来说,"薪酬决定权"提案以 92% 的赞成票获得通过,没有理由认为这将影响高管薪酬。[53]

第三种可能是游说。回到第一个假设和第一部分的讨论。投资组合经理促使航空公司形成卡特尔,这一行为使她和航空公司都违反《谢尔曼法》第 1 条,投资组合经理也要承担连带责任。尽管我们尚未对营收电话会议的公开有用信息进行研究,但并无实质性证据证明机构投资

---

〔52〕 参见达美航空公司:委托投票说明书(proxy statement)(表 14A)第 15 ~ 21 页、第 22 页和第 60 ~ 63 页(2016 年 4 月 29 日)。

〔53〕 Rajeev Kumar, 2016 Annual Corporate Governance Review 10 (2016). But See Miguel Antón, Florian Ederer, Mireia Giné & Martin Schmalz, *Common Ownership, Competition, and Top Management Incentives* (Eur. Corp. Governance Inst., Working Paper No. 511/2017, Rev. Feb. 2018)(管理者会因为对手的表现以及自己的表现而获得奖金)。

者组织了航空业卡特尔。[54]

第四种可能是退出。[55] 活跃的管理层股东可以通过威胁退出的方式施加影响,但持有股份的投资者不会这么做,因为公司是基金追踪的指数的一部分。但从某种程度上说,管理层很可能忽视了那些只能继续持有的投资者。

(二)实证论证

如果阿斯纳尔等人只是对 MHHI 框架扩展到平行持股作理论论证,那么分析将仅限于质疑理论论证。最引人注目的是阿斯纳尔等人的实证观点:多元化机构投资者的集中持股使机票价格上涨 10%。这引发了对股权集中度的提高将产生竞争效应的严重质疑,也验证了 MHHI 框架在反垄断分析中的应用。其合理性有待商榷,我们将在下文回顾实证案例。

1. 对因果关系的质疑及"工具变量"分析

阿斯纳尔等作者对航空公司集中度和机票价格之间的关系进行了详细的实证分析。本文根据 2001 年第一季度到 2014 年第四季度个别航线的机票价格,分析票价和航空公司集中度、机构投资者持股集中度的关系。[56] 具体而言,基本(航线水平)回归模型采用以下形式(航线和航空公司下标被省略):

$$\log(p_t) = \beta\, MHHI\Delta_t + \gamma\, HHI_t + \theta\, X_t + \varepsilon_t$$

HHI 即赫芬达尔指数(herfindahl - hirschman index),反映机构持股情况,MHHIΔ 是 HHI 的增量,(如奥布莱恩和萨洛普提出的那样),X 是外生控制变量(exogenous control variables)的向量,也是时间和市场时机承运人固定效应(fixed effects)的向量。

正如肯尼迪(Kennedy)等人所指出的,尽管这种包括 HHI 变量的

[54] 美国司法部显然没有对航空公司提出任何指控就结束了调查。See *Vanessa Page*, *Justice Department Said to Be Dropping Airline Collusion Case*, Investopedia (2017 年 1 月 13 日)有一项指控航空公司合谋限制运力的私人集体诉讼悬而未决。

[55] 概述, see Alex Edmans, *Blockholders and Corporate Governance*, 6 Ann. Rev. Fin. Econ. 23 (2014).

[56] 美国司法部反垄断司和私营部门已利用 DB1B 数据库评估航空公司合并。数据库的使用举例,参见 Mark Israel, Brian Keating, Daniel L. Rubinfeld & Bobby Willig, *Airline Network Effects and Consumer Welfare*, 12 Rev. Network Econ. 287 (2013)。

“简化式”方程有其理论基础,但没有任何依据支持加入 MHHIΔ 变量。事实上,作者提供了一个令人信服的观点:一个适当的规范将考虑到这样一个事实,即 MHHIΔ 对航空公司定价的影响将取决于个别航空公司的股权份额。例如,可以想象 MHHIΔ 的影响取决于投资组合中传统航空公司和低成本航空公司的组合。例如,如果投资组合中只包括传统航空公司,那么,机构投资者很可能会反对在受时刻限制的机场增加起降班次,然而,在 MHHIΔ 不变的情况下,投资于包含几个低成本航空公司的投资者,持相反观点。由于个别航空公司股份不同,MHHIΔ 可以有相反影响,因此,在解释平行持股变量效力的模型中加入交互变量,对了解这一潜在问题是有用的。然而,肯尼迪等人未提供完全规范的“简化式”模型,而是选择解释其实证分析,并以此作为阿斯纳尔等人论文的稳健性测试。

由于集中可能会对机票价格产生积极影响,因此在这一“简化式”方程中加入 HHI 变量是合适的。问题在于加入 HHI 的改进变量 MHHIΔ 是否合适。将 MHHIΔ 纳入机票价格回归将产生有趣的相关性,同时提出一个发人深省的问题。作者认为,MHHIΔ 衡量了交叉持股在寡头竞争的古诺模型中可能产生的增量影响。作者进一步声称,平行持股使航空公司的反竞争激励机制发生巨大变化。

我们对阿斯纳尔等人的框架有几个实质性的担忧。第一,阿斯纳尔等人没有正式研究 HHI 变量的内生可能性。〔57〕 这可能是他们分析的重要局限,因为 HHI 指标和 MHHIΔ 变量一样可能是内生的。〔58〕 实际上,在选择用于解决 HHI 内生性的“工具”后,肯尼迪等人发现机构投资者的持股并不影响股价。〔59〕 此外,根据银行业分析报告和向证券交易委员会披露的机构投资者持股数据的季度报告(13F),雅各布 · 格拉姆里奇(Jacob Gramlich)和塞拉芬 · 格兰德尔(Serafin Grundl)避免了内生性

〔57〕 作者确实注意到了这个问题,他们提供了各种反向因果关系的检验,但没有进行工具变量处理。

〔58〕 阿斯纳尔等人在回归分析中使用工具处理 MHHΔ 变量的内生性。关于 HHI 变量的内生性,作者需要假定第二个工具。

〔59〕 正如作者指出的,他们的文章由机构投资者行业提供赞助。

问题,并且发现,平行持股对价格或产量几乎不产生竞争性影响。[60]

第二,为了应对航空业研究中对 MHHIΔ 变量内生性的担忧,作者提出,2009 年主动型管理者贝莱德对大型指数投资者巴克莱全球投资(BGI)的收购有可能成为一种"工具",通过工具变量估值(instrumental variables),作者可以处理内生性(或"反向因果关系")问题。贝莱德和巴克莱的合并改变了主要航空公司的股权集中度,从各持股约 3% 变为合并后共持股约 6%,这足以影响机票价格,因为这将使管理者更多地考虑投资者在竞争对手公司的持股。基于上述原因,我们发现理论上这是不可信的。

解释贝莱德和巴克莱合并的变量在不同程度上改变了航空市场中 MHHI 的数值,这在实践中并不可信。"工具变量"分析利用与可变利益(机票价格)相关但不存在因果关系的变量模拟自然实验。航空业是一个有趣的实验室,这里市场庞大[阿斯纳尔等人使用"机场对(airport pairs)"作为相关市场],由不同的航空公司组合提供服务,因此贝莱德与巴克莱合并导致的 MHHI 数值变化在不同的航空市场也会有所不同。基本思路是,把并购视为一种"处理",不同程度地应用于不同市场,然后观察其影响(在 MHHIΔ 较高的市场,机票价格是否上涨更多?)很遗憾,尽管上述合并可以视为某一特定时刻的自然实验,但由于股份增幅不大,因此无法解释 MHHIΔ 的时间序列构成(time - series component)。[61]

实质上,如果没有一个理论/模型来说明这一次的变化(该变化会持

---

[60] Jacob Gramlich & Serafin Grundl, *Estimating the Competitive Effects of Common Ownership* (Bd. of Governors Fed. Reserve Sys. Working Paper No. 2017 - 029, Apr. 21, 2017). 作者质疑 Form 13F 数据的可信度(当然,对阿斯纳尔等人来说同样是个问题)。顺便提一下,我们认为艾尔豪格的说法不能令人信服,这篇文章并没有说服力,因为它使用了持股水平而非股份。经格拉姆里奇(Gramlich)和格兰德尔(Grundl)确认,如果他们用股份而不是持股水平来衡量所持股份,结果不会有显著差异。

[61] 正如艾尔豪格强调的一样,阿斯纳尔等人同样发现 MHHIΔ 和运输量之间存在负相关关系。See Einer Elhauge, *The Growing Problem of Horizontal Shareholding*, CPI Antitrust Chron., Spring 2017, pp. 1, 1 - 8; 参见前注[5],阿斯纳尔等人的航空方向论文。虽然具有相关性,但鉴于内生性问题没有完全解决,这一证据不一定支持因果推论。

续进行)将如何改变公司层面的战略选择,我们就无法评估实证结果的意义。问题是,阿斯纳尔等人提供了至少两种竞争模型,说明增加 MHHI 会对战略产生影响:通过薪酬的渠道,以及通过取代或阻止活跃型对冲基金对特定公司进行积极干预。由于操作模型不同,增加 MHHI 的影响也会不同。例如,一个大股东发表意见就可以开启薪酬这一渠道,而第二个渠道则需要多个平行持股股东投票反对(或表示愿意投反对票)积极的竞争战略。在基本机制没有更显著特征的情况下,尚不清楚该工具(贝莱德一次性增加持股)如何解释阿斯纳尔等人通过实证分析发现的随时间变化的情况。

第三个问题与分析中一个关键工具变量的时间有关。2009 年贝莱德收购巴克莱,比航空业发生重大变化[达美航空收购西北航空(Northwest)]晚了 1 年。[62] 与此同时,2009 年大衰败的不利影响也在减弱。航空公司的燃料成本逐渐下降,利润率和总体利润普遍升高。[63] 2010 年,联合航空收购大陆航空(Continental),进一步改善了航空公司的主要布局(虽然在实现预期效益方面,联合航空经历了比达美航空更为困难的转型)。

这些同时期航空公司的并购[以及后来西南航空和穿越航空(Airtran)的合并、美国航空和全美航空(US Airways)的合并]提供了两种假设,可以为股价变化提供更为"传统"的解释。第一,服务质量提高,但价格不变甚至降低;第二,质量提高但价格上涨,上涨原因是航空公司集中度提高(而非航空公司股权集中度提高)。[64] 阿斯纳尔等人的证据不具有说服力,机票价格上涨是由于贝莱德和巴克莱的合并,而不

[62] See Mark Israel, Brian Keating, Daniel L. Rubinfeld & Robert D. Willig, *The Delta - Northwest Merger: Consumer Benefits from Airline Network Effects* (2008), The Antitrust Revolution 576 (John E. Kwoka, Jr. & Lawrence J. White eds., 6th ed. 2014).

[63] See Robert S. Pindyck & Daniel L. Rubinfeld, Microeconomics 318 - 320 (9th ed. 2018) (如"9.3: 航空业监管")。

[64] 与我们的结论相反,如果模型设定正确,则阿斯纳尔等人回归分析中的 HHI 变量有可能得出该结论。

是这些非传统的、看似合理的解释。[65]

最后,我们发现,西南航空是对机票价格施加最大下行压力的廉价航空。然而,随着西南航空提高成本并加大对微型航空枢纽的投资,压力有所缓解。另外,西南航空对穿越航空的收购使另一个廉价航空退出了市场。上述行业变化(包括大规模整合)与主要航线机票价格上涨的关系,比贝莱德收购巴克莱更为密切。[66] 通过使用最新的优化技术,航空公司同样可以实现利润最大化。事实上,通过整合、改进效益管理和相关软件,机构投资者增持航空公司股票具有一定经济意义。我们对潜在因果关系的质疑,在肯尼迪等人的文章和奥布莱恩和韦勒最近的一篇评论中也有所体现。[67] 虽然作者可能提出支持投资者的观点,[68] 但我们仍然同意作者以下观点:

由于市场份额和 MHHI 可能与影响股价的因素有关,而这些因素并没有作为解释变量列入回归方程中,因此回归估值可能表明 MHHI 和股价之间的关系。在合理的条件下,因为与平行持股无关,所以两者关系为正相关。[69]

2. 对稳健性(robustness)的质疑

针对观察单位和模型设定的变化,我们对阿斯纳尔等人研究结果的

---

〔65〕 针对内生性问题,作者提出一系列关于 MHHIΔ 和 HHI 变量的提前与滞后(leads and lags)回归,发现 MHHIΔ 的滞后与价格相关,但提前与价格无关。他们指出,这些结果降低了反向因果关系的可能。参见前注[5],阿斯纳尔等人航空方向的论文,第 26 页。在其他条件相同的情况下,格兰杰因果关系检验(Granger causality tests)确实可以提供有用信息。但是,我们并不就此认为这具有说服力,因为这些检验忽略了其他因果定价解释。See, e. g., James D. Hamilton, Time Series Analysis ch. 11 (1994); see also Anil Seth, Granger Causality, Scholarpedia (2007) ("格兰杰因果关系的实现完全取决于对变量的选择。显然,没有被纳入回归模型的因果因素不能体现在运输量上")。

〔66〕 我们还有一些可能具有(也可能没有)实证意义的批驳。一是联营航班(code - share)的收入主要分配给营运航空公司而非营销航空公司;二是 MHHI 的计算是基于利润而不是票价,这意味着成本随时间的变化有助于解释阿斯纳尔等人的回归结果。

〔67〕 参见前注〔51〕,肯尼迪等文,以及奥布莱恩和韦勒文。

〔68〕 奥布莱恩和韦勒透露,他们的研究一部分由美国投资公司协会资助。参见前注〔51〕,奥布莱恩和韦勒文。

〔69〕 参见前注〔51〕。

稳健性质疑。作者最新的论文中囊括了广泛的稳健性检验，这值得称赞，但与所有同类实证论文一样仍有不足。这项航空业研究和相关银行业研究有可能推动法律和政策的制定，因此需要跟踪调查，但同时仍有很大的改进空间。对稳健性的关注是否有经验意义，需要作者或其他评论人士进一步分析。

第一个稳健性方面的担忧与市场界定有关。相关市场通常由城市对（city pairs，将相应的机场纳入城市定义中并根据城市决定）而非机场对（airport pairs）决定。因此，作者的基本分析使用了错误的微观单位。很多情况下，使用机场对作为相关市场，很可能导致市场 HHI 和 MHHI 显著高于由城市对界定的市场的正常水平。例如，联合航空是旧金山至纽瓦克航线上的主要航空公司。但是，联合航空在同一相关市场（旧金山—肯尼迪，奥克兰—拉瓜迪亚）的其他机场对上，面临来自捷蓝、西南航空、美国航空、达美航空、维珍航空（Virgin Atlantic）的激烈竞争。〔70〕根据作者的研究报告，如果能够加强对基于城市对的回归分析，这可能是个次要的问题。〔71〕

第二个稳健性方面的担忧与廉价航空公司和超廉价航空公司的影响有关。我们怀疑 MHHIΔ 可能是其他航线特征的代理变量，例如廉价航空公司份额。在有廉价航空公司存在的航线上，MHHIΔ 可能会更低，主要航空公司也将面临降价压力。鉴于此，应该用一套完整的廉价航空公司交互作用来评估模型。作者还加入了一个指示变量（indicator variable）用以反映廉价航空公司是否在一条航线上运行，但这对个别航空公司航线竞争性质的不完全统计，并不能完全消除我们的担忧。〔72〕

---

〔70〕 联合航空收购大陆航空诉讼案中，法院同意本文的一位作者（鲁宾费尔德）的观点，支持相关市场包括奥克兰国际机场、旧金山国际机场，以及肯尼迪机场、拉瓜迪亚机场和纽瓦克机场。

〔71〕 每个城市的不同机场可能定义为不同的相关市场，相关市场的判断是极为困难的。在马拉内等人诉 UAL 公司（Malaney, et al v. UAL Corp.）案中，辩方专家鲁宾费尔德（本文作者之一）证实了旧金山相关市场包括奥克兰国际机场、旧金山国际机场，但是不包括圣何塞机场。Azar 等人没有明确说明稳健性检验中如何定义“城市对”。

〔72〕 肯尼迪等人在他们的回归分析中加入第二个（HHI 驱动型）工具——罗素 1000 指数（Russell 1000 index）中加入每个“市场”的航空公司数量。参见前注〔51〕，肯尼迪等文。

此外,模型还以各航空公司的平均客运量为权重进行评估。这表明,结果基本由大型航线驱动。如果模型只对大型航线进行评估,我们怀疑结果是否成立。[73] 作者通过集中度变量(HHI)与 MHHIΔ 变量的相互作用,对此问题进行了部分检验,发现结果呈递增趋势且具有统计学意义。对于阿斯纳尔等人的实证发现,一个合理的替代解释是,由于更大的市场力量、更高的效率或两者的结合,主要航空公司在这些航线上利润率更高。

3. 对影响方式的质疑

关于可能的影响方式,阿斯纳尔、波斯纳和合作作者基于米格尔·安东(Miguel Antón)、弗洛里安·埃德勒(Florian Ederer)、梅瑞亚·吉内(Mereia Giné)和马丁·施马尔茨撰写的一篇论文,认为管理者利益与多元化投资者利益相匹配的薪酬结构是一个看似合理的影响方式。安东等人认为,公司针对薪酬有差别地使用"相对绩效评估"(RPE)法,可以解释竞争对手行为的相互依赖性,特别是在寡头垄断行业。[74] 具体而言,作者认为在交叉持股较高的行业不大可能利用相对绩效评估法,即使使用也不具有稳健性。他们提供了一个模型,在这个模型中,当公司由不同的投资者所有,或者每个公司的战略决策不影响其他竞争对手时,相对绩效评估法得到最佳应用。正如作者在早期草稿中简要论证的那样,当"一家公司持股最高的股东同时持有该公司竞争对手的大量股份时,股东不会激励管理层积极竞争……相反,他们选择根据行业利润奖励高管,但并不考虑利润从何而来……"[75]

从不同视角研究相同问题可以得出截然相反的结论。[76] Kwon

---

〔73〕 其他深度评论,参见 John Woodbury, *Paper Trail: Working Papers and Recent Scholarship*, Antitrust Source (Dec. 2014), www.americanbar.org/content/dam/aba/publishing/antitrust_source/dec14_paper_trail_12_16f.authcheckdam.pdf。

〔74〕 参见前注〔53〕,安东等文。在他们银行业方向的论文中,安东等人认为,对管理层的激励在一定程度上与股东的反竞争利益相一致:当行业被更多人共同拥有时,高管们因本公司业绩获得的薪酬减少,而从竞争对手业绩中获得的将会增加。参见前注〔5〕,阿斯纳尔等人银行竞争方向的论文。

〔75〕 Antón et al., *Common Ownership, Competition, and Top Management Incentives* 4 (Cowles Found., Discussion Paper No. 2046, 2016), ssrn.com/abstract=2885826.

〔76〕 参见 Heung Jin Kwon, Executive Compensation Under Common Ownership (2017 年 1 月 30 日)(未发表手稿)。

(2017 年)使用相同的 Execucomp 数据库,但采用不同的实证规范进行研究,发现自然竞争对手的平行持股越高,相对绩效评估使用得就越多。两篇结论相悖的论文对对方的稳健性分析都提出了质疑。

要理解这次争论,我们需要后退一步。在协调管理者和股东利益时,将报酬与股价挂钩是不合理的,管理者基于整体市场价格的变动得到奖励或遭受惩罚,这与管理者的工作效率无关。从委托代理的角度看,单一股东真正关心的是他们的首席执行官(CEO)在多大程度上胜过其他 CEO。[77] 实现此方法的薪酬结构称为"相对绩效评估"。

安东等人指出 RPE 的一个潜在缺点:它激励管理者与行业中的其他公司竞争,即使鉴于市场结构,"软"竞争是首选。安东等人提出,在 MHHI 高的市场中,RPE 的使用是否比 MHHI 低的市场更少? 在一项跨行业研究中,安东等人发现 MHHI 与 RPE 使用之间存在相关性。

从方法论上讲,评估 PRE 的影响极为困难。首先,观察 RPE 不是一件容易的事,因为薪酬委员会在加薪时,会在多大程度上奖励相对或绝对绩效无法确定;其次,RPE 已经被广泛使用,许多公司都使用某种形式的 RPE;再次,预期薪酬和实际薪酬之间可能存在很大差异,哪一种薪酬对激励的影响更大仍然未知;最后,薪酬数据一直都没有以标准化格式公开,商业服务机构提供的数据是错误的。

对阿斯纳尔等人来说,航空业是评估平行持股反竞争效应的试验田。他们应该预测主要航空公司 PRE 水平较低。然而,情况并非如此。将 2015 年代理权公告作为一个有价值的研究窗口,我们发现,在美国:

2015 年 4 月,帕克(Parker)请求以股权激励的形式获得 100% 的直接薪酬,薪酬委员会同意并履行了对绩效支付的承诺,进一步协调了他与股东之间的利益关系。帕克将不再领取基本工资,也不再参与公司 2015 年的短期激励计划。此外,帕克在 2015 年的股权薪酬目标大部分是基于绩效的,如果有的话,他将在 3 年后得到这笔薪酬,按照预先约定的航空公司团体 3 年税前相对利润率计算。税前相对利润率是衡量航空业相对财务业绩的最有效指标……帕克在 2015 年的直接薪酬总目标

[77] 关于相对绩效价值的深度理论分析,参见 Bengt Holmstrom, *Moral Hazard in Teams*, 13 Bell J. Econ. 324, §4 (1982)。

仍远低于达美航空和联合大陆航空的同行。[78]

达美航空采用了相似的方法(虽然没有那么极端):

“达美航空的高管薪酬计划与为持股人创造长期价值的目标相契合。这将长期奖励的终极价值与商业成功的关键指标紧密联系在一起,其中包括投入资本回报、与航空公司同行和客户服务绩效相关的年平均运营利润率、股价表现以及公司的持续就业。”[79]

虽然与阿斯纳尔等人的预测不一致,但从公司治理的角度看,航空业中经常使用 PRE 并不意外。股东长期以来一直在推动 RPE。例如,关于高管薪酬,先锋集团做出以下规定:

绩效工资

薪酬应该激励并奖励为公司利益相关者创造价值的行为。因此,我们认为,高管薪酬的很大一部分应该与财务和/或运营结果挂钩,这些结果:(a)反映了高管的决策和成就;(b)有助于创造长期价值。相应地,在与公司相关的业务或产品周期中,激励机制应该是奖励相对出色的业绩,而不是股价的普遍上涨或其他整体市场趋势。虽然奖励长期业绩是合理的,但只要能够鼓励高管持续创造价值,某种程度上短期激励(如年度)也是恰当的。[80]

作为对 2011 年机构投资者调查的回应,机构股东服务(ISS)现在将 RPE 纳入绩效——薪酬匹配评估,并强烈建议使用。重要的是,先锋集团和 ISS 都不建议也不允许集中市场中的公司采取不同的薪酬方

[78] 参见美国航空:委托投票说明书(proxy statement)38(2015 年 4 月 22 日)。美国航空 2016 年 4 月 29 日的委托投票说明书延续了这种做法。“基于工作表现授予的限制性股票(RSU)的授予时间不得早于 2018 年 4 月,条件是公司在 2015 年 1 月 1 日至 2017 年 12 月 31 日三年期间,实现税前利润率(不包括特殊费用)等于由达美航空、联合大陆航空、西南航空、捷蓝航空、阿拉斯加航空、精神航空和维珍航空组成的同行集团的加权平均。” See Am. Airlines Grp., Proxy Statement 60(2016 年 4 月 29 日)。

[79] 参见达美航空委托投票说明书(68 – 69)(2015 年 4 月 30 日);联合大陆航空委托投票说明书(42)(2015 年 4 月 24 日);西南航空委托投票说明书(2015 年 4 月 6 日)。

[80] 参见先锋集团:《我们的治理和高管薪酬原则》(*Our Governance and Executive Compensation Principles*)(2018 年)。

式。[81] 有很大比例的中小机构投资者遵循 ISS 建议,薪酬委员会也是如此。[82] ISS 指南对高管薪酬的设计产生重要影响,但同时也给使用 PRE 带来了其他问题。绝大部分的股东都遵循 ISS 的建议,但指南并未对公司加以区分,这使 PRE 的作用并不明显。

在他们最新的文章里,阿斯纳尔等人提出了一个新的影响方式。他们认为,偏好"软竞争"的大型多元化机构投资者可能排挤了那些专注于公司自身价值最大化的活跃股东,即使这样做并不能实现行业价值最大化。[83] 只持有一家主要航空公司大约 16% 股份的指数基金,几乎不可能阻止活跃型对冲基金进行大量收购(如 9%)。巴菲特在短时间内实现大比例收购就是最好的例证。

平行持股股东偏好软竞争(甚至"消极"竞争),这使活跃型对冲基金更难对公司施加影响,从而阻止他们进行投资。这让人难以置信。首先,活跃型对冲基金非常擅长股权收购以及说服机构股东相信计划的优点。[84] 尽管已经有几十家活跃型对冲基金参与其中,但我们无从所知目标管理层是否参与了过度竞争。更重要的是,对冲基金提供了很好的警示作用(kick in the pants)。

其次,阿斯纳尔等人假设,管理层听取(或期待)大股东的意见,而不是大股东成功地说服小股东支持他们(因此他们在分析中忽略了小股东)。在这种模式下,人们会认为,某一航空公司出于对广泛的多元化股东的尊重而做出的任何利润牺牲都会被套利耗尽,除非多元化股东行使了某种程度的控制权。要理解这一点,假设在 X 航空公司,管理层牺牲公司利润(参与"软竞争"),因为他们的管理是为了实现两个最大的股东——贝莱德集团、先锋集团的利益,这两家公司分别持有所有主要公共航空公司 7% 的股份。在阿斯纳尔等人的框架中,这为活跃型基金的

---

〔81〕 参见机构股东服务公司(Institutional Share - Holder Services, Inc.):《关于美国薪酬政策的常见问题》(11)(2014 年)。

〔82〕 参见前注〔53〕,库马尔文(当 ISS 建议支持时,95% 的中小机构投资者对薪酬决议表示支持;当 ISS 建议反对时,支持者只剩下 68%)。

〔83〕 参见前注〔5〕,阿斯纳尔等人航空方向的论文。

〔84〕 See Kahan & Rock, *Hedge Funds in Corporate Governance and Corporate Control*, 155 U. Pa. L. Rev. 1021 (2007); Kahan & Rock, Anti - Activist Poison Pills, working paper (2017).

参与创造了机会:活跃型对冲基金或共同基金可以低价买入大量头寸(大于7%),这反映了公司在先前激烈竞争中的利润损失,并在成为两个最大的股东后,控制公司转向激烈竞争,然后再以更高的股价卖出,从而赚取附加利润。

这个例子表明了阿斯纳尔等人的单边效应框架,在面对不受控制的"平行持股"时的局限性。在缺乏控制权的情况下,任何出于对股东其他持股的尊重而牺牲公司利润的行为,将会为股东提供一个有利可图的投资机会,因为股东认为,自己可以将战略转向单一公司价值最大化。这就解释了为什么控制权对最初的奥布莱恩和萨洛普分析如此重要,以及为什么控制权在执行政策中扮演如此关键的角色。

三、交叉持股和平行持股的反垄断分析

本节中,第一部分研究《谢尔曼法》在多大程度上适用于助长卡特尔形成的机构投资者,并表明其中巨大的反垄断风险。第二部分审视阿斯纳尔等人提出的具有争议性的观点——即使没有任何直接证据表明参与共谋是有罪的,但低于10%的平行持股也可能构成反竞争。这一部分,我们将根据《克莱顿法》第7条,对潜在的反竞争收购进行反垄断分析。现有的文献主要关注产生控制影响或重大影响的股票收购,但从未提出贝莱德、先锋集团或道富公司等机构的持股情况会违反《克莱顿法》第7条。

(一)法律框架

《克莱顿法》第7条的部分规定:

任何人都不得直接或间接地取得其他商业公司的全部、部分股票,或其他股份资本;任何受联邦贸易委员会管辖的人都不得取得从事商业或任何有影响力的商业活动的人(1人或1人以上)的全部或部分资产,如果在该国任何商业领域或任何有影响力的商业活动,这类收购、股份或资产,或通过投票或准予代理权等其他方式而取得使用权,都将实质

上削弱竞争,旨在形成垄断。[85]

与此同时,“仅为投资豁免”规定:对于仅为投资目的而购买股票,而非通过投票或其他方式造成或企图造成竞争实质性削弱的人,本条不予适用。[86] 平行持股或交叉持股的反垄断分析在这一法律框架下进行。

(二)相关判例法

尽管第7条的措辞以及最高法院的主要判例,[87]都强调在“初期”遏制反竞争行为,[88]“这类收购、股份或资产,或通过投票或准予代理权等其他方式而取得使用权,都将实质上削弱竞争或旨在形成垄断”,[89]但法律语言只有在适用中才有意义。接下来,我们将回顾为数不多的判例法和实施历史。[90]

美国最高法院处理的唯一一个交叉持股案件是1957年的美国诉杜邦公司案(U. S. v. E. I. Du Pont de Nemours & Co.)。[91] 杜邦参股通用汽车(GM)的故事是公司治理史上著名而重要的一章。[92] 1917年,皮埃尔·杜邦领导杜邦公司将一战中获利的2500万美元用来购买通用汽车的股票。在战后经济衰退期间,通用汽车[更确切地说,是创始人兼首席执行官威廉·杜兰特(William C. Durant)]陷入财务危机,杜邦公司和摩根等公司承担了杜兰特的债务和他所控制的股票。众所周知,皮埃尔·杜邦搬到纽约担任总裁,并与小艾尔弗雷德·斯隆(Alfred P. Sloan, Jr.)合作重组了通用汽车,创建了这个现代化、多业务部门的管理公司。尽管杜邦分别在1923年、1928年和1940年从通用汽车总裁、

---

〔85〕 15 U. S. C. §18.

〔86〕 同前注〔85〕。

〔87〕 美国诉费城国民银行案(United States v. Phila. Nat'l Bank)[374 U. S. 321 (1963)].在美国诉公民和南部国家银行案(United States v. Citizens & Southern National Bank)[422 U. S. 86 (1975)]中,平行持股是该案的一个争议点,但是在特殊背景下并没有提出更普遍的见解。

〔88〕 Philadelphia National Bank, 374 U. S. at 362.

〔89〕 15 U. S. C. §18.

〔90〕 详细讨论参见前注〔10〕。

〔91〕 353 U. S. 586 (1956).

〔92〕 详细解释参见 Alfred D. Chandler, JR. & Stephen Salsbury, Pierre S. Du Pont and the Making of the Modern Corporation 433 – 604 (1971)。

董事长和董事会上辞职,但杜邦公司仍然持有通用汽车的股份。

20 世纪 40 年代,通用汽车和杜邦公司(杜邦)都跻身全球企业巨头之列。1946 年,司法部开始调查拆分通用汽车。[93] 1948 年,作为调查的一部分,美国提起诉讼要求拆分杜邦公司和通用汽车,并要求杜邦剥离在通用汽车 23% 的股份。美国司法部反垄断局负责人表示,主要问题在于"行业内经济实力集中,只由少数几家大公司控制"。[94]

政府援引《克莱顿法》第 7 条指控杜邦公司,称其通过交叉持股,在向通用汽车供应面料和饰面方面获得了非法优势并很有可能形成行业垄断。[95] 因此,从表面上看,此案涉及纵向限制竞争。

最高法院将第 7 条描述为"旨在初期阶段阻止一家公司收购竞争对手公司全部或部分股份造成竞争实质性减损,或造成对相关市场的限制或垄断……"[96]

以现代标准来看,这种纵向限制竞争不堪一击。通用汽车辩称,公司在面料和饰面上的总用量在相关市场上的占比微不足道(比重分别为 1.6%、3.5%)。甚至在法院看来,反竞争效果也不明显。但问题在于,通用汽车大约 67% 的饰面和 50% 的面料由杜邦公司供应。法院力图说明杜邦公司利用持股比重和关系怂恿通用汽车购买他们的面料和饰面。但无论杜邦公司施加何种压力,持股目的都不大可能是促进面料和饰面的销售:1947 年,杜邦公司持有通用汽车股票的价值大约是 20 亿美元,而每年产品销售额只有大约 2200 万美元。[97]

即使在当时,反竞争损害理论也受到质疑,[98] 所以最好把它看作一个"大即是恶"的案例,在当时的反垄断执法时期,这是一个令人信服的观点。如果今天提起同样的诉讼(例如,假设微软持有通用汽车 23% 的股份,并借此让通用汽车购买微软的 Office 系统),结果大概率会截然相

---

〔93〕 Mark J. Roe, Strong Managers Weak Owners 131 (1994).

〔94〕 同上。

〔95〕 Du Pont, 353 U.S. at 589.

〔96〕 同上。

〔97〕 See Edward B. Rock, *Controlling the Dark Side of Relational Investing*, 15 Cardozo L. Rev. 987, 996 - 98 (1994).

〔98〕 See Jesse W. Markham, *Merger Policy Under the New Section 7: A Six - Year Appraisal*, 43 Va. L. Rev. 489 (1957).

反。此案目前的作用是作为某一主张的引证,即《克莱顿法》第7条的目的在于补充《谢尔曼法》及“在托拉斯或垄断产生的初期就加以阻止”。[99] 尽管如此,自20世纪70年代以来,最高法院从未援引过此案,即使只是援引这一主张。

有趣的是,自杜邦案以来,“部分收购”的案件非常少。最高法院还未审理过类似案例。在上诉法院一级,主要案件是美国诉美国奶农公司(U.S. v. Dairy Farmers of America)。[100] 大型奶制品业合作社美国奶农(DFA)持有国家乳业公司(National Dairies) 50%的股份,随后又收购了南方百丽(Southern Belle) 50%的股份,南方百丽是国家乳业在多个市场上的唯一竞争对手。在最初的协议中,美国奶农拥有两家公司的投票权、联合经营权、薪资和重大投资否决权,也曾与两家合作伙伴共同成立盈利合资企业。在提交简易判决动议之前,美国奶农/南方百丽修改了经营协议,放弃管理权并转为无表决权股。地方法院的判决理由是,根据修改后的经营协议,政府未能证明美国奶农拥有南方百丽的控制权,因此不违反《克莱顿法》第7条。第六巡回上诉法院基于以下理由做出与地方法院相反的判决:地方法院忽略了原协议中美国奶农拥有的控制权;而且,即使是修改后的协议,政府也提出了充分的理由说明收购将损害竞争。

一些零散的地区法院判例提供了更多的指导。在美国诉特拉辛达企业案(United States v. Tracinda Inv. Corp.)[101] 中,柯克·科克里安(Kirk Kerkorian)直接通过特瑞新达持有米高梅(MGM)约48%的股份并成为其控股股东。他同时持有哥伦比亚影业(Columbia Pictures)5%的股份。1978年,特瑞新达发起并完成了哥伦比亚影业19%股份的要约收购,科克里安获得了该公司大约25%的股份。这导致政府希望剥

[99] 美国诉ABM工业公司(U.S. v American Bldg. Maintenance), 422 U.S. 271, 278 (1975). See also Brunswick Corp. v. Pueblo Bowl – O – Mat, Inc., 429 U.S. 477 (1977)(《克莱顿法》第7条规定:损害赔偿仅限于合并引起的反竞争效应所造成的损失)。

[100] 426 F.3d 850 (6th Cir. 2005). 本文的作者之一爱德华·B.洛克曾以专家身份对此案进行了研究并就公司治理方面提出意见。

[101] 477 F. Supp. 1093 (C.D. Cal. 1979).

离哥伦比亚影业的股份。法院驳回了政府的诉求，理由是特瑞新达的收购符合《克莱顿法》第 7 条“仅为投资”的豁免。判决的核心是“股东协议”，协议限制了科克里安行使股权的范围，“特别规定，在股东投票选举董事时，科克里安应投票支持哥伦比亚管理层提名的候选人，并应与出席会议并投票支持该等提名候选人的其他股份成比例地投赞成票。此外，合同对特瑞新达和科克里安在哥伦比亚的持股比例限制在 25.5%”。[102]

对法院来说，核心问题是控制权：“当一家公司通过收购控制另一家公司时，必然会产生两家公司的合并。如果不存在控制，就没有合并。因此，在第七条的背景下，控制与投资之间的区分不但是一种有效的二分法，而且是解决投资豁免问题最有用的司法工具。”[103] 由于没有证据表明此次股权收购是出于“控制哥伦比亚的目的（或最轻微的意图）”，[104] 法院认定适用“仅为投资”的豁免。[105] 有趣的是，法院认为豁免是由收购时的意图决定，股权行使限制的期限只有 3 年并不重要：“协议的有效期是三年而非十年、二十年、五十年，不影响收购时的意图，尽管法院确实考虑了这一点。”[106]

同样，在阿纳康达公司诉克兰公司案（Anaconda v. Crane）[107] 中，克兰提出交换阿纳康达 22.6% 的股权，阿纳康达认为这违反了《克莱顿法》第 7 条。为了避免这一问题，克兰提出将持股比例限制在 22.6% 并承诺放弃董事会代表的席位，同时遵守第 7 条的规定，包括禁止行使投票权造成或试图造成竞争实质性减损。

按照杜邦公司对《克莱顿法》第 7 条的解释，法院认为：“一旦法院认定收购是‘仅为投资’，法律要求证明被告是‘行使投票权或其他方式造成或试图造成竞争实质性削弱……”[108] 根据同意令，法院认为阿纳

---

〔102〕 同前注〔101〕。

〔103〕 同上。

〔104〕 同上。

〔105〕 同上。

〔106〕 同上。

〔107〕 411 F. Supp. 1210 (S. D. N. Y. 1975).

〔108〕 同上。

康达无法证明。

最后,在海湾西方公司诉大西洋与太平洋茶叶公司案(Gulf Western v. Great Atlantic and Pacific Tea Co.)案〔109〕中,第二巡回上诉法院维持了一项临时禁制令,禁止海湾西方公司要约收购大西洋与太平洋茶叶公司15%的股份(海湾西方公司已经持有4%)。海湾西方公司很有可能寻求并实现对大西洋与太平洋茶叶公司的控制权,法院认为"仅为投资"的豁免并不适用。〔110〕

将《克莱顿法》第7条适用于部分收购时,判例法侧重于两个控制要素。第一,这属于"交叉持股"而非"平行持股"案件。这两个案件中,当事人对"A公司"都有明确、无可争议的控制权,关键问题是收购是否对"B公司"形成足够的控制或影响。杜邦是为了实现自身利益最大化,问题是它是否以反竞争的方式控制或影响了通用汽车;美国奶农控制着国家乳业公司,问题是它对南方百丽的影响和控制程度;科克里安控制着米高梅影片公司,问题同样是对哥伦比亚的影响和控制程度;克兰公司被认为是关注本公司的利益,问题是它对阿纳康达的影响或控制程度;海湾西方公司对纽约地区第二大超市的运营商——博哈克(Bohack)享有有效的控制权,问题是它的要约收购是否会对纽约头号超市运营商大西洋与太平洋茶叶公司产生控制或影响。〔111〕奥布莱恩和萨洛普为此类交叉持股案例开发了专门的模型,有别于阿斯纳尔等人关注的"平行持股"。

第二,关于收购是否涉嫌反竞争损害,关注点集中在大规模(大于20%)的股权收购上,以及持有或收购多少股票才能够控制目标公司。美国奶农收购案中,涉及50%的股权且当事人与其他股东有着长久的

---

〔109〕 476 F.2d 687 (2d Cir. 1973).

〔110〕 值得注意的是,后一种情况涉及竞争对手对敌意收购的挑战。这些挑战基本上已经消失,原因有二。首先,美国最高法院在嘉吉公司诉科罗拉多蒙特福公司(Cargill Inc. v. Montfort of Colorado Inc.)[479 U.S. 104 (1986)]案中,将关注点集中在是否将"反垄断危害"作为起诉条件;其次,莫兰诉HS国际金融公司案(Moran v. Household International, Inc.)[490 A.2d 1059 (Del. Ch. 1985)]之后,"毒丸"(poison pill)成为一种有效的防御措施,真正的敌意交易消失了,最终结果是目标公司董事会批准合并(即使面临压力),进而消除反垄断问题。

〔111〕 Gulf & Western, 476 F.2d at 690-91.

合作历史,法院只要求证明具有反竞争影响。

(三)美国司法部和联邦贸易委员会的执行政策

执法政策一直与案件解释相一致。根据2010年美国联邦贸易委员会和司法部(FTC/DOJ)联合发布的2010合并指南,针对部分收购,执法机构将从三方面进行审查:对目标公司竞争行为的影响;减少竞争的激励;获取非公开的竞争性敏感信息。[112]

美国司法部和美国联邦贸易委员会一般不会对低于20%的部分收购提出异议(无法证明涉嫌控制):

• 丹佛和格兰德河西部铁路诉美国案(Denver & Rio Grande Western Railroad v. United States),387 U. S. 485,504 (1967)(20%,持股比例,下同)。

• 美国诉杜邦公司案(United States v. E. I. du Pont de Nemours & Co.),U. S. 586, 588(1957)(23%)。

• F. & M. 舍弗酿造公司诉克里斯汀·施密特酿酒公司案(F. &M. Schaefer Corp. v. C. Schmidt & Sons, Inc.),597 F. 2d 814, 815(2d Cir. 1979)(可转换为29%的流通股)。

• 克兰公司诉哈斯科公司案(Crane Co. v. Harsco Corp.),509 F. Supp. 115, 123 (D. Del. 1981)(持有5%股份并提议要约收购15%)。

• 联合核能公司诉燃烧工程公司案(United Nuclear Corp. v. Combustion Engineering, Inc.),302 F. Supp. 539, 540 (E. D. Pa. 1969)(21%)。

• 米高梅诉横贯美国公司案(Metro – Goldwyn – Mayer, Inc. v. Transamerica Corp.), 303 F. Supp. 1344,1354 (S. D. N. Y. 1969)(略低于17%)。

• 美国水晶糖公司诉古巴美国糖业公司案(Am. Crystal Sugar Co. v. Cuban American Sugar Co.), 152 F. Supp. 387, 392 (S. D. N. Y. 1957), aff'd, 259 F. 2d 524 (2d Cir. 1958)(23%)。

• 美国诉康普公司和安德鲁公司案(United States v. Commscope, Inc. & Andrew Corp.),72 Fed. Reg. 72,376(2007年12月20日发布)

---

〔112〕 参见前注〔38〕,2010合并指南。

(作出最终判决和竞争影响声明,要求剥离30%的股份)。

• 美国电话电报公司(AT&T)收购第一媒体集团(MediaOne Group)(2002年):第一媒体持有奔跑者(Road Runner)25%的股份,美国电话电报公司的竞争对手时代华纳股份有限公司(Time Warner Entertainment)控制了激发家庭网络公司(Excite@Home)(剥离奔跑者的股权,限制美国电话电报公司与时代华纳交流)。[113]

• TC Group(Carlyle)和立合斯顿控股(Riverstone Holdings)(2007年)持有麦哲伦石油公司(Magellan Midstream Partners)50%的股份,又试图收购其竞争对手金德摩根公司(Kinder Morgan)22.6%的股份(美国联邦贸易委员会同意令:撤出麦哲伦董事会中的代理人;除了被动获取利益外禁止任何事情;禁止分享非公开的信息)。[114]

• 清晰频道通信公司(Clear Channel Communications, Inc.)和AMFM公司(AMFM Inc.)并购和解[作出最终判决和竞争影响声明,要求合并的广播公司(radio broadcast companies)剥离被收购方在广告公司29%的股权,该广告公司与收购方子公司之间存在竞争]。

• 美国诉美国电话电报公司案(United States v. AT&T Corp.) No. 98-CV-03170, 1999 WL 1211462(D. D. C. Aug. 23, 1999)(最终判决)(在与AT&T合并前,TCI将把Sprint 23.5%的股份出售给非利益相关方)。

• 美国诉罗克韦尔国际公司案(United States v. Rockwell International Corp.), No. 80-1401, 1980 WL2000 (W. D. Pa. 1980)(同意令要求剥离29%的股份)。

• 捷利康公司(Zeneca Grp.) 127 F. T. C. 874 (1999)(决定和命令)(在解决阿斯特(Astra)/捷利康并购异议的同意令中,捷利康被要求剥离在一家公司3%的股份,该公司与合并伙伴阿斯特存在竞争关系)。

---

〔113〕 United States v. AT&T Corp., 2000 U. S. Dist. LEXIS 14459 (65 Fed. Reg. 38, 584-93).

〔114〕 参见 www. ftc. gov/enforcement/cases-proceedings/0610197/tc-group-llc-riverstone-holdings-llccarlyleriverstone-global。

(四)艾尔豪格教授发表在《哈佛法律评论》上的文章

如上所述,艾尔豪格教授指出,根据现行法律,阿斯纳尔等人的研究足以证明行为违反《克莱顿法》第7条。鉴于我们的分歧,以及波斯纳等人对分析的高度依赖,有必要对其观点进行详细的研究。[115] 如前所述,艾尔豪格主张对现行法律及美国司法部和联邦贸易委员会联合发布的执行政策进行大幅度改革。

艾尔豪格提出,根据《克莱顿法》第7条执行部分的规定,投资者持有多家公司的股票是非法的,因为"削弱了公司在充分集中的市场中竞争的动机"。[116] 对于这一主张,他只引用了奶农案和司法部/联邦贸易委员会合并指南第13条("部分收购")进行论证。如前所述,该案涉及控制或共同控制国家乳业50%股权的股东收购唯一竞争对手的乳制品公司50%股权,这属于极端情况,与机构投资者在航空业的平行持股大相径庭,机构投资者并未控制任何航空公司。美国司法部/联邦贸易委员会发布的执行政策明确指出,在不享有董事任命权的情况下,低于20%的收购不会受到质疑。

艾尔豪格继续讨论到,根据合并指南,执行机构应调查"任何造成或可能造成市场中MHHIΔ高于200、MHHI高于2500的横向收购,以判断收购是否提高或可能提高股价"。[117] 尽管2010合并指南依赖HHI而非MHHI,也没有将两者等同起来,但艾尔豪格认为,HHI和MHHI的度量结果是相等的,并在不做任何调整的情况下适用现行指南。此外,由于上述原因,在平行持股背景下,将MHHI等同于HHI是有问题的。最后,鉴于MHHI和MHHIΔ的零散性,在没有任何合理的依据怀疑具有反竞争效应的情况下,执行机构对MHHI高于2500、MHHIΔ高于200的所有股票收购进行调查,会耗费美国司法部和联邦贸易委员会有限的执法资源。

---

〔115〕 乔纳森·贝克(Jonathan Baker)早年的一篇文章里以其他方法回应了艾尔豪格的观点。See Jonathan B. Baker, *Overlapping Financial Investor Ownership, Market Power, and Antitrust Enforcement: My Qualified Agreement with Professor Elhauge*, 129 Harv. L. Rev. F. 212 (2016).

〔116〕 参见前注〔6〕。

〔117〕 同上。

接下来,艾尔豪格探讨机构投资者的收购是否适用“仅为投资”的豁免。艾尔豪格对“仅为投资”豁免的两项要素都提出了质疑。关于第一个问题,他表示,即便是跟踪指数而非个股的指数投资基金,也不会被视为“仅为投资”,因为指数投资者在参与公司治理时也不会采取“被动”的方式。他甚至宣称,不需要证明股东与管理层之间存在直接沟通,也能将被动投资者排除在“仅为投资”之外。管理者了解股东的身份并且知道什么最符合股东的利益。[118] 这一解释非常勉强,使“仅为投资”条款归于无效,也找不到任何判例法支持。[119]

他继续指出,即使指数基金的投资满足了“仅为投资”的要求,也无法满足第二点要求,即“不是通过投票或其他方式造成或企图造成竞争实质性削弱”,[120] 因此不能根据《克莱顿法》第 7 条得以豁免。

艾尔豪格认为,对集中行业的股份进行常规收购和股权投票不在这一规定范围,他在很大程度上依赖美国诉杜邦(通用汽车)[U. S. v. DuPont (GM)]案。[121] 与机构投资者参与被投公司的公司治理活动形成鲜明对比的是,最高法院详细审查了杜邦公司高管利用持股和领导地位(皮埃尔·杜邦早期是通用汽车的执行总裁)诱使通用汽车向其购买更多产品的行为。通过审查这一情况,最高法院得出结论:

有大量证据表明,杜邦公司的大多数产品总是能满足汽车行业中某一家公司的大部分需求,而杜邦公司与这个客户有股权上的关联。一个强有力的推论是,杜邦公司不仅仅是凭借竞争优势,更多的是依靠股权来获取市场支配地位。[122]

在此背景下,股权的“行使”大大超出“正常”的公司治理范围(如行使投票权、与管理层讨论战略方向),而是积极参与日常管理。这并不是一个证明机构投资者只是参与正常的公司治理活动的有力论据,因此,

---

〔118〕 参见前注〔6〕。

〔119〕 机构投资者是“仅为投资”豁免的典型。See Marian R. Bruno, Deputy Director, Fed. Trade Comm'n, *Remarks Before the American Bar Association*, *Mergers & Acquisitions*: *Getting Your Deal Through the New Antitrust Climate* (June 13, 2002), www.ftc.gov/public-statements/2002/06/hart-scott-rodino-25.

〔120〕 15 U.S.C. §18.

〔121〕 353 U.S. 586, 597-606 (1957).

〔122〕 同上。

机构投资者无法获得“仅为投资”的豁免。

根据特拉辛达案和阿纳康达案,艾尔豪格教授称:“只有在投资者承诺不行使投票权,或者与其他股东行使相同比例的投票权时才能满足‘仅为投资’这一条件,通常还会附加其他要求,即投资者不得提名董事、不得在董事会中任命代表,不得对管理层施加任何其他形式的影响。”〔123〕

这有点言过其实。在特拉辛达案中,法院判定科克里安可以适用豁免,但他承诺投票支持哥伦比亚管理层提名的候选人及使用镜像投票(mirror voting)以获取豁免资格,承诺是否有必要呢?法院并未做出判断。在阿纳康达案中,克兰承诺不派代表进入董事会,但并未对投票事项作出任何承诺。此外,由于美国司法部和联邦贸易委员会很少对低于20%的收购提出异议,因此没有太多的例子证明,在这种持股水平下,需要做出怎样的限制才能实现“仅为投资”的豁免。

关于这一点,艾尔豪格指出,机构投资者从事常规的公司治理活动(例如,与公司管理层直接讨论或通过行使投票权影响公司管理层)无法得到豁免。这一说法没有法律依据。没有证据表明大型多元化基金与集中行业的公司管理层就竞争性敏感话题有过洽谈。此外,对于继任计划、战略计划这类一般公司治理问题,没有案件表明此类公司治理活动不符合“仅为投资”的豁免。

最后,艾尔豪格认为,即使是完全被动的投资者也要对反竞争效果负责。〔124〕表示,如果阿斯纳尔等人的研究是正确的,那么,“只要投资者的股票收购或股权行使行为实际减少了竞争,无论多么被动,仍要承担责任”。〔125〕作为直接的法律解释,这是不正确的。豁免的第二个条件在表述上明确要求积极行使投票权:“不是通过投票或其他方式造成或企图造成竞争实质性减损。”〔126〕艾尔豪格认为,“被动持股(购买购票并放入抽屉)不属于豁免范围”的主张忽视了一般的法律含义,无法得到权威人士的支持。

---

〔123〕 参见前注〔6〕。

〔124〕 同上。

〔125〕 同上。

〔126〕 15 U.S.C. § 18.

在他的后续文章中,部分回应了我们先前提出的问题。[127] 艾尔豪格就奶农案指出:“我们认为,缺乏控制或影响力并不排除违反第7条,因为即使没有控制或影响力,收购仍可能减少竞争。”[128] 我们很大程度上同意艾尔豪格的观点,即根据《克莱顿法》第7条,在不考虑“仅为投资”豁免的情况下,无论是否提供控制或影响力,减少竞争的收购都初步违反第7条。换言之,这是受“仅为投资”豁免的约束,在奶农案中不存在争议。此外,正如司法部/联邦贸易委员会的执法政策所示,对于不具备董事任命权的20%以下的股票收购,很难确定具有反竞争效应。有别于艾尔豪格,我们认为阿斯纳尔等人的分析表明,贝莱德、先锋集团和道富公司6% ~7%比重的持股一定程度上带来反竞争效应,因为股价上涨了10%左右。

未来五年到十年,如果金融和反垄断经济学家在前人研究的基础上达成共识,认为机构投资者的平行持股会导致集中行业的价格上涨10%,我们期望执法政策和法律也适时跟进,要么重新解释《克莱顿法》第7条,缩小“仅为投资”豁免的范围,要么修改法规。大多数反垄断学者认为,从中长期来看,反垄断法一般紧随反垄断经济学前沿,特别是在达成共识后。

艾尔豪格正在开辟新领域,远远超越现有的法律解释和执法政策。从目前成文法和判例法的措辞来看,他认为法律可以且应该被扩大到平行持股的情况。事实上,他在《哈佛法律评论》上的文章为提起执法行动或私人集体诉讼提供了法律依据。[129] 无论从经济学还是法律的角度看,官司很难打赢,风险难测。相比之下,我们认为,文章第一部分概述的情况仍未超出现行法律和长期存在的反垄断先例。

---

〔127〕 See Edward B. Rock & Daniel L. Rubinfeld, *Defusing the Antitrust Threat to Institutional Investor Involvement in Corporate Governance* (NYU Law & Econ. Research Paper No. 17 - 05, Mar. 1, 2017), ssrn. com/abstract = 2925855.

〔128〕 美国诉美国奶农案(United States v. Dairy Farmers of Am., Inc.), 426 F. 3d 850, 859 - 60 (6th Cir. 2005)。

〔129〕 参见前注〔6〕。

四、政策含义:执行《谢尔曼法》第1条?禁止指数基金?

阿斯纳尔等人以及艾尔豪格在《哈佛法律评论》发表的文章引起了广泛关注,并建议作出适当的政策回应。在这一部分,我们将分析波斯纳、莫顿及韦尔的观点,接着将关注点从对高度投机的担忧转向平行持股引起的主要反垄断问题。

A. 波斯纳等人的"解决方案"

波斯纳、莫顿和韦尔认为,阿斯纳尔等人的研究结果令人信服,艾尔豪格的反垄断分析也相当具有说服力。在此基础上,法律如何为机构投资者提供"安全港"?尽管我们不同意波斯纳及其合著者的观点,即是否存在需要解决的反垄断问题,但这一部分,我们考察波斯纳等人提出的"安全港",并与现有的法定"安全港""被动持股"进行比较。

波斯纳等人的优先规则:在寡头垄断市场,机构投资者或个人持有多家公司的股份,但最终市场份额不能高于1%,除非持有的是一个独立的指数基金,且承诺其为纯被动型指数基金。[130] 具体而言,规制实际由两项子规则组成,我们分别进行讨论。

1. 选择一:在集中市场中只投资一家公司

在此规则下,机构投资者只能持有集中市场中一家主要公司的股票。例如,贝莱德集团和先锋集团分别只能购买一家航空公司的股票,但对是否为同一家航空公司不做限制。投资者可以自由全面地参与公司治理活动,无须担心任何反垄断责任。

这一选择存在一些明显的问题,只有部分能被解决。包括:如何描述多产品公司?如何判断哪些市场只能够购买一家公司股票?如何选择公司又由谁来决定?如何对待外国公司?一旦市场被认定为寡头垄断,是否必须撤资?多长时间撤资?等等。

另一个问题是是否会妨碍投资组合多元化?他们再一次从金融理论中找到答案。根据标准金融理论,人们可以从标准普尔500指数成分

---

〔130〕 参见前注〔7〕。

股中购买低于指数的大盘股,实现多元化投资收益。

如果不对指数基金的"安全港"等类似问题进行修改,波斯纳等人提出的"解决方案"将破坏指数基金的业务模式,对投资者而言这是极其成功的产品,是实现退休储蓄投资的低成本途径。[131]

他们的建议将大幅增加"管理"指数基金的成本,无疑将由基金的投资者承担。此外,如果投资者对指数产品感兴趣,在一个集中市场上只投资一家公司是无法实现的。例如,一只基金投资摩根大通银行、联合航空和苹果公司,而另一只基金投资花旗银行、达美航空和微软(以及许多其他组合),结果将大不相同,不再是追踪指数的基金。[132] 多元化投资和追踪是两个不同的概念,它们服务于不同目标,尽管目标有时重叠。

2. 选择二:把投资限制在1%以内,随心所欲购买股票

另一种方法是将持股比例限制在1%。满足这一要求的机构投资者可以投资行业内的所有公司。然而,如果指数基金满足这一投资限制,它们能否自由参与任何公司的治理活动,规则对此并不明确。

"安全港"都对传统指数基金施加了1%的持股上限。从指数基金的角度看,这不是一个有吸引力的约束。为了满足这一要求,规模较大的机构投资者(贝莱德集团、先锋集团和道富公司)不得不拆分为多个独立的部门,这将带来其他问题。因为这一选择重点关注基金家族(fund – families),因此,先锋集团将标准普尔500指数基金拆分为多个子基金,每个子基金都是独立的法人且持股规模都低于1%,由一个共

[131] 全面披露:两位作者都将大量退休资金投资于先锋500指数基金(Vanguard's Index 500 fund)。

[132] 请注意,指数基金出于多元化投资以外的目的。例如,与指数基金或与指数基金挂钩的期权可以用来对冲投资组合。See Nathan Peterson, *How to Hedge Your Portfolio*, Charles Schwab (2018), www. schwab. com/active – trader/insights/content/how – hedge – your – portfolio.

同的基金经理负责追踪该指数，这样是不可行的。[133] 从投资者的角度来看，最显著的变化是成本上升。很难想象每一个分拆后的子基金都能对持有标准普尔500指数基金中的份额继续收取5个基点的费用。

3. 选择三：不限制指数，但被动持股

我们认为，尽管阿斯纳尔等人关于反竞争效应的说法是正确的，多元化投资者购买股票，但不参与任何公司治理（被动持股），使用镜像投票（按其他股东的投票比例自动行使投票权），或将投票转予受益所有人（beneficial owners），通过这种方式符合《克莱顿法》第7条的规定。我们认为，现行法律并不要求通过这种程度的被动持股来获得"仅为投资"的豁免，但根据极端解释，它将提供一个"安全港"。[134]

这源于上文对"仅为投资"豁免的解释。没有任何投资者比指数基金或从不寻求控制权、也不提名董事的多元化投资者更能代表纯粹出于投资目的而购买股票。机构投资者的被动治理可以满足豁免条件的第2项要求："不是通过投票或其他方式造成或企图造成竞争实质性减损。"[135] 上述规则对行动做出要求，例如，"使用……通过投票……造成或企图造成……"机构投资者的"完全被动"必须符合这一规定，否则无法适用。

相比其他选择，大型机构投资者更倾向这一选择，因为他们能继续维持目前的基本商业模式。这样一来，先锋集团仍能遵守证券交易委员会关于披露投票指南和投票方式的要求。指南很简单：为了避免反垄断责任采用镜像投票。另外，代理投票的报告也很容易生成，尽管毫无意义。

---

〔133〕 阿斯纳尔等人和波斯纳等人很少关注资产管理的实际法律或组织结构，其中"贝莱德集团"或"先锋集团"有时被用来指代基金经理或顾问，有时指代单个基金本身，有时指代基金的"家族"。事实上，每只基金（如先锋标准普尔500指数基金）都是一个独立的法律实体，有自己的董事会，通常与管理公司签订管理合同。管理公司享有投资权，而基金则通常享有投票权。因此，阿斯纳尔等人所依赖的美国证券交易委员会披露季度报告（13F）存在很大的模糊性。

〔134〕 这种方法也与波斯纳、莫顿和韦尔的建议相一致，即允许指数基金持股超过1%，只要其"承诺不与高级经理或董事进行交流，不按持股比例投票，以便在任何公司治理决策中不产生影响力，并且按照规则持有和交易股票，例如尽可能地与指数相匹配。"参见前注〔7〕。

〔135〕 15 U. S. C. § 18.

同样,先锋集团也可以遵守美国劳工部和证券交易委员会提出的更为零散的建议,即对投资者承担“信义义务”,满足他们的知情权。当然,这样做是为了让这些基金及其投资者承担巨大的反垄断责任(根据艾尔豪格的说法,包括3倍损害赔偿),通过不投票(或镜像投票)来规避这些风险,履行先锋集团的信义义务。

4. 选择四:基于衍生品的指数

最后一种选择是,机构投资者利用衍生品编制针对集中化市场的最优投资组合。不同于股票,衍生品不享有投票权,按照波斯纳等人的方案,衍生品可以被豁免。

与选择三一样,对大型机构投资者的吸引力取决于成本。对于投资大公司的大型基金来说,可能缺乏足够的能力。此外,如果交易对手为了对冲积累了大量股票头寸,就会产生一个关键问题——如何行使投票权?

5. 对公司治理的影响

按照前文假设,如果多元化投资者采用第三种、第四种方案,会对公司治理产生什么影响?

第一个影响可能是推动广泛多元化的机构投资者(包括指数基金)走向被动治理。指数基金之间的竞争不在于指数表现,而在于成本、跟踪误差和客户服务。这意味着机构投资者把钱花在公司治理上的财务激励要弱于对特定公司进行大规模集中投资的“高度参与”投资者。[136]通过三十年的努力,已经成功说服广泛多元化机构投资者参与有限的公司治理活动,在财务激励相对弱的情况下,即使反垄断风险并不是很高,也很容易劝说这些公司恢复原状、大幅度削减公司治理团体从而降低成本。

广泛多元化基金回归被动治理,将赋予“长期持有者”股东权利。这些股东包括主动型管理的共同基金(如普徕仕)和活跃型对冲基金。多元化机构不投票或采用镜像投票,将显著扩大这两类投资者的影响力。

---

[136] See Edward B. Rock, *The Logic and (Uncertain) Significance of Institutional Shareholder Activism*, 79 Geo. L. J. 445 - 506 (1991).

此外,更令人担忧的是,管理层可以通过镜像投票自动获得多元化机构投资者的支持,而无须进行说服。如此一来,新兴的平衡(多元化机构投资者实际上成为活跃型股东和管理层在公司治理规则争议上的"决策者")将被扼杀在萌芽中。[137] 活跃型股东对短期持有者已有偏见,如果将长期持有者从集中市场中剔除,将加剧问题的严重性。

基于目前的经济分析和法律,在不让消费者受到反竞争影响的情况下,如何设计允许机构投资者参与公司治理的指导方针?下文将展开讨论。

B. 展望:《克莱顿法》第7条下的平行持股

文章的第一部分讨论了《谢尔曼法》第1条下平行持股带来的问题,在此背景下,久负盛名的"卡特尔助长"理论为分析提供了框架。随着投资组合经理与发行人的密切接触,我们的开放型假设情景绝非空想。尽管还未有案例发生,但建立反垄断合规计划的时机已经到来。

尽管阿斯纳尔等人的理论与实证分析和艾尔豪格的法律分析都未能成功说服我们,但《克莱顿法》第7条下平行持股所引发的问题确实有趣且重要。事实上,我们在与反垄断部门合作时都遇到过这些问题。

首先,我们认识到,在某些情况下,平行持股可能引起重大的竞争问题。奶农案即是典型案例,但得到了合理的判决。如果巴菲特提议收购各大主要航空公司51%的股份,这将造成巨大的反竞争风险,我们确信,这样的收购将会被也应该被《克莱顿法》第7条禁止。问题不在于平行持股是否可能产生反竞争,而在于什么情况下产生反竞争。

C. 标准的交叉持股

前文的部分交叉持股案件为我们支持现行的监管治理提供了基础:当一家公司购买竞争对手股票,并且收购可能影响单边和协同行为时,执法机关对此具有适当的敏感性。当一家公司获得竞争对手公司控制权时,即使不是100%控股也通常被视为合并。

---

〔137〕 See Marcel Kahan & Edward Rock, *Anti - Activist Poison Pills*, Working Paper (2017).

在这种部分持股情形中,交易策划者有时试图设计旨在消除收购方行使控制权的治理结构。举一个众所周知的例子,西北航空收购大陆航空大约14%的流通股,这些股份拥有超过半数的投票权。考虑到西北航空和大陆航空有重叠的航线,为了消除反竞争担忧,双方签订了一份治理协议以防止西北航空控制或影响大陆航空。但美国司法部并不认可,认为竞争担忧仍然存在。[138] 在此情况下,关键问题是交叉持股是否对单边行为产生重大影响,以及尽管有治理协议,竞争对手是否有足够的影响力或控制力进行威胁从而实现协同效应(coordinated effects)。

正如前面关于执法行动、同意令的讨论,这不是一个新问题。执法机关在评估单边效应时关注持股比重的高低,在评估协同效应时关注影响或控制的程度。

D. 平行持股股东

从标准的交叉持股到"与竞争对手拥有共同的控股股东"只有一小步。最简单的例子就是A公司的控股股东提出收购竞争对手B公司的控股权。因为反竞争的可能性相同,这种收购应与提议合并同等对待。

美国奶农案中,最初的协议就体现这一特点。DFA持有国家乳业50%的股权,通过各种控制权,至少与其他股东共同拥有国家乳业的控制权。当DFA提议收购国家乳业的竞争对手南方百丽时,反垄断部门对此进行了分析,这似乎等同于国家乳业和南方百丽进行合并。在政府对收购提出质疑后,DFA修改了对南方百丽的经营协议,放弃表决权并限制了其他控制权。

与涉及治理协议的所有标准交叉持股案件一样,问题变成治理结构是否使B公司免受收购方A公司的控制或影响。

E. 无控制权的平行持股

一般的平行持股案件也应该适用同样的原则。

---

〔138〕 该案被起诉时,本文作者之一(鲁宾费尔德)在司法部任职。See, e. g., Airline Competition and Service: Hearing Before the S. Comm. on Commerce, Sci., & Transp., 106th Cong. 12 – 18 (1999) (statement of Joel I. Klein, Assistant Att'y Gen., Antitrust Div., U. S. Dep't of Justice). 本文另一位作者(洛克)任司法部公司治理专家,他提供了一份报告,并就治理协议在多大程度上阻止或控制西北航空对大陆航空施加影响而接受质询。

1. 需要多少股份才能获得控制权?

当投资者是A公司的控股股东时,分析将在上文的A部分或B部分进行。需要多大比例的股份才能控股?

法律在不同情况对控制的看法不同。根据特拉华州公司法,当股东持股比例高于50%时就推定拥有控制权。[139] 当持股介于40% ~50%时,会出现两种情况,需要综合考虑各种因素来确定,包括其他投资者的持股情况以及是否拥有董事会代表。[140] 当持股低于40%时,控股的情况极其罕见,而且每一种情况都涉及设立董事会代表。[141] 对公司而言,"控制"的含义主要与可能损害非控股股东利益的监管相关。

在联邦证券监管中,根据《1933年证券法》第15节和《1934年证券法》第20(a)节,"控制人"责任是一种对公司和个人施加的应受谴责的参与责任,兼具补偿目的和威慑目的。通常情况下,多数股权加上任命董事的能力就足够了。相较之下,少数股权的情况并非如此,"对持有违规公司22%和30%股份的控制人以及持有38%和50%股份并任命董事会候选人的被告的索赔,法院均予以驳回"。[142]

反垄断下关于"控制"的持股比例要求可能与公司法或证券监管下的要求不同。鉴于对助长协同行为的关注,董事会代表显得十分重要,哪怕只有一名董事。投资者持有一家公司一定比例(远低于50%,甚至低至20%或25%)的股份,让代表进入董事会,通过与董事会其他成员的博弈影响竞争决策,这当然是可能的,即使可能违反股东的信义义务。当美国司法部威胁要起诉Primestar(由5家有线电视公司组成的共同

---

[139] See Marcel Kahan and Edward Rock, *How to Prevent Hard Cases from Making Bad Law*: *Bear Stearns*, *Delaware*, *and the Strategic Use of Comity*, 58 Emory L. J. 713, 743 (2009).

[140] 同上。

[141] 例如,Zhongpin公司(Zhongpin Inc.)股东诉讼, No. 7393 – VCN, 2014 WL 6735457 (17.3%持股加上董事会和高管任职)。

[142] Ari M. Berman & Nikolay Vydashenko, *Control Person Liability*: *Tips for Investment Firms*, LAW 360 [citing Deutsche Telekom, No. 00 – CIV – 9475 – SHS, 2002 WL 244597 (S. D. N. Y. Feb. 20, 2002); Flag Telecom Holdings Ltd. Sec. Litig., 352 F. Supp. 2d 429 (S. D. N. Y. 2005); Zishka v. Am. Pad & Paper Co., No. 3:98 – CV – 0660 – M, 2001 WL 1748741 (N. D. Tex. Sept. 28, 2001), aff'd, 72 Fed. App'x 130 (5th Cir. 2003)].

体),阻止其收购一家卫星电视供应商时,提出了上述观点。[143] 这笔交易最终放弃。反垄断机构一般不会对收购竞争对手低于20%的股份提出异议,尤其是在没有董事会代表的情况下。这意味着低于这一水平的收购,通常不具备足够的影响力或控制力引发严重的反垄断问题。

2. 建议为持股低于15%、无董事会代表、从事"正常"的公司治理活动的投资者提供"安全港"

随着阿斯纳尔等人的文章受到关注,我们担心机构投资者出于对反垄断风险的担忧,退出正常的、适当的公司治理活动。投资者的非专业法律顾问在阅读了艾尔豪格教授发表在《哈佛法律评论》上的文章后,可能会问:"为了参与公司治理值得冒这个险吗?"

a."安全港"

为了避免这一结果,我们建议为持股不超过15%、无董事会代表、从事"正常"的公司治理活动的投资者提供一个"安全港",从而实现反垄断和公司治理问题之间的平衡。根据我们对当前经济迹象的解读,进入这个"安全港"的投资者不会构成重大的反垄断风险。[144]

b. 什么是"正常的公司活动"

在过去的20年,人们花费大量精力鼓励机构投资者参与公司治理,这些努力基本取得了成功。

如今,最大的机构投资者拥有大量的代理投票(proxy voting)团体,他们非常认真地履行股东义务。通过这些努力,"最佳实践"(best practices)的粗略共识已经达成。

当前的方法有几个要素。第一,符合相关监管规则。因此,为了回应证券交易委员会的规则制定,[145] 机构投资者采取并公布"代理投票政

[143] See Daniel L. Rubinfeld, *The Primestar Acquisition of the News Corp./MCI Direct Broadcast Satellite Assets*, 16 Review of Industrial Organization 193 (2000).

[144] 需要注意的是,尽管根据目前的持股情况,低于15%的投资并不构成重大的反垄断风险,但在另一种情况下,例如,6个投资基金分别控制着每家航空公司15%的股份,则需要重新评估"安全港"。

[145] See Edward B. Rock, *Institutional Investors in Corporate Governance*, Oxford Handbook of Corporate Law and Governance (Jeffrey Gordon and Wolf - Georg Ringe, editors) at Section 7.2, 7.3 (2015). See, e.g., 17 CFR 275.206(4) - 6 - Proxy voting.

策”,报告投票方式。这些投票政策往往相当全面,向公司管理层发出信号,表明投资者对公司治理的各种基本问题的看法。例如,在公司治理方面,先锋集团宣布“基金将普遍支持改革现有董事会提议(无论是管理层还是股东提议),并将阻止公司采取分类董事会(classified board)结构,即每年只选举部分董事会成员”。[146]

第二,大型机构投资者花费大量时间与被投公司经理会面。正如先锋集团所解释的:

尽管股东大会上的代理投票很重要,但它只是公司治理计划的一部分。与先锋基金(Vanguard funds)投资的公司领导人和董事进行直接讨论,是我们发表意见的一种特别有效的方式。我们努力提供建设性的建议使公司更好地为所有投资者提供长期可持续的价值。

在过去1年里,我们与不同类型和规模的公司管理层和董事进行了800多次洽谈,其中包括持有近1万亿美元资产的先锋基金。我们的参与量在过去一年中增加了19%,在过去3年中增加了67%。虽然我们出于各种原因与公司接触,但主要是为股东会议投票做准备,或者公司出现可能影响股价的事件,或者我们研究发现了一个不在投票表决事项中的具体治理问题。

我们参与的方式包括电话会议、面对面会议、要求变更的正式信函,以及更广泛的变革倡议。其中,与公司经理和董事进行直接对话是参与的主要形式。[147]

先锋集团和许多其他机构投资者围绕基本原则进行参与,包括董事会的组成和治理、董事会责任、股东权利、透明度、继任计划、高管薪酬以及先锋集团等资产管理公司的责任。[148]

其中一些被广泛应用于公司治理、资产管理和公司行为中。例如,

---

〔146〕 先锋集团:《先锋集团代理投票指南》(*Vangaurd's Proxy Voting Guidelines*)(2018年)。

〔147〕 先锋集团:《努力参与和代理投票(更新版)》(*Our Engagement Efforts and Proxy Voting*)(2016年)。

〔148〕 同上。

由13家主要公司的CEO和投资者共同签署的《公司治理常识原则》。[149] 其中涉及资产管理公司的作用,包括敦促积极参与公司治理、提出关键问题、评估董事会关注的一项长期战略计划以及计划的实施情况。[150]

时任美国证券交易委员会主席的玛丽·乔·怀特(Mary Jo White)也鼓励长期投资者和公司增加接触。[151]

在一篇描述当前参与模式的重要文章中,贝莱德的马特·马洛(Matt Mallow)、贾斯敏·塞西(Jasmin Sethi)描述了多种参与风格,从轻度参与到集中参与。他们指出,通过"SDX协议"等手段,参与模式变得更加结构化和标准化。[152] 在确定参与主题时,SDX举了以下例子:董事会的组成和领导能力、董事会对资金配置的监督、高管继任、收购防御、管理绩效。[153]

尽管SDX使用了诸如"承认"等术语来质疑与公司管理层的日常互动,[154] 但机构投资者与管理层接触的报告不存在任何可疑。[155] 当然,在健全的公司治理体系中,我们希望最大的股东能够与公司管理层进行直接讨论,并利用投票权影响管理层。这些报告根本不能证明机构投资者组织了一个违反《谢尔曼法》第1条的卡特尔,也不能证明他们的持股是反竞争的。

c. 符合现行法律

"正常的公司治理活动"的概念与联邦证券监管中"被动投资"的概

〔149〕 Tim Armour et al., *Commonsense Principles of Corporate Governance*, www.governanceprinciples.org/.

〔150〕 同上。

〔151〕 参见玛丽·乔·怀特(美国证券交易委员会主席)在公司秘书和治理专业人士协会第69届全国会议上的演讲:《与股东建立有意义的沟通和互动》(2015年6月25日)。

〔152〕 SDX(2016):导言和协议,载 http://www.sdxprotocol.com/what-is-the-sdx-protocol/。

〔153〕 并不是说除此之外其他"正常公司治理"活动是可疑或反竞争的。

〔154〕 参见前注〔6〕。

〔155〕 See Joseph A. McCahery, Zacharias Sautner & Laura T. Starks, *Behind the Scenes: The Corporate Governance Preferences of Institutional Investors*, 71 J. Fin. 2905, 2906, 2913, 2922 (2016)(转引自前注〔6〕)。

念完全相符。根据1934年《证券交易法》第13(d)条的规定,收购5%以上股份的投资者有义务在10日内向证券交易委员会提交13D附表(Schedule 13D)披露持股情况。持股5%以上的特定类别股东可以提交不那么烦琐的13G附表"简式"持股披露,无须完整的13D附表。[156] 首先,"合格机构投资者"包括注册经纪商、注册投资公司、资产投资顾问,他们在正常的业务过程中购买证券,不具有改变或者影响发行人控制权的目的和效果,他们可能而且可以经常利用上述选择权。其次,13G附表也可适用于"被动投资者",此类投资者被定义为:(1)除了符合合格机构投资者条件外,购买证券时不具有任何改变或影响发行人控制权的目的和效果,或作为具有该目的或影响的任何交易的参与者,或与具有该目的或影响的任何交易相关;[157] (2)不是直接或间接持有该类别股20%及以上股份的受益所有人。[158]

共同基金作为合格投资者通常申报13G附表,而真正无意图改变或影响控制权的对冲基金则利用被动投资者豁免。相比之下,拥有激进主义历史,甚至有迹象表明被动参与可能最终变为主动的对冲基金,最好从一开始就申报13D附表,因为很难确定"意图"何时发生变化。

至少对合格投资者来说,申报13G附表符合大股东积极参与公司治理(不涉及控制权之争)的要求。[159] 这种积极主义可能包括敦促管理层出售资产、支付高额股息或改变高管薪酬,推动取消毒丸计划(poison pills)和分期分级董事会制度(staggered boards)。

尽管联邦证券监管中持股"仅为投资"的概念已经适应机构投资者参与公司治理的变化,但反垄断标准还没有。《哈特·斯科特·罗迪诺

---

〔156〕 其实程序没那么复杂。首先,无须在收购股份后10日内提交申请,合格投资者只需在提交文件的触发事件发生的月末后10日内提交,并需要在每年最后的45日内修订13G附表以报告变动。但是,如果收购的股份超过10%,修改后的13G附表要在收购后10日内提交;其次,需要的信息内容较少;最后,当计划变更或收购或减持超过1%时,13d-2规则要求13D附表提交者(而非13G附表)及时修改文件。

〔157〕 合格投资者管理着至少1亿美元的资金,并被SEC允许交易私募证券且无须进行注册。

〔158〕 17 C. F. R. §240. 13d-1(c) (2018).

〔159〕 《受益所有权报告要求(修正案)》(*Amendments to Beneficial Ownership Reporting Requirements*), 63 Fed. Reg. 2854, 2858(1998年1月16日)。

法》(*Hart Scott Rodino Act*,HSR)规定,在持股比例较低的情况下,进一步收购股份,必须提前通知并获得批准。[160] 与《克莱顿法》第 7 条一样,HSR 中有一条"仅为投资"的豁免,即"仅以投资目的收购有表决权证券,因收购获得或持有的证券不得超过发行人已发行的有表决权证券的 10%"。[161]

HSR 下,投资者只有在"持有或收购此类有表决权证券时无意参与发行人基本商业决策的制定、确定或指导"的情况下才符合这一标准。[162] 随着机构投资者在公司治理上变得更加积极,联邦贸易委员会及其部分代表认为这种行为不再符合"仅为投资"的豁免。2002 年,联邦贸易委员会竞争署并购前申报办公室(Premerger Notification Office)副主任玛丽安·布鲁诺(Marian Bruno)在一场广受关注的演讲中指出:规则刚出台时充当"被动"投资者行为典范的机构投资者,在影响发行人商业决策方面变得更加积极。其中一些大型投资者寻求"仅为投资"的豁免,尽管他们试图影响发行人的管理决策。行为包括直接或间接尝试说服管理层将发行人挂牌出售。这类活动不符合豁免条件中的"纯粹被动"。[163]

公司/证券和反垄断在"被动投资"概念上的矛盾,在近期一场执法行动中达到了顶峰,该行动与 ValueAct 投资公司对贝克休斯(Baker -

[160] 截至 2018 年 1 月,门槛为 8440 万美元。并购前申报办公室工作人员:《HSR(2016)门槛调整和应报告性》(*HSR Threshold Adjustments and Reportability*),联邦贸易委员会(2018 年 2 月 8 日)。除"交易规模"测试外,还有"人员规模"测试,适用于规模较小的并购(5000 万美元至 2 亿美元的交易)。参见联邦贸易委员会《是否提交:何时必须提交并购前申报表》(2008 年)。

[161] 15 U. S. C. § 18a(c)(9). See also 16 C. F. R. § § 802. 9, 802. 64.

[162] 16 C. F. R. § 801. 1(i)(1). See also id. § 802. 9.

[163] 参见前注[119],布鲁诺文。See also 16 C. F. R. § § 802. 9, 802. 64; John M. Sipple, Jr., Chief, Fed. Trade Comm'n Premerger Notification Office, *Remarks Before the N. Y. State Bar Association*, Antitrust Section 18(1990 年 1 月 16 日)。("被动投资者可以与管理层会面,获取与投资相关的信息并进行投票表决",但"如果一个大股东向公司管理层提出建议,要求其采取某些行动,无论这些行动是否需要股东批准,都可能被视为不符合仅为投资"。)

Hughes)和哈里伯顿(Halliburton)两家公司的合并提议有关。[164] ValueAct是一家经常寻求董事会代表席位的活跃型对冲基金投资公司,[165]它收购了2家公司的股票并积极鼓励双方董事会合并。但ValueAct基于"仅为投资"的豁免条款没有按照HSR申报。

司法部提起民事诉讼,指控其违反HSR申报要求,并认为ValueAct不具备"仅为投资"的豁免资格,因为其"利用地位影响两家公司决策"。[166] 和解协议中,ValueAct同意支付1100万美元民事罚款,并承诺在没有获得HSR许可的情况下,不与两家公司的董事会进行各种接触,包括:

(A)建议发行人的高管或董事进行公司合并、收购或出售;

(B)建议发行人的高管或董事对其持有表决权证券或股票的公司进行合并、收购或出售;

(C)就发行人参与的任何公开宣布的合并或收购,向发行人的高管或董事提出新的条款或提议修改;

(D)在公开宣布的合并或收购完成或放弃前,向发行人的高管或董事提出其他替代方案;

(E)向发行人高管或董事提议,变更需要股东批准的公司结构;

(F)向发行人高管或董事提议,修改公司关于产品或服务定价、生

---

[164] See Press Release, Halliburton Corp., *Halliburton and Baker Hughes Reach Agreement to Combine in Stock and Cash Transaction Valued at* $34.6 *Billion* (Nov. 17, 2014), www.halliburton.com/public/news/pubsdata/press_release/2014/HAL-BHI-Joint-Announcement-PressRelease.pdf.

[165] See Michael Flaherty & Diane Bartz, *U.S. Regulator Sues ValueAct over Halliburton-Baker Hughes Disclosures*, Reuters; see also Antoine Gara, *ValueAct Capital Seeks Board Seats, Transparency at Governance Specialist MSCI*, Forbes; Sean Farrell, *Rolls-Royce Ready to Give Activist Investor a Board Seat*, Guardian, www.theguardian.com/business/2016/feb/17/rolls-royce-ready-to-give-activist-investor-valueacta-board-seat.

[166] 2016年4月4日,美国司法部对ValueAct违反并购前申报要求的行为提起诉讼,《商业内幕》援引美国司法部助理部长威廉·贝尔(Bill Baer)的发言,称美国政府瞄准的190亿美元对冲基金正在反击。ValueAct对哈里伯顿和贝克休斯的投资超过25亿美元,却没有通知反垄断机构,理由是没有影响公司商业决策的意图(ValueAct大量购买股票,成为两家竞争对手公司的最大股东之一,当时我们正在对两家公司的合并进行反垄断审查,ValueAct利用自己的地位影响了两家公司的决策)。

产能力或生产量的策略。[167]

和解协议引起了广泛关注,并不是因为贝克休斯和哈里伯顿交易引起了严重的反垄断问题,并最终在美国和欧盟反垄断监管机构的反对下放弃,[168]而是因为本案在某种程度上体现了联邦贸易委员会目前对不符合 HSR 法案"仅为投资"豁免的态度。这些行为中有许多是负责任的机构投资者经常与被投公司经理讨论的事项,包括建议取消分期分级董事会制度(第 E 点),对合并或合并价格的合理性发表意见(第 B、C、D 点),向董事会提出增加产量可能不明智的劝告(第 F 点)。[169] SEC 对 ValueAct 和解协议十分关注,因为协议修改了合规和披露解释,以澄清因股东在某一特定问题上试图影响管理层决策而不符合 HSR"仅为投资"的豁免条件,但并不会取消股东报告 13G 附表的资格。[170]

在某种程度上,ValueAct 和解协议代表了目前对"仅为投资"豁免限制的态度,这种限制过于宽泛。事实上,考虑到目前大型机构投资者和公司管理层之间的接触模式,如果认定 ValueAct 的行为不符合豁免条件,那么目前所有大型机构投资者都在持续违反 HSR。很难想象联邦贸易委员会愿意或有能力认真处理如此多的 HSR 申报。正因如此,我们更愿意把 ValueAct 和解协议看作一项特例。

"安全港"以外的行为并不必然构成反竞争,需要根据《克莱顿法》第 7 条加以分析。

---

〔167〕 最终判决,美国诉 VA 合伙企业案(United States v. VA Partners I, LLC), No. 16 - cv - 0672 (WHA), 2016 U. S. Dist. LEXIS 163605 (N. D. Cal)。

〔168〕 迈克·斯通(Mike Stone):《哈里伯顿和贝克休斯放弃 280 亿美元的合并》,路透社(2016 年 5 月 1 日)。

〔169〕 正如我们在第一部分所讨论的,第 F 点在某些情况下可能会增加反垄断风险。特别是在集中市场中持有竞争公司股票的投资组合经理,如果与竞争公司讨论定价或产量,可能会使其公司和被投公司面临巨大的法律风险。

〔170〕《证券交易法》第 13(d)条和 13(g)条以及第 13 - D - G 条例(受益所有权报告),美国证券交易委员会(2016 年 7 月 14 日)(问题 103.11)。

结 论

集中市场中,面对机构投资者积极参与被投公司管理之情形,投资者必须像对证券法规问题一样对反垄断问题保持警觉。正如基金经理需要了解 SEC13D 下的披露义务一样,他们也应该了解反垄断的基本知识。基本原理是明确的:持有竞争公司股票的投资组合经理必须小心,不要利用这些股票促成卡特尔。

集中市场中平行持股是否会产生反竞争效应?答案是肯定的。本文以一种假设开篇,这种假设显然违反《谢尔曼法》第 1 条,但第二种假设则没有。据我们所知,还没有实质性证据表明,目前多元化机构投资者的平行持股具有反竞争效应,也没有证据表明集中市场中,多元化机构投资者的现有持股违反《谢尔曼法》第 1 条和《克莱顿法》第 7 条,这些投资者也不应该被限制在集中行业中只能持有一家公司的股票。本文审视了对广泛的多元化机构投资者持股的反垄断抨击并且发现了其中的不足。

即使是最具煽动性的主张也令人难以信服,不应该让机构投资者和被投公司产生一种安全的错觉。阿斯纳尔等人和艾尔豪格、波斯纳等人在提出反垄断问题上作出了宝贵的贡献。展望未来,学者、实务工作者、机构投资者和监管机构都应该考虑制定针对多元化投资者的反垄断指导方针。我们已经初步勾画并为之辩护,但还需要做更多的工作。

(编辑:宋澜)

《证券法苑》(2021)
第三十五卷,第60~69页

如何矫正不断增长的金融不平等?

许多奇*　蔡奇翰**

无论是否面临危机,金融服务的可获得性及其结果的不公平都是一个较为普遍的现象,然而,公众却对诸多"危险且不断增长的不平等"[1]现象熟视无睹或习以为常。金融从业人员在市场自由的庇护下获得了极高的收益,金融业高管的高薪酬与业绩是否出众或者经济形势好坏并无太大关联,而由金融业高管过度激进造成的损失却往往由整个社会分担。[2] 次贷危机后,美国的银行与其他金融机构虽被征收了巨额的罚款,却鲜有高管因此受到刑事处罚。更有甚者,近十年来全球税收体系对富人的优待将市场经济的赢家引向了一场"不公正的胜利"。[3]

任何关于财富和收入不平等的"经济决定机

---

* 复旦大学法学院教授、数字经济法治研究中心主任。

** 复旦大学法学院法学博士研究生。

[1] [美]沃尔特·沙伊德尔:《不平等社会》,颜鹏飞等译,中信出版社2019年版,序言第Ⅲ页。

[2] 关于金融业高管薪酬的数据可参见黎四奇:《金融机构高管薪酬治理:基于公平性正义的立场》,载《法商研究》2021年第1期。

[3] [法]伊曼纽尔·赛斯、[法]加布里埃尔·祖克曼:《不公正的胜利》,薛贵译,中信出版集团2021年版,引言第Ⅸ页。

制”都值得警惕。[4] 近期出版的《金融正义论:金融市场与社会正义》[5]一书对传统市场自由观念提出了质疑:金融市场是自由市场吗?为什么金融市场往往无法达成有效市场假说的结果?德国学者丽莎·赫佐格此前对于市场的研究表明,交换与竞争是市场的两大关键特征。在一个理想的有效市场中,供给侧和需求侧都有大量市场主体,市场主体的多方博弈可以形成稳定的价格,从而实现所谓的“帕累托最优”。[6] 根据有效市场的预期,金融市场的参与者基于不同的流动性需求和风险偏好,在与其他参与者的交易中获取收益。本书对金融市场的研究则显示,金融市场具有不同于其他市场的特殊性。近年来,已有一些学者对金融市场的功能开展了卓有成效的研究,并产生了较为丰富的成果。然而,多数研究仍然预设市场是自由的,通过监管校正背离完全竞争市场的异常具有可行性。丽莎·赫佐格编著的力作《金融正义论:金融市场与社会正义》则大胆挑战了金融市场的“市场自由”这一预设前提,将金融正义的价值旨向提升至金融市场的首要位置。

一、理论展开:作为金融市场元理论的金融正义

自2008年国际金融危机以来,金融市场失灵的现象引起了人们的广泛重视,然而,现有的理论研究多呈现技术化、碎片化的特征,缺乏统一的理论指引。以金融效率、金融安全、金融消费者保护(或金融公平)的三足定理为代表的理论已对金融法制造成了深刻的影响,[7] 却

---

〔4〕 参见[法]托马斯·皮凯蒂:《21世纪资本论》,巴曙松等译,中信出版社2014年版,第21~22页。

〔5〕 参见[德]丽莎·赫佐格主编:《金融正义论:金融市场与社会公平》,袁康译,上海人民出版社2021年版。英文原著 *Just Financial Markets? Finance in a Just Society* 由牛津大学出版社于2017年出版。

〔6〕 See *Markets*, http://plato.stanford.edu/archives/fall2013/entries/markets/, visited September 27, 2021.

〔7〕 参见邢会强:《金融危机治乱循环与金融法的改进路径——金融法中“三足定理”的提出》,载《法学研究》2010年第5期;冯果:《金融法的“三足定理”及中国金融法制的变革》,载《法学》2011年第9期。

仍没有撼动传统市场自由的观念。编著者丽莎·赫佐格则提出,用过于简单的自由市场路径去分析金融市场的路径行不通,理应转而采用经济学、哲学与社会学交叉学科的视角来论证金融正义概念的合理性。

(一)金融正义论的规范基础:人权、能力、制度目标与应得

法律旨在实现一种正义的社会秩序,〔8〕正义却有着一张"普罗透斯的脸",因而金融正义的哲学基础仍需要明确。首先,人权是金融市场的合法性基础。金融市场与金融机构并非凭空存在,而是需要为某种社会目的服务,即存在的合法性。〔9〕虽然目前这种合法性基础未得到过多关注,但其往往建立在以道德观念为支撑的正义和人权的法律观念之上。金融市场不仅是为少数特权阶级服务,更具有为社会创造财富、为实体经济服务等目的。因此,金融市场应当确保透明度、参与度和问责制以促进其社会目的的发挥。其次,能力框架可以为金融监管提供理论基础。〔10〕对于强调社会目的的金融监管,以效率为核心的功利主义理论不能为其提供理论支撑,基于公平正义的能力框架则能为此提供坚实的理论基础。这里的能力不仅包括参与金融市场的参与能力,还包括购买商品的消费能力与第三方能力。例如,消费者需要进入金融市场获取住房按揭贷款或小微经营性贷款以实现其消费能力,或需要足够高的金融素养以实现其对特定市场的参与能力。再次,确保市场制度目标的实现是立法者和监管者的首要任务之一。金融市场亟须围绕制度目标构建一般性的规范理论,相应地,特定的金融市场(如股票市场)也亟须基于其特殊目标的规范理论。〔11〕如资本市场的制度目标是以合理的成本向生产性企业提供充足且可持续的资金供应,即服务实体经济,因而投机交易的行为需要通过强制、激励等手段受到限制。最后,"制度性应得"的概念可以分析金融市场的高收入是否正常。〔12〕"制度性"的概念表明,市场规则不能成为为高收入、高管

〔8〕 参见[美]E. 博登海默:《法理学:法律哲学与法律方法》,邓正来译,中国政法大学出版社1998年版,第318页。

〔9〕 同前注〔5〕,第50页。

〔10〕 同前注〔5〕,第57页。

〔11〕 同前注〔5〕,第80页。

〔12〕 同前注〔5〕,第102页。

人群不当行为辩护的理由,因为规则的好坏也是需要考量的因素。市场规则仅能表明私法权利,但可能因为信息不对称等导致的市场失灵或“羊群行为”导致的社会失序而偏离应得的范畴。因此,更加偏向金融正义的公法规则需要被制定以实现再分配。

(二)对“市场自由”前提的质疑

自由权利与市场结果往往是证明市场正当性的两个理由。[13] 自由不仅是人与生俱来的权利,而且自由的市场可以使市场效率最大化。除了对正义的最低的、程序化的要求外,市场不应该被过多干涉。然而,基于金融市场的特殊性,自由不能被视为金融市场中一种与生俱来的权利,且市场自由的结果未必能实现效率。第一,金融市场具有抽象性。金融市场交易的产品是股票、债券、衍生品合约与证券化产品等具有高度复杂化与抽象性的权利集合,交易速度之快、数量之大均远超其他市场。在这一背景下,如果人们普遍相信某种流行的叙事,则市场则可能陷入某种狂热中。第二,金融交易参与主体的权力配置并不平衡。金融市场中的责任通常通过公司等形式得到限制,而且央行可以为陷入流动性危机的银行提供“最后贷款人”的支持。第三,金融市场具有非理性的特征,更容易陷入失衡。如果市场参与者遵循“动物精神”而冲动行为,则市场可能不会均衡,而会非理性地上升或下降。[14] 而如果采用适应性市场的假设,这种非理性状态可能是市场的一种常态。[15]

法学研究不能仅遵循经济决定论,而必须把市场的“非市场性基础”纳入考量的范围。[16] 如果将金融产品交易的领域先验性地称为“市场”,则其规制思路以市场自由为前提:市场会自然达成效率最优,法律需要对市场规则予以确认,除此之外仅需要在信息不对称、外部性

---

〔13〕 See Amartya Sen, *The Moral Standing of the Market*, Social Philosophy & Policy, Vol. 2, 1985, p. 2.

〔14〕 See George A. Akerlof & Robert J. Shiller, *Animal Spirits: How Human Psychology Drives the Economy, and Why It Matters for Global Capitalism*, Princeton and Oxford: Princeton University Press, 2009, p. 1.

〔15〕 See Andrew W. Lo, *Adaptive Markets: Financial Evolution at the Speed of Thought*, Princeton and Oxford: Princeton University Press, pp. 185 – 186.

〔16〕 参见季卫东:《论法律意识形态》,载《中国社会科学》2015 年第 11 期。

等偏离引起市场失灵的情况下进行调整。然而,“金融市场”这一较为具有误导性的语词可能将人们的注意力转移至市场的经济功能上,而使其社会功能被忽视,如系统性风险之类的问题可能被掩盖。如果金融市场缺乏其他市场所具有的核心特征,那么,传统以金融效率和金融安全互相竞逐为基础的监管理念可能需要得到调整。金融效率与金融安全的矛盾之处在于人性贪婪所造成的道德风险,而金融市场的特殊属性则放大了这一风险,因而需要金融公平或是金融正义论对金融市场进行引导。[17] 此外,金融公平或金融正义论未必会对金融效率有所损害,尤其是考虑到由金融危机引发的大规模衰退之后。

(三)对金融正义理论的强化

当前世界处于金融与社会高度融合的状态之中,金融不仅是纯粹的经济活动,而且有了关照社会生活中基本需求的发展目标。首先,金融的运作本身不能促进经济增长,只有嵌入经济运行中才能充分发挥作用。金融的实质是资金融通,金融手段可以优化经济资源的配置,但单纯依靠金融来实现经济发展是缺乏物质根基的。[18] 其次,在社会金融化与金融社会化的进程中,人们认识到金融可以创造一个“好的社会”。[19] 在这一语境下,金融市场的制度目标与社会目的开始得到关注。

各国政府对防范系统性风险的强调则进一步重申和强化了金融法的社会属性。2008 年国际金融危机爆发之后,人们逐渐意识到,鉴于金融行业天然的高流动性和高杠杆运作,金融系统的风险不同于民事契约与商事活动的单个和局部风险,而成为一种传导性极强的系统性风险。[20] 在网络社会中,多节点、高密度的金融网络更有可能增加风险的传染性与集体非理性行为发生的可能性,[21] 进而可能演化为金融

---

〔17〕 前注〔7〕,冯果文。

〔18〕 参见任瑞敏、林梅:《金融化视阈中的分配正义》,载《现代经济探讨》2016 年第 2 期。

〔19〕 [美]罗伯特·希勒:《金融与好的社会》,束宇译,中信出版社 2012 年版,第 10 页。

〔20〕 参见许多奇、蔡奇翰:《我国加密货币财产属性的司法认定——以金融法与民商法的二维区分为视角》,载《上海政法学院学报》2021 年第 6 期。

〔21〕 参见许多奇:《互联网金融风险的社会特性与监管创新》,载《法学研究》2018 年第 5 期。

危机。由此观之，金融法不再是对市场规则的简单确认，更是关乎社会稳定运行与正义实现的重要工具。

金融正义理论与金融公平观一脉相承。金融公平是金融正义的一个重要面向，而金融正义本身有更多元的维度。金融公平观侧重于金融市场主体的权利实现与金融市场弱势主体的倾斜保护，致力于在金融效率、金融安全与金融公平三者之间达到平衡。然而，一方面，金融公平观对金融市场为何不适用行为自由的理论框架仍然解释力不足；另一方面，金融效率、金融安全与金融公平的平衡多适用于金融监管的语境，对于金融司法中如金融消费者的倾斜性保护、[22]场外交易合同无效等现象仍然缺乏解释。金融正义本身则包含“金融自由、平等、秩序、效率等法律价值的协调”，[23]是安全、效率、公平价值的统合，控制道德风险、防控系统性风险皆为实现金融市场整体正义的重要方式。由此可见，金融正义理论建立在对金融市场社会功能的充分认知之上，是对金融公平理念的概括与升华。

二、制度实践：金融正义论在中国的应用前景

市场并非自然产物，而是“法律建构的工具”，[24]体现在金融市场上则更为明显。市场自由作为一种理念，也并非意味着为所欲为或者不负责任，而是为了满足社会的需要。[25] 金融市场不平等并非西方国家独有的产物，这一问题在我国也同样存在。在我国国家治理能力现

---

〔22〕 例如，在相关法律规定明确之前，即有法院判决认为“上诉人虽在缔约过程中签字确认知晓相关风险，但据此不能免除被上诉人在缔约之前的适当推介义务”。参见上海市第一中级人民法院：胡某斌诉中国银行股份有限公司上海市田林路支行侵权责任纠纷二审民事判决书，案号：(2015)沪一中民六(商)终字第198号，2015年7月23日。

〔23〕 参见张书清：《金融公正理念的法学阐释》，载《现代法学》2012年第4期。

〔24〕 Cass A. Sunstein, *Free Markets and Social Justice*, New York: Oxford University Press, 1997, p. 384.

〔25〕 参见朱民等主编：《社会市场经济：兼容个人、市场、社会和国家》，中信出版集团2019年版，第126页。

代化的进程中,其中一个重要面向为"确立市场化的经济改革方向,但更关注竞争和分配的公正性"。[26] 而随着最近共同富裕得到广泛强调,[27] 以自然属性为基础的传统个人私法与以社会属性为基础的社会法进一步有机融合,[28] 金融正义的理论有着更厚实的生长土壤。质言之,在我国社会转型的大背景下,金融市场需要发挥其社会功能,而这也对金融法治提出了新的要求。[29]

(一)法律赋能

法律赋能,指的是赋予一种"能力",包括权利及其实现手段,是从"能力"框架出发对金融市场进行调整的方式。尽管赋能并非传统的法律调整工具之一,但许多法律法规中已然体现了这一思想内涵。一方面,法律通过确认和保护权利提升弱势主体的能力,具体包括公平交易权、公平获取信息权等权利;另一方面,在赋予权利之外,可以通过投资者教育、权利告知等服务提高弱势主体对权利的认知能力,通过数字货币、金融科技等方式扩充权利行使的方式,通过替代性纠纷解决等方式拓宽弱势主体实现救济的手段。例如,通过投资者教育等方式提升主体的认知能力,[30] 通过金融科技扩充民营与小微企业获得融资的路径,[31] 通过设立金融消费纠纷调解组织拓宽争议解决渠道,[32] 均是实现金融正义的可行路径。

(二)强制命令

强制命令,指的是国家以命令、禁止或限制等方式对市场主体的行

---

〔26〕 同前注〔16〕。

〔27〕 习近平总书记在中央财经委员会第十次会议上强调"在高质量发展中促进共同富裕……统筹做好重大金融风险防范化解工作",参见《习近平主持召开中央财经委员会第十次会议》,载中华人民共和国中央人民政府网,http://www.gov.cn/xinwen/2021-08/17/content_5631780.htm。

〔28〕 参见刘清生:《论中国道路的法律人性基础:个人法到社会法》,载《法学》2021年第8期。

〔29〕 参见冯果、袁康:《社会变迁与金融法的时代品格》,载《当代法学》2014年第2期。

〔30〕 参见袁康:《主体能力视角下金融公平的法律实现路径》,载《现代法学》2018年第3期。

〔31〕 参见沈伟、张焱:《普惠金融视阈下的金融科技监管悖论及其克服进路》,载《比较法研究》2020年第5期。

〔32〕 参见舒雄:《建立公正高效便民的金融纠纷多元化解机制》,载《金融时报》2020年2月24日,第10版。

为进行调整的方式。金融市场主体自身利益最大化的行为并非市场发生偏离的后果,而是金融市场的本来面貌。因此,强制手段并非对金融市场主体的行为进行"纠偏",而是引导金融市场良性发展的必要手段。法律需要对金融机构课以作为或不作为义务,并明确法律责任,以使金融正义的原则渗透到金融市场主体的行为中。以投资者适当性义务制度为例,尽管我国的适当性义务制度日益完备,但其理论基础仍需要进一步明晰。现行的投资者适当性制度往往从监管的有效性出发——由于存在投资者的有限理性与信息不对称等问题,监管的有效性不足。[33] 然而,监管有效性理论只能适用于监管领域,对于司法审判却鞭长莫及,且监管要求可能与意思自治这一民法基本原则发生冲突。而监管与司法实践中普遍论及的"卖者尽责,买者自负"则更像是一种实践需求而非理论回应。金融正义理论可以作为整个适当性义务制度体系的根基,基于金融市场兼具市场与社会属性的假设,法律需要在对投资者赋能的同时,对金融机构课以强制义务来实现该领域的公平正义。此外,对富人课以符合其纳税能力的税收,以及对金融业高管施加更高的责任要求或要求高管签订个人责任追究承诺书,[34] 也是值得关注的强制手段。

(三)激励机制

毋庸置疑,人们看待金融不平等的心态如此矛盾。[35] 一方面,金融市场的参与者相信通过市场调节后的不平等有必要且无可避免;另一方面,既定的金融不平等,在根本意义上并不具有正当和公平性,因而遵循金融正义的法律激励便不可或缺,现行法律主要有经济激励、权利义务激励、荣誉激励等方式。[36] 目前,激励机制在我国仍使用较少,但不可否认激励机制存在其内在价值。对于较高的道德要求与社会责

---

〔33〕 参见黄辉:《金融机构的投资者适当性义务:实证研究与完善建议》,载《法学评论》2021 年第 2 期。

〔34〕 同前注〔5〕,第 176 页。

〔35〕 参见[美]圭多·卡拉布雷西:《法和经济学的未来》,郑戈译,中国政法大学出版社 2019 年版,第 51 页。

〔36〕 参见胡元聪:《我国法律激励的类型化分析》,载《法商研究》2013 年第 5 期;袁达松、赵雨生:《论经济法的激励机制》,载《财经法学》2019 年第 5 期。

任的提倡难以通过法律强制的手段实现,却可以通过法律的倡导性规范或是自律组织规定的激励机制实现,对于实现金融市场的制度目标具有很大帮助。激励机制在金融领域的实施已有成功的范例。例如作为“自我规制型”规范的赤道原则要求金融机构对环境和社会影响进行综合评估,[37]在金融机构履行环保责任方面取得了良好的效果,而相似的激励机制亦可应用于性别正义等问题中。

尤其值注意的是,书中对“金融市场正义”的呼唤,是置于美国金融“自由”至上的制度历史基础之上的层层剖析。我国在借鉴金融正义理论,运用法律赋能、强制命令和激励机制等手段来应对金融不平等时,还必须结合特殊的国情和具体的场景进行反思,以避免出现南橘北枳的不适应性现象。

私有制下的“自由”有其特定的含义:私有财产被看作通向个人自由的通行证;个人成功集聚巨大财富被当作唯一的或主要的成功标志。每一个人都拥有不受限制的机遇去追求财富、积累财富和享受财富,“最大自由地去赚取财富”,[38]然而,以一个不偏不倚的法律人的视角观察,金融领域并无绝对“自由”的制度力,亟须金融正义理论的矫正与引导。《金融正议论:金融市场与社会正义》一书通过对市场的剖析为金融正义理论的正当性提供了充分的论证,并对金融正义的制度可能性进行了列举。金融正义理论为许多现行制度与尚在萌芽中的制度改革提供了扎实的理论与价值基础,为金融市场的健康发展与金融的经济和社会功能的有效发挥提供了现实导向。

当然,《金融正议论:金融市场与社会正义》一书对于金融正义的论述也非面面俱到,金融正义的面向仍然值得继续挖掘与深耕。该书开篇以金融市场的特殊性为索引展开了宏大的论证,而后续在金融正义的制度设计层面仅在法律结构与机构、实践层面提供了较为碎片化的例子,而非系统性梳拨。进一步来看,金融正义对金融效率的影响也未得到定量分析的证实。但无论如何,该书仍然提供了金融正义论这

---

〔37〕 参见刘志云:《赤道原则的生成路径——国际金融软法产生的一种典型形式》,载《当代法学》2013年第1期。

〔38〕 许多奇:《次贷危机法律根源探究——美国金融监管制度及思想先进性质疑与启示》,载《交大法学》2011年第1期。

一有益的分析框架与深刻的洞见，为中国将来坚守系统性金融风险底线、实现三次分配并走向共同富裕提供了一种有价值的探索路径。

（编辑：谢贵春）

《证券法苑》(2021)
第三十五卷,第70~95页

上市公司问询监管的预警机制设计

——基于违规处理的经验说明*

吴术豪** 梁 爽***

摘要:问询监管在实现监管功能的同时提高了上市公司的信息披露质量。以2017~2019年沪深A股上市公司为样本,探究问询监管与上市公司违规处理之间的相关性,结果发现,是否收到问询函与上市是否受到违规处理呈正相关。文章结合上市公司的违规实例充分说明了问询函的预警功能。在确立合规责任人的前提下,合规责任人需对问询函保持充分的预警重视:事前及时识别合规风险,保证信息披露的合规性;收函后,及时倒查、纠正违规行为,做好回函工作;做好事后的纠察和教育工作。

关键词:问询监管 违规处理 预警功能 合规机制

---

* 本文系国家社科基金项目"'合规机制'的公司法普适性规则研究"(项目编号:17CFX071)阶段性成果。

** 华东政法大学国际金融法律学院法律与金融专业2019级硕士研究生。

*** 华东政法大学国际金融法律学院教授,法学博士,硕士生导师。

一、问题的提出

《证券法》明确了证券交易所在我国证券监管体制中的法律地位,如2014年《证券法》与2020年《证券法》均将证券交易所定义为自律管理的法人。相较于政府监管具有的外在性、强制性和滞后性,证券市场自律监管具有自发性、专业性、及时性和契约性等特征。在我国监管资源紧张的背景下,将自律监管与政府监管进行有机结合,建立功能完善的市场监管体系的需要十分迫切。[1]

证券交易所的问询监管是一种非处罚性监管方式,由证券交易所以发送问询函的方式对上市公司信息披露中存在的疑点作出问询。从域外经验看,美国的意见函制度(comment letters)起源于2002年颁布的《萨班斯法案》,当证券交易委员会发现公司文件存在重大缺陷或需要进一步澄清时,就会发出意见函,公司必须在规定时间内回复。而我国的问询监管制度存在已久,[2]自2014年12月起,证券交易所开始公开其向上市公司发送的问询函件以及上市公司的回函内容,这表示对上市公司问询函的全面公开化。然而,问询监管并非对上市公司及其信息披露内容的完全否定,问询的主要目的在于减少信息不对称,促进企业合规,起到事前警戒和预防的作用。对违法违规行为进行必要的预警性监督,既符合我国证券市场改革的目标,坚持了保护投资者利益的根本宗旨,也是整合监管资源、转变交易所职能的重要举措。综上所述,问询监管是兼具信息效应和监督效应的。就信息效应而言,问询监管能促进上市公司答复问询,同时督促相关行为、指标的改善,在减少信息不对称方面具有一定效果;而就监督效应而言,问询监管在一定

---

〔1〕 参见黄爱学:《论证券市场自律监管的地位》,载《学术交流》2012年第12期。

〔2〕 1998年深圳证券交易所和上海证券交易所发布的《深圳证券交易所股票上市规则》和《上海证券交易所股票上市规则》、中国证券监督管理委员会发布的《上市公司信息披露管理办法》(2007年版)、深圳证券交易所的《深圳证券交易所上市公司信息披露工作考核办法》以及上海证券交易所的《上海证券交易所上市公司信息披露工作评价办法》均对问询监管制度的完善提供了基础。

程度上揭示了公司违规事实的存在。

证券交易所一般会针对上市公司的财务会计、经营问题、关联交易、并购重组等方面提出问询。一方面,虽然问询监管能对上市公司相关指标产生直接影响,但作为非处罚性监管,问询监管缺乏一定的强制性。另一方面,问询一旦作出,就会向资本市场传递关于被问询企业的负面信号。从理论上讲,上市公司需要付出较大的处理成本来应对问询,[3]上市公司能否及时发现、评估、处置不合规的问题,仍需进一步研究。本文从具体违规处理的视角出发,以上市公司是否受到违规处理作为被解释变量,研究A股市场2017~2019年上市公司问询函对于公司违规事件的预警作用,并以此设计合规机制。

本文的主要贡献在于:第一,现有关于问询函对上市公司治理效果的研究,已涵盖信息披露、避税、年报可读性和上市公司融资等方面,本文则偏重于公司合规中关于公司违规处理的内容,为问询函这一非处罚性监管制度所产生的经济效果提供实证检验。[4] 第二,本文结合相关文献,进一步研究了问询监管与上市公司违规处理之间的相关性,从问询函的预警效用出发,为提高监管效率提供理论支撑。第三,为国内"法与金融"理论的研究方法提供现实参考。第四,为我国公司法引入合规机制的普适性规则,以及上市公司合规预警机制的设计提供路径,从而有益于我国上市公司提升整体合规水平。

二、文献综述

(一)研究综述

现有对意见函制度和问询监管制度的实证研究已涉及诸多方面,包括问询函与盈余管理、公司内部治理、信息披露、市场反应、审计收费之间的相关研究,其研究成果大致如下:

---

〔3〕 参见郑国洪:《问询函监管影响审计收费的作用机制研究》,载《西南政法大学学报》2020年第4期。

〔4〕 问询函的监督效应与信息效应不能混为一谈,本文主要对问询函的监督效应进行直接说明,对问询函的信息效应作间接辅助说明。

1. 在关于问询监管与盈余管理的相关研究中，刘柏和卢家锐（2019年）基于年报问询函研究发现，企业的应计盈余管理程度与收函的概率以及问询函的精准性呈正相关。就相对隐蔽的真实盈余管理而言，问询函也能甄别。[5] 张岩（2020年）利用2015～2018年交易所披露的问询函考察了问询函制度对上市公司真实盈余管理行为的影响，研究发现，收到财报问询函的上市公司会实施真实盈余管理。[6] 在问询函与业绩说明的相关研究中，李晓溪、饶品贵、岳衡（2019年）基于业绩预告这一重要的前瞻性信息研究年报问询函的经济后果研究发现，收函公司会提高业绩预告质量。[7]

2. 在问询监管与公司内部治理相关研究中，翟淑萍、王敏和白梦诗（2020年）立足于董事联结的角度，研究问询函的实际效果。在直接影响方面，财务报告问询函降低了增加了违规成本；在间接影响方面，财报问询函明显提升了具有董事联结关系的公司年报可读性。[8] 此处的董事联结可被解释为：公司董事会成员在其他企业同时兼任董事并产生公司关联的活动。[9] 聂萍、潘再珍（2019年）以2013～2017年中国A股上市公司和年报问询函数据为样本，考察问询监管对大股东"掏空"行为的治理效应，研究发现，年报问询能够有效抑制大股东的"掏空"行为。在内部控制治理水平低的公司，[10] 对"掏空"行为的

[5] 参见刘柏、卢家锐：《交易所一线监管能甄别资本市场风险吗？——基于年报问询函的证据》，载《财经研究》2019年第7期。

[6] 参见张岩：《问询函监管与企业的真实盈余管理对策》，载《当代财经》2020年第3期。

[7] 参见李晓溪、饶品贵、岳衡：《年报问询函与管理层业绩预告》，载《管理世界》2019年第8期。

[8] 参见翟淑萍、王敏、白梦诗：《财务问询函能够提高年报可读性吗？——来自董事联结上市公司的经验证据》，载《外国经济与管理》2020年第9期。

[9] 参见顾海峰、卞雨晨：《内部控制、董事联结与企业创新——基于中国创业板上市公司的证据》，载《管理学刊》2020年第6期。

[10] 此处的内部控制治理水平以"'迪博·中国上市公司内部控制指数'加1并取自然对数后，以中位数为标准区分内部控制质量高组或低组。该指数以企业内部控制基本框架体系作为基础，基于内部控制战略、经营、报告、合规和资产安全五大目标实现程度设计内部控制基本指数，并将内部控制重大缺陷作为修正指标"这一方式进行衡量。转引自中国上市公司内部控制指数研究课题组：《中国上市公司内部控制指数研究》，载《会计研究》2011年第12期。

抑制更明显。[11]

3. 在信息披露方面,李晓溪、杨国超和饶品贵(2019 年)采用文本分析法比较修订前后的并购重组报告书,发现问询函制度通过改善信息披露缓解了信息不对称问题;[12] 袁蓉丽、王群、李瑞敬(2021 年)以 2015 ~ 2018 年我国 A 股上市公司为研究对象,研究问询函与股价同步性的关系,研究发现,年报问询能够降低股价同步性。[13] 翟淑萍、王敏和毛文霞(2020 年)以 2011 ~ 2017 年 A 股上市公司为研究样本,发现收函公司的融资约束会加剧,融资成本会增加。[14] Cassell 和 Cunningham(2015 年)发现,回函的易读程度与更短的回函时间相关联。[15] Brown Stephen V. , Tian Xiaoli、Tucker 和 Jenny Wu 等(2018 年)使用风险因素披露来检验 SEC 审查定性公司披露的"溢出效应"。[16]

4. 在问询监管与市场反应的相关研究中,李琳、张敦力和夏鹏(2017 年)以我国深圳证券交易所年报问询函及其公司回复函为研究对象,研究发现,回复期的内部人减持规模显著提高,收函、回函后股价出现了负面反应,及时回函减少信息不对称。[17] 赵丙艳、叶春明(2020 年)以证券交易所问询函和投资者数量变化为研究对象,发现问询项

---

〔11〕 参见聂萍、潘再珍:《问询函监管与大股东"掏空"——来自沪深交易所年报问询的证据》,载《审计与经济研究》2019 年第 3 期。

〔12〕 参见李晓溪、杨国超、饶品贵:《交易所问询函有监管作用吗? ——基于并购重组报告书的文本分析》,载《经济研究》2019 年第 5 期。

〔13〕 参见袁蓉丽、王群、李瑞敬:《证券交易所监管与股价同步性——基于年报问询函的证据》,载《管理评论》2021 年第 1 期。

〔14〕 参见翟淑萍、王敏、毛文霞:《财务报告问询函与上市公司融资约束》,载《金融论坛》2020 年第 10 期。

〔15〕 See Cassell Cory A. , Cunningham Lauren M. & Lisic Ling Lei, *The Readability of Company Responses to SEC Comment Letters and SEC 10 - K Filing Review Outcomes*, Review of Accounting Studies, Vol. 24, 2019.

〔16〕 See Brown Stephen V. , Tian Xiaoli (Shaolee) & Tucker Jenny Wu, *The Spillover Effect of SEC Comment Letters on Qualitative Corporate Disclosure: Evidence from the Risk Factor Disclosure*, Contemporary Accounting Research, Vol. 35, 2018.

〔17〕 参见李琳、张敦力、夏鹏:《年报监管、内部人减持与市场反应——基于深交所年报问询函的研究》,载《当代财经》2017 年第 12 期。

目较多、对中介机构核查有疑问的问询函所造成的负面反应较大。[18] 胡宁、曹雅楠、周楠、薛爽（2020 年）研究发现，交易所监管问询函显著提升了被问询公司的债务资金成本。[19] 杨海波、李建勇（2018 年）以深圳证券交易所 2015 年问询监管事件为样本，通过事件研究法和回归分析，研究了问询监管的市场反应。[20]

5. 在问询监管与审计收费的相关研究中，郑国洪（2020 年）结合了问询函的类别和数量等进行了分析。研究结果表明，收函公司支付了更高的审计费用（其中年报问询函的提高作用更显著，同时企业性质与事务所声誉对审计收费会产生一定影响）。[21] 米莉、黄婧、何丽娜（2019 年）以 2015～2017 年的沪深 A 股上市公司为样本，发现上市公司若在一段时间内多次收函，审计师会收取更高的费用，其中收到的问询函若与会计信息相关时，审计费用增加更为显著。[22]

（二）理论综述与假设基础

从上述文献分析可以看出，国内外已经对问询函的具体经济效果进行了广泛且细致的研究，总体而言，问询监管对于公司内部治理、信息披露质量、年报可读性的提升都具有积极的作用。而在具体的研究对象中，审计收费、市场反应、信息披露、公司治理等并非毫无关联，问询监管所造成的具体影响往往是联动的。在基本研究方法上，相关研究主要是对面板数据进行基本回归（通常是进行混合回归，控制行业和年度效应），再使用工具变量法、PSM－DID、Heckman 二阶段模型、固定效应、安慰剂检验等方法对内生性及稳健性进行检验。

问询函的经济效果是基于信息效应和监督效应共同产生的，本文的研究起点是问询函的“监管效应”，公司内部治理的一些要素和指标

---

〔18〕 参见赵丙艳、叶春明：《交易所问询函的信息含量与投资者行为选择》，载《当代经济管理》2020 年第 10 期。

〔19〕 参见胡宁、曹雅楠、周楠、薛爽：《监管信息披露与债权人定价决策——基于沪深交易所年报问询函的证据》，载《会计研究》2020 年第 3 期。

〔20〕 参见杨海波、李建勇：《问询监管的市场反应——基于深交所数据的实证分析》，载《北京工商大学学报（社会科学版）》2019 年第 2 期。

〔21〕 参见前注〔3〕。

〔22〕 参见米莉、黄婧、何丽娜：《证券交易所非处罚性监管会影响审计师定价决策吗？——基于问询函的经验证据》，载《审计与经济研究》2019 年第 4 期。

也可以是公司违规处理的一种预警参考或者指向。具体而言,问询监管在有效减少信息不对称情况的同时,也对公司真实情况进行了侧面印证。问询监管能够使积极配合的公司提升审计质量、改善真实盈余管理、促进信息披露,而这些指标逃不开"公司合规"的广义范畴。本文以上市公司违规处理和问询函为具体研究对象,探究问询监管对于公司合规的预警机制。笔者根据理论和文献综述,作出以下假设:

H1a:问询监管与上市公司是否受到违规处理正相关,即收到问询函的公司,公司更有可能受到违规处理。

H1b:问询监管与上市公司是否受到违规处理负相关,即收到问询函的公司,公司受到违规处理的可能性更小。

H1c:问询监管与上市公司是否受到违规处理无关。

值得一提的是王春峰、黄盼、房振明(2020 年)基于证券交易所发布的财务报告问询函,对问询函是否能有效预测公司违规进行了研究(以下简称"王文")。[23] 本文的研究与王文存在以下区分:(1)研究目的不同,王文仅侧重于问询函对于公司违规的预测作用;本文注重研究问询监管的预警作用,并据此设计公司的合规机制。(2)解释变量不同,王文的解释变量侧重于年报问询;本文的问询函范围包括当年所收到的所有问询函。(3)控制变量不同,王文借鉴现有文献对控制变量进行选取;本文在此基础上从公司财务、公司治理、公司评价三个层面选取控制变量。(4)方法不同,王文使用了二值变量回归和混合回归的方法;本文对是否受到违规处理使用二值变量模型,对违规处理频率使用泊松回归模型进行稳健型检验。

三、数据与基本设计

(一)样本选择

本文以 2017 ~ 2019 年 A 股上市公司违规处理数据以及当年和上

〔23〕 参见王春峰、黄盼、房振明:《非处罚性监管能预测公司违规吗?》,载《财政金融》2020 年第 5 期。

一年度证交所公布的问询函(年报问询函、半年报问询函季报问询函、许可重组类问询函、非许可重组类问询函)为研究对象,分析问询监管与上市公司违规处理之间的相关性。问询函数据下载于 CNRDS 数据库,公司违规数据和其余财务数据均源于 CSMAR 数据库。同时,为了处理数据的特殊性,本文所用数据进行了一定程度上的筛选:(1)以 2017~2019 年中国全部 A 股上市公司为样本,并剔除了金融行业的样本以及缺失值,最终选取了 10,033 个样本;(2)本文以问询函“是否问询”为主要的解释变量、“是否受到违规处理”为被解释变量,并以“问询次数”为替代解释变量、“违规处理频率”为替代被解释变量进行稳健性检验;(3)相关财务数据为 2017 年、2018 年、2019 年三年财务年报相关数据。

(二)变量选择

1. 被解释变量

本文主要是从是否受到违规处理和违规处理频率出发。首先,我们对 CSMAR 上的违规处理数据进行初步处理。[24] 在“是否问询”这一指标上,公司当年如果存在被违规处理的记录,即赋值 1。违规频率则以年度为单位对当年的数据进行统计(在公司违规频率上,违规处理以日为单位,而具体的数据指标以年为单位)。[25] 我们以公告日为准,数据显示,2017 年共有 734 件违规处理事件,2018 年共有 906 件违规处理事件,2019 年共有 1449 件违规处理事件。具体而言,其中又可分为上市公司直接违规和上市公司不存在违规行为的两种违规类型。[26] 上市公司本身不存在违规行为的事件中,通常有股东、实际控制人实施了违规行为。我们认为,第二类违规行为也应该纳入统计:

---

〔24〕 筛选删除处理单位为上海证券交易所和深圳证券交易所的数据,因为本文研究的对象为公司的违规处理,自律监管单位所作出的处理不符合研究需求。

〔25〕 我们以被处理时间作为数据分析的基准,尽管违规行为可能一直存续,但是“发现—处理”这一暴露的过程才是具有参考价值的。

〔26〕 从 CSMAR 数据库的“公司违规”数据库中整理分析,公司违规类型通常包含以下内容:(1)重大遗漏;(2)占用公司资产;(3)一般会计处理不当;(4)披露不实;(5)擅自改变资金用途;(6)内幕交易;(7)违规买卖股票;(8)擅自改变资金用途;(9)违规担保;(10)操纵股价;(11)推迟披露;(12)虚构利润;(13)虚列资产;(14)虚假记载;(15)其他。

(1)尽管上市公司没有直接违规行为,但是具体违规行为也会在信息披露中有所体现,也是问询函的问询对象,如博敏电子副总经理的重大遗漏和违规买卖行为;[27] (2)其中包括操纵市场、内幕交易、虚假陈述等严重破坏证券市场的行为,对市场同样会造成负面影响;(3)第二类违规事实与上市公司本身同样存在密切联系。

关于公司违规处理的强度赋值,陈永安、刘汉民、齐宇(2020 年)提出了具体方法:按违规年度追溯,若当年没有违规行为,赋值 0;仅有高管受罚而公司未受罚或公司受罚类型为其他,赋值 1;受罚类型为批评或谴责,赋值 2;受罚类型为警告、罚款或没收违法所得,赋值 3。同一类型不加总,不同类型处罚进行加总。[28] 但我们认为这种赋值方法有待考量,为了结果的稳健性,以公司违规处理频率和是否受到违规处理为被解释变量更为妥当。就违规频率而言,容易产生数据惯性。例如,深圳市全新好股份有限公司(A 股代码:000007)于 2019 年共涉及 6 起违规处理事件,且有部分的内容和事实重合。[29] 因此,本文主要聚焦于是否受到违规处理的事实,并以违规处理频率为被解释变量,进行稳健性检验。

2. 解释变量

本文对问询变量按行业和年度来划分,问询函包括年报问询函、半年报问询函、季报问询函、许可重组类问询函、非许可重组类问询函等类型。以往的研究主要集中于财务问询函的具体影响,因为违规处理的事由范围远大于财务违规,本文选取问询函的全样本数据。本文对当年的问询次数进行归并,即某公司于某一年度被问询几次,设置"是否问询"作为解释变量。同时为了避免产生数据惯性,设置"问询次数"作为替代解释变量检验稳健性。[30] 经初步统计,上海证券交易所

---

〔27〕 参见上证公监函〔2017〕0030 号。

〔28〕 参见陈永安、刘汉民、齐宇:《合规与公司绩效:促进还是抑制?》,载《证券市场导报》2020 年第 10 期。受罚类型既有批评、谴责,又有其他,赋值为 3;受罚类型既有警告、罚款或没收违法所得,又有其他,赋值为 4。

〔29〕 深圳证券交易所公司部监管函〔2019〕第 18、19、21、25、30 号。

〔30〕 在问询函的时间认定上,我们以问询函的发函时间作为参考基准,尽管例如年报问询函是针对上一年的年报,但是被问询事项所存在的问题是存续到问询函发函当年的,若同时有违规行为,处理也是在这之后的;而在问询函的内容上,我们将全部的问询函囊括,因为违规处理的范围是非常广的。

和深圳证券交易所于2016年共发出539份问询函，于2017年共发出561份问询函，于2018年共发出611份问询函，于2019年共发出766份问询函。

3. 其余控制变量

借鉴以上已有研究，同时结合现有的理论进行分析。首先，在公司基本状况和财务信息方面，本文选取了公司是否国有、公司是否盈利、公司总资产、公司资产负债率等变量。在公司治理方面，本文选取了董事规模、独立董事比例、其他委员会设置情况、第一大股东持股比例等控制变量。在具体评价方面，本文选取了审计师是否来自境内四大会计师事务所、被分析师关注度、内控是否存在缺陷、审计意见等为控制变量。

4. 基本设计

结合上述分析，笔者于此处先对本研究所涉及被解释变量、解释变量、控制变量做出基本说明（见表1）。在此基础上，对本文的相关模型做出基本设计，其中包括了基本回归中的二值变量模型和稳健性检验中的泊松回归模型。

表1　变量的定义及说明

变量	具体变量	说明
被解释变量	是否受到违规处理(Pun)	若收到处理则赋值为1，否则为0
	违规处理频率(Puntimes)	以实际收到处理的次数为准
解释变量	是否问询(Inquiry)	若收到问询函则赋值为1，否则为0
	上年度是否问询(DInquiry)	滞后一期数据
	问询次数(Inquirytimes)	详见上文
	上年度问询次数(DInquirytimes)	滞后一期数据

续表

变量	具体变量	说明
控制变量	公司是否国有(Ownership)	公司为国有公司即赋值为1,否则为0
	公司是否盈利(NetProfit)	公司净利润大于0赋值为1,否则为0
	公司资产报酬率(ROA)	净利润/总资产平均余额
	公司总资产(Lnsize)	公司总资产的自然对数
	公司资产负债率(Lev)	公司总负债/总资产
	审计师情况(Big4)	审计师来自境内四大会计师事务所赋值为1,否则为0
	被分析师关注度(AnaAttention)	在一年内,有多少个分析师(团队)对该公司进行过跟踪分析,一个团队数量为1,不单独列出其成员计算数量
	内控是否有缺陷(Deficiency)	有缺陷赋值为1,否则为0
	公司第一大股东持股比例(Toponeholder)	以实际情况为准
	审计意见(TypeAuditOpin)	其中被出具标准无保留意见*赋值为1,其余为0
	公司董事规模(ND)	以具体董事人数为标准
	独立董事比例(ID)	独立董事占公司比例
	其他委员会设置情况(Othercommittees)	除战略、薪酬、审计、提名外其他委员会设置情况

注:“*”处的“标准无保留意见”不包括加事项段的标准无保留意见。

尽管对违规处理数据和问询数据进行年度归并的处理方式稍显粗糙,但是问询函与违规处理之间并不能做到一一对应,也就是说难以探究问询函与违规处理间的因果关系。综上,本文作了以下模型设计(其中 Controls 为控制变量,Year 和 Ind 为年度和行业的虚拟变量,DInquiry 表示滞后一期的问询函收函情况):

①$Logit(Pun_{i,t}) = \alpha + \beta Inquiry_i, t + \theta DInquiry_{i,t} + \sum_k \lambda_k Other\ Controls_{i,t} + \Gamma Year + \gamma Ind + \varepsilon_{i,t}$

$$\mathrm{Logit}(Pun_{i,t}) = \alpha + \beta Inquiry_{i,t} + \theta DInquiry_{i,t} + \sum_k \lambda_k Other\ Controls_{i,t} + \Gamma Year + \gamma Ind + u_i + \varepsilon_{i,t}$$

②$$\mathrm{Poisson}(Puntimes_{i,t}) = \alpha + \beta Inquirytimes_{i,t} + \theta DInquirytimes_{i,t} + \sum_k \lambda_k OtherControls_{i,t} + \Gamma Year + \gamma Ind + \varepsilon_{i,t}$$

$$\mathrm{Poisson}(Puntimes_{i,t}) = \alpha + \beta Inquirytimes_{i,t} + \theta DInquirytimes_{i,t} + \sum_k \lambda_k OtherControls_{i,t} + \Gamma Year + \gamma Ind + u_i + \varepsilon_{i,t}$$

四、实证检验

(一)描述统计

根据相关数据库信息,2017～2019 年我们共得到 2616 个问询函样本,3089 个违规处理案例,剔除缺失值后,我们使用 VLOOKUP 函数进行匹配,其中 2507 个问询函样本得到匹配,2823 个违规处理案例得到匹配,其中将问询次数滞后一期处理,共 2135 个问询函样本得到匹配。表 2 对各变量进行了基本的描述性统计分析,总体有 1718 个样本受到违规处理,8316 个样本未受处理(此处的描述性统计并未考虑时间变化,遂以样本处理数进行基本描述)。其中受到违规处理次数最高可达 17 次,均值为 0.281,标准差为 0.793。问询次数最高可达 13 次,均值为0.250,标准差为 0.626。是否问询中,收到问询函赋值为 1,未收到问询函赋值为 0,方差为 0.388,均值为 0.185,共 1858 个样本收到问询函。从中可以看出,大部分的样本并未受到违规处理,标准差和均值被大量未受处理的样本调低了。

表 2 变量的描述性统计说明

变量	平均值	标准差	最小值	最大值
违规处理频率(Puntimes)	0.281	0.793	0	17
是否受到违规处理(Pun)	0.171	0.377	0	1
是否问询(Inquiry)	0.185	0.388	0	1
问询次数(Inquirytime)	0.250	0.626	0	13

续表

变量	平均值	标准差	最小值	最大值
上年度是否问询(DInquiry)	0.163	0.370	0	1
上年度问询次数(DInquirytime)	0.213	0.562	0	13
公司是否盈利(NetProfit)	0.883	0.322	0	1
公司资产报酬率(ROA)	0.0310	0.453	-29.29	4.736
公司总资产(Lnsize)	22.15	1.369	16.65	28.52
审计师情况(Big4)	0.0542	0.226	0	1
被分析师关注度(AnaAttention)	6.744	10.44	0	75
内控是否有缺陷(Deficiency)	0.357	0.479	0	1
公司第一大股东持股比例(Toponeholder)	33.17	14.50	3.003	89.09
审计意见(TypeAuditOpin)	0.940	0.237	0	1
独立董事比例(ID)	0.379	0.0566	0.200	0.800
其他委员会设置情况(Othercommittees)	0.0541	0.248	0	4
公司资产负债率(Lev)	0.439	0.503	0.00836	31.47
公司董事规模(ND)	8.383	1.656	0	18
公司是否国有(Ownership)	0.328	0.469	0	1

(二)相关性分析

表3对各变量的相关关系和相关系数进行了初步说明。在以上相关性分析中,是否受到违规处理与是否问询、资产负债率、是否具有内控缺陷等变量在1%的显著性水平上呈正相关关系,与是否国有、是否有净利润、资产报酬率、是否由境内四大会计师事务所审计、被分析师关注度、第一人股东持股比例、审计意见、董事人数在1%的显著性水平上呈负相关关系。而是否问询与是否国有、是否有净利润、资产负债率、公司规模、是否由境内四大会计师事务所审计、被分析师关注度、第一大股东持股比例、审计意见、董事人数等在1%的显著性水平上呈负相关关系,与资产负债率在1%的水平上呈正相关关系。

表 3　相关系数

变量	是否受到违规处理（Pun）	是否问询（Inquiry）	D 是否问询（Inquiry）	公司是否国有（Ownership）	公司是否盈利（NetProfit）	公司资产报酬率（ROA）	公司总资产（Lnsize）	公司资产负债率（Lev）	审计师情况（Big4）	被分析师关注度（AnaAttention）	内控是否有缺陷（Deficiency）	公司第一大股东持股比例（Toponeholder）	TypeAuditOn	公司董事规模（ND）	独立董事比例（ID）	其他委员会设置情况（Othercommittees）
是否受到违规处理(Pun)	1															
是否问询（Inquiry）	0.216***	1														
上年度是否问询（DInquiry）	0.162***	0.300***	1													
公司是否国有（Ownership）	-0.048***	-0.080***	-0.050***	1												
公司是否盈利（NetProfit）	-0.210***	-0.224***	-0.166***	0.020**	1											
公司资产报酬率（ROA）	-0.094***	-0.102***	-0.077***	-0.0160	0.231***	1										
公司总资产（Lnsize）	-0.00100	-0.052***	-0.037***	0.359***	0.026***	0.0120	1									
公司资产负债率（Lev）	0.103***	0.098***	0.083***	0.114***	-0.168***	-0.858***	0.178***	1								
审计师情况（Big4）	-0.046***	-0.067***	-0.058***	0.130***	0.049***	0.019*	0.320***	0.031***	1							
被分析师关注度（AnaAttention）	-0.110***	-0.135***	-0.088***	0.028***	0.176***	0.080***	0.366***	-0.00900	0.201***	1						
内控是否有缺陷（Deficiency）	0.053***	0.00500	-0.017*	0.255***	-0.098***	-0.054***	0.207***	0.104***	0.093***	-0.025**	1					
公司第一大股东持股比例（Toponeholder）	-0.126***	-0.140***	-0.142***	0.188***	0.142***	0.041***	0.180***	0.00500	0.139***	0.065***	0.084***	1				
TypeAuditOn	-0.223***	-0.266***	-0.210***	0.022**	0.414***	0.200***	0.029***	-0.209***	0.034***	0.127***	-0.162***	0.120***	1			
公司董事规模（ND）	-0.029***	-0.079***	-0.062***	0.239***	0.053***	0.0100	0.279***	0.044***	0.091***	0.095***	0.090***	0.024**	0.048***	1		
独立董事比例（ID）	0.00600	0.045***	0.022**	-0.028***	-0.036***	-0.00900	-0.00200	0.00800	0.022**	0.017*	0	0.045***	-0.032***	-0.544***	1	
其他委员会设置情况（Othercommittees）	0.00300	-0.0110	0.00200	0.146***	0.00600	0.00500	0.189***	0.039***	0.097***	0.063***	0.055***	0.058***	-0.00600	0.069***	0.0130	1

注：***、**、* 分别表示在 1%、5%、10% 的显著性水平下显著。

（三）基本回归分析

本文以是否受到违规处理为被解释变量在此处进行基本回归分析（见表4）。我们选用 logit 数据进行处理，同时本文使用的是 3 年期的非平衡面板数据。为了提升结果的可参考性，我们使用混合效应、固定效应、随机效应进行分别回归，并在具体的数据分析过程中，对数据进行平衡处理。在混合回归中，我们使用了聚类稳健标准误。在固定效应和随机效应回归中，我们通过 Stata16 的 xtLogit 模型来解决伴生参数的问题。[31]

表4　以是否受到违规处理为被解释变量的回归分析

变量	是否受到违规处理（Pun）			
	（t1）	（t2）	（t3）	（t4）
是否问询（Inquiry）	0.678***	0.667***	0.710***	0.373***
	（0.0691）	（0.0710）	（0.0787）	（0.107）
上年度是否问询（DInquiry）	0.410***	0.415***	0.452***	0.217**
	（0.0707）	（0.0718）	（0.0794）	（0.110）
公司是否国有（Ownership）	-0.243***	-0.270***	-0.308***	-15.54
	（0.0786）	（0.0821）	（0.0892）	（979.4）
公司是否盈利（NetProfit）	-0.528***	-0.492***	-0.486***	-0.0249
	（0.0932）	（0.0954）	（0.105）	（0.122）
公司资产报酬率（ROA）	0.0833	0.0648	0.0762	0.180
	（0.215）	（0.211）	（0.226）	（0.213）
公司总资产（Lnsize）	0.136***	0.122***	0.132***	0.525***
	（0.0295）	（0.0305）	（0.0336）	（0.178）
公司资产负债率（Lev）	0.559***	0.501***	0.615***	1.902***
	（0.145）	（0.143）	（0.163）	（0.467）

〔31〕 根据 Stata 官方解释，xtlogit 指令使用的是条件最大似然估计（CML）的估计方法，能够解决所谓的伴生参数问题。

续表

变量	是否受到违规处理(Pun)			
	(t1)	(t2)	(t3)	(t4)
审计师情况(Big4)	-0.320**	-0.302*	-0.355**	-2.339***
	(0.152)	(0.158)	(0.170)	(0.832)
被分析师关注度(AnaAttention)	-0.0262***	-0.0242***	-0.0262***	-0.0159*
	(0.00427)	(0.00434)	(0.00462)	(0.00954)
内控是否有缺陷(Deficiency)	0.173***	0.194***	0.219***	0.380**
	(0.0660)	(0.0700)	(0.0769)	(0.152)
公司第一大股东持股比例(Toponeholder)	-0.0152***	-0.0151***	-0.0167***	-0.0127
	(0.00245)	(0.00257)	(0.00279)	(0.0139)
审计意见(TypeAuditOpin)	-0.639***	-0.572***	-0.632***	-0.273
	(0.112)	(0.116)	(0.128)	(0.199)
公司董事规模(ND)	-0.0180	-0.00961	-0.0154	-0.161**
	(0.0236)	(0.0248)	(0.0273)	(0.0802)
独立董事比例(ID)	-0.692	-0.849	-0.934	-1.750
	(0.640)	(0.669)	(0.729)	(1.735)
其他委员会设置情况(Othercommittees)	0.106	0.128	0.142	0.714
	(0.116)	(0.116)	(0.128)	(0.697)
年度虚拟变量(Year)	Control	Control	Control	Control
行业虚拟变量(Industry)	Control	Control	Control	
常数项(Constant)	-3.088***	-2.774***	-3.009***	
	(0.733)	(0.755)	(0.825)	
伪 R2(Pseudo R2)	0.1114	0.1076		
是否平衡(Balance)	N	Y	Y	Y
回归方法(Method)	POOLED	POOLED	RE	FE
观测值数(Observations)	10,033	9072	9072	3330

注：***、**、*分别表示在1%、5%、10%的显著性水平下显著。

表4显示了实证分析的结果。其中回归t1并没有将数据进行平衡处理,使用的仍旧是非平衡面板数据。同时在回归t1、t2、t3中,我们使用了稳健标准误,同时控制了行业效应和时间效应来保证结果的准确性和稳健性,在回归t4中控制了时间固定效应和个体固定效应。回归t1、t2中,我们选用的是混合logit模型,汇报了Pseudo R2,分别为0.1114和0.1076。回归t3、t4,我们分别使用的是面板logit模型的随机效应和固定效应进行处理。在回归t4中,可以直接观察到省略了近2/3的样本量,尽管能够克服不少内生性问题,但是损失了效率。

首先,本文对解释变量进行基本考察分析,在回归t1、t2、t3、t4中,是否问询均与是否受到违规处理在1%的显著性水平上呈正相关,而上一年度是否问询与是否受到违规处理在回归t1、t2、t3中在1%的显著性水平上呈正相关,在回归t4中在5%的显著性水平上呈正相关。其次,本文对其余控制变量进行基本考察分析,在回归t1、t2、t3中,公司是否国有、公司是否盈利、被分析师关注度、第一大股东持股比例、[32]审计意见与是否受到违规处理在1%的显著性水平上呈负相关。公司总资产、资产负债率、内控是否有缺陷与是否受到违规处理在1%的显著性水平上呈正相关。是否由境内四大审计师事务所审计在回归t1、t3中与是否处理在5%的显著性水平上呈负相关,在回归t2中与是否处理在10%的显著性水平上呈负相关。在回归t4中,公司总资产、资产负债率与是否受到违规处理在1%的显著性水平上呈正相关,内控是否有缺陷与是否受到违规处理在5%的显著性水平上呈正相关,是否由境内四大审计师事务所审计、董事会规模、被分析师关注度分别与是否受到违规处理在1%、5%、10%的显著性水平上呈负相关。综上,我们接受假设H1a,即问询函与上市公司是否受到违规处理正相关,即收到问询函的公司,公司更有可能受到违规处理。问询函能够对上市公司合规起到充分的预

〔32〕 根据《企业内部控制基本规范》(2009年版)第12条的规定,董事会负责内部控制的建立、健全、实施,监事会负责监督,经理层负责日常运行。企业应当成立专门机构或者指定适当的机构具体负责组织协调内部控制的建立实施及日常工作。而第13条对审计委员会的设置和职能进行的相应的规定:(1)企业应当在董事会下设立审计委员会;(2)审计委员会负责审查内部控制;(3)审计委员会监督内部控制的实施及自我评价;(4)审计委员会协调内部控制审计。

警作用。另外,从以上回归分析的过程来看,部分变量在统计学意义上自始至终是不显著的,其中包括独立董事比例、其他委员会的设置等。〔33〕

结合部分文献进行以下理论上的说明:(1)问询监管能够对应计盈余管理起到抑制作用,〔34〕问询函细分特征及问题分类也会显著影响盈余管理程度的降低;〔35〕(2)业绩预告的质量低的主要情况源于信息不对称和盈余管理,问询函在反映信息不对称问题的同时能够促进相关问题的改善;〔36〕(3)公司是否收到问询函与高管变更概率显著正相关。当财报问询函需要中介机构发表意见、涉及关联交易或并购等重大事项或者回函承认存在错误、延期回函或收回函间隔天数越多时,企业高管变更概率越高(此处高管指董事、监事及相关高级管理人员);〔37〕(4)财务报告质量差的公司,更有可能收问询函。〔38〕对于公开披露的问询函,相关反应明显更强,表明审查的效果有所增强。〔39〕交易所发放年报问询函显著降低了当年审计报告的激进性,提升了审计质量,年报问询函分别

---

〔33〕 上市公司的四大专门委员会中,与违规处理最直接相关的是审计委员会,但是基本上上市公司都会设置审计委员会,在10,033个样本中,可以明确观测到约10,000个样本设置了审计委员会,剩余变量存在缺失等特殊情况。而至于其他委员会,在10,033个可观测样本中,只有1家上市公司设置了4个其他委员会,45个上市公司设置了2个其他委员会,449个公司设置了1个其他委员会,9538个公司并没有设置其他委员会。总体上看,不设置其他专门委员会的上市公司居多,同时,其他委员会很少有针对违规处理、合规等事项设立,所以整体变量的实际效果不易评测。

〔34〕 参见前注〔6〕。

〔35〕 参见陈运森、邓祎璐、李哲:《证券交易所一线监管的有效性研究:基于财务报告问询函的证据》,载《管理世界》2019年第3期。

〔36〕 参见翟淑萍、王敏:《非处罚性监管提高了公司业绩预告质量吗——来自财务报告问询函的证据》,载《山西财经大学学报》2019年第4期。

〔37〕 参见邓祎璐、李哲、陈运森:《证券交易所一线监管与企业高管变更——基于问询函的证据》,载《管理评论》2020年第4期。

〔38〕 See Johnston Rick M. & Petacchi Reining, *Regulatory Oversight of Financial Reporting: Securities and Exchange Commission Comment Letters*, Contemporary Accounting Research, Vol. 34, 2017.

〔39〕 See Duro Miguel, Heese Jonas & Ormazabal Gaizka, *The Effect of Enforcement Transparency: Evidence from SEC Comment-Letter Reviews*, The Review of Accounting Studies, Vol. 24, 2018.

通过信息效应和监督效应提升审计质量。[40] 综上所述,一般情况下上市公司被问询后会采取部分措施来应对问询,同时,问询监管尽管并非对于公司信息披露的完全否定,但会有一定的负面反馈。

(四)稳健性检验与内生性检验

本文采用了替代解释变量"问询次数"以及替代被解释变量"违规处理频率",并对前文列出的模型②所涉及的数据进行离散度进行检验,发现并不存在过度分散的情形,不宜使用负二项回归。使用面板泊松回归模型进行稳健性检验,结果显示,Inquirytimes 的系数依旧显著,且为正。同时,本文以"是否问询"对处理组进行划分,以其他控制作为匹配变量,用 PSM 的方法进行匹配并删除未被匹配的样本,用模型①重新回归,进行内生性检验,结果与基本回归结果保持一致。[41]

本文数据处理的不足之处在于数据本身的选取:首先,问询函对于上市公司违规行为的预警是概括性的。一方面是时间上的概括性,违规行为有可能是此前早已发生的,只是在处理年度才曝光,问询函不能做到与违规处理在时间上的一一对应。另一方面,行为上具有概括性,违规处理的具体事由可能与问询内容相左,但这并不代表问询函监督机制的失灵。其次,问询函的具体内容不能囊括的一些违规事由。最后,被解释变量——上市公司违规处理因为数据库原因可能会存在缺失值。因此,本文关注的主要问题是问询监管与违规处理之间的相关性以及问询函的监督、预警功能。并且为了增强文章的说服力,我们在下一部分引入了 3 个实例来进行佐证。

五、问询监管的预警机制设计——基于合规责任人的职责考量

(一)"问询函—违规处理—合规"的实例说明

对于合规的定义,季卫东教授认为"规"包括:(1)国家颁布的法律

---

〔40〕 参见陶雄华、曹松威:《证券交易所非处罚性监管与审计质量——基于年报问询函信息效应和监督效应的分析》,载《审计与经济研究》2019 年第 2 期。

〔41〕 因为篇幅原因,本文不再列出相关回归结果,数据及数据处理结果已备案待查。

和政令;(2)企业自身制定的共同体规则和协定;(3)自由市场所要求的一般性诚信伦理。[42] 陈瑞华教授将企业合规定位为:(1)企业在运营过程中要遵守法律法规;(2)企业要遵守商业行为守则和企业伦理规范;(3)企业要遵守自身所制定的规章制度。[43] 而问询函所预警的违规行为基本属于"合法律法规"这一狭义合规的范畴中,同时,本文的被解释变量—违规处理—总体而言在范围囊括上是小于"合法律法规"的。本文在此处通过3个案例来说明"问询函—违规处理—合规"的传导机制,以此来对问询监管的预警功能进行佐证,并结合案例在下一部分阐明相关合规责任。

1. 广东雪莱特光电科技股份有限公司违规担保案[44]

广东雪莱特光电科技股份有限公司(以下简称"雪莱特公司")于2019年5月31日收到关于2018年年报的问询函。问询函中对违规担保的问题提出了问询。[45] 雪莱特公司尽管存在延迟回函的行为,但其及时进行自查。雪莱特公司于同年7月25日披露《关于子公司违规担保解除的公告》,其中声明通过《和解协议书》《民事调解书》已解除违规担保。深圳证券交易所发出监管函,认为雪莱特公司存在违规担保行为,对责任人员和公司提出了整改要求。[46] 该案中,雪莱特公司和相关人员确实存在违规担保行为,而雪莱特公司倒查违规事件并积极处理,尽管最终收到了整改意见,但是保护了公司财产和股东利益,并降低了处理的严苛程度。

2. 荣科科技股份有限公司推迟披露案[47]

荣科科技股份有限公司(以下简称"荣科公司")于2019年5月10日收到关于2018年年报的问询函,荣科公司按时回复。问询函中指出政府补助的项目内容、金额、到账时间等事项并未披露,存在未履行信息

---

〔42〕 参见季卫东:《为企业合规性投石问路》,载《财经》2008年第20期。

〔43〕 参见陈瑞华:《企业合规制度的三个维度——比较法视野下的分析》,载《比较法研究》2019年第3期。

〔44〕 广东雪莱特光电科技股份有限公司于A股市场代码为002076。

〔45〕 深圳证券交易所中小板年报问询函〔2019〕第277号。

〔46〕 深证证券交易所中小板监管函〔2019〕第163、164号。

〔47〕 荣科科技股份有限公司于A股市场代码为300290。

披露义务的可能。荣科公司回函称:每笔补助未达到披露标准。深圳证券交易所于2019年7月29日发布相关监管函,认为荣科公司应计补助为1239.98万元,以及在2018年3月21日至6月30日,应计补助已达564.9万元,属于应当披露的情形,违反了相关规定。〔48〕在该案中,合规负责人对规则的形式标准把握并不到位,认为政府补助是否应当披露的标准是以“每笔”为单位。

3.哈药集团人民同泰医药股份有限公司案〔49〕

哈药集团人民同泰医药股份有限公司(以下简称“人民同泰”)于2018年2月14日收到关于其终止重大资产重组相关事项的问询函,人民同泰按时回复。问询函中对相关人员是否勤勉尽责等事项提出了说明要求。〔50〕人民同泰回函称:相关工作人员在本次重组的决策过程中履职是勤勉尽责的。独立财务顾问核查意见经核查后做出同样结论。但是上海证券交易所发布了相关《纪律处分决定》及《公监函》,认为:公司未能审慎决策,公司作为交易主体的资质存在重大不确定性,并可能对重组后续工作产生重大影响,公司办理重组停牌事项不审慎;并且资金不足属于长期存在的客观事实,公司应当对该事项进行风险提示。〔51〕最终对人民同泰通报批评并对相关责任人员给予处理。在该案中,我们认为,公司相关人员并未以客观的态度看待自身的经营行为,自我判断和财务顾问的核查并不影响对其行为“不审慎”的认定,公司相关人员需要增强风险意识,以更客观的视角来履行审慎义务,合规责任人也需精准把握规则的实质认定标准。

这三个案例并不是真的代表了问询函能够直接说明公司的违规事实,但这三个案例佐证了问询函能够充分发挥预警作用。其中问询函分为定期问询函和非定期问询函,进一步地,非定期问询函的事件导向性较强,其主要是减少了特定事件披露的信息不对称。定期问询函主要是针对年报、半年报、季报等定期报告,其对于公司违规的预警功

〔48〕 深圳证券交易所创业板监管函〔2019〕第102号。

〔49〕 哈药集团人民同泰医药股份有限公司于A股市场代码为600829。

〔50〕 上海证券交易所上证公函〔2018〕0184号。

〔51〕 上海证券交易所纪律处分决定书〔2018〕86号、上证公监函〔2018〕0113号。

能更强。[52] 可以辨明,违规处理更侧重于结果,即违规处理仅是对违法行为的事后处理;合规更侧重于行为/过程,包括事前的预防和事中的处理、事后的救济等内容。上市公司可以通过识别问询函的问询事项和相关信息来披露合规行为或者是补救违规行为。例如,在雪莱特公司违规担保案中,公司能对违规担保行为进行及时反应并通过其他方式降低甚至规避被处理的可能性。因此,能否由此将问询函作为合规预警?我们认为完全可以实现,上文的检验结果和案例分析充分证明了问询函对于违规处理起到的预警作用,我们可以通过预警功能,以问询函的问询事项和相关信息作为合规工作的重点对象,即形成“问询函—违规处理—合规”链条式的预警机制。

(二)问询监管预警中的合规责任人设置

在所有权与经营权相分离的上市公司中,由董事、高管行使上市公司的经营权,监事行使监督权。但在我国现行的法律法规中,并未明确规定由哪一个部门来承担合规责任。从现行的公司法框架和规定出发,合规机制的具体构建以及合规管理有效实施需要充分的介入权,但又需要保持一定的独立性。我们认为,现有框架下合规应该由董事会负责;[53] 监事会对董事会进行监督;[54] 各部门经理层在负责企业日常运行的同时,对职能范围内的合规事项负责。[55] 就问询监管的预警应对而言,独立董事和监事都不足以完全应对。在公司内部治理结构中,可

---

〔52〕 定期报告的披露事项更全面、更稳定,披露时间固定性较强,与定期报告相关的披露规则也更健全。更容易观察和发现披露违规行为和一般违规行为。

〔53〕 独立董事不能成为合规责任人,独立董事的虚设以及架空在实践中和相关实证检验中也得到了证实。独立董事的虚设原因如下:(1)从独立董事提名形成方式来看,由董事会、监事会、股东提名再由股东表决通过,董事会及大股东的参与程度非常高。这种提名形成方式就很难让独立董事保持实权。(2)上市公司在具体的运行过程中,独立董事并非日常经营人员,参与程度不高,同时,对独立董事“独立性”的要求虽然增加了独立董事判断的客观性,但又疏远了独立董事与具体的日常经营工作。

〔54〕 我们认为,就经营监督而言,监事及监事会的监督职能最为广泛、主动性最强。但监事并不参与日常经营决策,且囿于职能范围和专业能力等因素的限制,监事对经营事项的日常监督在客观上比较困难。因此,我国当下公司治理模式中的监事及监事会可能无法成为合规管理的主要责任人。

〔55〕 参见《中央企业合规管理指引(试行)》(2018 年版)第 5 条、第 6 条、第 7 条。

以赋予合规责任人相应职能,并完善相关权力、责任体系。[56] 而由谁来担任这一合规责任人?我们认为最终需要重新设立合规职能部门,而现阶段的当务之急是完善合规责任人的职责体系,合规责任人在我国公司内部治理结构中应该在董事会项下设立。而合规职能部门在现行的治理结构下更贴近于管理层:

1. 合规制度的要素包括合规高管、风险管理、外部审计、内控体系、监管机关合作等内容,[57] 高管合规、风险管理等内容基本明确由公司的管理层负责。根据上述实证研究,问询监管与公司其余财务指标呈显著的相关关系。合规涉及面非常广泛,单独将问询因素与其他事项割裂并不能起到很好的合规效果。同时,规避相关违规处理也属于风险管理与内部控制的共同目标,如上述分析中,审计意见类型与是否问询呈显著的负相关关系,而其又与是否违规处理在1%的显著性水平上呈负相关。合规管理层能充分利用现有信息观察问询函的问询事项,以此应对问询预警。因此,为了能够有效应对问询,我们认为合规官需要充分的信息介入权。

2. 由于我国对董事注意义务违反的认定标准仍不够清晰,[58] 尽管不少事项可以被列入董事注意义务的行列,但是真正归责时,因为认定标准的模糊性,董事又能以各种事由"金蝉脱壳"。因此我们认为,如果直接设置合规官作为合规部门的主要责任人,合规部门应设置在董事会之下,但合规官的职权应与传统管理层做出区分。合规责任人有纠正不合规事项的主动性,[59] 同时,合规事务需要与其他日常事务分离并保证不受干涉。就应对问询函而言,我们初步认为,相较于直接设置合规部门,在四大委员会之外设置合规委员会更加合理。[60] 合规官的主动性、独立性以及责任的明确能够保证回函的真实性、全面性和及时性。

---

〔56〕 ISO 所发布的《合规管理体系要求及使用指南》中明确倡议设立合规官。

〔57〕 参见邓峰:《公司合规的源流及中国的制度局限》,载《比较法研究》2020 年第 1 期。

〔58〕 参见梁爽:《董事信义义务结构重组及对中国模式的反思:以美、日商业判断规则的运用为借镜》,载《中外法学》2016 年第 1 期。

〔59〕 参见李本灿:《合规官的保证人义务来源及其履行》,载《法学》2020 年第 6 期。

〔60〕 合规委员会的设置自由程度较高,设置成本低,且在现行的法律法规之下有据可依。

（三）问询函预警机制的合规设计基础

1. 上市公司违规行为分类下的合规事前预警

根据 CSMAR 数据中披露的上市公司违规行为，可分为披露行为违规以及一般违规行为。前者包括重大遗漏、披露不实、虚假记载、虚构利润、虚列资产、一般会计处理不当等，后者包括占用公司资产、擅自改变资金用途、内幕交易、违规买卖股票、擅自改变资金用途、违规担保、操纵股价等。两类违规之间可能存在具体关联（公司本身存在违规行为而致使公司采取违规披露的措施）；从违规行为是否持续来看，违规行为既可以是持续性的，也可以是暂时性的。

首先，合规责任人需对公司的违规行为保持充分的敏感程度，及时识别合规风险，并对不同的违规行为采取不同的应对措施：（1）对于一般违规行为，合规责任人需要通过具体的财务指标以及公司的经营事务综合考量，并及时识别，整治根源违规行为；（2）对披露不当行为，合规责任人需做好核对及劝导工作，保证披露的合规性。其次，合规责任人需要关注两个标准：（1）形式标准，即对相关法律法规进行学习，把握尺度。上述案例中，荣科公司对相关披露规则的学习不充分，最终被出具了监管函。形式标准整体较为稳定，通常仅涉及条文的解读。（2）实质标准，实质标准通常难以通过对条文的简单解读得出，需要结合现实情况做到主客观相统一。如上述人民同泰案件，需要对相关责任人员是否履行了审慎义务进行实质性判断。《纪律处分决定书》中结合证券市场和公司自身的经营情况对相关责任人员做出了未达到“审慎”标准的实质性判断。形式标准和实质标准的割裂程度并不高，只是规范适用的两个层面。

2. 问询函预警下的合规责任

问询函兼具信息效应和监督效应，问询函在督促上市公司主动减少信息不对称程度的同时，能够有效地监督上市公司的违规行为。首先从问询函的问询特征和上市公司的回函来看：上市公司一般均需回函并就相关事项进一步说明。不少上市公司回函周期非常长，上述提到的相关实证研究表明，回函时间越长，回函的可读性越低，[61] 这对投资者和监

〔61〕 参见前注〔15〕。

管者也是非常重要的预警。一方面,回函及时的上市公司能够主动减少不对称信息,而回函不及时甚至不回函的上市公司则会向投资者和监管者传递相反的信号。同时,问询函中的问询事项越多,越能直接说明信息的不对称程度更高。另一方面,被问询对象存在违规的盖然性较大,而违规者粉饰信息的动机越发强烈。从客观上看,问询的事实说明了上市公司存在具体违规事项的可能。问询的事项越多,说明存在违规事实的可能性越大。

从具体的实证研究来看,实证检验能够直接说明问询函的监督效应。而以上的实证检验无法直接说明问询函的信息效应,但结合数值和实际情况,在不少情形下,上市公司收到问询函后做出了合理的解释说明。[62] 事实证明,监督效应在理论上和实践中是存在且强有效的。尽管收到问询函不等于受到处理,但是我们认为问询函需要得到公司的充分重视:首先,问询函的监督效应是强力的,在很大程度上,问询函能够觉察上市公司可能存在违规事实;其次,问询函的针对性较强,一般分为实质上的违法问题和披露违法问题,对于问询函的重视起码能够解决披露不规范的问题;最后,对于问询函的重视并不需要花费过多的成本,回函是对问询函的针对事项进行解释说明,对相关事项进行倒查,对于问询函的重视能够带来可观的效应——公司不存在违法事实,能够合理解释和避免处理。若存在违法事实,可及时补救以及追责。

由此可见,收函后合规责任人需要承担以下事务:首先,在程序上,合规责任人需要保证回函的及时性以及回函内容的完整性。其次,合规责任人应充分分析问询函的问询内容,对问询内容及相关事项进行倒查,能够及时纠正的违规行为及时纠正;不能及时纠正的违规行为和披露不当行为,合规责任人需及时披露、做好备案工作并加强与相关部门的沟通交流,降低合规事件的影响。最后,处理相关事件后及时对相关责任人追责,并修整公司的管理漏洞,同时做好合规教育工作。

---

[62] 尽管存在当年被问询,下一年甚至更久被处理的情形,但是就问询阶段而言,确实减少了信息的不对称。可对收函公司的回函速度、回函内容以及回函质量来直接评测问询函的信息效应。本文数据对于问询函的信息效应仅做间接说明。本文的数据分析中,收函不等于违规处理,间接说明了问询函的信息效应。

六、研究结论与启示

总体而言，问询函能够成为有效的预警指标：一方面，问询函反馈了公司的可能违规事实，上市公司对于问询函的有效应对能够减免公司的合规风险以及受到处理的可能性；另一方面，问询函对上市公司信息披露、真实盈余管理、审计质量、公司治理等方面会产生影响，有效应对问询能促进相关指标的质量改善。通过实证数据的检验，发现问询函的监督效应是明显的，〔63〕这也从侧面证实了证券交易所非处罚性监管的效力。与此同时，我们结合了3个实例进一步佐证了问询函能够充分对上市公司的违规处理产生预警的作用。

本文以问询监管的监督效应和预警作用为主，对国内外与问询监管相关的文献进行了综述。在已有研究的基础上，以是否问询为主要解释变量，以是否受到违规处理为主要被解释变量，对问询函的监督效应进行直接检验，并对问询函的信息效应进行了间接解读。根据现有的公司治理体系，为解决问询监管所带来的合规预警，我们认为需要设立合规责任人来打破现存的职能困境，但是目前直接设立合规部门这一措施过于激进，通过设置合规委员会或者由法务部门暂领合规责任相关职能更加合适。公司合规负责人需按照以下机制安排来合理应对问询函预警：(1)在事前识别合规风险，从根源上整治违规行为，采取合理行动调查并识别上市公司违规类型和违规事由，把握规范的形式标准和实质标准，并在信息披露时保证信息披露的合规。(2)在被提出问询后，通常回函的时间要求非常短，考虑到问询函可能产生的负面影响，合规官应及时自查。若存在违规行为，及时披露回函，并对违规行为进行纠正、处理。(3)做好合规事件后的纠察工作，对相关负责人员采取适当的惩戒措施，修整内部相关规则。同时，合规官需要做好相关的合规教育工作，形成合规文化。

（编辑：宋澜）

〔63〕 如果相关解释变量并不显著、系数为负、系数接近甚至与0相等时，问询函的监督效应并不明显，因为在这些情况下，它并不能说明违规事实的存在。

【域外管辖】

《证券法苑》(2021)
第三十五卷,第96~113页

我国证券法域外适用体系化构建的检视和完善

——兼评新《证券法》第2条第4款的司法适用

姚竞燕*　翟　爽**

摘要:《证券法》的域外适用条款不仅具有诉讼管辖规则功能,也具有冲突规范的法律适用价值。《证券法》的域外管辖应以"效果标准"为审查标准。在跨境证券纠纷产生跨境管辖权争议时,我国法院应以"先受理法院规则+承认预期规则"作为解决管辖权冲突的一般规则,以不方便法院和禁诉令制度作为补充规则。《证券法》在跨境证券纠纷中的适用,则应从单边冲突规范的定性出发,注重与相关冲突规范的协调处理,更应加强叙事论证和裁判说理。

关键词:证券法域外适用　效果标准　平行诉讼　单边冲突规范

* 上海金融法院法官。
** 上海金融法院法官助理。

新《证券法》第2条第4款[1]设置了关于中国证券法域外适用的原则性规定，突破了旧法中将证券法的适用效力仅限于中国境内的证券发行和交易活动，成为我国反制单边主义金融霸权、维护我国金融秩序的重要手段。目前，对该条款的理解和适用在实践中存在很大分歧，国内学者多从行政执法的角度对证券法域外适用进行研究。在构建对外法治话语体系的宏观视角下，本文拟以司法适用为切入点，从法律位阶角度对立法机关、司法机关对证券跨境纠纷诉讼中的管辖权和法律适用的立法意图加以解析，并得出证券法域外适用体系的优化路径。

一、新《证券法》域外适用条款存在客观不足

对于新法之中具有规则设立性条款的理解逻辑应遵循从文意表述入手，并深入探讨其法律性质，最终落实到相应的具体审查规则之中；故对新《证券法》域外适用条款解读中产生的“困惑”，也应围绕文意、性质、审查规则等方面进行梳理。

（一）新《证券法》域外适用条款的表述较为原则

新《证券法》第2条第4款的域外适用条款丰富了我国跨境证券纠纷裁判法律体系，特别是首次于立法的层面将我国《证券法》具有域外适用效力加以明确，为我国跨境证券司法裁判提供了坚实的法律基础；但新《证券法》域外适用条款因表述较为原则，在司法实践中会面临一系列挑战。一是“用在哪里”。新《证券法》的域外适用条款虽然明确了判断标准“扰乱中华人民共和国境内市场秩序”“损害境内投资者合法权益”；然而，此处关于域外管辖的连接点的表述较为模糊，“扰乱”和“损害”之间的逻辑关系并不明确。弹性表述固然能够从逻辑上使外延更具张力，但必然会在司法实践中产生适用困惑，即如何把握具体案件的适用标准。二是“怎么用”。根据域外适用条款中“依照本法有

---

[1] 《证券法》第2条第4款规定：“在中华人民共和国境外的证券发行和交易活动，扰乱中华人民共和国境内市场秩序，损害境内投资者合法权益的，依照本法有关规定处理并追究法律责任。”

关规定处理”这一表述,此处的“处理”二字并不能明确该条款在性质上是管辖条款还是法律适用条款。我国的诉讼制度对于管辖和法律适用两个概念是有明确区分的,但《证券法》的域外适用条款从字面上看更类似于美国证券法中的长臂管辖条款——对管辖和法律适用不做特别区分。[2]《证券法》中的“例外”规定,使其在司法适用过程中与通常的既有诉讼程序必然存在“冲突”。三是“何种后果”。“追究法律责任”的笼统表述并未明确是刑事法律责任、民事法律责任抑或行政法律责任。同时,在裁判文书的判项处理上是否需要对《证券法》域外适用规制后果的表述做特别处理,亦成为困扰实务界的问题之一。

(二)新《证券法》域外适用条款的定性尚存争议

从立法技术层面看,法律条文的性质通常可以通过某类固定的表述来体现。例如,《刑法》第8条“外国人在中华人民共和国领域外……可以适用本法……”其性质上应属于法律适用条款,“适用”二字便是对法律适用属性的集中体现;《民事诉讼法》第272条“因合同纠纷或者其他财产权益纠纷,对在中华人民共和国领域内没有住所的被告提起的诉讼,如果合同在中华人民共和国领域内签订或者履行……可以由合同签订地……人民法院管辖。”性质上属于管辖条款,“管辖”二字明确了其属性。新《证券法》域外适用条款中用了“处理”二字,而不是性质较为明确的“管辖”或“适用”等字眼,这给域外适用条款的解读带来了困惑——该条款到底是管辖的规定还是法律适用的规定。有学者认为该规定赋予我国法院对域外证券纠纷的管辖权。[3] 理由在于新《证券法》出台以后,最高人民法院对涉外金融案件的管辖在司法解释中变相予以明确——赋予上海及北京两家金融法院域外证券纠纷的管辖权。[4] 然而也有学者认为,该条规定仅仅是法律适用条款,因为从实体法和程序法的区分上看,管辖条款作为诉讼程序应规定在诉讼法

---

〔2〕 杜涛:《美国证券法域外管辖权:终结还是复活?——评美国联邦最高法院Morrison案及〈多德-弗兰克法〉第929P(b)条》,载《证券法苑》(第7卷),法律出版社2012年版,第895~928页。

〔3〕 张迈:《中国证券法的域外管辖标准及其适用条件》,载《金融法苑》2020年总第104辑。

〔4〕 《最高人民法院关于上海金融法院案件管辖的规定》(2021年4月22日起实施)。

之中，而不应出现在作为实体法的《证券法》中。[5] 对于域外适用条款属于管辖规则还是法律适用的辨析，直接影响了该条款的应用场景和适用思路。

（三）管辖过程中的审查规制尚未细化

如将域外适用条款认定为管辖条款，那么将适用原则与适用条件细化是不可回避的问题。首先，从条文表述上看，我国的证券域外管辖条款应属于“效果标准”，但是仅以效果标准作为确定我国证券法域外管辖的标准是否能满足司法实践中的需求，是否应同时引入“行为标准”等其他标准？其次，域外适用条款的适用条件如何解读？所有境外发行和交易行为只要扰乱我国市场、损害投资者权益，均可能受到我国法律的约束。这种宽泛的域外管辖规制虽具有更大的体系张力，可赋予司法机关较大的自由裁量权，以充分保护境内市场秩序、境内投资者权益，但涵摄外延的宽泛必然使司法保护的边界无法有效厘清。客观上，海量的涉外证券纠纷案件可能激化中外证券监管冲突，也不利于司法机关在保护主权、安全和发展利益等核心选项上主动作为。

（四）法律适用的规制属性尚未明确

如果将域外适用条款认定为法律适用条款，那么，是否可以将其归入传统国际私法的范畴？如果可以归入，则其在国际私法体系中的性质又应当如何归类？在我国国际私法的体系当中，冲突规范、直接适用的法、公共秩序保留、法律规避等被视为能够产生适用我国实体法效果的法律依据，其中冲突规范又包括单边、双边、选择型、重叠型等不同的类型。其中，在证券法域外适用条款上产生争议的主要包括：《涉外民事关系法律适用法》第 4 条的“直接适用的法”[6] 和第 5 条的“公共秩

[5] 孙南翔：《美国法律域外适用的历史源流与现代发展——兼论中国法域外适用法律体系建设》，载《比较法研究》2021 年第 3 期。

[6] 《涉外民事关系法律适用法》第 4 条规定：“中华人民共和国法律对涉外民事关系有强制性规定的，直接适用该强制性规定。”

序保留"[7],以及主张类似《民法典》第467条的"单边冲突规范"[8]。有学者认为,证券法中关于法律适用的规定在司法领域不能适用,仅仅在公法领域可以适用,也即证券法的域外法律适用条款仅能适用于行政管辖而不适用民事主体之间的私力救济。[9]

二、域外证券纠纷管辖权的体系化检视

证券法对跨境证券纠纷案件的管辖权,尤其是对中国境外证券发行和交易活动所引发的跨境证券纠纷案件的诉讼管辖权,[10]值得重点探讨。这需要结合《证券法》的立法背景,对跨境证券纠纷案件的管辖权进行更为直观的梳理和理解。

(一)新《证券法》修订沿革中立法理念的变迁

有很长一段时间,我国对于本国法的域外管辖和适用都持相当保守的谨慎态度;直到国际形势剧烈变化,出于维护自身权益、反制国际霸权的角度考量,近年的立法和司法理念开始逐步变化。早在2015年启动《证券法》的新一轮修订工作后,虽然各项修改议题不断取得共识,但对于是否增加证券法域外管辖的讨论一直未有定论。《证券法(一审稿)》中增加了"在中华人民共和国境外的证券发行和交易行为,损害中华人民共和国国家利益、社会公共利益和境内投资者合法权益的,适用本法"的规定。然而,于2019年4月提交审议的《证券法(三审稿)》又将上述内容删除,使严格的属地管辖重新回归为证券法管辖的基本理念。然而新《证券法》正式颁布时,却又在第2条第4款将域

---

[7] 《涉外民事关系法律适用法》第5条规定:"外国法律的适用将损害中华人民共和国社会公共利益的,适用中华人民共和国法律。"

[8] 《民法典》第467条第2款规定:"在中华人民共和国境内履行的中外合资经营企业合同、中外合作经营企业合同、中外合作勘探开发自然资源合同,适用中华人民共和国法律。"

[9] 参见前注[2]。

[10] 国际法上的管辖包括立法管辖、司法管辖、行政管辖。其中行政管辖属于公法领域,本文讨论的范围为私法领域;立法管辖又指法律适用;司法管辖又指法官的诉讼管辖。

外管辖的内容明确:“在中华人民共和国境外的证券发行和交易活动,扰乱中华人民共和国境内市场秩序,损害境内投资者合法权益的,依照本法有关规定处理并追究法律责任。”

对于此种立法表述的跌宕变化,尤其是三审稿与最后公布稿之间截然相反的表态,需要更深入地分析立法背后深层次的影响因素:2018年开始,中美贸易摩擦不断升级,其间美国不断扩充“长臂管辖”的范围,涵盖了出口管制、反垄断、网络安全等众多领域,还包括金融投资这一与证券法相关的领域,美国动辄要求他国主体在国际事务中必须服从美国之国内法,否则随时可能遭到其包括民事、刑事、贸易等在内的制裁。[11] 面对严峻的国际局势,2019 年 2 月 26 日,习近平总书记在中央全面依法治国委员会第二次会议上明确指出,要加快推进我国法域外适用的法律体系建设。2019 年 10 月 31 日中共十九届四中全会公报中也有明确表述——加强重要领域立法,加快中国法域外适用的法律体系建设。[12]

基于上述脉络,可以清晰地看到《证券法》修订过程中,显然是在积极落实党中央对于中国法域外适用法律体系建设的战略布局。这在最高人民法院司法解释的阐述中可见一斑——2021 年 4 月修订的《关于上海金融法院案件管辖的规定》,明确将“境内投资者以发生在中华人民共和国境外的证券发行、交易活动或者期货交易活动损害其合法权益为由”提起的诉讼纳入上海金融法院的管辖范围。

(二)我国法院对跨境证券纠纷行使管辖权的必要性

一是有效构建中国法域外适用体系。随着经济一体化与国际化进程加快,各国证券市场的竞争性和依存性不断增强,证券违法行为也更多体现出跨国性特征。由于各国对跨国证券违法行为的认定、惩治措施及投资者保护等方面的法规存在差异,为维护本国利益,确保国内证券市场的稳定和安全发展,纷纷扩展本国证券法管辖范围。我国正着力构建域外法律适用体系,行使案件管辖权是其中的首要环节。

---

〔11〕 详见国务院 2018 年发布的《关于中美经贸摩擦的事实与中方立场》白皮书。

〔12〕 参见中国共产党第十九届四中全会公报《中共中央关于坚持和完善中国特色社会主义制度、推进国家治理体系和治理能力现代化若干重大问题的决定》。

二是应对美国长臂管辖的必然选择。从美国近三十年的司法实践经验来看,其证券法域外适用的范围非常广泛,通过法律的技术性解释和创制,可以适用任何证券发行或交易。首先,从国际层面来看,美国频繁实施证券法域外适用违反了国际礼让原则,违背了基本的国际传统和国际惯例,引起国际社会的反抗和抵制。其次,美国单边进行证券法域外适用冲击了国际金融市场秩序。当前,各国的监管者和市场参与者对于证券违法行为的含义和认定尚未达成一致,美国证券法的域外适用极易与他国金融监管部门产生冲突,增加国际金融市场不稳定因素。为保护我国投资者的利益、维护我国证券市场的稳定发展,我国应积极行使跨境证券纠纷的管辖权,抑制美国长臂管辖。

三是寻求平衡且富有弹性的域外管辖权行使方式。我国行使证券纠纷域外管辖权时也应注意寻求积极与谦抑之间的平衡点,既要"能管",即通过涉外管辖权的行使保护我国投资者的合法权益、维护我国金融市场的稳定,也要有所"取舍",即应充分尊重国际礼让原则并以我国司法现有资源为基础,适当开放域外管辖,不能因过分开放域外管辖造成有限司法资源疲于应付的被动状态,甚至引起不必要的国际争端。

(三)新《证券法》中诉讼管辖权的审查规则

既然我国法院对扰乱我国境内市场秩序或损害境内投资者合法权益的境外证券发行和交易活动具有当然的管辖权,那么,在具体案件的审查立案过程中,应当坚持构建怎样的审查规则?

1. 审查规则的法理基础

对于具体案件是否符合管辖规则的审查,显然属于程序法范畴。鉴于"诉讼程序依法院地法"已成为国际私法中公认的、普遍采用的原则,因此,对于具体案件中管辖权的审查规则,应当依据我国的民事诉讼法加以确定。依据对《证券法》第2条第4款的理解,从扰乱秩序、损害权益的表述可以将其归入侵权法范畴,因此,需从梳理我国对于侵权行为的管辖标准入手加以解读。

侵权行为地管辖标准是国际法上属地管辖原则的重要体现。[13]属地原则分为主观属地原则和客观属地原则,实际上是以侵权行为在一国开始或完成为区分标准。其中主观属地原则坚持受一国法律管辖的侵权行为要在该国境内开始实施;而客观属地原则突破了开始的概念,只要在该国完成即可以受该国管辖。可见,在侵权行为地的概念中,同时包括了侵权行为发生地这一主观属地原则和侵权结果发生地这一客观属地原则。有学者认为,"发生在境外的证券发行、交易活动或者期货交易活动损害境内投资者合法权益"正是侵权结果发生地原则的具体体现。[14] 这也可以理解为我国法院证券纠纷域外管辖找到了上位法基础,所以,我国法院当然具有证券纠纷的域外管辖权。

但也有观点认为,客观属地原则中的侵权"结果"发生地与证券法域外适用是完全不同的概念。证券法域外适用实际上是效果标准,其背后隐含的法理是境外发生的证券侵权行为对境内产生了相应的影响。相比较之下,首先,客观属地原则重在行为结果发生,而效果标准重在行为影响产生。其次,客观属地原则中的行为结果发生是认定侵权行为的构成要件,而效果标准中的产生影响并不是侵权行为的构成要件。对以上两个观点进行比较分析,不难发现,若法院以效果标准作为对域外证券侵权的管辖依据,那么,只要该侵权行为对境内造成的损失效果存在即可;但是,法院以客观属地原则中的侵权行为发生地作为管辖依据就会遇到很多障碍,例如,证明侵权行为造成的最终损害发生在我国境内,这与现实交易中损失多发生在境外市场的情况相悖,故很难得到证据证实。所以,在我国《民事诉讼法》并未确立"效果标准"的情况下,为保护我证券投资的利益,应将新《证券法》第 2 条理解为效果标准并以此为依据确立诉讼管辖权。

---

〔13〕 属地原则是国家行使管辖权的首要原则,它是指国家对于其领土内的一切人、物、行为或事件都拥有管辖权。现代国际法和国际体系是以国家主权为基石的。国家管辖权,包括立法管辖、司法管辖和执法管辖,都是国家主权权力的具体体现。它们拥有一个共同的逻辑起点:所有类型的管辖权都是属地的,首先及于本国境内的人、行为和财产;若无国际法上的特别理由,国家即当然享有管辖权。参见宋晓:《域外管辖的体系构造:立法管辖与司法管辖之界分》,载《法学研究》2021 年第 3 期。

〔14〕 [英]马尔科姆·N. 肖:《国际法》(第 6 版),白桂梅等译,北京大学出版社 2011 年版,第 540 页。

2. 域外证券纠纷管辖权的审查规则

如上文所述,新《证券法》第2条确定了效果标准为我国证券法域外管辖原则。效果标准重点关注域外证券侵权行为是否会对一国市场秩序或国内投资者的利益造成可预见性的实质损害影响。可见,是否具有实质性影响是效果标准的重要判定标准。美国对于实质性影响的具体审查标准进行了细致的梳理,对我们理解其认定标准具有借鉴意义。总体来说,美国法院认为,只要境外证券侵权行为影响到在其国内注册并上市交易的证券,且损害了其本国投资者的合法权益,就将被认定为具有实质性影响。具体来说,美国法院分两点确定是否具有实质性影响:一是投资者需要证明证券侵权行为是针对美国居民进行且受到实际损失;二是受损的利益在美国境内。直接性要求是效果标准的行使条件。虽然美国在证券法的域外适用中并没有详细解释直接性要求的内涵,但在反垄断法域外管辖中的讨论可作借鉴。在判例中,美国第九巡回法院认为:直接性要求境外侵权行为的直接后果是对美国境内的商业行为产生影响。而第七巡回上诉法院则认为应采用合理近因关系:若侵权法中规定损失和行为之间的关联属于间接关系,损失将无法获得赔偿。也有判决认为应采用风险防范标准,以行为产生的一定损害范围作为行为者的责任限制。在风险防范标准下,法院应着重审查境外侵权行为和其对美国市场产生的影响之间的因果关系;当影响已经超出境外侵权行为可预期的风险范围时,应认定行为与影响之间不具有直接的因果关系,故法院不得行使管辖权。

可预见性要求也是衡量效果标准的重要标准。可预见性的作用主要在于限制行为人的责任承担范围。需要要求境外行为人在实施行为时能够预见到给境内投资者以及证券市场带来的损害,而偶然性的事件行为人则不需要承担责任。

针对域外管辖的适用标准,新《证券法》采用了效果标准。仅从新《证券法》域外管辖的字面表述来看,其仅仅是笼统地以"扰乱市场秩序"为要件,并没有设置具体的限制条件。不仅司法机关被赋予了更大的自由裁量空间,也带来了其滥用管辖权的风险。对于较为严重的跨境证券侵权行为,司法机关可以着手管辖;但是对于对境内影响较小的证券侵权行为,出于遵守国际礼让原则以及司法资源的有限性,司法机关有必要放弃管辖。所以，应限定境外证券发行、销售行为对中国境内的影响为实质性、直接性、可预见性时，司法机关才对该证券纠纷行使管辖权。

"实质性"要求可以通过以下两方面进行判断：一是境内利益受到实际损害，具体来说，实际受损的主体要对损失有确切的感知，这里的损失不是仅仅指一般性的影响；二是证券侵权行为主要是针对中国境内投资者进行的，一般要求招股说明书中载明证券向中国投资者出售（或仅向中国投资者出售）。若侵权行为的受害主体中中国境内投资者仅仅是很少的一部本，影响力不大，那么不应认定具有实质性损失。

"直接性"的认定可以借鉴侵权责任法中因果关系理论的相关理论；证券侵权可以被看作一种特殊的侵权形式，其本质也是通过追究证券侵权人的赔偿责任来弥补投资者的损失。[15] 相当因果关系理论在判定因果关系是否成立时采用两段式的标准：其一，侵权行为是投资者损害发生的充分必要条件；其二，侵权行为的产生客观上增加了损失发生的可能。如果侵权行为的存在并不能增加损失发生的可能性，就不应认定为具有相当因果关系。

"可预见性"要求跨境证券侵权人能合理地预见发生在境内的损害，且损害发生并非偶然。[16] "可预见性"将侵权人承担的责任限制在可预见的范围之中，并且一般情况下行为人不一定要预见损害的发生方式、程度及范围，而只需预见损害类型即可。[17]

3. 新《证券法》与现行国际管辖规则的冲突与协调

证券法的域外适用必然导致平行管辖的普遍存在，因为证券法的域外适用并不具有排他性。一国法律域外适用可以及时弥补国际监管机制的缺失，将违背全球公共利益的事项"管起来"。某种程度上，法律的域外适用机制被大国合理使用不但可以发挥国际社会提供公共服

---

〔15〕 See Michael A. Carrier, *A Tort-Based Causation Framework for Antitrust Analysis*, Antitrust Law Journal, Vol. 77, No. 3, 2011.

〔16〕 参见王泽鉴：《侵权行为》，北京大学出版社 2009 年版，186 页。

〔17〕 参见程啸：《侵权责任法》，法律出版社 2015 年版，第 234 页。

务的优势,[18]而且将证券市场的公共秩序及相关投资者的合法权益依靠较为成熟的国内法保障,也更符合相关福利经济学的原理。[19]

具体到我国域外证券纠纷的司法管辖问题,也必然面临平行诉讼的规制问题:在当前复杂的国际局势下,尤其金融领域涉外纠纷案件的处理结果,客观上往往会对我国的资本市场、金融安全等方面造成影响。此类案件的管辖权对抗将成为诉讼博弈、风险防范的重点领域。

首先,可以将国内诉讼规则引入涉外证券纠纷的具体实践中。我国在国内平行诉讼领域早就确立了先受理法院规则:国内法院之间就管辖权发生冲突时,案件应由最先立案的人民法院管辖。虽然《民事诉讼法》第四编有"涉外民事诉讼程序的特别规定",但是对于平行诉讼问题并未另行规定,仅仅在第533条中规定了阻却先受理法院规则的适用。所以,将平行诉讼的先受理法院规则拓展至域外证券纠纷,不仅符合我国当前民事诉讼制度,也符合我国资本市场进一步对外制度型开放的战略要求。

其次,优化先受理法院规则的可预期性。处理域外证券纠纷的过程当中,应预先审查外国法院裁判的效力,对其能否得到本国法院的承认与执行加以判断,这样才能保证当事人实现权益不会因依据优先受理法院规则分配管辖权而产生额外困难。因此,在审查后认为外国法院裁判的处分无法得到本国法院的承认与执行的情况下,不应简单地排除本国管辖权。具体到域外证券纠纷案件中,并不需要对裁判内容符合本国的公共利益与否进行审查,仅需审查该裁判将来的承认与执行是否符合国际条约和互惠原则。所以,承认预期规则审查的重点内容应包括:性质上是不是专属管辖;与现有规则的协调方面,是否存在排他性管辖协议,承认执行的司法互助条约、互惠关系。可见,将"先受理法院规则+承认预期规则"作为解决管辖权冲突一般规则的域外证券纠纷平行诉讼制度,在给予当事人高度确定的诉讼预期的同时,还具有很强的可操作性。

---

[18] Restatement (Fourth) of the Foreign Relations Law of the United States # 407 (American Law Institute 2018).

[19] 参见李庆明:《论美国域外管辖:概念、实践及中国因应》,载《国际法研究》2019年第3期。

再次,通过不方便法院制度来防范风险。不方便法院制度通过抑制本国法院的司法主权,礼让案件于外国法院,由此在化解平行诉讼问题、协调国际管辖权冲突方面产生重要意义。当部分域外证券纠纷案件在本国法院审理会使本国公共利益受到损害,从防范重大风险的角度来考虑,应该运用不方便法院制度将案件礼让,以求风险的有效化解。

最后,通过禁诉令制度保持管辖权的扩张性与延展性。当两个平行诉讼均发生法律效力时,仅仅依据民事诉讼法阻却外国裁判在本国的承认与执行并不能更好地使本国裁判在域外发生法律效力。此时需要禁诉令制度,本国法院为限制享有管辖权案件的当事人在外国提起诉讼,对其签发命令。但也要注意发布禁诉令应采取保守的态度,发布的唯一要素应是侵害本国公共利益,以当事人申请为原则,并且在程序上严格禁诉令的签发流程。[20]

三、域外证券纠纷法律适用的检视

厘清管辖权审查规则有助于法院解决案件的受理问题;当法院的管辖权得以确认,就会对法律适用进行审查以确定案件的准据法。国际私法层面证券法领域的管辖和法律适用问题,有一个较为复杂的沿革。

(一)区分管辖与法律适用的必要性

通过对美国证券法中域外管辖权的概念进行历史的比较研究,可以发现域外管辖权在美国具有特殊的意义,它主要是指美国法院的事务管辖权。长期以来,证券纠纷的事务管辖权与证券法的域外适用问题混淆;随着经济全球化的发展,美国逐步区分两种不同的概念。

从遵循逻辑上看,美国法院初期认为:法院对涉外证券侵权案件的司法管辖权应通过各类判断标准(如效果标准、行为标准)加以确定,

〔20〕 参见徐文进:《防范化解重大风险视阈下平行诉讼制度的反思与完善——以90份裁判文书的实证分析为视角》,载《湖湘论坛》2020年第2期。

如果认定法院享有司法管辖权,便可直接适用美国的证券法,故美国的证券法被赋予了域外管辖的权利。直到2010年Morrison案,长久以来各巡回法院暴露在案件审理中的逻辑起点错误被美国联邦最高法院于判决书中加以纠正,并且首次提出法院司法管辖权与法律域外适用两者之间的差别,并加以区分。Morrison案判决书中强调:《1934年证券法》是否具有域外效力并不能简单地取决于一国法院对某一案件具有司法管辖权与否,因为其本质上是关于法律适用的问题。

与《1934年证券法》第27条规定法院享有司法管辖权的态度不同,在证券法域外效力的问题上,“反域外管辖推定原则”被美国联邦最高法院通过判决的形式提出:原则上国会不会就域外事件立法,除特殊情况外,应推定国会确立的规则不具有域外效力。所以,在Morrison案中,美国联邦最高法院开创了“交易标准”,证券法仅管辖在美国境内购买和销售证券的行为。可以看出“交易标准”将连接点严格限制在了美国国内。因为美国意识到证券法的域外管辖是对国际礼让原则的违反,容易与他国的证券法产生法律冲突,甚至构成对他国国家主权的过度干涉。并且美国也逐步认识到,如果法院一味扩张域外管辖权,对于与美国关联不大的案件提供诉讼服务,容易引起滥诉现象并且浪费美国有限的司法资源。

(二)规范域外证券案件管辖与法律适用的甄别

随着证券市场的全球化及证券交易的跨国发展,证券纠纷不再仅仅单纯地限于一国的内国法问题;为了保护本国的投资者权益、维护境内市场秩序,各国纷纷开始主张本国证券法具有域外管辖的效力。法律的适用范围越发得到关注的同时,我们也应注意到其后的延伸问题——法律和领土的关系实质上是系统的政治、经济和社会问题。[21]我国《证券法》第2条的域外管辖条款与美国证券法律体系中盛行一时的效果标准有一定的相似之处,都是重点关注在境外发生的行为是否对一国利益(包括投资者利益及市场秩序)造成可预见的实质性损

---

〔21〕 参见何其生:《比较法视野下的国际民事诉讼》,高等教育出版社2015年版,第54页。

害。[22] 但是,美国混淆了管辖权和法律适用两个截然不同的问题,这就导致美国的证券法域外适用问题实际上演变成为美国法院的域外管辖权问题。很长一段时间,我国学术界在讨论证券法域外适用时,也时常忽略这一问题,这直接使研究新《证券法》第 2 条时产生了概念和逻辑上的混乱。在破解逻辑难题的过程中,“公私分明”是一个有效的突破口。具体来说,对于我国新《证券法》域外适用条款的研究,要严格区分私人执行和公法执行,万不可将二者混为一谈。首先,在证券侵权民事诉讼中,在依据证券法域外适用条款的基础上,应区分管辖权和法律适用两个不同的问题:关于管辖权的问题还需依据《民事诉讼法》的相关规定;而关于法律适用的相关问题,也应依据法律适用法进行体系化考量。其次,当证券法作为具有监管性质的公法时,域外管辖条款为我国行政机关进行域外证券违法行为调查提供管辖权及法律依据。

(三)域外证券纠纷的法律适用考察

对于《证券法》第 2 条第 4 款法律性质的理解,不能仅以其规定在民事诉讼法、法律适用法、部门实体法中的规定来简单判断。一方面,由于法律制度的稳定性和滞后性,成文法国家的法律制度创新往往无法及时在相应的法律体系中协调发展,而是会在部门法、单行法中率先落实某项制度;另一方面,有时,某些特定法律程序性的制度设计在部门法、单行法中与相关机制作出协调性的规定更为简便恰当。因此,在实践中,在专业性、独立性较强的部门法和单行法中往往会出现程序法、实体法、组织法相互交织的情形。

诚如前文所述,证券法域外适用条款关于法律适用的争议主要包括公共秩序保留、直接适用的法、单边冲突规范三种情形;以下将着重针对三种情形展开剖析,以便明确法院在适用该条款时的解析思路和裁判逻辑。

公共秩序保留,是指因外国法的适用将会与法院地国公共秩序相抵触,而即使依据冲突规范应适用外国法,该国法院也有权排除或拒绝

---

〔22〕 See Tamari v. Bache & Co. S. A. L. 730F. 2d 1103, 1108(7th Cir. 1984).

适用的制度。[23] 单从法律条文字面看,证券法域外适用与公共秩序保留相类似:《涉外民事关系法律适用法》第5条规定,外国法律的适用将损害中华人民共和国社会公共利益的,适用中华人民共和国法律。《证券法》第2条第4款中"扰乱境内市场秩序、损害境内投资者合法权益"的表述似与其"社会公共利益"的表述存在高度近似。但实际上,公共秩序保留作为冲突规范的"安全阀",是适用冲突规范之后的一种法律适用例外,与证券法的直接适用存在本质区别。

直接适用的法,是指为实现国家重大社会经济利益而制定的直接适用于涉外民商事关系的具有强制效力的实体法律规范。[24] 我国《涉外民事关系法律适用法》第4条以制定法的形式规定了直接适用的法:我国法律对涉外民事关系有强制性规定的直接适用该强制性规定。随后,最高人民法院发布的《关于适用〈涉外民事关系法律适用法〉若干问题的解释(一)》又以不完全列举的方式对直接适用的强制性规定予以例示,并且在该解释的第8条明确了直接适用的法的内涵,即"涉及我国社会公共利益、当事人不能通过约定排除适用、无需通过冲突规范指引而直接适用与涉外民事关系的法律、行政法规的规定"。该解释将"涉及外汇管制等金融安全"列入"强制性规定"的范畴。实践中相当多观点认为《证券法》第2条第4款应当以此为法源依据,在裁判中应当合并引用该条款。然而,我们认为,该条款的适用存在两个逻辑障碍:一是从该条款的文义以及司法实践来看,目前该条款主要适用于可能会冲击我国外汇管理制度的对外借款、对外担保等情形,[25] 若扩大至境外证券发行等活动则会显著扩大该条款的适用范围,逻辑上存在不够周延之虞;二是《涉外民事关系法律适用法司法解释》第8条在界定"强制性规定"过程中为防止适用的扩大化,明确将"涉及我国社会

[23] 韩德培主编:《国际私法》(第3版),高等教育出版社、北京大学出版社2014年版,第140页。

[24] 刘仁山:《"直接适用的法"在我国的适用——兼评〈《涉外民事关系法律适用法》解释(一)〉第10条》,载《法商研究》2013年第3期。

[25] 参见广东省梅州市中级人民法院民事判决书(2020)粤14民终866号、湖北省武汉市中级人民法院民事判决书(2020)鄂01民终3492号、江苏省南京市中级人民法院民事判决书(2014)宁商外初字第26号、江苏省扬州市中级人民法院民事判决书(2014)扬商外初字第0009号。

公共利益”作为判断要素之一。由此可见，直接适用的法的适用要着重考察对公共秩序损害，然而，个人利益受损并不能必然导致公共利益受损；所以，证券法适用范围中的“损害境内投资者利益”情形则被排除在外，这种理论架构不利于证券法域外适用的拓展。

单边冲突规范，是指直接规定适用某国法律的冲突规范。[26] 常见的单边冲突规范有《民法典》第 467 条第 2 款，规定我国境内履行的中外合资经营企业合同、中外合作经营企业合同、中外合作勘探开发自然资源合同，适用中华人民共和国法律。我们认为，将新《证券法》的域外适用条款理解为单边冲突规范更为合适。因为全国人民代表大会常务委员会通过的《证券法》本身就具有创设法律适用规则的权限，并不需要强行套用冲突规范的现有逻辑。《证券法》该条规定具有典型的单边冲突规范特征——单边冲突规范只规定了一个明确的连接点，即当它指向适用国内法时就不能再适用国外法。法律规则深入的性质分析显然有利于构建明确的案件适用法律过程，尤其对于跨境证券纠纷案件的裁判说理、法律论证等提供了坚实的逻辑基础。

四、完善建议

证券法的域外适用机制建设不仅关涉国家主权、金融安全和资本市场的健康发展，也成为用中国理论阐述中国司法实践、用中国司法实践升华中国理论的重要方式。由于证券法域外适用在立法表达上较为简略，应以证券法域外适用制度的司法应用为抓手，增强域外适用条款的实践效力。

第一，加强顶层设计，构建更为系统的具有域外效力的法治体系。我国主张新《证券法》具有域外效力，应以域外证券侵权行为与中国存在合理、密切的联系为基础，对其中的合理性及正当性做充分的法理阐述，且不存在明确的禁止性国际法原则。但要使证券法的域外适用条款得到真正的落实，还要进一步加强顶层设计，构建完备且系统的具有

---

〔26〕 肖国平：《我国国际私法立法现状及对策研究》，载《法学评论》1991 年第 6 期。

域外效力的法治体系。构建具有域外效力的法治体系时,应与国家目前的发展实力相适应,且不违反国际法基本原则。不同于美国的单边主义及霸权主义,我国一直秉持多边主义;因此构建的域外效力法治体系必须严守国际法的基本原则,并且兼顾其他国家的合理发展利益,尽可能以国际法中的合理性原则为支撑,并以禁止性原则为边界。[27]

第二,加强体系协调,修订《民事诉讼法》和《涉外民事关系法律适用法》。对外法治话语体系的有效运转需要构建具有域外效力的证券法律体系,并注重将实体法与程序法相结合。立法表达是静态的界定规则,司法表达是动态的阐释规则——两者相辅相成。在现有的《民事诉讼法》与《涉外民事关系法律适用法》的既有规定下,细化对证券法域外适用的具体规则,可以通过出台相关司法解释的形式予以明确;在符合效果标准的情况下的域外证券侵权行为,我国具有管辖权,并且在法律适用方面可以适用我国《证券法》的相关规定。只有打通了《民事诉讼法》《涉外民事关系法律适用法》《证券法》之间的协调机制,才能真正做到证券法的域外适用有法可依。

第三,完善应用规则,细化管辖解释,厘清法律适用冲突规则。法律的意义在于实施。证券法的域外适用只有不断细化实施规则才能够实现机制创新的目的,使我国在证券法领域切实享有国际法治话语权。目前,最高人民法院《关于上海金融法院案件管辖的规定》已增加一条作为第2条,其中规定,"下列金融纠纷案件,由上海金融法院管辖:(一)境内投资者以发生在中华人民共和国境外的证券发行、交易活动或者期货交易活动损害其合法权益为由向上海金融法院提起的诉讼",具体可细化为境内合格机构投资者或境内投资者通过沪港通、沪伦通等购买境外证券或期货,因证券发行、交易活动或期货交易活动损害其合法权益为由向上海金融法院提起诉讼。该规定明确适用对象为符合外汇管理规定的金融投资或消费行为。正如最高人民法院民二庭负责人答记者问中提到的,"沪港通、沪伦通等国家金融市场对外开放的重要改革措施正在实施之中,跨境证券期货交易等金融活动日益增

〔27〕 霍政欣:《国内法的域外效力:美国机制、学理解构与中国路径》,载《政法论坛》2020年第2期。

多”，赋予上海金融法院管辖此类案件，有利于打造国际金融纠纷解决的优选地。值得注意的是，其中只规定了损害投资者权益，却没有包含扰乱国内市场秩序。这是因为在目前的情况下，扰乱国内市场秩序的认定标准尚无定论并且也不具有操作性。

在法律适用方面，也应在现有的基础上，细化证券法域外适用的相关规则。因为法律适用不同于管辖权的规定，更多的是法律方面的指引，所以在适用范围上可以适当扩展至“扰乱国内市场秩序”“损害投资者利益”两个方面，并且二者在逻辑上是并列的关系，只要满足其一就可以适用我国的法律；这更有利于保护我国投资者的合法权益，同时也给予境外主体稳定的法律预期。

（编辑：谢贵春）

《证券法苑》(2021)
第三十五卷,第114~136页

美国长臂管辖机制分析及对我国资本市场影响研究*

王　哲**

摘要:目前通常所称美国长臂管辖,实质是包含域外立法管辖、司法管辖和执法管辖在内的“域外管辖”,从应用机制上来看,涵盖金融制裁、反洗钱、进出口贸易管制、反海外腐败、反垄断、资本市场等方面;从表现特点上来看,呈现管辖连接点高度泛化、立法司法与执法联动配合、管辖威慑性与影响交织性等特征。对各方面机制所涉及的美国国内法进行分析,有助于合理判断具体长臂措施是否违反国际法,并引导我国境内主体有效防范应对不同长臂管辖。

关键词:长臂管辖　资本市场　最低连接点　域外适用

一、长臂管辖概念的界定

狭义的长臂管辖起源于美国最高法院在1945

* 本文仅代表作者个人意见,与所在单位无关。

** 现任职于中国证券登记结算有限责任公司法律部。

年国际鞋业公司诉华盛顿州案中确立的“最低限度联系标准”，主要适用于民事诉讼领域，是美国法院对人管辖权中的特别管辖权。[1] 这一原则最初用于解决州与州之间的纠纷，后来逐渐应用于跨国纠纷之中。而目前我国对“长臂管辖”已进行广义理解和运用，[2] 近似于包括域外立法管辖、司法管辖和执法管辖在内的“域外管辖”概念。[3]

国际法学者认为，域外管辖是统称概念，在内容上涵盖了法的域外适用。原因在于，域外管辖既包括一国立法机关制定含有域外适用条款的法案，也包括依靠行政权和司法权进行法的域外适用。而狭义长臂管辖是法的域外适用的组成部分，即只体现了诉讼领域的对人管辖权。[4] 联合国国际法委员会也认为，域外管辖可以理解为“一国在其境外行使主权权力或权威”。[5] 基于国际法上属人原则、保护原则等相关规则及跨国交往日益频繁的客观环境，当一国与所管辖的人和事

---

〔1〕 1945 年 International Shoe Co. v. Washington State 一案中，美国联邦最高法院根据“最低限度联系”理论创立了特定管辖权规则：只要非本州被告与被告法院之间存在某种“最低限度联系”（minimum contacts analysis）和“合理性”（reasonableness inquiry），法院就对该被告具有管辖权。

〔2〕 2018 年 9 月 24 日，国务院新闻办公室发布的《关于中美经贸摩擦的事实与中方立场》白皮书指出：“长臂管辖是指依托国内法规的触角延伸到境外，管辖境外实体的做法。近年来，美国不断扩充‘长臂管辖’的范围，涵盖了民事侵权、金融投资、反垄断、出口管制、网络安全等众多领域，并在国际事务中动辄要求其他国家的实体或个人必须服从美国国内法，否则随时可能遭到美国的民事、刑事、贸易等制裁。”

〔3〕 对三种管辖权的分类和界定，参见 2018 年美国《对外关系法重述》（第 4 版）[*Restatement(Fourth) of Foreign Relations Law*] 第 401 节。立法管辖权（legislative jurisdiction）也称规制管辖权（prescriptive jurisdiction）；司法管辖权（judicial jurisdiction）也称 jurisdiction to adjuciate；执法管辖权（jurisdiction to enforce），指政府利用资源诱导或强制遵从法律的权力。

〔4〕 参见李庆明：《论美国域外管辖：概念、实践及中国因应》，载《国际法研究》2019 年第 3 期；肖永平：《“长臂管辖权”的法理分析与对策研究》，载《中国法学》2019 年第 6 期；廖诗评：《中国法域外适用法律体系：现状、问题与完善》，载《中国法学》2019 年第 6 期；霍政欣：《国内法的域外效力：美国机制、学理解构与中国路径》，载《政法论坛》2020 年第 2 期。

〔5〕 《联合国大会第 61 届会议正式记录补编第 10 号》A/61/10，第 390 页。转引自廖诗评：《中国法域外适用法律体系：现状、问题与完善》，载《中国法学》2019 年第 6 期。

具有充分联系且享有正当利益时,其域外管辖也具有国际法上的合法性。[6]

但美国在“本国利益优先”主义的倡导下,依托国际优势地位及美元霸权,不断在其国内法层面构建相关行动的法律基础,并通过司法、执法手段进一步实现管辖权单边扩张。自2017年特朗普政府《国家安全战略报告》将我国定性为“在国际安全和经济等诸多领域挑战美国国际地位和国家利益的最主要战略竞争者”[7]以来,美国愈加频繁地制定具有对华色彩的法案,并以其国内法域外效力为法理依据,针对我国主体进行金融制裁、进出口贸易管制、反洗钱及反海外腐败调查、发起刑事及民事诉讼等一系列打压手段,典型如“孟晚舟案”“中兴通讯案”。适时,有必要对美国法进行梳理,理解其行为背后的法律依据、利益诉求及政治动机,进而客观研判、理性应对。

二、美国长臂管辖主要机制概述

(一)金融制裁[8]

1. 法律依据

美国金融制裁领域的国内法依据包括成文法、总统决议及财政部

---

[6] 反垄断法等领域的域外效力已普遍被国际认可。汉斯·凯尔森(奥地利裔犹太人法学家,法律实证主义代表人物)也提出,一个国家的权力限于其自身领土,但并不意味该国在法律上不能在领土外实现任何行为。习近平总书记在中央全面依法治国委员会第二次会议上的重要讲话中指出,要加快推进我国法域外适用的法律体系建设。我国《刑法》《反垄断法》《证券法》《期货和衍生品法》均设置了域外适用条款。相关学者观点可参见孙南翔:《美国法域外适用的历史源流与现代发展——兼论中国法域外适用法律体系建设》,载《比较法研究》2021年第3期。

[7] White House, *National Security Strategy of the United States of America*, December 2017, https: / /www. whitehouse. gov/wp - content/uploads/2017/12/NSS - Final - 12 - 18 - 2017 - 0905. pdf. , p. 2.

[8] 相关梳理参见徐以升、马鑫:《金融制裁——美国新型全球不对称权力》,中国经济出版社2015年版;唐婧:《美国的金融制裁与应对》,载《中国金融》2019年第14期;陈宇曈、成弋威:《美国金融制裁的法律分析及风险防范》,载《金融监管研究》2017年第1期。

规章三个层级。成文法可分为两部分:一是与对外政策和国家安全相关的一般法律,包括《1977 年国际紧急经济权力法》、《1976 年国家紧急状态法》、《1917 年与敌国贸易法》、《2001 年爱国者法》、《2012 年马格尼茨基全球人权问责法》以及年度《国防授权法》等。二是针对具体"敌对国"或事件的特定制裁法律,如《1982 年控制苏联石油和天然气修正案》[9]、《1995 年缅甸自由与民主法案》、《1996 年赫尔姆斯—伯顿法》(针对古巴)[10]、《2017 年以制裁反击美国敌人法》(针对俄罗斯)以及《1996 年伊朗制裁法》、《2012 年减除伊朗危险和叙利亚人权法》等一系列针对伊朗的法律,且都发生在中美博弈加剧之后,还颁布了具有明显涉华因素的法案。此外,《1977 年国际紧急经济权力法》授权总统根据现实需要颁布行政命令启动金融制裁,与国会立法具有同等效果。例如,针对俄罗斯的相关制裁决定,既有 2014 年奥巴马 E13661 号行政令及 EO13685 号行政令,也有《2017 年以制裁反击美国敌人法》;针对伊朗的相关制裁决定,既有《1996 年伊朗制裁法》等法案,也有 2018 年特朗普 E13846 号行政命令。

2. 运行机制与主要手段

美国总统和国会是金融制裁的决定部门,具体实施部门是财政部及下属海外资产控制办公室(OFAC),[11] 国防部、司法部等部门也发挥着重要作用。

---

〔9〕 该法旨在阻止苏联建造从西伯利亚通往西欧的天然气管道,手段是:禁止美国控制的外国实体向苏联出口设备,禁止所有的外国实体向苏联出口设备,只要生产设备使用的是源自美国授权的技术,即便是此前从美国出口的技术。这一法案对欧共体各国产生巨大影响,使众多企业面临巨额损失。欧共体及其成员方对美国提出强烈抗议。转引自霍政欣:《国内法的域外效力:美国机制、学理解构与中国路径》,载《政法论坛》2020 年第 2 期。

〔10〕 该法禁止美国公司和外国公司与古巴进行贸易,还创设了一个新的诉因,允许在古巴革命后财产被没收的美国公民起诉与古巴展开交易的几乎所有实体。该法颁布后,欧盟向美国提交了外交抗议,指其违反国际法。后文《1996 年伊朗制裁法》规定对在伊朗和利比亚投资超过 2000 万美元的任何国家的个人或实体予以制裁;法律实施后,欧盟将美国诉诸世界贸易组织争端解决机构,还颁布了第"2271/96"号条例,规定了"阻断条款"和"补偿条款"作为反制。

〔11〕 OFAC 隶属财政部恐怖主义及金融情报办公室,前身是于 1940 年纳粹德国入侵挪威后设立的海外资金控制办公室;其本身成立于 1950 年 12 月中国军队抗美援朝作战之际,杜鲁门总统借助 OFAC 冻结了中国和朝鲜的在美资产。

金融制裁主要手段包括:一是冻结或没收财产。例如,2014 年美国冻结俄罗斯领导层 7 名核心成员与 17 家实体在美国的资产,2003 年布什总统没收伊拉克政府及官方机构存放在美国金融机构中的 19 亿美元。二是切断被制裁对象美元使用渠道及与国际支付结算系统的联系。这一手段的实现主要依托于美元霸权地位、美国对环球银行电信协会(SWIFT)及纽约清算所银行同业支付系统(CHIPS)的高度控制。[12] 例如,2012 年,SWIFT 取消伊朗金融机构的会员资格,终止 30 家伊朗银行跨境支付服务;2014 年,SWIFT 虽然顶住压力未将俄罗斯列入"黑名单",但也加强了对与俄罗斯相关交易的审核,拉长了其金融交易周期,同一时期,VISA 和 MasterCard 停止向俄罗斯银行提供支付结算服务。此外,《2001 年爱国者法》建立起的反洗钱机制明确,美国禁止全球金融机构与被制裁对象从事具有美国连接点的交易;由于各国金融机构对美元支付结算体系的严重依赖,美国单方制裁事实上达到多边制裁的效果。三是财政制裁与融资限制。例如,2014 年,美国关闭大量俄罗斯金融部门获取中长期美元贷款的窗口;2017 年,要求对在俄罗斯进行特殊石油项目重大投资的外国实体实施制裁。

OFAC 定期或不定期发布制裁名单,包括特别指定国民名单(SDN)、行业制裁名单(SSI,主要针对俄罗斯)、海外逃避制裁者名单(与伊朗及叙利亚有关)、外国金融机构第 561 条款名单等。据不完全统计,截至 2020 年 10 月底,211 个中国内地个人和实体及 57 个中国香港个人和实体被列入 SDN,包括军委装备发展部、中国电子集团等。一部分因"涉疆、涉港"等政治原因被一级制裁;一部分因与被制裁国

---

〔12〕 SWIFT 和 CHIPS 是美国金融制裁的工具,二者制裁效果不同。仅使用 CHIPS 制裁会切断制裁对象获取和使用美元的渠道,但对方还可以使用 SWIFT 与其他国家/地区进行非美元交易,使用 SWIFT 制裁工具则会切断制裁对象与全球金融体系的联系。SWIFT 是一家总部位于比利时的非营利组织,设立 25 个董事席位,美国、比利时、德国、法国、英国、瑞士各占 2 个席位,中国有 1 个席位。虽然欧盟占有 SWIFT 董事席位最多,但美国无疑拥有更大主导权,主要原因是:(1)美元在全球跨境支付和外汇交易中份额占比最大;(2)SWIFT 一个信息交换中心设在美国纽约;(3)"9·11"事件后美国以打击恐怖主义为由,强迫 SWIFT 授权美国调取金融交易信息。CHIPS 虽名义上独立于美联储,是全球最大的私营支付清算系统,但关键环节绑定美联储建立并负责运行的 Fedwire。

家存在交易被二级制裁。[13]

美国防部根据《1999财年国防授权法》(1999财年NDDA)[14]第1237条授权,编制"中共涉军企业"名单,并先后四次将移动、电信、联通、小米、华为等44家中国企业纳入该名单。[15] 被列入"1237清单"并不意味着企业立即面临处罚或交易受限,但总统可决定是否实施制裁,主要涉及金融服务、资产交易、资产处置三个方面,最极端情况下包括查封清单上实体的所有财产。值得一提的是,小米集团在美国起诉美国国防部和财政部,最终法院认定美国国防部将小米列入"中共涉军企业清单"的行为不符合《行政程序法》,予以撤销。[16] 拜登政府将"中共涉军企业"名单进一步调整为"中国军工复合体企业"名单,并授

〔13〕 美国存在"一级制裁"和"二级制裁"双层制裁体系,不仅禁止美国人与被制裁对象交易,还禁止第三国人与被制裁对象进行具有美国连接点(包括通过美国金融体系为被制裁对象提供金融服务)的交易,若该类交易被认定为"重大交易",相关主体将面临二级制裁。一级制裁的对象是美国意图直接制裁的主体,如俄罗斯、伊朗、古巴相关机构。二级制裁的对象是违反美制裁规定、与被制裁对象进行交易的主体,形式包括列入"黑名单"、罚款以及禁止其与美国发生业务联系。

〔14〕 由1998年美国时任总统克林顿签署。相关条款的主要内容为:美国国防部长应与司法部长、中央情报局局长和联邦调查局局长进行磋商,在1999财年NDDA颁布之日起90日内确定直接/间接在美国或其任何领土及属地内运营的"中共涉军企业"清单,并公布于《联邦公报》(*Federal Register*)。其中,"中共涉军企业"是指:(1)国防情报局(Defense Intelligence Agency, DIA)1990年9月编号VP-1920-271-90以及1995年10月编号PC-1921-57-95出版物(及后续更新)中列明的任何实体;(2)任何由中国人民解放军所有或控制并参与商业服务、制造、生产或出口活动的实体。其中,"人民解放军"是指中国的海陆空部队、警察、中国政府的情报部门,以及上述机构的任何成员。

2005财年NDAA第1222节对"中共涉军企业"的范围进行了扩充,包含:由中国人民解放军、中国政府部委所有、控制或者隶属于由中国人民解放军、中国政府部门,或者由中国国防工业基地所属单位所有或控制的,并且参与商业服务、制造、生产或出口活动的实体企业。

〔15〕 《中美观察|11家中国企业被美国防部新增至"中共涉军企业"清单——或将被采取IEEPA项下的调查及限制措施[走出去智库]》,载网易,https://www.163.com/dy/article/FLKQL9F70519BMQ6.html,2021年11月10日访问。

〔16〕 《小米赢得对美诉讼:法院解除了其涉军认定 并撤销投资限制》,载新浪财经,https://finance.sina.com.cn/chanjing/gsnews/2021-05-26/doc-ikmxzfmm4808901.shtml;《小米与美国防部达成诉讼和解,将被移出军事清单》,载https://www.cnbeta.com/articles/tech/1126895.htm,2021年11月15日访问。

权 OFAC 将相关实体列入新的非 SDN 中国军工复合体公司清单。

(二)反洗钱领域

1. 法律依据

美国反洗钱的国内法依据包括《1970 年银行保密法》、《1986 年洗钱控制法》、《1998 年打击洗钱和金融犯罪战略法》、《2001 年爱国者法》等国会成文法及《2013 年美国财政部金融犯罪执法网络规章》等部门文件以及监管机构或行业组织发布的反洗钱行业准则。

其中,《2001 年爱国者法》第三篇"打击跨国洗钱和恐怖融资法"分篇 A 第 317 条规定,如果某一外国人或外国金融机构参与洗钱活动,如果依照《美国联邦民事诉讼规则》或外国人所在地的该国法律送达了诉讼文书,并且满足以下三个条件之一,美国法院就可行使司法管辖权:(1)外国人参与了洗钱活动,且相关交易全部或部分发生在美国;(2)外国人在美国境内持有财产,且美国法院对该财产作出没收令;(3)外国金融机构在美国境内金融机构设有银行账户。第 319 条规定,只要美国认定的涉嫌洗钱的资金存放在某外国银行世界范围内的任一账户,就可以直接对该行在美国境内设立的银行账户予以冻结、扣押和没收,不必证明两项存款之间存在资金转移链条。《2020 年反洗钱法》要求评估中国相关非法金融风险,形成打击中国洗钱活动的策略。

2. 运行机制和主要手段

反洗钱监管具有"多头性",处罚具有"交叉性",且呈现重罚威慑为主的模式。[17] 美国有关监管机构包括:美联储,司法部及其下属联邦调查局、毒品管制局,财政部及其下属国内收入署、货币监理署、存款监理署、金融犯罪执法局(FinCEN)以及 OFAC,[18] 消费者金融保护局,

〔17〕 相关材料参见蔡宁伟:《美国反洗钱"长臂管辖"的渊源与演变》,载《金融监管研究》2019 年第 11 期;丁灿:《国际银行业金融犯罪监管:案例研究与经验启示》,载《金融监管研究》2017 年第 4 期;课题组王元元等:《美国反洗钱监管案例研究》,载《西部金融》2018 年第 3 期。

〔18〕 金融犯罪执法局(FinCEN)隶属于财政部,是美国反洗钱监管的核心部门,确保反洗钱工作的数据收集、共享,协调反洗钱监管活动,最核心的职能是为美国国内各级执法部门提供情报支持,以情报为纽带整合部门间的合作,金融交易数据是 FinCEN 的重要数据来源。OFAC 负责根据反洗钱监控的相关情况定期发布制裁名单。

金融监管局以及各州立金融服务局等政府部门，一般根据洗钱上游犯罪涉及领域来确定执法部门。上述各部门拥有独立的反洗钱调查权、起诉权和处罚权。例如，2018 年 11 月，法国兴业银行因违反美国制裁法规，同时分别向 OFAC、美联储、纽约州地方检察官办公室、纽约州金融服务局和美国司法部分别支付 0.54 亿美元、0.81 亿美元、1.63 亿美元、3.2 亿美元和7.17亿美元以达成和解。

而反洗钱监管中，可能引起巨额监管处罚的上游犯罪包括毒品罪、贿赂罪、恐怖融资罪、市场操纵罪(不正当竞争罪)、偷逃税款罪等。有学者统计，2008 年至 2018 年，共有 45 家机构遭受美国反洗钱 1 亿美元级以上的巨额监管处罚，累计金额高达 781.7 亿美元，涉及国家 12 个，其中发达国家占 9 个，发展中国家如中国、巴西等新兴经济体占比呈现上升态势。[19] 恐怖融资罪涉及的非美国机构最多，共 8 国 13 家机构，事由多为涉嫌与美国认定的受制裁国家存在业务往来，且存在一定程度上的“组织掩饰行为”。银行业是金融业受罚的重灾区，2012 年汇丰银行和渣打银行遭到巨额处罚，农业银行曾于 2016 年因反洗钱指控被纽约金融服务局罚款 2.15 亿美元。[20]

(三)进出口管制及相关贸易领域

1.法律依据

美国出口管制法律体系分为两部分：一是军民两用品出口管制法律体系，由《1979 年出口管理法》《2018 年出口管理条例》《2018 年出口管制改革法案》[21]构成。美国据此管制原产于美国及非原产于美国但达到一定比例美国来源成分的产品及技术的所有流转，包括国家间的再出口和国内转卖。二是军品出口管制法律体系，由《武器出口管制法》及其实施条例《国际武器贸易条例》构成。其他贸易领域相关

---

〔19〕 蔡宁伟：《美国反洗钱“长臂管辖”的渊源与演变》，载《金融监管研究》2019 年第 11 期。

〔20〕 《中国农行违反纽约州反洗钱法规将支付 2 亿 1500 万美元罚款》，载金投网，https://usstock.cngold.org/c/2016-11-07/c4568638.html。

〔21〕 2018 年美国《出口管制改革法案》实际上替代了《出口管理法》，进一步扩大美国出口管制范围与力度，将被认定为“对美国国家安全至关重要”的技术的产品、相关软件和源代码也纳入管制范围。

法律还包括《1962 年贸易扩展法》第 232 条、《1930 年关税法》第 337 节以及《1974 年贸易改革法》第 301 节。

2. 运行机制和主要手段

美国商务部工业安全局(BIS)负责制定出口管制实体清单(EL)、拒绝人士清单(DL)以及未验证清单(UL),有权将其认为曾经、正在或有可能违背美国国家安全或外交政策利益人或实体列入清单,包括外国企业、研究机构、组织等,措施包括产品分类监管、出口对象管制、签发出口许可等。

据不完全统计,截至 2020 年 10 月 30 日,297 个中国内地个人和实体、100 个中国香港个人和实体被列入实体清单,包括海康威视、华为及其子公司等,11 个中国内地个人和实体、4 个中国香港个人和实体被列入拒绝人士清单,26 个中国内地个人和实体、47 个中国香港个人和实体被列入未验证清单。美国一是在高科技领域提高出口管制和封锁力度,从而遏制我国关键产业发展;二是严密监控再出口行为,对科技类企业进行巨额处罚,中兴通讯就因所谓“违背美国对伊朗制裁禁令”,被迫支付巨额罚金并重建出口合规体系。此外,美国还对进口加以控制,部分境内上市公司被移除美国供应链,遭遇反倾销调查。拜登政府在经贸领域发起供应链审查,拟将来自竞争对手国的供应商转移至本土和盟国,强化了脱钩企图。〔22〕

美国际贸易委员会(ITC)可发起“337 调查”,调查对象为进口产品侵犯美国知识产权的行为及进口贸易中的其他不公平竞争,只要外国企业产品销售至美国,即使未在美国设立分支机构,也可能因为产品专利侵权成为“337 调查”的被告。我国境内多家上市公司就曾受此影响。例如,摩托罗拉公司诉海能达等侵犯商业秘密和美国版权,海能达

〔22〕 拜登政府要求联邦机构对半导体、稀土矿物质、电动汽车大容量电池、药品这四种关键产品的供应链进行为期 100 天的审查,后在审查报告中声称中国在上述四个领域采取的措施“不符合全球公认的公平贸易惯例”。美国成立一支供应链贸易行动小组以配合其对华政策的开展,并声称计划将来自竞争对手国的供应商转移至本土和盟国。

被判决向原告赔偿7.65亿美元。[23]

美商务部还可发起“232调查”,由总统决定是否对相关产品进口征收关税或设定配额。美贸易代表及总统应申诉或自行决定,可就外国政府不合理或不公正的贸易做法发起“301调查”。贸易战影响资本市场整体稳定。2018年4月,特朗普政府基于“301调查”单方认定结果,宣布将对原产于中国的1300余种进口商品加征25%的关税,涉及约500亿美元的中国对美国出口额,后持续加码,引发境内资本市场动荡。

(四)其他领域

1. 反垄断领域

《1890年谢尔曼法》《1914年联邦贸易委员会法》《1914年克莱顿法》早已突破1909年霍姆斯法官在美国香蕉公司诉联合果业公司案[24]中的判断,通过效果原则将管辖权扩展至域外,典型案例是1945年美国诉美洲铝业公司案。[25] 这一效力目前已经得到大多数国家的认可。[26] 境内上市公司华北制药相关子公司于2005年被美国Ranis等公司指控违反《谢尔曼法》,我国对美国一审、二审法院管辖权均未持异议,仅从我国国法律体系与美国反垄断法相冲突致使企业未能严格遵守美国监管要求角度提供了“法庭之友”意见,历时近17年,美国法院基于国际礼让原则支持了我国主张,华北制药于2021年8月

---

[23] 参见《海能达被判赔偿摩托罗拉7.65亿美元》,载人民网,http://ip.people.com.cn/n1/2020/0227/c179663-31607438.html。

[24] Amercian Banana Co. v. United Fruit Co.,213 U.S. 347,357.

[25] U.S.V. Aluminum Co. of America, 148 F. 2d 416,444(1945).

[26] 基于美国《1890年谢尔曼法》,德国1957年制定了反托拉斯法。我国2008年生效的《反垄断法》第2条是中国法域外适用的典型规定。该条规定,中国境外的垄断行为,对境内市场竞争产生排除、限制影响的,适用该法,引入了“效果原则”。

重审胜诉。[27]

2. 反海外腐败领域

《1977 年反海外腐败法》(FCPA)旨在限制美国公司及个人贿赂国外政府官员的行为。该法长臂管辖体现在对行贿方的宽泛界定上,所有与美国有联系的主体(包括在美上市的外国企业,在美注册的公司,美国公司海外子公司、分支机构及关联公司),甚至利用美国境内服务器进行商业贿赂的违法行为均可能受到管辖,进而遭受巨额罚款或拘禁。有观点认为,反海外腐败法事实上成为美国实现经济政治目的的工具。例如,美国曾据此对法国阿尔斯通公司进行调查,最终迫使其将重要业务出售给通用电气,过程中阿尔斯通曾试图引入德国西门子组成合资公司以对抗通用电气,但西门子被美国以《反海外腐败法》下的巨额罚款相威胁,最终被迫放弃组建合资公司。[28] 另外,SEC 曾依据《1934 年证券交易法》及 FCPA 指控巴西石油天然气公司(PB)发布掩盖大规模贿赂和串谋投标行为的虚假财务报表误导美国投资者,PB 最终于 2018 年 9 月与 SEC 和美国司法部达成和解与不起诉协议,同意支付

---

[27] 2013 年 11 月 27 日,纽约东区布鲁克林联邦地区法院作出一审判决,认定维尔康违反美国反垄断法,并判令支付 1.47 亿美元的惩罚性赔偿。维尔康不服,上诉至联邦第二巡回上诉法院。二审期间,我国商务部以"法庭之友"身份向美国联邦第二巡回上诉法院提交了意见书,表示商务部 2002 年的通知确实对维生素 C 出口实行了"预核签章"制度,要求维生素 C 出口价格不得低于"行业协商价格",而遵守该限制价格的规定导致被诉企业因为价格固定而违反了美国反垄断法。2016 年 9 月 20 日二审法院认定中国的法律体系与美国的反垄断法相冲突,这种冲突导致被告违反《谢尔曼法》的规定。根据国际礼让原则,二审撤销了一审判决,驳回原告起诉,发回原审法院并指令原审法院撤销案件。原告不服二审判决,向美国联邦最高法院申请再审;2018 年 4 月 24 日,美国联邦最高法院开庭再审本案。2018 年 6 月 14 日,美国联邦最高法院作出再审裁决,将案件发回二审法院重新审理。2021 年 8 月,美国联邦第二巡回上诉法院再次以违反国际礼让原则为由,撤销了纽约东区法院 2013 年作出的责令维尔康及其母公司华北制药赔偿 1.5353 亿美元的一审判决,退回案件并指令地区法院驳回原告起诉且不得再次起诉。参见《华北制药 11 年反垄断诉讼大反转　但赢了官司市场变了》,载新浪财经,http://finance.sina.com.cn/roll/2016-09-23/doc-ifxwermp3669484.shtml。

[28] 参见原阿尔斯通高管皮耶鲁齐所著《美国陷阱》一书。皮耶鲁齐认为,美国依据《反海外腐败法》对其进行逮捕并陷入诉辩交易背后的真实目的,是美国与法国之间展开的经济竞争和政治竞争,美国希望据此作为筹码帮助通用公司顺利收购阿尔斯通,事实上是"地下经济战"。

总计9.33亿美元的和解费和预审利息以及8.53亿美元罚金。截至2020年年底,FCPA项下案发地涉及中国的达22.4%,位列所有国家首位。

3.证券期货领域

《1933年证券法》、《1934年证券交易法》、《2010年多德—弗兰克华尔街改革与消费者保护法》(以下简称《2010年多德—弗兰克法》)均强化证券欺诈行为的域外管辖效力;《2002年公众公司会计改革和投资者保护法》(以下简称《2002年萨班斯法》)强化对在美上市公司及相关会计师事务所的监管;《商品交易法》《2010年多德—弗兰克法》强势制定高标准的监管制度并推向国际市场,以市场行为裹挟交易对手和相关方遵守美国法;《2010年海外账户税收合规法》强化了我国金融机构的信息报告义务;美国还依据《国防授权法》等法规,因所谓的"中共涉军企业"对我国在美国上市公司及境内公司实施"投资禁令"。相关具体内容将在后文详述。

4.互联网等数据领域

《2018年澄清境外数据的合法使用法》规定,在美国政府提出要求时,任何在云上存储数据的美国公司都要将数据转交给美国政府,位于美国境外但被美国法院认为"与美国有足够联系且受美国管辖"的外国公司也适用于上述规定。美国借此将数据获取之手延伸至境外,实现了数据霸权。

此外,美国竞争对手还可能针对我国企业,基于产品质量、合同纠纷等民事原因在美国提起诉讼。我国企业跨境并购等行为也遭遇CFIUS更为严格的审查。

三、美国资本市场长臂管辖机制及对我国证券期货领域主要影响

《1933年证券法》《1934年证券交易法》《2010年多德—弗兰克法》《2011年商品交易法》《2002年萨班斯法》均存在域外适用条款。根据研究,美国资本市场领域长臂管辖可分为两类:一类从美国国内法角度看,属于美方对监管对象正常履行监管权限的范围,具有一定合理性,但有时也可能演变出打击目的;另一类则直接体现着遏制他国发

展、限制他国企业在美国融资的目的。相关机制可能在以下层面对我国资本市场产生影响:

(一)上市公司层面

1. 针对中国企业的"投资禁令"

2020年6月24日,美国公布了国防部给国会议员的回信,其中包含根据1999财年《国防授权法案》(NDAA)第1237节制作的"中共涉军企业"名单,列入了20家中国企业,分别是中国航空工业、中国航天科技、中国航天科工、中国电子科技、中国兵器装备(中国南方工业集团公司)、中国船舶重工、中国船舶工业、中国兵器工业(中国北方工业集团公司)、海康威视、华为、浪潮、中国航空发动机、中国铁道建筑、中国中车、熊猫电子、中科曙光、中国移动、中国核电、中国核工业、中国电信,涉及航空、通讯、人工智能、电子、核工、兵器、铁路、船舶等多个领域。此后,经过两次补充,受影响企业增至44家。[29]

2020年11月12日,特朗普政府针对前述"中共涉军企业"名单发布"投资禁令"(第13959号行政令),禁止美国境内机构或个人对清单中的公司进行投资,禁止交易相关企业的证券,从而杜绝美方对相关企业的资本助力。拜登政府上台后调整了名单形式,并将直接受影响企业由44个调整为59个。

禁令导致了以下后果:(1)境外上市公司层面,纽约证券交易所摘牌中国移动等三大运营商及中国海洋石油集团,美国场外交易集团(OTC Markets Group)禁止12只中国证券交易。(2)境内上市公司层面,前述投资禁令不仅针对中国概念股(以下简称中概股)公司,也针对我国境内公司,部分境内上市公司被纳入禁止美国机构和个人投资的范围,涉美国境外投资者需从上述公司撤出投资;若美国进一步扩大制裁范围,可能导致外资流出,影响我国证券市场稳定及资本市场国际化进程。(3)彭博交易执行管理系统停止为其全球客户传输所有禁投中国公司股票和债券的交易指令,涉及沪、深、港交易所共25只股票以及银行间,沪、港、深交易所,新加坡交易所等平台共940只债券。(4)富时罗素、标普道琼斯、明晟、纳斯达克等国际指数机构移除部分

〔29〕 参见前注〔19〕。

中国证券。[30]

2. 美国对欺诈行为进行域外管辖

美国对证券欺诈行为进行域外管辖可划分为立法领域和司法判例领域。

在立法领域,根据《1933 年证券法》第 22 条、《1934 年证券交易法》第 10(b)条及第 27(b)条、《1940 年投资顾问法》第 214 条、《2010 年多德—弗兰克法》第 929P(b)条及第 722(d)条相关规定,美国法院对符合其认定的违法行为标准且构成该违法活动的关键步骤的行为发生在美国境内,即使证券交易发生在美国以外并且只涉及外国投资者,或发生在美国境外的行为在美国境内造成了可预见的实质影响的事项具有管辖权。

在司法判例领域,法院对证券交易活动是否具有"事项管辖权"确立过四个判定标准,分别为效果标准(effective doctrine)、行为标准(conduct doctrine)、效果—行为标准(effective - conduct doctrine)以及交易标准(transaction doctrine)。[31] 效果标准与前述立法逻辑基本一致。交易标准确立于 2010 年 Morrison v. National Australia Bank 案。[32] 联邦法院从该案开始,逐步呈现限制外国民事主体之间在美国诉讼的趋势,即"反域外适用推定"。但同年出台的《2010 年多德—弗兰克法》仍采用了效果标准的立法方式;后续实践中,法院形成了一类

〔30〕 参见《美国主要场外交易平台将禁止 12 种中国证券的交易,包括中国铁建等》,载网易,https://www.163.com/dy/article/FVSV2HLI0519D4UH.html,2021 年 11 月 20 日访问。

〔31〕 参见李国清:《美国证券法域外管辖权问题研究》,厦门大学出版社 2008 年版;杨峰:《我国证券法域外适用制度的构建》,载《法商研究》2016 年第 1 期。

〔32〕 本案是一起外国原告就在外国证券交易所发生的证券交易纠纷起诉外国发行人的"三重涉外"案件。原告在外国证券交易所购买澳大利亚国民银行的证券(该行同时也在美国发行存托凭证)。因该行全资美国子公司在美国境内故意制作了财务数据,在境外对投资者做出了虚假陈述,导致股价大跌,原告在美国起诉澳大利亚国民银行、美国子公司以及特定高管,诉由是违反《1934 年证券交易法》第 10b 条和 10b - 5 规则。联邦地区法院、第二巡回法院均以没有管辖权为由驳回诉讼。原告向联邦最高法院提起上诉。最高法院认为,根据"反域外适用推定",反欺诈条款不具有域外效力,并提出:"第 10(b)条可以规制使用操纵性、欺诈性工具或计谋的行为,但是该行为必须涉及买售在美国证券交易所登记的证券,或在美国国内买售任何其他证券。"这便引入了一项新的标准,即"交易标准"。

判断逻辑,即虽然外国主体之间在美国诉讼受到限制,但美国行政机关拥有调查、处罚域外的人和事并提起涉外诉讼的权力是毋庸置疑的,典型案例是 2016 年 SEC v. Traffic Monsoon and Scoville 案。[33]

我国在美国上市公司属于美国证券法管辖范围,且因被直接解释为"美国主体"而被视为某种程度上的"域内管辖"。此外,随着"引进来"和"走出去"日益深化,我国上市公司在美国设立分支机构、美国主体(包括获得中国永久居留权的美国人、QFII、RQFII)获准开立 A 股账户,境内上市公司和境内个人的证券欺诈行为未来也不排除被 SEC 提起诉讼或程序的可能。

3. 审计监管及《2020 年外国公司问责法》最新进展

《2002 年萨班斯法》第 102 条、第 104 条及第 106 条要求,"为在美上市公司编制和提供审计报告的外国会计师事务所"需在公众公司会计监察委员会(PCAOB)注册,推定其同意 PCAOB 或 SEC 对其进行调查、接受美国法院管辖并提供审计工作底稿。这虽然属于美国对监管对象(在美上市公司及其关联机构)正常履行监管权限的范围,有助于解决跨境监管合作问题,具有一定合理性,但也有观点认为,相关执法检查应限于本国领土范围内。

基于多种原因,PCAOB 认为,对我国境内相关会计师事务所无法开展"彻底检查",因此指责投资中概股存在重大风险,前述监管类要求进一步演变为对在美国上市中概股的打击行为。

2020 年 5 月,美国颁布《外国公司问责法》。[34] 该法要求 SEC 对

---

[33] 被告 Traffic Monsoon 是一家位于美国犹他州的公司。公司向会员出售名为 AdPack 的凭证。案发时已有 340 万名会员购买了这一凭证,90% 由孟加拉国、委内瑞拉、摩洛哥等美国境外投资者购买。2016 年 6 月,SEC 对 Traffic Monsoon 及其实际控制人 Scoville 启动调查,同时向犹他区法院提起诉讼(SEC 认为 AdPack 满足美国证券法上关于证券的定义,可根据《2010 年多德 - 弗兰克法》反欺诈条款的域外适用查处本案)。犹他地区法院支持了 SEC 的诉求,并认为,《2010 年多德 - 弗兰克法》域外适用条款立法者的意图是将美国证券法适用于符合条件的境外交易,并认定被告在美国境内的推销、提供服务等行为对整个欺诈起到了显著作用,美国证券法可以域外适用,启用了被尘封已久的"行为标准"。2019 年 1 月,第十巡回法院判决维持一审判决。

[34] SEC Issues Amendments, Seeks Public Comment on Holding Foreign Companies Accountable Act.

“被识别发行人”(commission – identified issuers)进行认定,认定对象是聘用了 PCAOB 无法对其开展检查或调查的审计事务所(是否满足检查要求由 PCAOB 判断),且经 PCAOB 认定上述状态由所在地政府的立场造成的公司,并要求对“被识别发行人”施加额外披露要求和强制退市处罚,要求其披露政府持股比例、董事会中中共党员的姓名、是否将共产党党章写入章程等信息,决定自 2024 年年初禁止“PCAOB 连续三年无法检查其审计师的相关发行人证券”在美交易。国会还曾提出议案,试图加速《外国公司问责法》原定的 2024 年年初这一时限。

SEC 及 PCAOB 陆续发布相关细则。SEC 明确已通过对 20 – F, 40 – F,10 – K 及 N – CSR 表格的“临时最终修正案”并发布《中国发行人披露注意事项》,并于 2021 年 12 月 2 日公布了《最终实施规则》。《最终实施规则》一是明确了“被识别发行人”认定的频率、依据和流程;二是要求“被识别发行人”向 SEC 提交书面声明,证明其不受审计事务所所在地政府控制,并在年报中披露政府实体持有的股份比例、与所在地政府及政党关系等信息;三是明确了证券交易禁令的作出和撤销程序,从制度建设阶段迈入法律执行阶段。

(二)机构层面

相较商业银行面临的严峻态势,我国境内证券基金期货经营机构及金融基础设施目前被美国直接域外管辖的实践较少。但随着资本市场对外开放持续深化,相关机构与美国产生“最低联系”的可能逐渐增加。例如,境外投资者方面,美国主体(包括 QFII 和 RQFII、获得中国永久居留权及在境内工作的美国公民、美国绿卡持有者等)可能通过开立 A 股或 B 股账户、参与沪深港通业务以及 H 股“全流通”业务、陆港基金互认业务等方式持有我国证券及基金产品,通过交易所市场各项联通机制进入交易所债券市场;涉外市场机构方面,存托凭证业务中,境内发行股票或存托凭证的创新企业多为在开曼群岛、维京群岛注册并已在美国上市的跨国公司,属于美国证券监管机构的监管对象;我国结算业务部分结算参与人为美国金融机构,部分结算业务使用美元结算;外资可通过直接或间接的方式投资于按照我国金融机构。以上“美国连接点”均可能导致相关企业、配合业务的证券基金期货经营机构及金融基础设施被长臂管辖,并面临相应的监管要求。

1. 对为美国投资者提供服务的机构提出注册和监管要求

一是根据《1934 年证券交易法》《商品交易法》《2010 年多德—弗兰克法》《2012 年商品交易法特定条款跨境适用解释性指导草案》，美国以“交易参与者的地理位置”为连接点，要求外国机构向美国境内的投资者提供服务时，应向美国商品期货交易委员会（CFTC）等监管机构取得注册，包括注册为“海外交易所”、“衍生品清算组织”（DCOs）、“指定合约交易场所”（DCMs）、“掉期交易商”（SD）等，除非取得豁免。[35] 豁免注册的含义是指委员会认可对方国家拥有与美国同等的监管体制和能力，因此对其申请仅做形式审查。美国法律规定，未经注册，不得为当地投资者提供金融服务或进行宣传推广，范围包括外国交易所、相关清算组织及其他外国机构。这事实上在资本市场开放中设置了“引进来”和“走出去”的双层玻璃门，但也为我们对部分跨境证券交易平台进行监管提供了国际经验。

二是注册后相关机构须接受美国监管。例如，2015 年 10 月，韩国交易所在 CFTC 申请豁免注册，成为美国境内合格的衍生品清算组织，可以向美国投资者提供衍生品交易和结算等服务。2019 年，CFTC 认定韩国交易所实际上并未达到《金融市场基础设施原则》要求但谎称已经达到，根据《商品交易法》对韩国交易所做出了 1500 万美元的罚款。[36]

2. 对美国境外金融机构提出信息报送等要求

一是《2010 年海外账户税收合规法》（*Foreign Account Tax Compliance*

---

〔35〕 豁免注册方面，《1933 年证券法》《1934 年证券法》赋予美国证监会证券法域外适用的规则制定权，证监会有权制定、修订、废除相关必要的条例或规则。《商品交易法》赋予 CFTC 准立法权和豁免境外交易所和中介机构注册的权力，但豁免须遵循“替代合规”原则，即 CFTC 认定境外监管机构在制定或实施本国法律的过程中，落实了美国的监管要求。根据 CFTC 公布的名单，韩国交易所、日本 JSCC、新加坡交易所衍生品清算所、澳大利亚交易所衍生品清算所等均通过获得豁免取得 DCO 认证。但目前 CFTC 并未豁免上清所，而是提出暂不行动建议（类似于有效期为 1 年的认证豁免批复）。向国际市场推行其高标准监管制度方面，美国关于互换的监管框架通过 G20 会议转化为国际组织共识，并被全球监管者推广实施。但美国严格的监管规则并不适合处于萌芽阶段的新兴市场，可能限制他国金融发展，维护本国资本市场领先地位。

〔36〕 参见《韩国交易所违反美国 CFTC 清算合规义务事件及启示》，载 https://news.hexun.com/2019-11-15/199277687.html。

Act,FATCA)规定,境外金融机构需与美联邦税务局(IRS)签订协议,上报掌握的美国纳税人持有金融账户的信息或者美国纳税人拥有实质性所有者权益的非金融外国实体所持有的金融账户信息,美国纳税人包括在全球居住的美国公民、绿卡持有者以及美国人控制的外国实体。虽然针对的是美国纳税人个人或机构的海外逃避税行为,旨在增加税收;但外资金融机构也是合规主体,不配合将面临30%的预提税惩罚。[37]

二是我国境内证券期货机构可能因完成境外注册或部分创新业务具有涉外因素,从而被要求就特定事项进行报告,如跨境交易产品的交易数据、当地投资者的交易数据等。若美国放弃通过监管合作机制获取协查信息,转向通过司法途径或强行推行长臂管辖,可能出现直接向相关机构要求提供个人或企业相关账户数据的情况。若相关信息属于涉密敏感信息,我国主体不能违反国内法律向境外提供,可能由于监管冲突引致跨境法律风险,证券期货机构可能面临与商业银行目前类似的困境。此外,相关机构及金融基础设施还需配合美国金融制裁措施,否则可能面临被调查风险。

四、美国长臂管辖的特征

(一)管辖连接点的高度泛化

美国长臂管辖最初应用在州与州之间,其后适用情形由跨州争端解决向跨国争端解决扩展,甚至成为国际竞争的手段。

政治方面,美国试图充当世界警察的角色,高举“人权”的大棒干涉他国内政,制定了《2016年马格尼茨基全球人权问责法》《2019年香港人权与民主法》等一系列国内法,并以其为武器,通过金融制裁领域的一级制裁的手段,肆意惩戒非本国公民在非本国领土的行为。

经济方面,一是存在“美国人”概念的扩大。根据美国相关法律规

---

〔37〕 迟连翔、齐晓安、肖强:《美国施行〈海外账户税收遵从法案〉对我国的影响及启示》,载《税务与经济》2012年第6期。

定,美国境内外的美国公民、美国境内的任何人(包括外国人)、美国上市公司、任何成立于美国境内的公司(包括外国公司在美国的分支机构)、美国管辖下的任何人直接或间接拥有或控制的任何组织都属于“美国人”。二是存在“最低联系”概念的扩大和解释的随意性。例如,在资本市场领域,即使某一证券交易发生在美国以外并且只涉及外国投资者,只要涉嫌欺诈的主要行为发生在美国境内,美国就有权管辖;[38]此外,即使只向数量极少的美国投资者提供了服务,相关机构就需要接受美国管辖。金融制裁领域,第三国人与被制裁对象不能进行具有美国连接点的贸易,否则将被施以二级制裁,连接点甚至包括使用美元。进出口贸易管制领域,美国商务部时常以含义极不明确的国家安全为由,将特定企业、产品等纳入禁止进出口实体清单,实体名单上的公司出口、再出口、转卖包含非原产于美国但达到一定比例美国来源成分的产品及技术,也需遵守出口控制要求。例如,中兴通讯被制裁的原因是美方称其“将一批搭载了美国科技公司软硬件的产品出售给伊朗电信”。有观点认为,与 1987 年美国对日本东芝公司实施的制裁一样,中兴、华为近年来的挑战只不过是历史的重复。[39] 反海外腐败领域,利用美境内服务器进行商业贿赂的违法行为也可能受到管辖。例如,2011 年匈牙利电信公司因在黑山和马其顿有腐败行为,被美国监管,美国监管的理由是该公司一位高管发了一封涉及腐败细节的电子邮件,而该邮件服务器设在美国。[40] 此外,美国还通过司法、执法衔接配套,对“最低联系”做宽泛解释,进一步保障其法律及政策目的的实现。

目前国际上对美国次级制裁行为的争议较大。美国《2012 年度国防授权法》规定,凡是同伊朗进行石油贸易的国家都将面临严厉的金融制裁;但联合国安理会既没有禁止任何国家同伊朗进行石油贸易,也没有勒令任何国家完全中断与伊朗的金融合作。2018 年美国退出伊核协议并开始对伊朗进行新一轮经济制裁后,欧盟于同年 8 月重新启

---

〔38〕 SEC v. Traffic Monsoon and Scoville,2016.

〔39〕 戚凯:《美国“长臂管辖”的起源、演变与现状》,载《北京日报》快资讯客户端 2021 年 5 月 31 日。

〔40〕 参见《从爱立信案再看美国〈反海外腐败法案〉管辖规则》,载搜狐网,https://www.sohu.com/a/362205692_100138309,2021 年 11 月 15 日访问。

动阻断条例，并且出台实施细则，以保护欧盟个人和实体免受美国的次级制裁。

（二）立法、司法与执法的联动配合

司法方面，境外人士将美国司法力量称为"一种大规模的司法经济武器"。[41] 一是通过判例明确美国法院对域外事项的特定管辖权。以证券期货领域为例，美国已衍生出"行为标准""效果标准""交易标准""行为—效果标准"等事项管辖权判断标准。《外国人侵权索赔法》规定，"地方法院对外国人侵权行为提起的任何民事诉讼拥有初始管辖权，只要该行为触犯国际法或者美国的国际条约"，进一步为法官造法扩展了空间。且美国判例法规定，满足被告同意（consent）接受管辖，被告在美国有存在（presence），或者被告对美国有最低限度的接触（minimum contacts）及不违反公平原则（fair play and substantial justice），美国法院即可对外国主体行使管辖权。二是美方突破国际礼让原则和《海牙取证公约》《海牙送达公约》约束，法院直接发出传票要求我国金融机构提供客户信息。中国银行[42]以及浦发银行、招商银行和交通银行[43]均曾因未提供信息被美国法院判决藐视法庭，进而被处罚款。

执法方面，美国枉顾执法管辖权应限于本国领土范围的一般国际法实践，频繁对域外当事人直接行使执法管辖权，既损害相对国主权，又破坏了国际法的运行环境，主要手段涵盖了巨额罚款、派驻监管专员、逮捕拘禁、出口限制等。同时，执法机关还依据美国司法威慑力产生了独特的"诉辩交易"制度。美国司法部统计数据表明，鉴于美国法

---

〔41〕 阿里·拉伊迪：《美国长臂管辖如何成为经济战新武器?》，载《南京日报》2019年8月23日，B04版。

〔42〕 在古驰（Gucci）案中，纽约南区联邦地方法院2012年裁定中国银行没有按照美国法院命令提交位于中国境内被告的银行资料，藐视法庭，罚款7.5万美元，同时处以每日1万美元的罚款直至提交相关资料，后又于2015年再次以藐视法庭为由追加罚款，中国银行不得不提交了原告所要求的账户信息。

〔43〕 因调查经济制裁强令三家中资银行跨境提供客户信息案。2019年，美国华盛顿地区法院在对一家我国香港客户涉嫌违反朝鲜制裁法律的调查中，无视《中美刑事司法协助协定》的规定，单方面要求我国浦发银行、招商银行和交通银行向其提供客户相关信息，我国银行因拒绝承认法院的管辖权而被判处藐视法庭罪，并处以罚款。

上存在对外国被告不利的审前证据开示制度与惩罚性赔偿制度,90%以上的外国人在被美国执法机关诉诸法院后,会选择诉辩交易制度与执法机关和解,以认罪、缴纳罚款与承诺不再违反美国国内法换取司法管辖权的豁免。美国执法机构会与该企业谈判达成三种协议:一是不起诉协议;如果企业不遵守协议内容,可以重新起诉。二是延缓起诉协议,即企业支付罚金并承诺绝不再犯,接受执法机构提出的改进措施,甚至接受美国政府的监管。三是认罪协议,即企业承认违法,服从美国执法机关的命令选择认罪、认罚。例如,法国巴黎银行被指控从2004年到2012年利用美国金融系统为苏丹、伊朗和古巴三国转移资金,2014年该行同意认罪并支付89.7亿美元罚款以实现诉前和解。中兴通讯也是被迫签署协议认罚和解,无法享受正当程序的保护。

(三)管辖的威慑性与影响的交织性

美国长臂管辖具有威慑性,主要基于其强大的国家实力以及各国对美元支付体系的严重依赖。例如,切断其他国家与美元支付结算体系的联系,从而对该国国际交流与贸易带来严重影响;禁止其他国家获得美国产品技术,从而阻碍该国关键产业的发展;反洗钱与反海外腐败方面处罚金额动辄高达上亿美元,可能使机构多年的利润"归零";阻断特定国家企业参与包含欧美资本市场在内的国际融资渠道。

同时,长臂管辖的影响不是孤立存在的,其具有交织性。例如,我国资本市场主体遭遇着各类长臂管辖的影响,目前沪深两市20余家上市公司被美方起诉,涉诉类型包括侵犯专利权或商业秘密、违反协议、违反《谢尔曼法》等。科技类公司可能被施加进出口管制、被美方移出供应链、因知识产权事项被美方起诉或发起"337调查"。商业银行等金融机构可能遭到反洗钱指控、被实施二级金融制裁,还可能被美国法院直接发出传票要求提供存放在美国境外的客户信息,并对不执行要求的我国主体予以罚款。

五、结语

学者认为,国内法具有域外效力不等同于霸权主义,但国内法域外适用的滥用以及明显违反国际法规则的域外适用措施则是强权政治的投射。[44]

站在资本市场角度,资本市场领域防范和反制长臂管辖,要客观认识目前中美资本市场所处的不同发展阶段。2020 年度,约 52 家中国公司在美国上市,但至今未有美国企业在中国 A 股上市。截至 2021 年 6 月底,境内熊猫债存量规模为 2213 亿元,其中交易所市场仅为 750 亿元,与 9000 亿美元级的中资海外债券市场相比规模仍然偏少。目前,如出现我国《反外国制裁法》规定的情形,在相关机制的统筹协调下,在资本市场领域,我们可以对境外主体采取的反制措施可能包括:禁止或限制其参与沪深港通等互联互通机制,禁止其在交易所市场发行熊猫债,禁止其作为战略投资者投资境内上市公司,禁止其担任境内上市公司董事、监事、高管等。但上述反制措施的效果可能还不够强。我方对美国部分长臂管辖被动接受,根源在于中美目前在资本市场上的力量仍处于不平衡状态,美方对我国资本市场的依赖程度及在华利益诉求还不够大,我国资本市场对美话语权相对不足。因此,宜持续推进资本市场改革开放,推动境外投资者便利地参与境内市场,从而进一步深化中美利益捆绑,实现中美平衡,增加美国试图"脱钩"的难度,坚决反对美国将资本市场监管政治化。同时,也要认识到美方部分监管要求具有合理性,不能将其与金融制裁画等号,应加强国际监管交流合作,继续秉持相互尊重、理性务实和专业互信的原则开展对话磋商,积极与 SEC、PCAOB 及 CFTC 等机构沟通,争取最大限度达成共识。

根据研究,美国强势实施长臂管辖,具有明显的"立法先行、司法能动"特征,其关于域外管辖的标准,也是处在不断演变、纠正、重塑的过程之中。[45] 但长期以来,我国被动应对他国长臂管辖较多,主动实施域外适用较少,法律中域外适用立法与法院涉外经验还不充足,监管执法资源存在缺口。对此,应完善我国资本市场法律域外适用体系,确立中国法域外效力的规则和实施中国法域外适用的规则,进一步丰富我

---

〔44〕 廖诗评:《国内法域外适用及其应对——以美国法域外适用措施为例》,载《环球法律评论》2019 年第 3 期。

〔45〕 参见前注〔6〕,孙南翔文;彭岳:《美国证券法域外管辖的最新发展及其启示》,载《现代法学》2011 年第 6 期。

国对外法律斗争“工具箱”。[46] 同时,积极完善跨境执法体系,建立健全证券期货跨境监管执法规则体系,明确我国证券监管机构有权对境外主体采取的监管措施,积极推动司法力量建立积极管辖制度,推动法院系统运用《证券法》有关域外适用条款,充分利用国际司法协助、与美英等国建立民事司法互助双边协定等,强化中国法对我国市场主体参与者合法权益的保护,在中美利益绑定的基础上实现有效对美反制。

目前,我国企业面临的涉外合规风险大幅增加,但合规管理仍相对滞后,可能遭受预料之外的调查甚至制裁。而目前涉外法律服务资源不足,熟悉美国资本市场法律法规的专业国际化法律人才相对缺乏,政企协作也有待加强。存在涉美业务的境内企业与“走出去”的企业均需加强对域外法律制度的研究,避免授人以柄;在面对不当长臂管辖时,应积极通过在美国法框架下提出抗辩等途径维护正当权益。小米、箩筐科技就根据《行政程序法》《1999 财年国防授权法》成功在美国提起诉讼,将自身移出“中共涉军企业”清单。政府部门也可有所作为,以“法庭之友”身份向法院提交意见书等方式参与到诉讼中,为企业提供有效支持。此前,商务部即在华北制药案件中出具“法庭之友”意见,美国二审法院最终采纳了这一意见,撤销一审判决,驳回原告起诉。

从批判国际法角度看,目前国际法体系在殖民和霸权文化下产生,起源是欧洲中心主义。全球资本市场规则也主要以美欧国内法律为基础制定,加剧了美国以法律包装霸权主义的现象。美国长臂管辖之所以有效,离不开美元霸权地位及相关主体对美国金融体系和技术产品的依赖。不断提升国家实力,进一步建设完善人民币跨境支付系统,鼓励国内企业加大科技投入,使我国产品产业链逐步实现“去美国化”,持续提升我国资本市场实力,方能在对美合作和斗争中占据主动。

(编辑:宋澜)

---

〔46〕 参见前注〔4〕,廖诗评文。

《证券法苑》(2021)
第三十五卷,第137~152页

加拿大证券域外司法管辖及相关案例研究*

赵　蓉**

摘要:加拿大证券市场民事法律责任制度起步较晚,但相关司法实践却独具特色,较为原则的域外适用法律制度为司法实践留足了自由裁量的空间。加拿大的法官一方面从真实而实质性联系原则的角度出发,给予境内外投资者同等保护;另一方面,从合理管辖的角度出发,灵活运用自由裁量权,在威慑市场违法违规与尊重他国司法主权之间寻求平衡。

关键词:域外管辖　虚假陈述　民事责任　实质性联系

管辖权按性质可分为立法管辖权、司法管辖权和执法管辖权;按管辖对象是否位于本国领域可以分为域内管辖和域外管辖。其中,域外司法管辖权

---

*　本文仅代表作者本人观点,与所任职单位无关。

**　中国金融期货交易所法律部员工。

按其应用领域又可分为公法领域的域外管辖权[1]和私法领域的域外管辖权。本文探讨的证券域外司法管辖权主要是指私法领域的域外司法管辖权,即用于国际民商事纠纷领域的域外司法管辖权。

与美国类似,加拿大的证券诉讼包括与证券交易有关的民事诉讼,省级证券监管机构和行业自律组织的执法诉讼。本文将从第一种含义的角度,对在加拿大普通法省(不包括魁北克省)[2]提起的与证券交易有关的民事诉讼进行梳理,重点考察加拿大法院在司法实践中对证券民事诉讼域外管辖的审查原则及考量因素。

一、加拿大证券民事诉讼的制度基础

(一)加拿大证券立法及监管框架

加拿大的金融业属于混合型监管体系,其中银行业由联邦管辖,制定了联邦法律《银行法》,具体监管机构为加拿大金融机构监管署;而证券业和保险业由各省/地区管辖,无联邦证券立法和保险立法。因此,加拿大没有一个全国性的证券监管机构,而是分散为13个省级证券监管机构。[3]

这13个证券监管机构无论在结构上还是功能上都不尽相同,[4]但

[1] 公法领域域外管辖权主要指应用于刑事犯罪领域的域外司法管辖权。公法领域的域外管辖权由国际条约和各国国内法规定,以属地管辖原则、属人管辖原则、保护管辖原则、普遍管辖原则为界限。

[2] 加拿大大多数地区属于英美法系,但魁北克省曾是法国殖民地,有自己的民法典,具有大陆法系的明显特征。

[3] 加拿大有10个省和3个地区,每个省/地区有自己的证券监管机构,包括阿尔伯塔省证券委员会、不列颠哥伦比亚省证券委员会、萨斯喀彻温省金融和消费者事务管理局、马尼托巴省证券委员会、安大略省证券委员会、魁北克省金融市场管理局、新不伦瑞克省证券委员会、新斯科舍省证券委员会、爱德华王子岛省消费者、公司和保险服务办公室、纽芬兰省证券监督服务处、育空地区证券监督处、西北地区政府司法部、努纳武特地区政府司法部。

[4] 其中4个监管机构为自筹资金的行政机构,5个监管机构设立于政府部门内,其余的4个介于两者之间。有的机构有众多工作人员,可制定法规政策,并设立行政法庭;有的机构工作人员极少,无权制定法规政策,且仅能执行部分监管功能。

各个省在证券法律法规和监管工具等方面很大程度上是协调一致的。由于不能突破宪法限制，制定统一的加拿大《证券法》从而建立联邦统一的证券监管体系，[5]加拿大为了加强、协调和统一资本市场监管，设有加拿大证券管理局（CSRS）。CSRS是加拿大各省和地区证券监管机构的自愿性联盟组织，虽然其制定的文件或相关协议对各省/地区证券监管机构无强制适用力，但CSRS及其成员的工作目标在于加强合作、突破交易障碍，并协调各省/地区法律的执行，从而保护投资者免受不公平对待或欺诈，促进建立公正、高效、充满活力的资本市场。

基于上述证券立法及监管框架，加拿大的证券民事诉讼仅于省域内进行，这其中也包括证券民事赔偿集体诉讼。诉讼依据的法律法规包括各省的证券法、诉讼程序法以及集体诉讼法等。

（二）证券民事诉讼制度的建立

加拿大的证券市场民事法律责任制度起步较晚，并限于虚假陈述民事责任，其中一级市场民事法律责任纳入证券立法在前，二级市场民事法律责任纳入证券立法在后。20世纪70年代，加拿大安大略省[6]才率先修订《证券法》，加入了投资者对发行人招股说明书中虚假陈述的法定诉讼权利。1992年，安大略省通过了《集体诉讼法》（*Class Proceedings ACT*），进一步加强了投资者提起民事诉讼的权利，此后其他省份也陆续通过了集体诉讼立法。2005年，安大略省《证券法》（*Securities Act*）第XXⅢ.1部分出台，规定了二级市场信息披露的民事责任。这一变化使加拿大的证券立法朝着现代化方向发展。

以安大略省《证券法》为例，一级市场索赔适用于一级市场证券购买者对发行人、承销商、董事或发行文件签名人（包括专家）提起的虚假陈述民事诉讼；二级市场索赔适用于二级市场证券购买者对责任发行人

---

〔5〕 2010年，加拿大联邦政府财政部曾发布《加拿大证券法（草案）》并将其提交加拿大最高法院审查其合宪性。加拿大最高法院最终裁定该法违宪，理由是：证券监管所监管的权利类型落在合同、财产权利方面，属于《1867年英属北美法案》规定的“财产和民事”事务权力，为各省专属立法权。

〔6〕 本文主要以安大略省法律为基础，加拿大大部分证券交易都发生在位于安大略省的多伦多证券交易所（TSX），加拿大大部分证券诉讼（包括集体诉讼）也是在安大略省提起的。

（responsible issuer）及其董事、高管或有影响力的人（influential person）[7]提起的，针对上市公司文件/口头虚假披露或未按规定披露的虚假陈述民事诉讼。无论一级市场索赔还是二级市场索赔，原告均无须证明自己合理信赖虚假陈述信息而做出相关交易行为，即免除原告的交易因果关系证明义务。

此外，由于起步较晚，加拿大在总结美国经验的基础上对二级市场民事责任的证明方法、责任限额以及诉讼启动程序均做了差异性安排。

1. 区分适用民事责任原则

加拿大证券立法区分了核心文件/声明（core documents and public oral statements）和非核心文件/声明（non－core documents and public oral statements）。[8] 责任发行人或有影响的人对核心文件/声明负严格责任，原告仅需证明其从材料发布到所涉虚假陈述内容被公开纠正期间购买或者出售了相关证券，而无须证明被告主观存在故意或过失；对非核心文件/声明负过错责任，原告需要证明被告故意或过失导致材料存在虚假信息。加拿大的这种改革，简化了二级市场责任证明框架。与美国相比，[9]加拿大对核心文件/声明相关虚假陈述的被告施加了更大的责任。

2. 设定二级市场民事责任限额

加拿大一般实行二级市场民事法律责任限额制度，以平衡对违法违规行为的威慑与对受害投资者的补偿。例如，根据安大略省《证券法》第138.1条，责任发行人、有影响的人（非个人）的二级市场民事责任上限为其市值的5%，最高不超过100万美元；责任发行人董事及高管、有影响的人（个人）的二级市场民事责任上限为其总薪酬的50%，最高不超过2.5万美元；公开发表口头陈述人士的二级市场民事责任上限为其在虚假陈述发生前12个月从相关责任发行人处获得的报酬总额的

[7] 根据安大略省《证券法》第138.1条，有影响力人包括控制人、发起人、除了责任发行人的董事及高管外的其他内部人员以及投资基金经理（如果责任发行人是一个投资基金）。

[8] Securities Act, RSO 1990, c S.5,138.3 138.4.

[9] 美国的证券法不区分核心与非核心材料，投资者均需证明责任主体存在故意或者过失。

50%，最高不超过 2.5 万美元。

3. 二级市场民事责任诉讼的前置程序

目前，加拿大对于二级民事赔偿责任诉讼的启动采取的是相对保守的态度，要求原告应先向法院申请获得诉讼许可(leave of the court)。在考察是否准予该项诉讼时，法院通常考察两方面的因素：一是原告提起诉讼是否出于善意；二是原告胜诉的可能性是否较大。如果投资者意欲采用集体诉讼的方式寻求救济，则还应向法院申请集体诉讼程序认证(certification under the class proceedings act)。

加拿大证券民事责任制度概况如表 1 所示：

表 1　加拿大证券民事责任制度概况

一级市场/二级市场	责任主体	因果关系	责任限额	诉讼时效	责任类型	域外适用条款	诉讼前置程序
一级市场虚假陈述民事责任	发行人、承销商、董事或发行文件签名人(包括专家)	无须证明交易因果关系，需要证明损失因果关系	上限为证券向公众出售的价格	原告知道或者应当知道诉因事实起 180 日	严格责任	无	无
二级市场虚假陈述民事责任	责任发行人及其董事、高管或有影响力的人	无须证明交易因果关系，需要证明损失因果关系	非个人：上限为市值的 5%，最高不超过 100 万美元；个人：上限为总薪酬的 50%，最高不超过 2.5 万美元	原告知道或者应当知道诉因事实起的 180 日或者诉争交易发生之日起 3 年，以时间较短者为准	对核心文件/声明负严格责任；对非核心文件/声明负过错责任	有，“其他与安大略省有真实而实质性联系的任何公开交易证券的发行人”	有，诉讼许可

此外，如果原告寻求的损害赔偿超过《证券法》规定的民事责任的法定上限，或已经过了诉讼时效，[10] 原告也可以根据普通法的欺诈性虚假陈述民事责任规定寻求救济。但需要注意的是，原告在普通法下的证

〔10〕 安大略省《证券法》规定一级证券市场民事责任限额不超过证券本身价格，一级市场民事责任诉讼时效为原告知道或者应当知道诉因事实的 180 日，二级市场的民事责任诉讼时效为原告知道或者应当知道诉因事实的 180 日或者诉争交易发生之日起 3 年，以时间较短者为准。

明责任更重,既要证明其主观上因合理信赖虚假陈述而受到欺诈并因此遭受损失,还要证明被告存在主观上的故意或过失。在司法实践中,法院一般认为投资者是否合理信赖虚假陈述是个性判断问题,不具有纳入集体诉讼的共性基础。因此,基于普通法欺诈性虚假陈述民事责任的赔偿诉讼不能采用集体诉讼程序。[11] 相较于普通法的欺诈责任,采用证券法下的民事诉讼途径似乎更容易获得救济。

二、加拿大证券民事诉讼域外管辖的案例及沿革

从加拿大证券领域相关民事诉讼制度来看,其没有区分境内外投资者、境内外发行人或境内外股票等概念,似乎并未涉及域外适用效力问题。如何将州立法适用于加拿大域外,[12] 如何处理国际证券民事诉讼纠纷,则在于法官在个案中如何释法。

(一)一级市场民事责任诉讼案例——Pearson v. Boliden 案

2002 年,不列颠哥伦比亚省上诉法院审理了一起针对加拿大企业的一级市场证券集体诉讼案件。1997 年,Boliden 首次公开发行 55% 的普通股,根据加拿大 10 个省的证券法编制了招股说明书,并经各省的证券监管机构备案。Boliden 的普通股以为美国私募配售备忘录的形式或"国际招股说明书"的方式在美国、欧洲发行。1998 年 4 月,Boliden 的西班牙子公司运营的矿坝倒塌,有毒废物造成土地大面积污染,导致 Boliden 股票价格急剧下跌。原告认为,Boliden 建造并且维护矿坝不当,招股说明书并未完整、真实地披露该事实,应依法承担招股说明书虚假陈述的法定赔偿责任。

本案原被告均同意采用集体诉讼程序,但就原告的范围存在争议:

---

〔11〕 在 Dobbie v. Arctic Glacier Income Fund 案中,法院认为个人信赖的问题可能会压倒共性问题,并使虚假陈述索赔不适合集体诉讼程序。

〔12〕 本文讨论的域外适用是指对加拿大域外的适用,至于州立法的跨州适用问题,在 Unifund Assurance Co. v. Insurance Corp. of British Columbia 一案中,加拿大最高法院确立了一州立法适用于另一州被告的基本原则是充分联系原则(sufficient connection)。

一是在其他省份证券法下没有法定诉因或者已过诉讼时效的股票购买者能否作为本案原告；二是加拿大境外股票购买者能否作为本案原告。[13] 2001年，不列颠哥伦比亚省初级法院裁定准予采用集体诉讼程序，并认为所有争议的股票购买者均应暂时列为原告，最终由法官具体审理民事责任问题。2002年，经被告上诉，不列颠哥伦比亚省上诉法院对这两个争议进行了分析，最终认定这两类主体非本案的适格原告。

不列颠哥伦比亚省上诉法院认为，在一个省内构成发行的每项交易均受该省立法管辖，发行人总部所在地或招股说明书编制或签署地无关紧要。[14] 由此，法院从原告中排除了这两类股票购买者，因为这些交易均不受原告所依据的省级证券法管辖。

这一案例确立了加拿大一级证券市场民事案件管辖的基本原则——严格的属地原则，只有根据某省证券法发行而被招揽的证券投资者可以根据该省的证券立法提出索赔。

（二）加拿大首例证券域外管辖案例——Abdula v. Canadian Solar Inc. 案

2012年，安大略省上诉法院审理了一起针对在美国上市的加拿大企业的二级市场证券集体诉讼管辖案件。Abdula（安大略省居民）作为代表人向法院申请针对 Canadian Solar 公司发起证券集体诉讼，理由是 Canadian Solar 公司发布的新闻稿、2009年财务报表涉嫌虚假陈述。法官同意了 Abdula 的申请，Canadian Solar 公司就此向安大略上诉法院提起诉讼，主张法院同意原告的诉讼申请存在法律适用错误。安大略省上诉法院于2012年2月做出裁定，认为加拿大投资者可以对有“真实而实质性联系”的外国上市公司提起二级市场虚假陈述民事诉讼。后 Canadian Solar 公司又上诉至加拿大最高法院。2012年11月29日，加拿大最高法院驳回上诉，支持了安大略省上诉法院的观点。

本案的争议点在于如何理解安大略省证券法对责任发行人的定义？

---

〔13〕 还有两个争议焦点：西班牙矿坝倒塌前出售其股份的购买者是否可以作为本案原告，分销期间在二级市场购买股票的购买者是否可以作为本案原告。因为这两个焦点问题不涉及域外适用问题，在此不做讨论。

〔14〕 British Columbia Court of Appeal Rules on Purchasers Entitled to Statutory Cause of Action for Prospectus Misrepresentation, Mcmillan Binch Llp.

对证券法的适用能否突破地域的限制?

安大略省《证券法》规定,责任发行人包括:(1)报告发行人;(2)其他与安大略省有真实而实质性联系的任何公开交易证券的发行人。尽管 Canadian Solar 公司股票在纳斯达克(NASDAQ)上市交易,相关披露文件交给美国证券监管机构,但是上诉法院和最高法院均运用了真实而实质性联系原则,分析 Canadian Solar 公司是责任发行人。

一是 Canadian Solar 公司与安大略省有着真实而实质性的联系。Canadian Solar 公司是一家依加拿大《商业公司法》设立的公司,在安大略省有注册办事处、主要执行办事处和业务运营,一些披露信息来自安大略省,安大略省投资者持有相当比例的二级市场股票。二是从安大略以及其他省的证券法修订历史来看,二级市场信息披露责任条款是后期增加的,目的就是加大对违法违规行为的威慑,同时保障对受害投资者的补偿,因此不应对责任人做地域性限缩解释。三是责任发行人不应仅限于约束安大略省的报告发行人,安大略省之外的发行人也有持续披露的义务,"其他与安大略省有真实而实质性联系的任何公开交易证券的发行人"就是《证券法》域外适用条款。

该案是加拿大证券市场域外民事司法管辖第一案,确立了二级证券市场民事案件域外管辖的基本原则——真实而实质性联系原则。这与同时期的 Morrison 案中,美国最高法院摒弃了长期以来的"行为、效果"原则而采用了新的"交易标准"原则,将民事诉讼管辖的标准限于美国边境的做法形成对比。美国最高法院法官 Scalia 曾评论说,"加拿大可能成为北美市场上律师代表受境外证券市场欺诈的投资者提起集体诉讼的香格里拉"。

(三)首例适用不方便管辖原则的案例——Kaynes v. BP Plc. 案

2014 年,安大略省上诉法院审理了一起针对英国企业的二级市场证券集体诉讼管辖案件。BP 公司是总部位于伦敦的英国公司,在加拿大没有任何资产,也未经营业务。BP 公司的美国存托股份(ADS)曾在多伦多证券交易所(TSX)交易,在此期间,BP 是安大略省证券监管体制下的报告发行人。2009 年 1 月,BP 公司的 ADS 从 TSX 摘牌,BP 公司不再是安大略省的报告发行人,其 ADS 仅在纽约证券交易所(NYSE)上市交易,摘牌时 BP 公司承诺继续向加拿大投资者发送公司对相同类别证券的美国投资者所披露的材料。BP 公司的普通股在伦敦证券交易所(LSE)和法兰克福证券交易所上市交易,但从未在 TSX 上市。2010 年 4 月,BP 公司在墨西哥湾的深海钻井发生石油泄漏。原告认为 BP 公司在漏油事件前后对运营安全、事故影响等方面做了虚假陈述,遂向安大略省初级法院提出二级证券市场虚假陈述集体诉讼申请,并主张本案的原告应包括购买 BP 公司 ADS 和普通股的所有加拿大居民。

安大略省初级法院同意了原告的集体诉讼申请,引用 Abdula v. Canada Solar Inc. 案的观点,论证了 BP 公司与安大略省有真实而实质性联系,并拒绝了被告 BP 公司的不方便管辖的主张。经 BP 公司上诉,安大略省上诉法院于 2014 年裁定,根据不方便管辖原则中止了在境外购买 BP 公司 ADS 和普通股的加拿大居民提起的集体诉讼程序,允许在 TSX 购买 ADS 的加拿大居民修改诉请并继续集体诉讼程序。

安大略省上诉法院法官同意初级法院法官关于真实而实质性联系的分析,但认为初级法院法官对不方便管辖原则的理解与分析是错误的,并做了如下论述:

一是真实而实质性联系原则。上诉法院认为,证券二级市场虚假陈述民事责任诉讼本质是侵权之诉,可以援引加拿大最高法院通过 Club Resorts Ltd. v. Van Breda 案确立的侵权之诉中判定联系的四要素〔15〕来分析。其中,对于侵权行为地不能做僵硬理解,即使 BP 公司的 ADS 和普通股均已不在加拿大交易所交易,但是根据 BP 公司承诺的“继续向加拿大投资者发送公司对相同类别证券的美国投资者所披露的材料”,足以认定 BP 公司对于其虚假披露行为的影响是可以预见的,可认定存在真实而实质性联系。

二是关于不方便管辖原则。上诉法院认为,在确立案件管辖权之后,法院有权根据不方便管辖原则拒绝行使该管辖权,考虑因素包括避免多重诉讼程序、争议解决的公平及效率、避免多重判决等,需要个案分析。考虑到美国、英国均允许二级市场虚假陈述民事索赔,并且美国、英国法律均规定只能由在其境内交易场所购买证券的人提起诉讼,因此有

〔15〕 四要素包括被告为该省居民或有住所、被告在该省经营业务、侵权行为发生在该省、诉争协议在该省签订。

必要适用国际礼让原则,避免多重管辖。考虑到美国已有一起诉请相似的未决集体诉讼,且原告包含本案的全部投资者,因此有必要避免多重诉讼程序,防止出现内容冲突的多个判决。据此,应认定法院对于在境外交易所购买 ADS 和普通股的加拿大居民的诉请事项不方便管辖。

本案是加拿大证券领域首次适用不方便管辖原则的案例,阐明了是否适用不方便管辖原则属于法官的自由裁量权,需要个案分析的因素包括避免多重诉讼程序、争议解决的公平性及效率性、避免多重判决等。需要注意的是,在 2016 年美国法院驳回了前述集体诉讼请求之后,安大略省上诉法院依原告申请取消了中止裁定,允许在 NYSE 购买 ADS 和普通股的加拿大居民在安大略省提起虚假陈述集体诉讼。

(四)"观望"处理平行诉讼的案件——Silver v. Imax 案

Silver v. Imax 案是一起涉及二级市场虚假陈述集体诉讼案件。Imax 公司是一家加拿大上市公司,股票在 TSX 和 NASDAQ 上市。在集体诉讼中,原告认为 Imax 公司在 2005 年财务报告中对收入造假,应依法承担二级市场民事赔偿责任。此案是加拿大首起依据二级市场法定赔偿责任提起诉讼的案件,但由于诉讼许可、集体诉讼程序认证、原告的范围等程序问题,本案的处理过程漫长,经历了 7 次动议裁决。[16] 2013 年,安大略省高等法院就原告的范围问题做出裁决,最终解决了本案的程序争议问题。

本案的争议焦点在于:原告是否应包含在 NASDAQ 购买 Imax 公司股票的投资者?在美国已有相关集体诉讼的情况下,加拿大境内的诉讼程序应如何处理?本案的法官们采取了"观望"(wait and see)处理思路,即暂时性地将所有购买 Imax 公司股票的投资者作为原告,并观察管辖冲突问题进展,最终根据平行诉讼的处理情况将已在境外获得救济的原告排除在本案之外。对此,法官们论述如下:

一是关于本案的域外管辖问题。法官们认为,Imax 公司是一家加拿大上市公司,根据 Club Resorts Ltd. v. Van Breda 案确立的四要素来分析,其与安大略省的真实而实质的联系是不言而喻的。而本案的难点在

---

〔16〕 该诉讼于 2006 年开始,并于 2009 年被认证为集体诉讼,从 2006 年至 2013 年经历了 7 次程序动议裁决。

于集体诉讼程序下选择退出(opt – out)制度是否会造成原告的延伸范围过广从而造成管辖权冲突。对此,安大略省高等法院认为,选择退出是集体诉讼制度的基石,旨在保护集体诉讼成员的诉讼自主权,其基本假设是,只要在NASDAQ购买Imax公司股票的投资者(无论居于何处)没有单独起诉寻求救济,其就应是集体诉讼的适格原告。

二是关于平行诉讼的处理。在案件处理过程中,初级法院的法官均注意到了2006年美国纽约南区地方法院受理了一起与本案诉请相同的集体诉讼案件,且诉讼程序进展更快,已进入实质审理阶段。2012年,美国集体诉讼的各方达成了一项和解协议,并提交法庭审批通过。在审批之前,美国集体诉讼的原告代理人曾在两国同时发出通知,建议参与双重集体诉讼的原告选择在美国和解结案并提交索赔证明及豁免表(proof of claim and release form),选择之后则禁止参与加拿大集体诉讼程序。

安大略省高等法院认为,本案中平行诉讼的处理本质上是境外法院裁决的承认问题。根据上诉法院在Currie v. McDonald's Restaurants of Canada Ltd.中确立的承认与执行境外法院裁决的基本原则,[17]安大略省高等法院需要对美国法院的案件处理做审查,具体内容包括3项:一是诉请事项与美国法院是否有真实而实质性的联系;二是相关原告的权利是已获充分代表;三是相关原告是否获得程序公平。最终,安大略省高等法院承认了美国集体诉讼和解结果,将在美国参与和解的集体诉讼成员排除在本案原告范围之外。

本案是加拿大证券域外管辖领域处理管辖权冲突的特殊案例。在面对程序在先的境外平行诉讼案件时,法院采用了观望处理的方法,既重申了域外管辖权的一贯原则,又从国际礼让、避免多重诉讼程序、境外法院裁决承认等角度,灵活处理了管辖权冲突的问题。

(五)对仅在境外上市的外国企业管辖争议案件——Yip v. HSBC Holdings Plc. 案

2017年,安大略省高等法院审查了一起针对一家英国企业的二级

[17] 基本原则为:只要外国法院根据其管辖权规则具有管辖权,则加拿大法院将承认该外国裁决。承认外国裁决的抗辩仅限于通过欺诈获得裁决、外国程序违反自然正义标准或者承认将违反加拿大公众政策。

市场索赔的诉讼申请。HSBC Holdings(汇丰控股)是一家总部设在英国伦敦的国际银行集团的母公司,其股票在伦敦证券交易所(LSE)、香港证券交易所(HKEX)交易,并在百慕大证券交易所(BSX)和巴黎泛欧证券交易所二次上市,其 ADR 在 NYSE 交易,但均未在加拿大任何证券交易所交易或上市。此外,汇丰控股间接控股 HSBC Canada(加拿大汇丰银行)。[18] 原告认为,从 2006 年 7 月 30 日至 2012 年 7 月 11 日,汇丰控股及其子公司(包括加拿大汇丰银行)违反反洗钱和反恐融资法律法规,参与操纵伦敦银行间同业拆借利率(libor)和欧洲银行间同业拆借利率(euribor),持续披露文件和口头声明中存在虚假陈述,应根据安大略省《证券法》规定承担虚假陈述民事赔偿责任。

本案的争议焦点在于:加拿大法院对仅在境外上市的外国企业的管辖权界限在哪?对此,安大略省法院论证如下:

一是关于法院管辖外国公司的情形。安大略省法院总结了管辖的三种情形,分别是商业存在、自愿接受管辖和诉争事项与安大略省有真实而实质性联系。根据 Club Resorts Ltd. v. Van Breda 案确立的判定真实而实质性的四要素,本案需要分析被告是否在安大略省内经营业务或者侵权行为发生在该省。考虑到被告汇丰控股并未在安大略省开展经营活动,加拿大汇丰银行与被告是两个独立的个体,加拿大汇丰银行也不是本案的当事人,索赔涉及的是汇丰控股的证券而不是汇丰加拿大的证券,因此,无法从业务经营地或侵权行为发地的角度建立联系。

二是关于证券民事诉讼领域法院管辖外国公司的情形。安大略省法院结合以往案例总结出以下情形:外国公司证券在加拿大二级市场交易(如 Silver v. Imax 案);外国公司证券虽不在加拿大二级市场交易,但外国公司与加拿大有真实和实质性的联系,是“责任发行人”(如 Kaynes v. BP Plc. 案的披露义务承诺、Abdula v. Canadian Solar Inc. 案的商业存在)。考虑到,汇丰控股不是安大略省证券法下报告发行人,也从未承诺或有其他义务应向安大略省投资者提供信息,与安大略省没有实质性联系,因此汇丰控股不是“责任发行人”。

---

〔18〕 加拿大汇丰银行总部位于温哥华,其股票在 TSX 上市交易,是安大略省和加拿大其他省份的报告发行人。

法院在本案裁决中对以往案例进行了梳理，总结阐明了对外国企业域外管辖的应用规律，即法院并非对所有境外上市的外国公司都具有管辖权，域外管辖的界限在于是否有真实而实质的联系，具体需要基于个案事实分析判断，联系的因素包括商业存在、侵权行为、境内上市、有法定或约定披露义务、自愿接受管辖等。

三、加拿大证券民事诉讼域外管辖特点分析

（一）仅在二级市场虚假陈述诉讼领域行使域外司法管辖权

加拿大各省的证券法中，民事赔偿责任种类被限定在虚假陈述领域，具体分为一级市场虚假陈述和二级市场虚假陈述民事赔偿责任。虽然两者从本质上均是侵权责任，但在域外管辖问题上存在差异。

以安大略省《证券法》为例，第130条的一级市场民事责任制度并无域外适用条款，而第138条的二级市场民事责任制度则规定："责任发行人包括：……（2）其他与安大略省有真实而实质性联系的任何公开交易证券的发行人"。从司法判例来看，法院对于一级市场的域外管辖持否定态度。结合立法规定，法院对于该问题的解读是"在一个省内构成发行的每项交易均受该省立法管辖"，即采用严格的属地管辖原则。相反，法院对于二级市场的域外管辖持积极态度，自 Abdula v. Canadian Solar Inc. 案之后，真实而实质性联系原则在多个案件中被探讨和运用。

（二）以真实而实质性联系为唯一标准

在国际民商事诉讼中，真实而实质性联系原则目前可以被视作国际法上唯一被承认的国际习惯法规则，[19] 即一国是否有权对某一涉外民商事案件行使管辖权，取决于争议的民商事法律关系主体（人）、客体（物）、内容（事）与管辖法院是否存在真实的、实质性的联系。

加拿大各省的证券法也普遍采用了真实而实质性联系原则。但需

〔19〕 2019年7月2日，在海牙国际私法会议第22届外交大会上，各国代表签署了《承认与执行外国民商事判决公约》。该公约第5条第1款、第3款总体上规定了被告惯常居住地、被告主要经营场所地、合同义务履行地、侵权行为地、不动产所在地等符合实质性联系（substantial connection）管辖依据。

要注意的是,加拿大二级市场的域外管辖并不区分投资者(purchaser)的国籍或者信息披露人(issuer)的住所地,仅从真实而实质性联系的责任发行人(responsible issuer)角度出发确定管辖权依据,给予境内外投资者同等保护。

实践中,加拿大的法院总结出了侵权之诉判定联系的 4 点分析要素,即被告为该省居民或有住所、被告在该省经营业务、侵权行为发生在该省、诉争协议在该省签订。具体到二级市场虚假陈述诉讼领域,判定联系的要素则包括境内上市、有法定或约定披露义务、商业存在等。

(三)灵活运用自由裁量权避免管辖权冲突

从域外适用条款及其司法实践来看,较于 Morrison 案后的美国,加拿大似乎更愿意管辖境外证券虚假陈述索赔案件。然而,Abdula v. Canadian Solar Inc. 案之后,加拿大并未如评论所述那样成为"北美市场上律师代表受境外证券市场欺诈的投资者提起集体诉讼的香格里拉",证券域外管辖案件并未如市场预想的那样暴增。究其原因,除了较低的虚假陈述民事责任限额和漫长的民事诉讼启动审查程序"劝退"了一部分诉讼外,更主要的在于加拿大的法院在审判实践中灵活运用自由裁量权,对是否行使管辖权进行了甄别。

真实而实质性联系的域外管辖原则,势必导致管辖权的较长延伸甚至冲突。对此,加拿大的法院认为,在确立案件管辖权之后,法院有权根据不方便管辖原则拒绝行使管辖权,具体考虑因素包括避免多重诉讼程序、争议解决的公平性及效率性、避免多重判决等。在案例实践中,我们还看到了"观望"处理平行诉讼的做法,即从程序和实体上礼让在先的境外平行诉讼,观察管辖冲突问题的进展,必要时审查并承认境外法院裁决结果,灵活处理管辖权冲突问题。

四、相关启示

在资本市场国际化程度不断加深的背景下,一国境内资本市场与境外资本市场的联动性进一步增强,为保护证券投资者的合法权益、维护证券市场秩序,同时为有效应对他国不合理的域外管辖,构建证券法域外适用规则体系成为一国资本市场现代化、国际化的必然趋势。目前，我国《证券法》第2条第4款为我国证券法域外司法管辖奠定了基础，但内容较为概括抽象，在实践中具体如何具体适用，各方还存在不同的认识，需要制定配套规则予以落实。

从加拿大的经验来看，由于是判例法国家，加拿大证券法域外适用的法律制度建设相对原则，为司法实践留足了自由裁量的空间，基本确立了以真实而实质性联系原则为主、灵活运用不方便管辖原则和国际礼让原则的证券域外司法管辖总体思路。我国是大陆法系国家，证券法域外司法管辖权的确立需要以程序法规范、冲突规范为基础。为了兼具规范性与灵活性，建议在构建具体的配套规则体系时，以明晰的域外管辖原则为基础，同时给司法留有一定的自由裁量空间，确保司法机关在该管、要管的时候管得住。

一方面，明确采用真实而实质联系原则，并将效果标准作为判断真实而实质联系的主要标准。作为2019年《承认与执行外国民商事判决公约》的签署国之一，我国应坚持以真实而实质性联系原则为涉外民商事案件的管辖依据。在确立真实而实质性联系的判断标准方面，我国2008年《反垄断法》已经在经济法域外效力上有了先行实践。2020年《证券法》第2条第4款首次确立了我国证券法域外效力的效果标准，初步构建证券法域外管辖体系，力求平衡公共利益保护和私人利益保护。当然，仅仅确立效果标准，未免使管辖权的判定过于抽象甚至易于过度延伸。因此，有必要在配套司法制度中，为法官适法提供规范的考察要素，亦如加拿大通过司法判例确立真实而实质联系的判断要素。从侵权之诉的角度考虑，效果标准即通过侵权结果地建立管辖联系，至于结果的程度判断，则直接影响管辖权的延伸范围。在资本市场国际化高度发展的今天，一国市场内的行为影响必然发生传导效应，而司法资源的有限性则要求我们有必要把影响效果限定在具体的、直接的、可预见的、重大的范围之内。具体性要素要求影响必须是具体的、已经发生的，而不是抽象的、将要发生的，这是真实联系的应有之意；直接性要素要求影响后果与其行为之间有着直接的因果关系，这是实质联系的必然要求；可预见性要素要求境外行为与影响后果之间的因果关系在正常情况下是可以预见的，这是公平正义的内涵所在；重大性要素要求影响应达到一定程度,造成严重的损害,这也是证券民事责任的重要构成要件之一。

另一方面,坚持合理管辖,灵活运用司法的自由裁量权对管辖范围进行适当限制。正如加拿大的法官所论述的,在确立案件管辖权之后,法院有权根据不方便管辖原则拒绝行使该管辖权。因此,在构建并应用具体的证券法域外适用规则体系时,应遵守国际法基本原则和国际关系基本准则,符合国际礼让原则,赋予司法机关自由裁量的空间。灵活运用不方便管辖原则,注重司法效能,避免不合理的长臂管辖,减少国际管辖权冲突。在维护证券市场秩序、保护投资者利益及尊重他国主权之间取得平衡。目前,最高人民法院《关于适用〈中华人民共和国民事诉讼法〉的解释》第532条规定了涉外民事案件同时符合六种情形〔20〕时,人民法院可以裁定驳回起诉,并告知相关方向更方便的外国法院提起诉讼。虽然该条确立了不方便管辖原则适用的具体条件,但有关条件过于严格,似难以适应证券域外管辖的灵活性需求。因此,建议将灵活运用不方便管辖原则的现实需求纳入《民事诉讼法》修法统筹考虑,以便证券法域外适用配套司法解释与民事诉讼相关制度协调衔接。

(编辑:吴紫君)

〔20〕 包括:(1)被告提出案件应由更方便外国法院管辖的请求,或者提出管辖异议;(2)当事人之间不存在选择中华人民共和国法院管辖的协议;(3)案件不属于中华人民共和国法院专属管辖;(4)案件不涉及中华人民共和国国家、公民、法人或者其他组织的利益;(5)案件争议的主要事实不是发生在中华人民共和国境内,且案件不适用中华人民共和国法律,人民法院审理案件在认定事实和适用法律方面存在重大困难;(6)外国法院对案件享有管辖权,且审理该案件更加方便。

《证券法苑》(2021)
第三十五卷,第153～175页

中小微企业视角下的公司类型改革
——《贸易法委员会有限责任企业立法建议》对我国的借鉴

周青松[*]　葛伟军[**]

摘要:我国虽然出台了一系列政策促进中小微企业发展,但是对其自身组织形式和治理结构的关注尚不充分。联合国国际贸易法委员会制定了《贸易法委员会有限责任企业立法建议》。在《公司法》修改背景下,我国有必要借鉴联合国国际贸易法委员会有限责任企业的精神,在公司类型上,改造有限责任公司。要强化任意性规范,减少强制性规范;在默认规则的设置上,要强化人合性色彩。就内部而言,要精简机构、加大股东知情权;就外部而言,要完善信息强制披露制度,保护债权人权益。

关键词:中小微企业　公司类型　有限责任公司

根据《全国人大常委会2021年度立法工作计划》,[1]《公司法》正在进行新一轮修改。[2] 与前

---

* 上海财经大学法学院民商法学专业博士研究生。

** 复旦大学法学院教授。

〔1〕《全国人大常委会2021年度立法工作计划》,载中国人大网2021年4月21日,http://www.npc.gov.cn/npc/c30834/202104/1968af4c85c246069ef3e8ab36f58d0c.shtml。

〔2〕我国《公司法》于1993年制定,此后在1999年进行了第一次修正,2004年进行了第二次修正,2005年进行了修订,2013年进行了第三次修正,2018年进行了第四次修正。

几次修改相比,本轮修改的时代背景、国际环境、立法需求等,都发生了较大变化。其旨在进行结构性修改,[3]从而"围绕全面深化改革和对外开放,形成高水平社会主义市场经济体制"。而公司类型的改革,是《公司法》改革所重点关注的内容之一。本文从中小微企业视角切入,[4]探讨公司类型改革问题。

中小微企业,在经济发展中扮演重要角色。2013 年,中小微企业的数量占企业总数的 76.57%(不含个体工商户)。[5] 根据第四次全国经济普查数据,2018 年年末,我国共有中小微企业法人 1807 万家,占全部规模企业法人单位的 99.8%。其中,中型企业 23.9 万家,占比 1.3%;小型企业 239.2 万家,占比 13.2%;微型企业 1543.9 万家,占比 85.3%。吸纳就业人员 23,300.4 万人,占全部企业就业人员的比重为 79.4%。拥有资产总计达到 402.6 万亿元,占全部企业资产的77.1%;全年营业收入达到 188.2 万亿元,占全部企业全年营业收入的 68.2%。[6] 可以说,中小微企业在经济发展、解决民生、吸纳就业等方面发挥了巨大作用。中小微企业的重要地位,在世界各国经济中也是如此。世界上绝大多数企业是中小微企业。据估计,全世界的中小微企业总数在 42,000 万~51,000 万家,其中有 36,000 万~44,000 万家(约占 86%)在新兴市场。[7]

有鉴于此,我国出台了一系列的财政、税收等优惠政策,支持中小

---

〔3〕 参见刘斌:《公司类型的差序规制与重构要素》,载《当代法学》2021 年第 2 期。

〔4〕 根据《中小企业促进法》第 2 条第 2 款的规定,中型企业、小型企业和微型企业划分标准由国务院负责中小企业促进工作综合管理的部门会同国务院有关部门,根据企业从业人员、营业收入、资产总额等指标,结合行业特点制定,报国务院批准。本文中所指的中小微企业,以工业和信息化部、国家统计局、国家发展和改革委员会、财政部联合印发的《中小企业划型标准规定》为准。关于中小微企业的相关数据,则是国家统计局依照《统计上大中小微型企业划分办法(2017)》统计得出。

〔5〕 参见国家工商总局全国小型微型企业发展报告课题组:《全国小型微型企业发展情况报告(摘要)》,载《中国工商报》2014 年 3 月 29 日,第 3 版。

〔6〕 参见《中小微企业成为推动经济发展的重要力量——第四次全国经济普查系列报告之十二》,载国家统计局官网,http://www.stats.gov.cn/tjsj/zxfb/201912/t20191218_1718313.html,2021 年 9 月 29 日访问。

〔7〕 参见《国际组织和政府间组织为促进中小微型企业发展而开展的部分活动秘书处的说明》,载联合国国际贸易法委员会网,https://undocs.org/zh/A/CN.9/WG.I/WP.81,2021 年 9 月 29 日访问。

微企业发展。还专门出台了《中小企业促进法》,为中小微企业提供金融支持,拓宽中小微企业直接融资渠道以及鼓励创办中小微企业。[8] 但是该法只是一个产业促进法,有关中小微企业的法律形态、组织形式、资本制度等诸多重要问题没有得到解决。[9] 而在《公司法》中,中小微企业的制度尚有诸多不完善之处。总的来看,我国在支持中小微企业发展中,政策着力点主要在提供良好的外部环境,对中小微企业本身的治理模式、组织形式的关注尚有不足。

一、中小微企业发展的公司法治需求

(一)中小微企业的内在需求

2013 年,联合国国际贸易法委员会(以下简称"贸法委")在第四十六届会议上决定着手减少中小微企业在创办、运营、重组和解散等整个生命周期内的法律障碍。[10] 其中,首先关注中小微企业的创办问题,聚焦于为中小微企业创办提供一种简易企业实体。为此,贸法委第一工作组起草了《贸易法委员会有限责任组织立法指南》。该指南在 2021 年 6 月的贸法委第五十四届会议上通过,通过后的名称为《贸易法委员会有限责任企业立法建议》。为便于行文,以下统称《立法

〔8〕 参见 2012 年 12 月 24 日在第十一届全国人民代表大会常务委员会第三十次会议上全国人民代表大会常务委员会法制工作委员会《关于〈中华人民共和国中小企业促进法〉有关制度立法后评估工作情况的报告》。

〔9〕 参见任华哲:《中小企业基本法立法研究》,武汉大学出版社 2007 年版,序言。

〔10〕 参见《贸易法委员会有限责任组织立法指南草案秘书处的说明》,载联合国国际贸易法委员会网,https://undocs.org/zh/A/CN.9/WG.I/WP.122,2021 年 9 月 29 日访问。

指南》。〔11〕 贸法委在中小微企业组织形式方面的努力,值得我国关注和借鉴,特别是在《公司法》修改的背景下。

中小微企业,具有企业规模小、投资者和经营者高度统一、运营灵活等特点。中小微企业在法律制度和规则的需求方面,与大型企业不同。为了促进中小微企业的发展,为其提供良好的法律制度支撑,首先需要评估中小微企业相关主体的需求。贸法委第一工作组总结了中小微企业主的五大需求:自由、自主和灵活的管理权,简单易懂的运行规则,独立的身份与品牌,确定的财产保障,直接的管理和控制。〔12〕 这五大需求,全面总结了中小微企业的内在需求,值得关注。

1. 自由、自主和灵活的管理权

第四次全国经济普查数据显示,我国中小微企业法人的平均就业人数为 12.89 人,〔13〕充分说明企业规模较小。中小微企业的灵活性,体现在“船小好调头”,人员少,业务小,经营的可变性强。这种灵活性,既是中小微企业的特点,也是中小微企业的需求。自由和自主经营,意味着中小微企业对经营的范围、经营业务、经营方式拥有自由和自主权,自己决定如何运营企业,而不受僵化、拘泥于形式的规则和程序制约,也不必遵守关于如何开展活动的具有强制性的详细要求。在此需求下,行政监管要尽可能放宽,监管的束缚尽可能少。同时,也要考虑企业如何随着时间推移而演变和发展,考虑组织形式转变的灵活性,以及如能够建立分支机构或代表处而不必改变其法律形式。

---

〔11〕 贸法委的宗旨是促进国际贸易法逐步协调和统一,为实现贸法委的宗旨,贸法委采取灵活而实用的态度和方法。实现方法有三大类:立法式、合同式和解释式。《立法指南》属于第一类立法式方法之一种。在立法式方法中,贸法委拟订了几种不同类型的立法案文:公约、示范法、立法指南、示范条款。受多种原因影响,起草适当形式或不连续形式的具体条款如公约或示范法供纳入国家法律体系并不总是可行,在此情况下,可能合适的做法不是试图拟订统一的案文,而是将工作局限于制定一套原则或立法建议。因此,《立法指南》只是一种立法建议,对成员国没有强制约束力,我国不用完全按照《立法指南》立法。但是由于贸法委综合了国际立法经验,其《立法指南》对于我国的《公司法》修订具有重要的参考意义和价值,需要认真对待和审视。

〔12〕 参见前注〔10〕。

〔13〕 我国共有中小微企业法人 1807 万家,吸纳就业人员 23,300.4 万人,按照这两个数据计算而得每个中小微企业的平均就业人数。

2. 简单易懂的运行规则

中小微企业的组成人员少、运营规模小，在运行规则、企业管理等方面，需要调整的利益相对简单，所以不需要建立复杂的制度，不需要复杂的管理机构和层级。简单易懂，意味着尊重日常交易习惯，遵从普通大众行事方式，而摒弃一些专业性强、复杂程度高的制度。组织机构简洁明了，不用叠床架屋；管理方式简便易行，降低治理成本。比如，建立一些简单易懂的术语，使用移动应用程序完成支付或编制资产负债表。〔14〕采取简单易懂的运行规则，可以降低企业的运行成本，英国《2006 年公司法》取消私人公司的公司秘书职位以及特别的会计处理等事项，每年就为小型私人企业节省了约 1 亿英镑的监管费用。〔15〕

3. 独立的身份与品牌

拥有独立的身份与品牌，从而形成相应的知名度，是中小微企业参与市场竞争的重要要素。独立的身份，主要是在法律上具有独立的法律主体资格，这种资格的外在表现是企业登记。便捷、高效、透明的登记信息制度，对于中小微企业的发展也具有重要意义。通过登记，企业取得国家承认的商业身份，这种身份使企业能够与商业伙伴、公众和国家互动。〔16〕在独立身份基础上，以该主体的名义参与市场经营，并且经营的品牌效应获得保护，形成竞争优势，提升自身价值。

4. 确定的财产保障

无论企业的规模如何，所有企业都需要财产权具有确定性并得到保护。因此，中小微企业的企业主希望控制企业的资产，并能够利用资产分割以保护其个人资产免遭企业债权人的执行。反之，企业所有者和管理人的个人债权人，也不能要求以企业资产偿还个人债务。〔17〕这一需求背后的精神是财产独立原则和有限责任原则。个体经营者或者人数较少的合伙人企业，在选择采纳公司为运行机制时，主要是赋予其

〔14〕 参见前注〔10〕。

〔15〕 参见黄辉：《现代公司法比较研究——国际经验及对中国的启示》（第 2 版），清华大学出版社 2020 年版，第 12 页。

〔16〕 参见《贸易法委员会企业登记处关键原则立法指南》，载联合国贸易法委员会网，https://uncitral.un.org/zh/texts/msmes，2021 年 9 月 29 日访问。

〔17〕 参见前注〔10〕。

企业法人地位,确保财产的独立性。尽管企业的成员保留着企业的控制权并分享企业利润,但是企业的责任与成员相分离,此时公司更像是合伙的一种替代品。[18]

5. 直接的管理和控制

有学者提出,商业公司的核心结构特征之一是董事会结构下的集中经营管理。[19] 但是在中小微企业中,主要还是由其股东或者成员直接控制和管理,而不是交由职业经理人做出管理和战略决定。[20] 一方面,企业规模小,管理较为随意和自由,没有大规模商事公司那么复杂,管理层级也较少,因此由企业主直接经营管理;另一方面,企业主直接经营和管理,可以更好地实现企业主的意志,提高经营管理的效率。

(二)中小微企业对公司类型的需求

从制度经济学的角度来看,组织作为一个有目的的实体,是由其创立者设计出来用来最大化其财富和收入的,并且存在其他社会制度所限定的目标。[21] 中小微企业需要选择一种法定组织形式进行经营,以便吸引投资和实现利益。现行法律体系中,供中小微企业选择的组织形式包括个体工商户、合伙(包括普通合伙与有限合伙)、公司、个人独资企业等。[22] 为中小微企业提供符合其内在需求的组织形式,既是制定良好法律的任务,也是从中小微企业内在需求出发并促进其发展的要求。

在贸法委看来,"传统的"公司类型对设立中小型企业形成障碍。主要是因为:成本太高(包括在资金和时间两个方面)、监管过度(遵守成本高)以及企业主面临重大责任风险。[23] 作为对这种需要新形式有限责任组织的回应,世界各国正在发展包括混合型企业形式在内的新

---

〔18〕 [英]保罗·戴维斯、[英]莎拉·沃辛顿:《现代公司法原理》(第9版),罗培新等译,法律出版社2016年版,第13页。

〔19〕 [美]莱纳·克拉克曼等:《公司法剖析:比较与功能的视角》(第2版),罗培新译,法律出版社2012年版,第6页。

〔20〕 参见前注〔10〕。

〔21〕 [美]道格拉斯·C.诺斯:《制度、制度变迁与经济绩效》,杭行译,格致出版社2014年版,第88页。

〔22〕 参见前注〔9〕,第74页。

〔23〕 参见贸法委文件A/CN.9/780,第15段。

法人形式(非股份有限公司),以便促进中小型企业的设立和经营。在这些改革过程中,促进中小微企业参与的共同思路是提供灵活、简化和低成本的法人结构。无论其形式如何,立法的目的都是简化组建程序、组织结构和运营的灵活性和资产分割。

二、贸法委有限责任企业的创设与我国有限责任公司的不足

(一)贸法委的制度选择

满足中小微企业的需求,为其提供一套法律制度,具体有三种路径。第一种路径是更新现有公司法规,但是保留公司法制度的核心内容不变。这种办法的优势是,有利于保留现有制度的内核,保持制度惯性,降低立法成本。第二种路径是引入新的企业形式,并且与传统公司法框架挂钩,新制度中的空白可以借助传统公司法框架来填补。第三种路径是通过全新的创新性法律法规。这种办法具有最大的创新效果,但也带来最大的潜在费用,中小企业主必须转而使用新的制度。[24]

在这三种实现路径中,贸法委认为创建一种自成一体的、全新的法律制度是最佳的方案。这种方案之下,各国能够比较容易地采用一种制度落实《立法指南》的建议,可以为设立简易实体提供国际认可的标准,减少因为缺乏对企业法律形式的国家认可导致的问题,从而为跨境交易提供便利。[25] 为此,贸法委第一工作组起草了《立法指南》,并且在《立法指南》中尽可能采用中性的术语,将该种组织描述为"贸法委有限责任组织"(UNCITRAL Limited Liability Organization,UNLLO),贸法委审议过程中,将名称修改为"有限责任企业"(limited liability enterprises,LLE),避免采用"corporate"和"company"等术语。

(二)贸法委有限责任组织的规则特点

《立法指南》的目的,在于创建一种平衡兼顾的制度,使中小微企业形式具有简易性和灵活性,同时,为了确保法律的确定性,兼顾国家、

〔24〕 参见贸法委第一工作组文件 A/CN. 9/WG. I/WP. 82。

〔25〕 参见贸法委第一工作组文件 A - CN. 9 - WG. I - WP. 122,第 14 ~ 15 段。

债权人和与之打交道的其他第三方的需要,也设定一些强制性条款。[26] 进而言之,贸法委有限责任企业是一种兼具灵活性和透明度的企业实体。

1.“小企业优先”原则

在企业类型的构建上,贸法委坚持了“小企业优先”(think small first)原则,也称“首先考虑小企业”原则。“小企业优先”原则是《立法指南》的指导方针。[27] 在这一原则指导下,在组织形式的构建考虑方面,优先考虑中小微企业主的需求,从中小微企业主的内在需求出发,避免给中小企业带来不必要的法律负担。

为贯彻“小企业优先”原则,贸法委全面评估了中小微企业主的实际需求,即前文所述的五大需求。在此基础上,《立法指南》创建了自成一体的企业形式,这种企业形式脱离了与公众公司有关的较为传统的层级式正规治理模式,[28] 建立了一种重视企业自主权和自主性的组织实体。比如,《立法指南》中明确,诸多事宜都可以通过合同予以约定,满足自由和灵活的需求,并强调合同自由在企业治理方面的重要性;建立独立的人格,确立财产独立和分割原则,为企业提高知名度和提升影响力提供具有法律人格、得到法律认可的简单工具;默认规则设计为企业成员直接管理,实现企业主对企业运营和管理的控制权。

2. 通过合同自由实现灵活运行

贸法委有限责任企业中,合同自由是确立组织内部结构的指导性原则,《立法指南》允许通过合同机制就企业的内部治理达成一致意见,减少强制性规定,以充分保障企业主的需要,实现企业运行的灵活性。《立法指南》对于非强制性问题保持沉默,但是也确定了默认条款,以填补空白。企业主可以合同约定的事项非常广泛,包括出资形式、出资价值、成员资格、成员权利、决策、管理职权、分配方式等事项。

3. 注重透明度兼顾第三人利益保护

贸法委有限责任企业作为一种市场主体,除了关注中小微企业自

〔26〕 参见贸法委第一工作组文件 A – CN. 9 – WG. I – WP. 122,第 4 段、第 13 段。

〔27〕 参见贸法委《第一工作组(中小微企业)第三十三届会议(2019 年 10 月 7 日至 11 日,维也纳)工作报告》(A/CN. 9/1002),第 21 段。

〔28〕 参见贸法委第一工作组文件 A – CN. 9 – WG. I – WP. 122,第 12 段。

身权益以外，交易第三人的利益也值得关注。因而，企业主不是对任何事项都可以自由约定，在涉及组织法律框架、债权人、国家利益、交易第三人权利等方面，设置了一些必要的强制性条款。《立法指南》通过一系列制度设计，增加组织体的透明度，以防止中小微企业滥用自由，保护交易第三人权益。[29]

第一，成员不正当分配财产的返还，如果成员违反禁止分配的限定进行分配，就有义务返还所受偿的分配，在禁止分配的情形中就包括资产总额少于负债总额、不能偿还可预见的到期债务两种情形。第二，管理人在经营过程中负有诚信和受托人责任，如果管理人违反了诚信和受托人责任，就需要承担法律责任。第三，保持完整的企业经营记录和信息，并做到透明、可查阅。第四，企业名称中应包含表示其有限责任地位的标志（如"贸法委有限责任企业"），并在合同、发票和与第三方的其他业务往来中明示其名称，将其与其他组织类型相区分，以提醒交易相对人。第五，特定情形下的法人格否认，如成员滥用或欺诈性地使用贸法委有限责任组织法律人格的情形。第六，确立贸法委有限责任企业及其成员的已登记信息的透明度、质量和公众可查阅性方面的要求。第七，商业登记处或专门机构对企业经营进行监督。第八，设立征信局，提高征信的功能。第九，由政府机构开展公司治理方面的监督。

（三）贸法委有限责任企业视角下我国有限责任公司的不足

贸法委有限责任企业充分贯彻了小企业优先原则，而且针对中小微企业的内在需求进行制度设计。我国中小微企业的主要形态是有限责任公司，将贸法委有限责任企业与我国有限责任公司进行对比（见表1），有利于我国公司组织类型的完善。

表1　我国有限责任公司与贸法委有限责任企业规则对比

序号	对比项	我国有限责任公司	贸法委有限责任企业	对比分析
1	法律特征	独立法人，独立责任，登记注册即设立	独立法人，独立责任，登记注册即设立	相同

〔29〕 参见贸法委第一工作组文件 A－CN.9－WG.I－WP.122，第38段。

续表

序号	对比项	我国有限责任公司	贸法委有限责任企业	对比分析
2	名称要求	标明有限责任公司或者有限公司字样	标明有限责任企业字样	相同
3	否定独立人格的情形	公司股东滥用公司法人独立地位和股东有限责任,逃避债务,严重损害公司债权人利益	实施欺诈、滥用贸法委有限责任企业的法律人格或以贸法委有限责任企业名义实施其他不法行为	相似
4	注册资本	一般无限制,法律特别规定除外。出资满足可以用货币估价并可以依法转让财产,非货币财产应当评估作价	无限制,出资形式不限、是否出资不限、价值形态不限,成员达成一致即可	有限责任企业更灵活,尊重自治
5	成员数量	1~50人	至少1人,上不封顶	有限责任企业更为灵活
6	登记信息	名称,住所,法定代表人,注册资本,公司类型,经营范围,营业期限,股东名称	名称,地址,登记人身份信息,全部管理人的身份信息,统一识别码,其他自行决定的信息	后者可以自行决定登记信息,以提高获得信贷和吸引投资能力
7	成员权利	按照实缴的出资比例分红,按照出资比例行使表决权,另有约定除外	无论出资如何,权利平等;但是另有约定除外	前者突出资合性,后者突出人合性
8	管理人员	董事会或执行董事	全体成员,或者任命一名或多名管理人	有限责任企业的管理制度更灵活多样

续表

序号	对比项	我国有限责任公司	贸法委有限责任企业	对比分析
9	红利分配	公司弥补亏损和提取法定公积金之后分配	资产少于负债不得分红;债务到期后不能清偿债务的	有限责任企业的限制更少
10	股权转让	内部自由转让,转让给外部人员的时候,需要经过其他股东同意;但是章程另有规定除外	经其他成员同意,可以转让;但是另有约定除外	相似
11	退出情形	特定情形下异议股东股权收购请求权	达成一致,或者提出合理理由	有限责任企业退出更加灵活,更尊重各成员的自治
12	解散事由	公司章程规定的营业期限届满或者其他解散事由出现;股东会或者股东大会决议解散;因公司合并或者分立需要解散;依法被吊销营业执照、责令关闭或者被撤销;人民法院依照《公司法》第182条的规定予以解散	发生组织规则具体规定的导致解散贸法委有限责任企业的任何事件;成员一致决定;做出解散贸法委有限责任企业的司法或行政决定;贸法委有限责任企业已没有任何成员;法律具体规定的任何其他事件	相似
13	记录和文件	章程、股东会会议记录、董事会会议决议、监事会会议决议和财务会计报告、会计账簿等	登记的信息;组织规则;所有管理人、成员和法律实体实益所有人的详细联系方式,财务报表;纳税申报表或报告;活动、运营和财务	后者的记录和文件责任要求更高,记录更细致全面
14	知情权	股东有权查阅、复制公司章程、股东会会议记录、董事会会议决议、监事会会议决议和财务会计报告。股东可以要求查阅公司会计账簿,但目的不正当的除外	每个成员有权查看和复制贸法委有限责任企业的记录,并获得其活动、财务和运营方面的现有信息	有限责任企业的知情权范围更大

经过与贸法委有限责任企业对比,我国有限责任公司制度在满足中小微企业的需求方面还有一定不足,主要是体现在三个方面。

1. 对中小企业内在需求关注不足

贸法委有限责任企业的规则,以“小企业优先”原则设置,尽可能减少对中小企业的限制,减少其负担。但是我国有限责任公司在很多方面没有充分考虑中小企业主的需求,或者在考虑其需求以后,没有坚持以“小企业优先”原则设置规则。在进行利益权衡的时候,中小企业主的诉求没有放在优先考虑地位。例如,在内部治理和管理方面,我国有限责任公司规定,公司的权力机构为股东会(大会),执行机构为董事会或执行董事,并设监督机关监事会;导致公司治理复杂化。中小微企业内部的经营管理,属于内部事项,不宜介入过多,设置复杂化的管理制度,增加了制度成本。再者,我国有限责任公司的规定,与贸法委有限责任企业相比,资合性更浓厚,强化资本要素,与中小微企业人员少、人合性强的特点尚有出入。主要表现在表决权的行使和分红的方法上,我国有限责任公司中,默认的规则是股东按照实缴的出资比例分取红利,按照出资比例行使表决权;但是在贸法委有限责任企业中,默认的规则是无论出资如何,权利平等。人合性不够,与中小微企业的特点和内在需求有所出入,制度设计与普遍的实践需求有所偏差。

2. 自由度便利性不够

由于中小企业的灵活机动特点,自由议定内部管理规则,通过合同方式确定经营管理模式非常重要,这是贸法委有限责任企业的重要特点。我国有限责任公司制度之下,虽然有不少可以自行约定的事项,与贸法委有限责任企业相比,尚有一定差距。在出资方面,我国有限责任公司对出资的形式和出资价值的确定做出了规定,具有相当的强制性;但是贸法委有限责任企业在此方面的规定较宽松,对出资与否、出资形式与否没有做出强制性的限定,只要各个成员达成一致即可。

除此之外,我国有限责任公司的管理便利性欠佳。我国有限责任公司中,股东的权利力度相对较小,股东参与管理的便利性欠佳,而贸法委有限责任企业中,其成员的权利力度更大,对公司介入更深、参与管理的便利性也更高。以知情权为例,我国有限责任公司的知情权范围较窄,知情的范围是公司章程、股东会会议记录、董事会会议决议、监事会会议决议和财务会计报告,同时,股东可以要求查阅公司会计账簿,但目的不正当的除外。贸法委有限责任企业对知情的范围规定更为宽泛和详细,每个成员有权查看和复制贸法委有限责任企业的记录,[30]并获得其活动、财务和运营方面的现有信息,以保持开诚布公的沟通和透明度,维持成员之间的信任。

3. 公司治理透明度不够

中小微企业的灵活度、便利性与透明度问题,存在一定矛盾。就减轻公司便利度角度而言,公司登记、公示的信息越少,公司经营负担越轻、经营越简单便利,但是对于第三人的利益就可能造成损害。我国有限责任公司在公司信息公开方面,存在透明度不够的情况。一方面,公司登记信息的公示公信力不够。公司经营地址,具有确定工商管理以及市场交易的双重作用。在法律程序与市场交易过程中,登记地址应该具有送达和邮寄的目的。但是目前来看,将工商登记地址推定为法律文书送达地址的做法不多,需要采取进一步措施才能将其作为法律文书送达地址,[31]增加了交易成本。另一方面,公司章程等重大经营规则公开力度不够。有限责任公司定位于经营灵活,给予较大的自治权限,主要是通过公司章程的形式来体现。而公司内部自治与第三人的行为规范也有密切关联。比如,《公司法》第16条关于对外担保的程序限制,由公司章程规定。这既是对内的约束和限制,也是警示外部第三人的交易规

---

〔30〕《立法指南》建议30规定:"法律应当规定,贸法委有限责任企业必须保持某些记录,其中包括:(a)向企业登记处提供的信息;(b)组织规则,如果以书面形式或其他记录在案的形式通过了此类规则的话;(c)过去和现在的指定管理人、成员和法律实体实益所有人(如有的话)及所知最新的详细联系方式;(d)财务报表(如有的话);(e)纳税申报表或报告;(f)贸法委有限责任组织的活动、运营和财务。"

〔31〕例如,上海市高级人民法院、上海市市场监督管理局《关于企业确认诉讼文书送达地址并承诺相应责任的实施意见(试行)》规定,企业在办理设立、变更、备案等登记注册业务或申报年报时,市场监管部门向企业告知填报诉讼文书送达地址以及承诺相关责任的内容。企业可通过国家企业信用信息公示系统,在线填报确认企业诉讼文书送达地址,并承诺对填报内容真实性以及送达地址可以及时有效接收诉讼文书负责。这种做法需要企业的同意和承诺,加大了制度成本,直接推定工商登记地址为法律文书送达地址,则可以增强工商登记公示公信效力。

则。[32] 在公司章程没有公示的情况下,不利于保护交易第三人的权益。

三、中小微企业视角下公司类型改革建议

公司法有两大功能:一是确立公司形式的组织结构以及支撑该结构所必需的内部治理规则;二是调整遏制公司利益相关者之间的利益冲突,利益相关者包括控股股东和高管等公司“内部人”,小股东或者债权人等“外部人”。[33] 面对体量如此之大的中小微企业的内在需求,我国《公司法》修改过程中,应该对中小微企业的诉求进行回应,为其设置合适的公司类型,提供符合规律和内在要求的公司组织及机构,同时调整好相关的利益冲突关系。

(一)优化公司类型:对我国有限责任公司的改造

公司类型法定是公司法的基本原则之一,不同的公司类型,代表着不同的规则特点。在公司发展历程中,有限责任公司的出现,目的是填补股份有限公司与合伙、无限公司间的空白,从而使规模较小且投资者联系紧密的中小微企业找到适合自己经营的组织形式。[34] 德国有限责任公司改革成为20世纪德国最著名的法律输出,即因其集合了合伙法和公司法的理念。[35] 我国在制定《公司法》过程中,引入了德国有限责任公司制度。尽管有这种努力和目标,但是与服务中小微企业发展的目标仍有一定差距。

就中小微企业的公司类型构建而言,贸法委的《立法指南》建议在现有公司制度之外另行创设一种更加自由和灵活、全新的企业类型,以

---

〔32〕《全国法院民商事审判工作会议纪要》第17~18条中对公司对外担保时,债权人应该尽到的注意义务进行了明确,而注意义务主要是根据公司章程的规定,进行形式审查。因此,获取公司章程的内容对债权人具有重要意义。

〔33〕参见前注〔19〕,第36页。

〔34〕刘丹妮、雷兴虎:《有限责任公司的存与废——比较法视野下的有限责任公司制度改革》,载《上海政法学院学报》2021年第3期。

〔35〕参见[德]乌尔里希·诺亚克、[德]米夏埃尔·博伊尔斯肯斯:《传统与改变——德国有限责任公司面对欧洲竞争的现代化》,钟云龙译,载张双根等主编:《中德私法研究》(第10卷),北京大学出版社2014年版,第228页。

符合体量巨大的中小微企业的诉求和运行规律。美国法采取的是创设“有限责任公司”(Limited Liability Company,LLC),满足中小微企业运行上的灵活性,强化经营者的自治。[36] 该类公司一方面具有有限责任的特征,另一方面在税收、资本结构和内部治理方面体现出合伙组织的特征。[37] 日本在2005年《公司法》中,移植美国的“有限责任公司”,为中小型公司创设了一种新的公司组织形式——合同公司,[38]并废除原有的有限公司,形成了股份公司、无限公司、两合公司、合同公司四分的格局。[39] 日本公司法上的合同公司兼容了股份公司的有限责任原则和无限公司“章程自治”的精髓。出资者既可参加公司的经营管理,又可仅承担出资额内的有限责任。[40]

当前,我国《公司法》正在新一轮修订过程中。我国现行《公司法》仅规定了有限责任公司和股份公司两大类型,但是在商事实践中,有限责任公司和股份公司的内部已经进行了类型的分化,呈现极具封闭性和合伙性特征的封闭型有限公司,呈现公开性和资本流动性特征的公开型有限公司,以及介于二者之间的公司类型的丰富谱系。[41] 我国《公司法》规定的类型不足,不能满足多样化需求。打破现有的公司类型格局,是学界的共识。但是,中小企业的组织形态为何,则意见各异。有的观点认为,应该废除有限责任公司这一公司类型,将中小微企业纳入非上市非公众公司中;[42]也有的观点认为,借鉴美国法上的“有限责任公司”和日本的合同公司,新设一种公司类型。[43]

在《公司法》修改的背景下,上述选择并不合适,最佳选择当属改造我国《公司法》中的有限责任公司。首先,从节省立法成本和遵从立法

---

[36] 参见崔文玉、赵万一:《美国LLC制度及其对中国公司法变革的启示——以日、韩修法对LLC制度的引入为视角》,载《现代法学》2013年第6期。

[37] 参见前注[15],第3页。

[38] 参见薛夷风:《日本有限责任合伙发展的新动向——以日本合同公司法律性质的探析为视角》,载王保树主编:《中国商法年刊》(2006年),北京大学出版社2007年版。

[39] 参见《新订日本公司法典》,王作全译,北京大学出版社2016年版,第1页。

[40] 参见前注[36]。

[41] 参见刘斌:《公司类型的差序规制与重构要素》,载《当代法学》2021年第2期。

[42] 参见刘俊海:《推动公司法现代化,优化营商法律环境》,载《法律适用》2020年第1期。

[43] 参见前注[41]。

惯性来看,另行创立一种新的公司类型可行性较差、成本较大。从当前的社会经济实际来看,绝大部分体量的中小微企业都是采取有限责任公司形式,如果废除有限责任公司或者另行设置一种公司类型,对现行中小微企业来说,将会产生巨大的"转型"成本,极大冲击社会观念。按照《公司法》的规定,更改公司类型称谓,要在公司名称中体现出来。如此一来,仅就更改公司名称一项事务,就会产生极大的经济成本。其次,就法律体系衔接角度而言,改造有限责任公司有利于体系协调。我国《民法典》采取"民商合一"的立法体例,[44]《公司法》与《民法典》应该无缝对接、相互衔接、相辅相成。[45]《民法典》第76条对营利法人的列举中,列明了有限责任公司、股份有限公司这两类重要公司类型。作为社会普遍存在、甚至是数量最为庞大的企业法人类型,与《民法典》所列举的典型类型相互衔接、保持一致,是法律体系统一协调的要求和体现。再次,改造有限责任公司,符合该类公司创设的初始目标。德国有限责任公司制度创设的目的是服务于中小微企业,制度移植过程中,也是为了实现这一目标。有限责任公司,对应中小微企业,在社会上已经形成了广泛的共识和认知。虽然当前还没有充分实现这一目标,但朝着"最初的目标"继续前进是制度发展变化的自然逻辑。最后,公司类型的称谓,并非公司类型改革的关键,这一称谓背后所对应的规则特点,才是改革的关键与核心。有限责任公司类型的完善和优化,既不会产生巨额的社会经济成本,又符合社会认知,还与《民法典》等法律相衔接,是以最小的成本,实现最大的立法效应。

建议大幅改造有限责任公司,保留有限责任公司的称谓,而对其内在的制度进行革命性的改造。改造后的有限责任公司,是更加灵活、便利的企业组织,革除限制中小微企业经营发展的规定,释放制度自由,降低制度成本。让现在以合伙企业、个体工商户等形式存在的企业可以选择改造后的有限责任公司,从而让公司制度的受众更加广泛,更好服务广大的中小微企业群体。同时,原来的有限责任公司则可以进行分流,

---

〔44〕 参见2020年5月22日第十三届全国人民代表大会第三次会议上王晨关于《中华人民共和国民法典(草案)》的说明。

〔45〕 参见刘俊海:《论公司法与民法典的良性互动关系》,载《法学论坛》2021年第2期。

其中一部分人合性比较强的、准合伙的有限责任公司，归入新的有限责任公司之中；另一部分资合性比较强的有限责任公司，则都要求发行股份，改造成股份有限公司。而股份有限公司根据是否向社会公开发行股份，分为封闭公司和公众公司。

（二）秉持合同自由：确立广泛可约定规则

由于公司类型重构的基础在于类型边界的妥当界定，而公司类型差异的核心在于公司法上强制性规范的设定和任意性规范的间隙填补机制。[46] 由于中小微企业人合性特点，其自由更为广泛，可以通过自治的方式排除、变更、简化甚至细化相关的法律规则，[47] 那么，改造有限责任公司的根本在于放宽强制性规范，把合同自由的理念充分融入改造后的有限责任公司之中。

《公司法》中的任意性规范，可以由各方主体约定改变，但是强制性规范则只能遵循而不能做出改变，即便做出不同约定也不发生效力。[48] 强制性规范则通常建立在"合约失效"的理论基础上，主要是涉及特定群体的利益保护、防止一定群体被剥削、避免"囚徒困境"而效率低下等问题。[49] 任意性规范和强制性规范，体现在不同类型的公司之间，锁闭性公司的任意性规范更广，而公众性公司的强制性规范更多。[50] 就我国《公司法》而言，有限责任公司的任意性规范更广，而股份有限公司的强制性规范更多。

贸法委有限责任企业中，各个成员拥有广泛的自由协商的空间，可以自由约定大量事项。在我国《公司法》修改的背景下，对于为中小微企业而设置的有限责任公司，也应该给予更多的任意性规范的空间。一方面，中小微企业的人合性色彩更浓厚，个性化比较强，将更多的自由赋予经营者，可以最大化地激发市场主体的活力；另一方面，中小微企业的股东数量，能够更充分地自由协商，协商成本较低，实现自由的可能性更

---

〔46〕 参见前注〔11〕。

〔47〕 参见前注〔42〕。

〔48〕 参见罗培新：《公司法强制性与任意性边界之厘定：一个法理分析框架》，载《中国法学》2007 年第 4 期。

〔49〕 参见前注〔19〕，第 22 页。

〔50〕 参见前注〔48〕。

大。在讨论哪些事项是可以自由约定的问题上,则可以从两个角度入手:一方面是确定哪些事项属于强制性规范,对自由约定划定“负面清单”;另一方面是确定可以自由约定的领域。

就强制性规范角度而言,涉及公司核心特征和架构的事宜不能由股东自由约定,否则就不能称其为公司。从比较法来看,公司的核心特征包括法律人格、有限责任、股份自由转让、董事会结构下的集中经营管理者、出资者共有所有权。[51] 但是,对于绝大多数小型公司而言,则存在少数特征偏差,不完全具备上述特征。定位于中小微企业的有限责任公司,在经营管理者方面,不需要强制设置董事会,采取的是更为自由灵活的管理模式,既可以商定一人负责管理,也可以由多人共同参与经营管理。除此之外,在公司法律人格、有限责任、股份自由转让、出资者共有所有权方面,不能由股东自由约定而改变,这属于强制性规范。涉及交易第三人权益保护事项,也属于强制性规范,不能自由约定。比如,滥用有限责任的股东,需要向债权人承担连带责任,这类规范就属于强制性规范,不能由股东自由约定而改变,也不属于可以自由约定的范畴。

除上述核心特征以外的事项,只要不动摇公司制度的根本,不影响交易第三人权益,不损害国家利益、公共利益,则都可以由公司股东自由约定,进而达到通过合同自由实现灵活运行的目标。可以自由协商确定的事项包括出资与否、出资形式、出资价值等出资问题,包括分红的方式、分红的比例等分红问题,还包括内部治理的主体等。实现方式是提高公司章程的自治空间,尽可能减少章程中绝对必要记载的事项,允许多样性和个性化的设置。[52]

就立法技术上而言,有必要对哪些事项可以自由约定、哪些事项不得自由约定做出明确规定。由于现行《公司法》条文中,存在强制性规范与任意性规范识别的难题,对公司治理和司法实践带来了困惑,不利于公司法治的权威性和统一性。比如,《公司法》第 44 条规定,有限责任公司设董事会,其成员为 3 ~ 13 人。这一规定既未冠以“可以”等任意性规范的字眼,也未冠以“不得”“禁止”等强制性规范的字眼,存在判断和

〔51〕 参见前注〔19〕,第 2 页。

〔52〕 参见前注〔34〕。

解释的困难。[53] 在修法中，为了减少不必要的困惑，应该明确哪些规范属于强制性规范，哪些规范属于任意性规范。考虑到无法穷尽所有可能自由约定的事项，可以从负面清单入手，只要不属于负面清单中的内容，都可以自由约定。

（三）人合性为基调：以成员平等设计默认规则

虽然有限责任公司秉持了广泛可自由约定的原则，但是《公司法》仍然需要提供一套完整的默认规则，供中小微企业选择。从法学角度而言，默认规则，也被称为"缺省规则"（default rule），是从计算机领域移植的概念。当法定模式与主流交易模式吻合时，大多数人可以保持沉默选择按照法律所规定的默认规则而行事，只需选择另类交易模式的少数人另行约定或额外声明。就经济学角度而言，默认规则是一种公共产品，[54] 供社会大众选择使用，如果符合自己的需求，则取而用之，不符合则可以另行约定。为了降低交易成本，法律所设计的默认规则应该努力追求广谱，满足多数需求，让多数人、在多数尽场合保持沉默，只让少数人、在少数场合发生声音。[55]

有限责任公司默认规则的广谱，蕴含于中小微企业的内在特征之中，其中显著的特征在于中小微企业的人合性。人合性与资合性，是对公司特征的一种提炼。有学者认为，人合公司和资合公司是欧洲传统商法理论中的两个概念，是依照公司责任基础的不同而进行的学理分类。在此理论基础上，人合公司以个人的财产为基础，成员需要对公司债务承担连带责任；资合公司则是以出资所构成的资本为责任基础，成员不需要对公司承担清偿责任。因此，通常所说的人合公司与资合公司存在误用和滥用的现象。[56] 但是，这种误用和滥用的现象，可以反映人们超出其概念本意的一种观察方法和理论变化，人们在公司内部运行特点和规律基础上，进而对人合性公司和资合性公司、人合性与资合性概念做了进一步的发展。鉴于此，本文在通常的语境下，继续沿用这一分析视角，对中小微企业的特点和制度进行讨论。

---

〔53〕 参见前注〔48〕。

〔54〕 参见前注〔19〕，第 21 页。

〔55〕 参见桑本谦：《缺省规则与法律背后的合约》，载《现代法学》2020 年第 5 期。

〔56〕 参见王军：《中国公司法》（第 2 版），高等教育出版社 2017 年版，第 11 页。

中小微企业之所以以人合性为基调,主要是基于以下几点考虑。第一,中小微企业规模较小,一般采取家族式的经营模式,股东之间具有一定的亲缘关系或信赖关系,这种信赖关系从出资环节一直延伸到日常管理之中。[57] 股东之间的信任关系,是人合性的本质属性。[58] 第二,中小微企业虽然是以公司的面貌呈现,实质上与合伙具有紧密的联系。中小微企业的公司类型,应该吸收商事合伙的人合性特征,弥补股份有限公司资合性的部分弊端,进而成为顺应广大中小微企业的组织形式。第三,人合性有利于降低有限责任公司的经营成本,提升公司自治。[59] 基于股东之间的信任关系,公司的管理和运营更为流畅,无须过多的监管和牵制,可以有效减少公司的监管、运行等制度成本。由此而来,公司的自治能力更高,灵活性更强。

在股东权利上参照合伙企业的平等主义精神,可以顺应中小微企业的特点,进而充分释放股东之间的信任基础。在贸法委有限责任企业中,默认的规则是各个成员享有平等的分红、投票等权利,而不论出资如何。在我国《公司法》修改中,也有必要借鉴吸收,以凸显中小微企业的人合性。

(四)坚持简易便利:降低代理成本

在设计有限责任公司规则过程中,还要关注中小企业主的负担问题,应该坚持"小企业优先"原则。"小企业优先"原则在英国《2006 年公司法》中作为重点原则进行贯彻,[60] 目的是减轻中小微企业的不必要负担、提供更加灵活的经营管理模式。具体制度包括董事义务法典化、简化决策程序、简化财务报告、简化公司治理结构、简化设立条件等。[61] 欧盟委员会在 2008 年出台《小企业法案》,制定了欧盟和成员国层面的扶持中小微企业的全面政策框架,确定了扶持中小微企业发展的 10 项

---

〔57〕 参见孙明、朱妍、吕鹏、范晓光:《上海私营企业和私营企业家的传承与创新》,载陈光金主编:《中国私营企业发展报告(2017 ~ 2019)》,社会科学文献出版社 2019 年版,第 218 ~ 219 页。

〔58〕 参见吴高臣:《人合性视角下有限责任公司权力配置研究》,载《烟台大学学报》(哲学社会科学版)2020 年第 6 期。

〔59〕 同上。

〔60〕 参见葛伟军:《英国公司法要义》,法律出版社 2014 年版,第 12 页。

〔61〕 参见前注〔15〕,第 63 页。

原则,其中就包括制定具体规则和措施的时候要坚持“小企业优先”原则。[62] “小企业优先”原则,体现的是对中小微企业的特别关注,公司制度设计层面要予以重视,尽可能建立简易便捷的制度,降低企业主的负担和成本。

在企业经营过程中,股东的两项核心的权能是对公司的控制权和剩余收益索取权。这两项权能本身都有其固有的成本,美国学者汉斯曼将其分为三种:管理人员的监控成本、集体决策的成本和风险承担的成本。[63] 在中小微企业的内部制度设计中,主要涉及监控成本,也就是通常所说的代理人成本。股东要对管理层进行有效的监督,就必须产生获取有关企业运营信息的成本,人员之间交换意见和做出决策而沟通的成本,以及敦促管理层执行决策的成本。[64] 按照管理学的观点,为解决个人监管能力的不足,就需要增加监督机构和人员。组织越大,监管者的层级越多。但是与此同时,不可避免地产生副作用,包括推迟执行命令的时间、信息的流失、高层指导的衰减,因而代理成本将提高。[65]

按照我国现行《公司法》的规定,有限责任公司必须设置董事会或者执行董事、监事会或者执行监事等机构,股东对这些机构的运行情况,都要进行监督,以维护自己的权益。机构越多,则需要监管的成本越多。改造后的有限责任公司,可以废止监事会或者监事。首先,人合性的信任,降低了降低的必要性。其次,各个成员平等的管理和投票权,以及充

---

〔62〕 一是创造良好环境,鼓励企业家和家庭企业的发展,对创业精神予以奖励;二是给予诚信经营但即将面临破产的企业第二次机会;三是在“小企业优先”原则下,制定具体规则和措施;四是使公共管理满足中小企业需求;五是在公共政策领域满足中小企业需求,如便利中小企业参与政府采购项目、提升中小企业获得国家援助的可能性等;六是为中小企业开辟更多融资渠道,构建法律和商业环境,使中小企业在商业交易中及时获得款项;七是帮助中小企业从欧盟单一市场中获得更多利益;八是促进中小企业技术升级和创新;九是使中小企业具备将环境挑战转化为机遇的能力;十是鼓励和支持中小企业从市场增长中获益。参见中国驻欧盟使团经商参处官网,http://eu. mofcom. gov. cn/article/ddfg/n/201706/20170602591006. shtml,2021 年 9 月 29 日访问。

〔63〕 参见[美]亨利·汉斯曼:《企业所有权论》,于静译,中国政法大学出版社 2001 年版,第 48 页。

〔64〕 同上,第 48 ~ 50 页。

〔65〕 参见[美]理查德·波斯纳:《法律的经济分析》(第 2 版),蒋兆康译,法律出版社 2012 年版,第 582 ~ 583 页。

分的知情权,这些权利可以实现监督的功能。最后,不直接参与管理的股东,也可以行使监督权。同时,为了降低获取有关企业运营信息的成本,在股东知情权方面要加大力度,扩大知情权的范围,减少对股东行使知情权的限制。对于财务、账簿制度,也应当适当简化,采取数字化等便捷、高效、安全的记账形式,降低制度成本。

(五)利益平衡补充:关注债权人权益

“每一部公司法都包含着一些保护公司债权人的条款。”〔66〕公司的经营,离不开交易第三人,公司通过与交易第三人的交往,进行货物和服务的贸易,进而创造公司财富。因而,交易第三人的保护,主要就是债权人的保护。作为债权人,其权益可能会因为股东滥用股东权利、掏空公司资产而受到损害,也面临公司为其股东利益而可能实施的机会主义行为。在改革公司制度过程中,给予中小微企业经营者更多的自由和便利越大,损害债权人利益的可能性和空间就越大。于是,就需要在影响债权人利益的层面予以适当限制,并强化债权人捍卫权益的手段。我国《公司法》中已经涉及债权人的保护,如法人格否认制度、违法分配责任问题、高级管理人责任问题。在完善我国中小微企业类型过程中,在债权人保护层面,主要需要完善债权人在信息获取方面的透明度。

没有公开就没有公信,市场主体登记信息只有公示,才具有公示公信效力。〔67〕公司信息的强制披露,对于债权人保护而言,可以规避市场交易风险,降低交易成本。〔68〕现行《公司法》中规定了部分强制披露的信息。比如,公司名称中包含“有限责任”字样,以标志其法律地位,债权人可以公开查询工商登记的经营地址、股东、出资等信息。但是在有限责任公司这种较为封闭、股东权利较大的公司中,这种披露尚不充分。比如,在公司设立阶段股东实缴出资信息披露的欠缺、重大担保信息披露的欠缺、风险投资信息披露的欠缺、违约情形信息披露的欠缺、涉讼情

---

〔66〕 参见前注〔19〕,第118页。

〔67〕 参见刘俊海:《论商事主体登记制度的统一化、透明化和便利化》,载《中国市场监管报》2021年9月1日,第3版。

〔68〕 参见赵树文:《认缴资本制下公司信息披露的法律规制》,载《法商研究》2020年第3期。

形信息披露的欠缺以及公司民事责任信息披露的欠缺。[69] 在欧盟国家和日本，封闭公司需要根据适当的会计标准来制备财务报表，并供公众查询，[70] 这其中就包括了债权人。故而，我国在完善中小微企业制度过程中，要注重债权人利益的保护，在现有公司法制度基础上，进一步增加公司的透明度，强化强制披露的信息内容，完善披露的形式，设定违规披露的责任，以更好保护债权人权益。

四、结语

在《公司法》修改背景下，我国有必要借鉴贸法委有限责任企业的精神，从中小微企业主的核心需求出发，为其设置合适的公司类型，并处理好相关主体的利益关系。具体来说，在公司类型上，不用另行设置一种公司类型，而应该通过改造有限责任公司的方式实现。改造的理念要坚持合同自由，减少强制性规范，充分释放股东之间的意思自治；在默认规则的设置上，要强化人合性色彩，股东之间权利平等；在内部组织机构设置上，则要精简机构、完善股东知情权，以降低代理成本，减轻中小微企业的制度负担；同时也要关注交易第三人利益保护问题，特别是要完善信息强制披露制度，保护债权人权益。

（编辑：吴紫君）

〔69〕 参见前注〔68〕。

〔70〕 参见前注〔19〕，第 128～129 页。

《证券法苑》(2021)
第三十五卷,第 176 ~205 页

累积投票制的本土化困境及其出路
——基于美国监管规则演进的反思

殷佳唯*

摘要:发端于美国的累积投票制,原本是在股权结构分散背景下作为维护中小股东利益的一项制度,我国在上市公司治理结构完善中也将累积投票制作为一项制度利器而加以移植。但遗憾的是,无论是从美国还是我国来看,累积投票制并没有很好地验证当初规则设计的理论预设。有必要探讨累积投票制原有的制度价值和存在问题,建议我国累积投票制以许可主义为主、强制主义为辅,并适当降低累积投票制前置程序的适用门槛,激发中小股东的选举动力。

关键词:累积投票制　本土化　公司治理　投资者保护

累积投票制在我国《公司法》下被定义为"股东大会选举董事或者监事时,每一股份拥有与应选董事或者监事人数相同的表决权,股东拥有的表决权可以集中使用"。[1] 从累积投票制源头来看,累积投票制的立法例主要分为两类:强制主义和许可

* 华东政法大学国际金融法律学院 2020 级法律与金融硕士研究生。

〔1〕《公司法》(2018 年修正)第 105 条。

主义，其中许可主义又分为选出式和选入式。具体而言，选出式(opt－out election)是指通过法律或者上市规则进行强制性规定但允许章程排除；而选入式(opt－in election)则相反，是一种原则排除但允许章程特别采用的承认方式。虽然对于累积投票制的立法态度是采强制主义还是许可主义，学界看法各异，尚未形成统一意见，但不可否认的是，就现有主流的意见而言，累积投票制在我国受到普遍的追捧，业界、学界普遍认为其可为公司治理结构的改善提供一个更为灵活、变数更大的平台，由此解决董事会中的小股东代表问题。[2] 在累积投票制下，中小股东和大股东可以充分发挥各自能动性进行投票博弈，在董事、监事选举中更加接近实质公平，且不会破坏公司法上的效率原则。[3] 此外，也有国内的实证研究证明，设置累积投票条款的上市公司内部人占用资金情况显著偏少，且上市公司采用累积投票制后提升了公司绩效。因此，累积投票制在我国上市公司存在实施的空间和价值。[4]

由于我国累积投票制移植于美国，2005 年《公司法》修改时虽以"选入"方式在立法上引入该制度，但在实践中如何通过累积投票制有效发挥保护中小股东在上市公司治理中的作用却仍存疑惑，其主要问题不仅在于美国强制性累积投票制日渐衰弱，且公众公司很少采用累积投票制，还在于过去十余年来在上市公司中推行累积投票制。因此，通过分析美国累积投票制的发展脉络，总结相应经验教训，有助于完善我国的累积投票制。

一、移植引进：中美累积投票制的历史比较

(一)美国累积投票制兴衰史

美国公众公司的累积投票制并非凭空出世，而是借鉴了政治选举

〔2〕 参见董新凯：《谈对董事会的控制问题——兼谈独立董事制度》，载《法律科学(西北政法学院学报)》2002 年第 1 期。

〔3〕 参见赵志钢：《公司治理法律问题研究》，中国检察出版社 2005 年版，第 93 页。

〔4〕 参见钱玉林：《累积投票制的引入与实践——以上市公司为例的经验性观察》，载《法学研究》2013 年第 6 期。

制度上的一种创新。1870 年伊利诺伊州《宪法》不仅规定该州对众议院议员的选举实行累积投票制，而且要求公司董事或经理的选举均实行累积投票制。作为一项保护政府中少数群体代表权益的配套措施，伊利诺伊州在宪法中引入私人公司法原则，[5] 旨在通过强制实行累积投票制选出代表以保护少数股东的利益，让少数股东有机会获得董事会的关注，并防止多数股东任何进一步的欺诈和管理不善。[6] 此后，伊利诺伊州《公司法》也引入了累积投票制。自那时起，累积投票制开始在美国各州生根发芽，许多州在宪法或公司法中规定董事选举采取累积投票制。根据图 1 的变化趋势，可看出累积投票制在美国从 1870 年的一个州发展到现在各州遍地开花的态势，立法模式从强制主义逐步过渡到许可主义。为此，我们将累积投票制的发展时间线分割为 3 个部分进行分析。

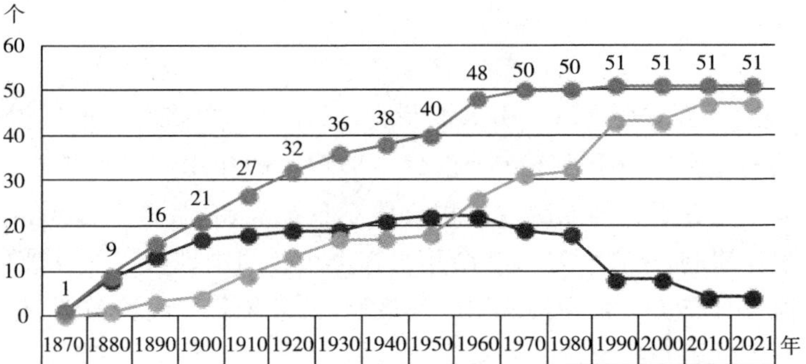

	1870	1880	1890	1900	1910	1920	1930	1940	1950	1960	1970	1980	1990	2000	2010	2021
强制主义	1	8	13	17	18	19	19	21	22	22	19	18	8	8	4	4
许可主义	0	1	3	4	9	13	17	17	18	26	31	32	43	43	47	47
总和	1	9	16	21	27	32	36	38	40	48	50	50	51	51	51	51

图 1　1870～2021 年美国各州采取累积投票制的数目变化情况

资料来源：本文附录。

[5] See Campbell W., *The Origin and Growth of Cumulative Voting for Directors*, Business Lawyer (ABA), Vol. 10, No. 3.

[6] See Sell W. & Fuge, L. H., *Impact of Classified Corporate Directorates on the Constitutional Right of Cumulative Voting—A Critical Evaluation of the Wolfson v. Avery Problem*, University of Pittsburgh Law Review, Vol. 17, No. 2.

1. 19 世纪 70 年代到 20 世纪初:强制主义的热潮和许可主义的萌芽

自伊利诺伊州设立强制性累积投票制之后,强制主义以较快的速度在美国各州蔓延,越来越多的州将累积投票制写入公司法,且立法理念的主流还是强制主义。到了 20 世纪之初,已经有 17 个州引入强制性累积投票制。在这期间,许可主义也生出萌芽,有 4 个州设立许可性累积投票制。

2. 20 世纪初到 20 世纪 60 年代:强制主义的成熟和许可主义的崛起

20 世纪伊始,强制性累积投票制在美国各州稳步推进,从 17 个州增长到 22 个州。但许可性累积投票制开始迅速崛起,由 4 个州增加到了 26 个州,立法观念逐渐转向许可主义。

美国《模范商事公司法》的立法变迁也印证了美国各州对于累积投票制立法态度的转变。1950 年美国《模范商事公司法》在序言部分指出,累积投票制在任何情况下都应保留,而不应由发起人决定。这是《模范商事公司法》第一次以统一立法的形式明确规定强制性累积投票制。但到了 1955 年,美国重新起草《模范商事公司法》关于累积投票制的条款,增设许可性累积投票制,允许各州选择强制主义或许可主义两类并行的立法模式。4 年后,《模范商事公司法》删去了强制性累积投票制条款,只肯定许可性累积投票制,并细分为选出式和选入式两种立法模式。

3. 20 世纪 60 年代至今:强制主义的衰落和许可主义的发展

20 世纪 60 年代之后,累积投票制在美国全面普及,各州都对累积投票制做出了规定,或是强制主义,或是许可主义。强制性累积投票制逐渐被市场淘汰,原本采用强制性累积投票制的州纷纷转为许可性累积投票制。到 2021 年,只有 4 个州(亚利桑那州、夏威夷州、内布拉斯加州和北卡罗来纳州)仍适用强制性累积投票制,其余各州均采用的是许可性累积投票制。1984 年,美国《模范商事公司法》明确只采用选入式立法模式,2002 年又完全取消了对累积投票制的规定。在该法的影响下,美国采用累积投票制的公司数量显著减少,且主要适用于闭锁公司,公众公司鲜少采用。1950 年至今,美国《模范商事公司法》历经强制主义到许可主义,再到许可主义下的选入式,最后放开的立法变迁,对美国各州的公司法以及累积投票制的实践产生了重要影响。

在许可性累积投票制成为美国主流立法理念的基础上,图 2 统计了采用选入式和选出式的州数量分布趋势。可以看出,自许可主义开始发展,选入式一直备受各州立法的青睐,并且逐渐成为立法主流。

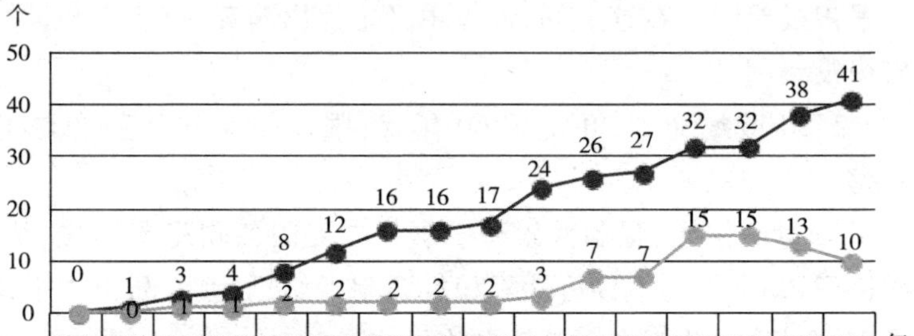

	1870	1880	1890	1900	1910	1920	1930	1940	1950	1960	1970	1980	1990	2000	2010	2021
选入式	0	1	3	4	8	12	16	16	17	24	26	27	32	32	38	41
选出式	0	0	1	1	2	2	2	2	2	3	7	7	15	15	13	10

图 2　1870 ~ 2021 年美国各州采取许可性累积投票制的类型细分

资料来源:本文附录。

如今,美国已有 41 个州规定将累积投票制列为选入式条款,而选出式只受到小部分州的采纳。可以看出,这种默认采用但需要通过章程排除的立法例已经逐渐不被各州所认同。但也不乏同时适用选入式和选出式的州,如伊利诺伊州、堪萨斯州、宾夕法尼亚州。这几个州的做法均是对新设立的公司适用选入式条款,但对修法前设立的公司仍适用选出式条款,可谓"新人新办法,老人老办法"。

(二)累积投票制的中国移植

2002 年,中国证券监督管理委员会(以下简称"证监会")《上市公司治理准则》第 31 条首次提出上市公司股东大会在选举董事时采用累积投票制,对"控股股东控股比例在 30% 以上的上市公司"采用强制性累积投票制,同时要求上市公司应当在公司章程中制定累积投票制的实施细则;对控股股东控股比例未达 30% 的上市公司适用"原则排除但允许章程采用"的选入式累积投票制。此后出台的法律规范将累积投票制的适用范围扩大到了董事和监事选举。《上市公司治理准则》

在2018年修订统一了累积投票制的适用范围为董事和监事选举，并且扩大了强制性累积投票制的适用对象，即“单一股东及其一致行动人拥有权益的股份比例在30%及以上的上市公司”。

随着累积投票制的引入，监管者意识到社会公众股东权益保护的重要性，开始积极推行这一制度。2004年《关于加强社会公众股股东权益保护的若干规定》（已失效）明确上市公司在选举董事和监事时应积极推行累积投票制；2005年《国务院批转证监会关于提高上市公司质量意见的通知》中提出将建立累积投票制作为强化上市公司监管、规范上市公司运作的内容之一；2007年中国证监会将上市公司在选举董事、监事时是否采用累积投票制作为公司治理创新情况和综合评价的标准之一；2013年国务院办公厅《关于进一步加强资本市场中小投资者合法权益保护工作的意见》中也明确将积极推行累积投票制纳入健全中小投资者投票机制的内容。

在适用对象上，2005年《公司法》在法律层面引入累积投票制，作为选入式条款，将累积投票制的适用对象扩大到上市公司和非上市公司。2020年《非上市公众公司监管指引第5号——精选层挂牌公司持续监管指引（试行）》（已失效）鼓励非上市公众公司在董事、监事选举中采用累积投票制。此外，我国还特别在证券公司、银行业保险业公司等主体积极推行累积投票制。早在2003年累积投票制引入之初，《证券公司治理准则（试行）》（已失效）就提出在证券公司选举董事（包括独立董事）和监事时采用累积投票制。对于采用强制性累积投票制的要求，对比上市公司的适用范围相对缩小，为“股东单独或与关联方合并持有公司50%以上股权”的证券公司，同时赋予证券公司制定累积投票制内部实施细则的权利。

除法律规范层面外，作为自律性组织的证券交易所也是积极推进累积投票制的有力力量。2006年深圳证券交易所发布《中小企业板投资者权益保护指引》，要求上市公司应当在选举两名及以上董事或监事时实行累积投票制，属于强制主义立法例。此后，深圳证券交易所陆续出台规则，明确主板、中小企业板、创业板上市公司在董事、监事选举应当实行累积投票制。2020年，深圳证券交易所细化关于累积投票制的适用规则，要求对“单一股东及其一致行动人拥有权益的股份比例在30%及以上的"上市公司采用强制性累积投票制,与最新《上市公司治理准则》保持统一。上海证券交易所于2013年修订了《上市公司董事选任与行为指引》,鼓励上市公司在董事选举中实行累积投票制,采取许可主义立法例。

纵览累积投票制在我国的发展脉络,可以推定当前我国对累积投票制的立法模式为强制主义与许可主义项下"选入式"的结合。在适用对象上,与美国恰恰相反,我国主要运用于上市公司。在监管机构积极推进累积投票制的背景下,大部分上市公司虽然都在公司章程中规定了累积投票制,满足了监管要求和中小投资者意愿,但实践当中很多公司并没有在章程中规定具体的实施细则,使累积投票制流于形式。加之相关规则指引只是对累积投票制做出了定义和原则性规定,缺乏可操作性,导致累积投票制没有成为保护中小股东的"利剑",作用十分有限。

二、他山之石:累积投票制的内在逻辑与实践反思

(一)美国累积投票制的理论推演

美国将累积投票制运用于董事选举。与直接投票制相对,在累积投票制下,股东拥有的票数等于其所持股份对应的原票数乘以拟选举的董事人数,股东可以将票全部投给一个候选人,也可以分散投给若干候选人。[7] 其基本原理是将股东有限多次的投票过程聚拢为一次性投票过程,从而实现对控股股东控制权的稀释。[8]

累积投票制以"一股一权"原则为前提,数学公式如下:

$$X = 1 + \frac{Y \times N_1}{N_2 + 1}$$

其中,X 为股东选出董事所需的最低股份数,Y 为股东(大)会股东

〔7〕 See Cole, A., *Legal and Mathematical Aspects of Cumulative Voting*, South Carolina Law Quarterly, Vol. 2, No. 3.

〔8〕 参见倪意:《投资者利益保护与累积投票制》,载《财会月刊》(综合版)2009年第4期。

投票的股份总数，N_1为股东拟选出的候选人数量，N_2为股东（大）会应选出的候选人总数量。根据累积投票制的数学公式可以看出，股东持股数量越多，且董事候选人数越多，股东能够选出自己代言人的可能性就越大。[9] 理论上，通过精心的票数分配，中小股东能够选出自己的代言人进入董事会，赋予他们参与公司治理的权力。在理论证成上，累积投票制对公司治理产生正向积极作用的表现在于：

首先，对中小股东来说，在直接投票制下，中小股东没有能力提名并选举代言人进入董事会。尽管累积投票制不会帮助中小股东获得控制管理层的权利，[10] 但在一定程度上能够极大帮助中小股东在董事会中获得自己代言人的席位，增强中小股东代表在董事会中的话语权和潜在影响力，有一只聪明的"牛虻"出现，将有利于保护或增进小股东集团的利益，[11] 推进股东民主。同时，在累积投票制下，控股股东能够控制董事会所有席位的可能性较小，[12] 有助于使中小股东免受控股股东的剥削。

其次，对公司董事会来说，虽然控股股东选出的代表将继续在累积投票制下控制公司，但全体董事会应听取中小股东代表对董事会所有事项的意见和建议。累积投票制可以增强董事会在公司早期预警系统中的作用。在拥有适当所有权结构的公司中，累积投票制也将服务于管理层的利益。累积投票制使机构投资者能够进入董事会，参与公司决策、运作，和其他改革措施一同加强机构投资者对董事会组成的影响。越来越多机构投资者参与累积投票制，更有助于增强董事的独立性、问责性，刺激公司管理层的能力，反过来也可以帮助机构投资者解决其自身治理问题。

---

〔9〕 参见张保华、张宏杰：《从累积投票制数学原理评我国上市公司相关实践》，载《管理世界》2012 年第 3 期。

〔10〕 See Thomas R. S. & Tricker P. C., *Shareholder Voting in Proxy Contests for Corporate Control, Uncontested Director Elections and Management Proposals: Review of the Empirical Literature*, Oklahoma Law Review, Vol. 70, No. 1.

〔11〕 参见刘俊海：《股东累积投票权：以小博大的制度设计》，载《上海证券报》2005 年 4 月 5 日版。

〔12〕 See Anand A., *Offloading the Burden of Being Public: An Analysis of Multiple Voting Share Structures*, Virginia Law and Business Review, Vol. 10, No. 3.

最后,对公司来说,当中小股东代表与控股股东代表发生利益冲突时,董事会中的中小股东代表能对控股股东代表为谋取私利经营公司的任何倾向起到制衡作用。[13] 有学者基于2002~2010年的面板数据进行实证分析,证明上市公司采用累积投票制有效降低了公司内部利益侵占问题,提升了公司绩效。[14] 累积投票制此时成为一种增强资本市场对公司施加压力、改进公司内部治理机制的手段,也能够降低公司高管离职和公司被收购的可能。

(二)美国累积投票制的立法实践转向

强制性累积投票制曾在美国辉煌一时,有的州规定强制性累积投票制旨在实现股东民主,保障中小股东的权益。实证和历史证据表明,上市公司取消累积投票制确实降低了股东福利,那么可以推定,取消累积投票制实则更有利于公司管理层的利益而非中小股东的利益。

20世纪50年代,强制性累积投票制受到了来自上市公司管理层的攻击,一些大型上市公司爆发了代理权争夺。管理层为减少代理权争夺,开始推动累积投票制从强制主义到许可主义的立法变革,这也使当初推行强制性累积投票制的公司律师协会开始重新考虑对累积投票制的立场,他们认为强制性累积投票制可能会破坏良好的公司决策。20世纪80年代,收购浪潮对上市公司管理层的控制和任期产生了持续性威胁,管理层继续推动着许可主义的立法变革,他们希望通过消除进入董事会的特定途径,即消除强制性累积投票制,减少敌意收购的威胁。尽管累积投票制有助于保护股东权益,甚至在某些情况下可以增加公司价值,[15]但恶意收购的大环境使坚持将累积投票制作为强制性规则举步维艰。

除了强制性累积投票制实施后给公司管理层带来的种种威胁,强制主义立法例逐渐溃退的原因还在于美国很早就推出了其他投资者保护机制,公众投资者的保护机制已经相对完善。早在20世纪30年代,许多联邦证券法直接针对上市公司的不正当行为进行了规制。早期强

〔13〕 参见前注〔5〕。

〔14〕 参见陈玉罡:《累积投票制、利益侵占与公司绩效》,载《财贸研究》2015年第1期。

〔15〕 See Bhagat S. & Brickley, J. A., *Cumulative Voting: The Value of Minority Shareholder Voting Rights*, Journal of Law & Economics, Vol. 27, No. 2.

制性累积投票制的功能在于使中小股东获得公司事务信息，这一功能已经通过1934年《证券交易法》规定的上市公司持续披露义务予以实现。同时，美国证券交易委员会在信息披露和金融欺诈的监管上也发挥了强有力的执法作用，联邦证券法规定的明示和默示私人诉讼权利为公众股东提供了额外的救济途径，相比累积投票制更能发挥保护公众投资者权益的作用。

20世纪90年代之后，机构投资者的崛起和法律制度的改革完善，如设立薪酬话语权和代理准入机制，进一步增强了公众投资者对公司治理的权力。〔16〕 强制主义的没落伴随许可主义大行其道，在许可主义下，美国多数州选择了选入式的立法例。通过公司在章程中自主选入，保留了累积投票制对公司治理的效用。选入式的立法模式还与美国市场主导型的金融体系密切相关，选入式立法例使累积投票制在不同公司的制度安排具有差异性、多元性的特征，〔17〕既满足了公司多元的融资需求，也满足了投资者多样的投资需求。累积投票制像是一把“双刃剑”：一方面，作为保护机构投资者和中小股东利益的有力武器，提高公司治理水平；另一方面，也可能被恶意收购者利用，影响公司正常经营。但无论是强制主义还是许可主义的立法模式，累积投票制曾在美国各州广为适用，强制性和许可性的竞争在公司法的制定和修订中也一直存在。

（三）美国累积投票制的现实掣肘与反思

美国累积投票制尽管已经上升到立法层面，但目前这种以“选入式”为标志的许可主义项下，存在诸多原因使累积投票制在美国公众公司几乎已经绝迹，不受市场待见。

第一，采用累积投票制的公司容易引发代理权争夺，使公司受到来自野蛮人的入侵，自然遭到了管理层的强烈反对。这种代理权争夺带来的直接威胁是公司原有管理层失去公司控制权，高管离职的风险激增，扰乱董事会秩序，反而降低了公司价值。在大型上市公司，累积投

---

〔16〕 Dammann J. & Eidenmuller H., *Codetermination: A Poor Fit for U. S. Corporations*, Columbia Business Law Review, Vol. 20, No. 3.

〔17〕 参见何青、郭泳秀：《公司治理模式下累积投票制的作用、问题与改进方案——基于国际比较的视角》，载《金融监管研究》2018年第2期。

票制的潜在作用发生了改变,由原先多数股东主导的公司给予少数股东发言权异化成了由管理层主导的公司给予少数股东发言权。[18]

第二,公司被恶意收购的威胁导致大多数上市公司不愿意在设有强制性累积投票制的州注册或继续运营,加速了强制主义的立法变革。累积投票制在实践中被严重滥用,增加了公司被恶意收购的可能性,也容易受到“绿票讹诈”。[19] 恶意的少数股东往往会拉拢、聚集其他少数股东并利用累积投票制当选或者推选董事,并意图反对公司原有管理层及公司的良好决策,此时产生了经营代理成本,使公司陷入决议不一致的风险中,增加管理层成员中出现多种偏好的可能性。[20] 少数股东在公司经营决策中起到了一定潜在影响力,还会发生权力“寻租”以榨取私人利益。此时累积投票制的运用非但不会增加公司价值,反而会损害公司和股东利益。

第三,累积投票制实质发挥的保护中小股东的作用有限。一方面,中小股东运用累积投票制选举出的董事难以确定,使公司管理层的组成变动不居。有的公司因少数股东代言人欠缺专业知识、对公司不了解导致管理层决策效率低下。另一方面,控股股东和公司管理层为抵消累积投票制的效果,会利用其控制权为累积投票权的行使设置障碍,设计出许多巧妙的变相规避措施。常见的措施有董事分类选举、缩减董事会规模、设立双层董事会结构,以此减小候选人总数量 N_2,增大股东(大)会上股东选举董事所需要的最低股份数 X,从而稀释中小股东的累积投票权。对于已经通过累积投票制选出的中小股东代言人,管理层也可以通过简单多数决规则将其从董事会中除名。部分州的公司还通过设立无表决权股票、表决权协议等方式来削弱累积投票制的效用。

---

〔18〕 See Gordon J. N., *Institutions as Relational Investors: A New Look at Cumulative Voting*, Columbia Law Review, Vol. 94, No. 1.

〔19〕 所谓“绿票讹诈”(greenmail),是一种反收购措施,其基本原理是目标公司为了避免恶意收购,以远高于市场价格的价格回购潜在恶意收购者持有的股份。除非目标公司回购股份,否则收购者威胁发出收购要约的行为被称为“绿票讹诈”。See Redwood J., *Corporate Greenmail*, Corporate & Business Law Journal, Vol. 9.

〔20〕 See Easterbrook F. H. & Fischel D. R., *Voting in Corporate Law*, Journal of Law & Economics, Vol. 26, No. 2.

第四,造成美国累积投票制当前局面更深层的原因在于美国公司股权分散和资本市场竞争充分。累积投票制当初是在公司股票缺乏市场流动性的时候出现的,由于股东退出公司困难,因此累积投票制能够为股东提供特殊保护。随着美国资本市场流动性越来越高,公司股权分散,"华尔街规则"的运用使累积投票制的作用有所降低,中小股东对公司决策不满时更倾向于退出公司,导致股东对累积投票制的实施热情并不高。

为防止累积投票制的滥用,美国将独立董事引入董事会,并创建更多由独立董事组成的董事委员会(board committees)。将商业判断规则和独立董事的决策相结合,运用信义义务规制独立董事,通过赋予公众投资者选举、留任独立董事的权力,[21]同样可以达到保护公众投资者的效果。

近年来,美国为推动中小股东代表的改革,将目光聚焦于赋予股东查阅公司委托书的权利,而不是采用累积投票制。例如,北达科他州规定了股东有权查阅公司委托书、在董事选举中进行多数表决、股东就高管薪酬进行咨询投票、对超级多数绝规则的限制以及反收购条款。[22]在适用许可性累积投票制的州中,公众公司管理层更为常见的做法是围绕累积投票制订立股东协议,控股股东直接、可靠地向少数股东保证其代言人的选任、限制任意罢免。相比累积投票制,股东协议具有更大的灵活性和简便性,更能达到中小股东参与公司治理的目的。[23] 为激励中小股东参与公司治理,美国学界也有学者提出设立股东咨询委员会,在公司股东、董事会和管理层之间架起一道沟通桥梁。[24]

可见,累积投票制的衰落有美国独特的历史原因。当前累积投票

[21] See Bebchuk L. A. & Hamdani A., *Independent Directors and Controlling Shareholders*, University of Pennsylvania Law Review, Vol. 165, No. 6.

[22] See Yan Wenjia, *Cumulative Voting: In the US (Declining), in China (Rising) and the EU (Not-Adopted)*, European Company and Financial Law Review, Vol. 12, No. 1.

[23] See Rauterberg G., *The Separation of Voting and Control: The Role of Contract in Corporate Governance*, Yale Journal on Regulation, Vol. 38, No. 4.

[24] Matheson J. H. & Nicolet V., *Shareholder Democracy and Special Interest Governance*, Minnesota Law Review, Vol. 103, No. 4.

制在美国作用有限,已由其他替代手段保护公众投资者,如独立董事制度、股东协议等。但美国的这些历史背景在我国并不存在,累积投票制对投资者保护和公司治理也绝非无用。累积投票制在美国的实践能为我国制度改进带来一些启示,我国应努力改造累积投票制,使该制度能够更好地为保护投资者所服务。

三、本土反思:我国上市公司累积投票制的归去来从

(一)累积投票制的中国"初心"

过去,我国上市公司普遍存在非流通股过于集中且一股独大、流通股比重较低并且过于分散的不合理股权结构,引发了上市公司治理中突出的内部人、关键人控制现象。〔25〕上市公司通常采用的直接投票制在现代企业理论下无法实现企业剩余索取权和控制权分享相对称,〔26〕股东(大)会"一股一权"原则和资本多数决制度从表决的程序上虽体现了公平性,但在表决结果上却形成了实质的不公,〔27〕导致公司投票制度与公司治理之间的矛盾凸显。股东大会异化为由控股股东一手操纵的"大股东会",进而通过控制董事选举实现对公司的全部控制,而致力于参与公司治理的中小股东没有机会当选公司董事,成了希望获得回报却对公司没有任何实际控制权的"资本借与者"。〔28〕

本文梳理了我国与累积投票制相关的法律法规,以表1的形式呈现累积投票制在我国的立法发展变化。

---

〔25〕 参见黄洁:《累积投票制——失灵的尚方宝剑》,载《金融法苑》2005年第4期。

〔26〕 参见陈敏:《论投票制度与我国上市公司治理的改进》,载《证券市场导报》2007年第2期。

〔27〕 参见朱玉玲:《浅析累积投票制》,载《中国商贸》2011年第34期。

〔28〕 参见赵万一:《公司治理法律问题研究》,法律出版社2004年版,第180页。

表 1　中国累积投票制的法律法规情况梳理(非原文)

发布时间	法律规范	条文规定
2002 年 1 月 7 日	【已失效】《上市公司治理准则》	第三十一条　股东大会在董事选举中应积极推行累积投票制度。控股股东控股比例在 30% 以上的上市公司,应当采用累积投票制。采用累积投票制度的上市公司应在公司章程里规定该制度的实施细则
2003 年 12 月 15 日	【已失效】《证券公司治理准则(试行)》	第十七条　鼓励证券公司在董事(包括独立董事)、监事的选举中采用累积投票制度。证券公司股东单独或与关联方合并持有公司 50% 以上股权的,董事(包括独立董事)、监事的选举应当采用累积投票制度。采用累积投票制度的证券公司应在公司章程中规定该制度的实施细则
2004 年 12 月 7 日	《关于加强社会公众股股东权益保护的若干规定》	一、试行公司重大事项社会公众股股东表决制度 (四)上市公司应切实保障社会公众股股东选择董事、监事的权利。在股东大会选举董事、监事的过程中,应充分反映社会公众股股东的意见,积极推行累积投票制
2005 年 10 月 19 日	《国务院批转证监会关于提高上市公司质量意见的通知》	五、完善上市公司监督管理机制,强化监管协作 (十八)强化上市公司监管…… 要进一步加强上市公司监管制度建设,建立累积投票制度和征集投票权制度,完善股东大会网络投票制度、独立董事制度及信息披露相关规则,规范上市公司运作
2005 年 10 月 27 日	【已被修改】《公司法》(2005 年修订)	第一百零六条第一款　股东大会选举董事、监事,可以依照公司章程的规定或股东大会决议,实行累积投票制
2006 年 1 月 12 日	【已失效】《深圳证券交易所中小企业板投资者权益保护指引》	第二十七条　上市公司应当在公司章程中规定选举两名及以上董事或监事时实行累积投票制度。本所鼓励上市公司选举董事、监事实行差额选举,鼓励上市公司在公司章程中规定单独或者合计持有公司百分之一以上股份的股东可在股东大会召开前提出董事、监事候选人人选,鼓励上市公司聘任独立董事人数占董事会成员总数的半数以上

续表

发布时间	法律规范	条文规定
2006 年 3 月 16 日	【已失效】《上市公司股东大会规则》	第三十二条　股东大会就选举董事、监事进行表决时,根据公司章程的规定或者股东大会的决议,可以实行累积投票制
2007 年 3 月 9 日	中国证券监督管理委员会《关于开展加强上市公司治理专项活动有关事项的通知》	五、公司治理创新情况及综合评价 3. 公司在选举董事、监事时是否采用了累积投票制
2009 年 6 月 5 日	【已失效】《深圳证券交易所创业板股票上市规则》	3.1.13　独立董事选举应实行累积投票制
2009 年 10 月 15 日	【已失效】《深圳证券交易所创业板上市公司规范运作指引》	3.1.2　上市公司股东大会在选举或者更换董事时,应当实行累积投票制
2010 年 7 月 28 日	【已被修改】《深圳证券交易所主板上市公司规范运作指引》	2.2.10　上市公司应当在董事、监事选举中积极推行累积投票制度,充分反映中小股东的意见。控股股东控股比例在 30% 以上的公司,应当采用累积投票制。采用累积投票制度的公司应当在公司章程中规定该制度的实施细则
	【已被修改】《深圳证券交易所中小企业板上市公司规范运作指引》	2.2.12　上市公司应当在公司章程中规定选举二名以上董事或监事时实行累积投票制度。本所鼓励公司选举董事、监事实行差额选举,鼓励公司在公司章程中规定单独或者合计持有公司 1% 以上股份的股东可以在股东大会召开前提出董事、监事候选人人选

续表

发布时间	法律规范	条文规定
2012 年 4 月 20 日	【已失效】《深圳证券交易所创业板股票上市规则》(2012 年修订)	3.1.13　独立董事选举应当实行累积投票制
2012 年 12 月 11 日	【已被修改】《证券公司治理准则》	第十七条　证券公司在董事、监事的选举中可以采用累积投票制度。证券公司股东单独或者与关联方合并持有公司 50% 以上股权的,董事、监事的选举应当采用累积投票制度,但证券公司为一人公司的除外。采用累积投票制度的证券公司应当在公司章程中规定该制度的实施规则
2013 年 6 月 13 日	【已失效】《上海证券交易所上市公司董事选任与行为指引》(2013 年修订)	第十五条　本所鼓励上市公司股东大会在董事选举中实行差额选举和累积投票制度。采用差额选举和累积投票制度的上市公司,应制订相关制度的具体规则
2013 年 12 月 25 日	国务院办公厅《关于进一步加强资本市场中小投资者合法权益保护工作的意见》	四、健全中小投资者投票机制 积极推行累积投票制选举董事、监事
2013 年 12 月 28 日	【已被修改】《公司法》(2013 年修正)	第一百零五条　股东大会选举董事、监事,可以依照公司章程的规定或者股东大会的决议,实行累积投票制

续表

<table>
<tr><th>发布时间</th><th>法律规范</th><th>条文规定</th></tr>
<tr><td>2014年5月28日</td><td>【已失效】《上市公司股东大会规则》（2014年修订）</td><td rowspan="2">第三十二条　股东大会就选举董事、监事进行表决时，根据公司章程的规定或者股东大会的决议，可以实行累积投票制</td></tr>
<tr><td>2014年10月20日</td><td>【已失效】《上市公司股东大会规则》（2014年第二次修订）</td></tr>
<tr><td rowspan="3">2015年2月11日</td><td>【已失效】《深圳证券交易所主板上市公司规范运作指引》（2015年修订）</td><td>2.2.11　上市公司应当在董事、监事选举中积极推行累积投票制度，充分反映中小股东的意见。控股股东控股比例在30%以上的公司，应当采用累积投票制。采用累积投票制度的公司应当在公司章程中规定该制度的实施细则</td></tr>
<tr><td>【已失效】《深圳证券交易所中小企业板上市公司规范运作指引》（2015年修订）</td><td>2.2.11　上市公司应当在公司章程中规定选举二名以上董事或者监事时实行累积投票制度。本所鼓励公司选举董事、监事实行差额选举，鼓励公司在公司章程中规定单独或者合计持有公司1%以上股份的股东可以在股东大会召开前提出董事、监事候选人人选。股东大会以累积投票方式选举董事的，独立董事和非独立董事的表决应当分别进行</td></tr>
<tr><td>【已失效】《深圳证券交易所创业板上市公司规范运作指引》（2015年修订）</td><td>2.2.11　上市公司应当在公司章程中规定选举二名及以上董事或者监事时实行累积投票制度。本所鼓励公司选举董事、监事实行差额选举。股东大会以累积投票方式选举董事的，独立董事和非独立董事的表决应当分别进行</td></tr>
</table>

续表

发布时间	法律规范	条文规定
2016年9月30日	《上市公司股东大会规则》(2016年修订)	第三十二条　股东大会就选举董事、监事进行表决时,根据公司章程的规定或者股东大会的决议,可以实行累积投票制
	【已被修改】《上市公司章程指引》(2016年修订)	第八十二条　股东大会就选举董事、监事进行表决时,根据本章程的规定或者股东大会的决议,可以实行累积投票制 注释:公司应当在章程中规定董事、监事提名的方式和程序,以及累积投票制的相关事宜
2018年9月30日	《上市公司治理准则》(2018修订)	第十七条　股东大会在董事、监事选举中应当积极推行累积投票制。单一股东及其一致行动人拥有权益的股份比例在30%及以上的上市公司,应当采用累积投票制。采用累积投票制的上市公司应当在公司章程中规定实施细则
2018年10月26日	《公司法》(2018年修正)	第一百零五条　股东大会选举董事、监事,可以依照公司章程的规定或者股东大会的决议,实行累积投票制
2019年4月17日	《上市公司章程指引》(2019年修订)	第八十二条　股东大会就选举董事、监事进行表决时,根据本章程的规定或者股东大会的决议,可以实行累积投票制 注释:公司应当在章程中规定董事、监事提名的方式和程序,以及累积投票制的相关事宜
2019年12月20日	【已被修改】《非上市公众公司信息披露管理办法》	第十九条　挂牌公司股东大会实行累积投票制和网络投票安排的,应当在年度报告中披露累积投票制和网络投票安排的实施情况
2020年2月28日	【已失效】《深圳证券交易所上市公司规范运作指引》(2020年修订)	2.2.11　董事、监事的选举,应当充分反映中小股东意见。股东大会在董事、监事选举中应当积极推行累积投票制。单一股东及其一致行动人拥有权益的股份比例在30%及以上的上市公司,应当采用累积投票制。采用累积投票制度的公司应当在公司章程中规定该制度的实施细则

续表

发布时间	法律规范	条文规定
2020 年 3 月 20 日	《证券公司治理准则》(2020 年修正)	第十七条　证券公司在董事、监事的选举中可以采用累积投票制度。证券公司股东单独或者与关联方合并持有公司 50% 以上股权的,董事、监事的选举应当采用累积投票制度,但证券公司为一人公司的除外。采用累积投票制度的证券公司应当在公司章程中规定该制度的实施规则
2020 年 6 月 12 日	【已失效】《深圳证券交易所创业板上市公司规范运作指引》(2020 年修订)	2.2.8　上市公司应当在董事、监事选举时实行累积投票制度。本所鼓励公司选举董事、监事时实行差额选举。股东大会选举董事时,独立董事和非独立董事的表决应当分别进行
2020 年 7 月 22 日	【已失效】《非上市公众公司监管指引第 5 号——精选层挂牌公司持续监管指引(试行)》	二、公司治理 (四)累积投票制 董事、监事的选举应当充分反映中小股东意见,鼓励精选层公司股东大会在董事、监事选举中采用累积投票制。采用累积投票制的精选层公司,应当在公司章程中规定具体实施办法
2020 年 8 月 17 日	《健全银行业保险业公司治理三年行动方案(2020 ~ 2022 年)》	五、提升董事会等治理主体的履职质效 改进董事提名和选任机制,推广累积投票制,扩大股权董事和独立董事的选聘范围,切实改变目前部分董事受大股东或内部人控制的情况
2021 年 6 月 2 日	《银行保险机构公司治理准则》	第二十三条　鼓励银行保险机构股东大会就选举董事、监事进行表决时,实行累积投票制
2021 年 6 月 11 日	【已被修改】《非上市公众公司信息披露管理办法》(2021 年修正)	第十九条　挂牌公司股东大会实行累积投票制和网络投票安排的,应当在年度报告中披露累积投票制和网络投票安排的实施情况

续表

发布时间	法律规范	条文规定
2021 年 7 月 23 日	《深圳证券交易所创业板发行上市审核业务指引第 3 号——全国中小企业股份转让系统挂牌公司向创业板转板上市报告书内容与格式》	第七十八条　转板公司应披露股东投票机制的建立情况,包括采取累积投票制选举公司董事,中小投资者单独计票机制,采取网络投票方式召开股东大会进行审议表决、征集投票权的相关安排等

从监管初心上看,我国引入累积投票制是为了应对我国上市公司控股股东"一股独大"、侵占公司利益的乱象,改善上市公司内部治理结构,最终目的是保护中小投资者权益。通过累积投票权的行使,中小投资者有望从消极股东转变为积极股东并参与公司内部治理,这种自我救济可以很大程度上替代法律法规的外部救济。[29] 相较美国累积投票制仅适用于董事选举,我国将累积投票制应用到董事和监事的选举上。由于公司监事会强调独立性和广泛的代表性,通过累积投票制将中小股东代言人选入监事会,也能够更好地实现公司内部监督,减少控股股东滥用权力的行为。

(二)累积投票制的本土化困局

与美国实践过程中出现的问题几乎相同的是,我国上市公司在采用累积投票制时也发生了公司控制权争夺、野蛮人入侵等问题,典型案件如"宝万之争""平安信托角逐上海家化董事之争""深康佳中小股东夺权之争"。累积投票制没有成为弱势中小股东维护其权益的"保护伞",反倒被利用成为争夺公司控制权的手段,[30] 产生了损害公司利益的"壕沟效应"。累积投票制相应的抵消措施也很多样,公司通过运用分类选

---

〔29〕 参见吴磊磊、陈伟忠、刘敏慧:《公司章程和小股东保护——来自累积投票条款的实证检验》,载《金融研究》2011 年第 2 期。

〔30〕 参见桑士俊、贺琛:《关于我国累积投票制的反思——基于××公司董事选举决议无效的案例分析》,载《财经理论与实践》2010 年第 5 期。

举、缩减规模等手段来规避累积投票制的效果。

我国在制度设计上对累积投票制寄予了过高的期望,但实践过程中面临更严峻的是与美国截然不同的本土现实问题。

1. 理论争议:学界对累积投票制的立法模式未达成统一意见

支持强制性累积投票制的观点认为,采取许可主义无异于把小股东累积投票权拱手让给憎恨累积投票制的大股东摆布。[31] 强制性累积投票制能够确保少数股东将代表其利益和意志的代言人选入管理层,在更深层次上实现股东表决权的实质公平,降低集中决策风险。强制性累积投票制也能以最大限度保护中小股东的利益,抑制控股股东掏空公司的乱象。

而支持许可性累积投票制的观点则认为,从公司所有与公司经营的关系中分析股东表决权,累积投票制有利有弊,要结合公司股权结构做出妥当判断。[32] 从合同视角来看,强制性的累积投票制度安排没有正当性基础,其根本缺陷在于股东为获得与其剩余索取权不相称的表决权重,引发了高昂的代理成本。[33] 也有学者支持"选入式"的立法模式,认为累积投票制更适合有限责任公司。[34]

当前对于累积投票制立法模式,学界尚未形成统一观点。有支持完全强制主义立法模式的,有支持完全许可主义立法模式的,也有反对累积投票制的,没有为立法和实务操作打下良好的理论基础。实务中,我国证监会和证券交易所寄希望于对股权集中度较高的上市公司强制实行累积投票制以达到保护中小股东的目的,但效果却并不如意。

2. 外在因素:我国资本市场流动性较弱且上市公司股权集中度较高

与美国发达的资本市场相比,我国资本市场流动性相对较弱。并且,与美国上市公司普遍持股分散的现象不同的是,我国上市公司所有权结构展现出持股较为集中的特征,更加凸显中小投资者权益保护的重

〔31〕 参见刘俊海:《论股东累积投票权》,载《环球法律评论》2003年第1期。

〔32〕 参见梁上上:《论股东表决权——以公司控制权争夺为中心展开》,法律出版社2005年版,第93页。

〔33〕 参见罗培新:《公司法的合同解释》,北京大学出版社2004年版,第213页。

〔34〕 参见张舒婷:《公司章程在公司治理中的作用——从累积投票权谈起》,载《经济问题》2008年第6期。

要性。

有实证研究表明，累积投票制仅在控股股东持股比例低于30%的公司中能起到治理作用，而在控股股东持股比例高于50%的公司中，治理作用会显著弱化，[35]对公司长期绩效的提升作用较差。[36] 这一研究表明，强制主义在适用对象上存在一定偏差：当股权高度集中时，累积投票制对中小股东的保护作用有限；当股权相对分散时，累积投票制有助于缓解上市公司内部人控制的局面，对中小股东的保护作用显著。

3. 实践障碍：累积投票制的前置程序门槛较高削弱了累积投票制的适用动力

在我国资本市场流动性不足、上市公司股权集中、控股股东一手控制公司的背景下，上市公司的中小股东大多不关心公司治理，热衷于“用脚投票”而不是“用手投票”。而累积投票制适用动力不足更深层次的原因在于累积投票权前置程序的高门槛。

根据我国《公司法》的规定，累积投票制的适用程序为：

第一步：股东在满足单独或合计持有公司3%以上股份的条件下，向董事会提出关于推荐董事或监事的候选人提案；[37]

第二步：股东大会通过直接投票制决定候选人的提案是否通过，即候选人的提案需要经出席会议的股东所持表决权过半数通过；[38]

第三步：若候选人提案经股东大会决议通过，则在董事、监事选举时再采用累计投票制将候选人真正选入董事会或监事会。

累积投票制的适用在第一步和第二步都会遇到阻碍。中小股东提名候选人需要单独或者合计持股3%以上，势单力薄的个人投资者要达到这一持股水平难度较大。即使投资者们努力团结在一起，满足了持股比例3%以上的要求，由于需要通过直接投票制通过临时提案，控股股东仍然有机会否决其推荐董事或监事候选人的提案，此时运用累积投票

---

〔35〕 参见蒋言：《累积投票制立法之反思》，载《科学·经济·社会》2018年第2期。

〔36〕 参见朱文宇、刘尔卓：《累积投票制与投资者保护》，载《经济理论与经济管理》2019年第11期。

〔37〕 《公司法》(2018年修正)第102条第2款、《上市公司章程指引》(2022年修订)第54条、《上市公司股东大会规则》(2022年修订)第14条。

〔38〕 《公司法》(2018年修正)第103条。

制的前置条件落空,中小投资者的候选人也无望进入公司管理层。

(三)累积投票制的本土化破局

在美国,市场主导着累积投票制立法制度的变迁,为保护少数股东权益创造出了强制性累积投票制。但随着公司管理层的强烈反对,引发后续一系列立法的变革,形成了许可主义的立法主流态势。而我国则是主动引入累积投票制,在立法层和监管层积极鼓励的政策背景下推广并适用,不是完全由市场自然演化形成的需求。为保护中小投资者,发挥累积投票制治理公司的实效,需要结合美国的历史和实践现状与我国本土实际情况进行制度改进。

1. 理论吸收:立法模式以许可主义为主,强制主义为辅

累积投票制从美国移植而来,我国在借鉴制度建构时应当汲取美国的立法经验。美国强制性累积投票制日渐衰弱的根本原因在于美国资本市场流动性高,上市公司股权分散,加之投资者权利救济体系完善。而在我国,上市公司股权集中现象普遍,并且中小股东的救济体系尚待完善,因此,累积投票制当下仍然是保护中小股东权益的途径之一。许可主义的立法模式已然通过历史证明其合理性。鉴于我国当前已经确立了许可主义与强制主义并行的立法模式,应当在这两种模式兼容并包的基础上重新划分累积投票制的适用对象。

有学者认为,累积投票制在有限责任公司中起到了主要作用,但在股份有限公司中实施可能是一种妨害。[39] 诚然,除累积投票制自身弊端以外,股份有限公司中大量采用代理投票,使投票过程更为复杂,但事实上又较少影响投票结果。因此,有必要区分公司的具体情况,不宜一概采用累积投票制。

对于股份有限公司,尤其是上市公司,当前控股股东滥用控制权的问题仍存在。为加强对中小投资者的保护,需要对公司股权集中程度进行划分,分类适用强制主义和许可主义。我国现行立法规定强制主义适用30%的门槛相对较高,建议降低上市公司持股比例的下限标准,对“控股股东持股比例达到15%以上的上市公司”采用强制性累积投票制。鉴于累积投票制在持股集中度过高的上市公司已然暴露出削弱公

---

〔39〕 参见石少侠:《论公司内部的权力分配与制衡》,载《中国法学》1996年第2期。

司治理效用的缺陷，因此，建议对持股集中程度再设立一个上限标准50%。对“控股股东持股比例达到50%以上的上市公司”适用许可主义立法模式，不再强制其适用累积投票制，而是作为公司章程设计时的一项“选入式”条款。通过将上市公司股权结构划分为三段，即对控股股东持股比例在15%以下和50%以上的上市公司采用许可主义中的选入式累积投票制，对控股股东持股比例居于15%～50%的上市公司采用强制性累积投票制，将更有利于发挥累积投票制治理公司、保护投资者的效果。

有限责任公司基于较强的人合性特点，股东往往会参与公司治理，并且股东数量相对没有股份有限公司的股东数量多，因此，累积投票制的表决权计算相对简便，累积投票制存在适用空间。对于有限责任公司和非上市公司，可以对照美国累积投票制在闭锁公司中的适用情况，采许可主义下的选入式累积投票制。股东可以通过意思自治在公司章程中规定是否采取累计投票制，如果没有做出适用累积投票制的规定，则适用直接投票制。

2. 实践优化：强化机构投资者作用，改进累积投票制的实施程序

美国机构投资者的加入使累积投票制再次成为保护中小投资者权益的手段。机构投资者专业性强，以长期投资为目的，在公司内部的发言权尤为重要，由于他们无法在薪酬中获得额外收益，所以也没有动机去追求私人利益。[40] 在累积投票制下，机构投资者的目的就是提高董事会决策质量以提高公司业绩。当前，我国机构投资者在上市公司中同样扮演着非常重要的角色，故可以适当强化机构投资者的作用，让机构投资者带动中小投资者积极参与公司治理，赋予机构投资者将代言人安排进董事会、监事会的权力。在格力电器2011年度股东大会董事选举中，以机构投资者为代表的中小股东运用累积投票制选举出了由机构投资者提名的候选人为董事。该次累积投票制的有效运用，体现出以机构投资者为代表的小股东具有带头作用，可以积极维护自身权益，对公司

---

〔40〕 See Gordon, J. N., *Institutions as Relational Investors: A New Look at Cumulative Voting*, Columbia Law Review, Vol. 94, No. 1.

治理起到积极作用。[41] 可见,以机构投资者为核心,利用累积投票制能够在董事会、监事会组成战略中发挥重要作用,累积投票制也将成为增强中小股东权力、加强董事会独立性和监督管理能力的良方。

对于累积投票制行使的前置程序问题,不能仅仅通过特定条件下的强制适用来改善实践效果。一方面,要鼓励中小股东通过积极选举自己的代言人参与公司治理;另一方面,可以适当降低股东行使提名权的门槛,赋予中小股东对于董事、监事候选人提名权以特殊优待。提名权的行使可以从持股比例和人数两方面考虑,如果股东单独或者合计持股达到一定比例,或者虽未达所要求的持股比例但股东人数达到一定数量,就可以行使提名权。2006 年深圳证券交易所发布的《中小企业板投资者权益保护指引》中明确,单独或合计持有公司 1% 以上股份的股东可以提名董事、监事候选人人选,相比《公司法》的规定降低了股东行使提名权的持股比例条件。尽管该指引由于 2020 年《深圳证券交易所上市公司规范运作指引》的出台而被废止,但持股比例 1% 的要求是证券交易所层面认为比较合适的提名权门槛,故《公司法》规定的股东持股比例 3% 的提名权门槛可降低到 1% 。为从源头上保证中小股东能够运用累积投票制选出自己的代言人,控股股东不能无故通过直接投票制否决中小股东对董事、监事候选人的提名,除非能举证证明该名候选人具有不符合当选董事、监事的条件,可参照《公司法》第 146 条关于董事、监事和高管资格的规定。

在累积投票制的适用方式上,随着网络技术的发展和成熟,中小股东参与投票的技术更为先进。深圳证券交易所、上海证券交易所先后发布了关于上市公司股东大会网络投票的实施细则,为激发中小股东参与投票的动力,上市公司、非上市公司以及有限责任公司可以推广通过证券交易系统、网络投票系统进行投票,[42] 减少投票成本、提高选举效率。

3. 教训反思:化解由累积投票制引发的后续不良问题

尽管累积投票制的适用可能会引发公司控制权斗争、恶意收购、公

---

〔41〕 参见袁蓉丽等:《累积投票制和股东积极主义——基于格力电器董事选举的案例分析》,载《财务与会计》2016 年第 19 期。

〔42〕 参见李勇军:《解读公司累积投票制效用之假设——基于对我国〈公司法〉第 106 条的分析》,载《东方法学》2009 年第 6 期。

司管理层变动不稳定等问题,但当前我国投资者保护力度较弱,累积投票制具有存在的必要性和合理性,需要转变管理层对累积投票制的抵触心理。在西藏药业控制权争夺事件中,股东之间通过约定采用"非累积投票制"实现了公司控制权变动。可见,控制权争夺事件不仅仅存在于适用累积投票制的公司,在上市公司中也有可能发生。对于累积投票制增加了公司恶意收购风险这一问题,"毒丸计划"以及其他反收购措施已经可以降低恶意收购的风险。其实,累积投票制能激励管理层采取措施积极应对后续带来的变数和压力,化解由此引发的风险。

为发挥累积投票制的预期效用,应当更加强化公司管理层以公司整体利益为重的观念。恶意代言人问题可以通过信义义务加以规制,董事本身对公司和股东负有信义义务,经股东(大)会有效决议恶意董事可被随时解除职务。此外,股东直接诉讼、股东代表诉讼也是有效的救济手段。

针对管理层采取的各种抵消累积投票制效用的措施,需要有的放矢、逐一击破。在股份有限公司,尤其是上市公司中,应当限制分类选举,任意缩减董事会、监事会规模以及任意解聘等问题。第一,针对分类选举措施,可参照美国加利福尼亚州《公司法》中关于"加利福尼亚州所有私人公司的董事每年都必须参与选举"的立法经验,要求上市公司所有董事、监事每年都必须参与选举,不得分类选举,强化累积投票制的强制性。[43] 第二,针对缩减董事会、监事会规模的措施,加利福尼亚州的立法措施是规定"任何将董事会规模减至五人以下的提案必须得到至少83.3%股东的批准",但这样的规定也限制了大股东围绕累积投票制与中小股东订立股东协议的能力,不具有灵活性和合理性。我国可通过《公司法》硬性规定董事会、监事会规模须比照公司注册资本决定,[44] 从公司资本角度限制任意缩减管理层规模。第三,针对中小股东选出来的代言人被任意解聘措施,美国特拉华州《法典注释》在第八章第141条[45]规

---

〔43〕 See Coyle, J. F., *Altering Rules*, *Cumulative Voting*, *and Venture Capital*, Utah Law Review, No. 4.

〔44〕 参见周凯军:《论资本多数决及其限制——为了少数股股东的利益》,载《河北法学》2000年第1期。

〔45〕 Del. Code Ann. tit. 8, § 141(K)(2)(West).

定:“如果少数股东仍有足够的票数当选,则多数股东不得无故撤换少数董事。”这也是美国大部分采取选入式累积投票制的州公司法的普遍规定。然而,最高人民法院《关于适用〈中华人民共和国公司法〉若干问题的规定(五)》(2020 年修正)第 3 条肯定了董事无因解除的合法性,廓清了董事与公司的关系,强调董事职务解除的随时性和无因性。对于通过累积投票制选举出来的董事,为增强中小股东运用累积投票制的信心和动力,可给予其选举出来的代言人一层特殊保护,参照美国的规定,即如果反对该名董事被解除的票数通过累积投票制能够选出 1 名以上董事则不能罢免;反之,则可以被无因解除。对于中小股东选举出来的监事,可通过证明该名监事是否履行信义义务的方式规制被任意解聘的问题。除非发生严重损害公司利益行为,否则公司不得无故更换现任监事。以上应对措施,公司可以通过股东自治选择是否引入章程,这与美国普遍采用的股东协议发挥着异曲同工的作用。

四、结语

“橘生淮南则为橘,生于淮北则为枳。”累积投票制的价值意义不容否定,但这项制度要在我国真正落地生根、发挥实效,还需要结合我国本土实际情况做出改进。美国累积投票制的制度变迁有其特殊的历史原因,公司管理层推动着立法变革,并伴随投资者保护体系的完善、上市公司股权分散、资本市场充分竞争而逐步淡出。反观我国,上市公司控股股东“一股独大”、滥用控制权剥削中小股东利益的乱象普遍,公司内控机制和外部监督机制仍有不足,因此,累积投票制当前仍然可以作为保护中小股东利益的路径之一。

累积投票制要真正发挥其效用,有赖于公众的充分理解和配套措施的细化完善。第一,吸收美国的立法理念,以许可主义为主,强制主义为辅。根据上市公司股权结构划分累积投票制的适用对象,对控股股东持股比例居于 15% ~50% 的上市公司采用强制性累积投票制,对于有限责任公司、非上市公司以及控股股东持股比例在 15% 以下和 50% 以上的上市公司,实行选入式累积投票制。第二,优化累积投票制的实践,强化机构投资者的带头作用，降低累积投票制前置程序的适用门槛，激发中小股东的选举动力。第三，对美国累积投票制的实践教训进行反思，化解由累积投票制引发的后续不良问题以及各类抵消措施。通过对于发源于美国的累积投票制的本土改良，累积投票制才能真正适应于中国特色社会主义市场体系，真正为我国中小投资者保护做出应有的制度贡献。

附录：美国各州累积投票制立法情况统计（更新到 2021 年）

本文在 Jeffrey N. Gordon 所撰 Institutions as Relational Investors：A New Look at Cumulative Voting 一文的基础上进行更新，于 Westlaw 网站查阅美国各州现行有效的商事企业法及其他州法中关于累积投票制的规定，汇总出以下附表中数据：

附表　美国各州累积投票制立法情况（截至 2021 年）

美国州名	强制性累积投票制年份	许可性累积投票制年份	
		选入式	选出式
亚拉巴马州		（√）1959	
阿拉斯加州	1913		（√）1964
亚利桑那州	（√）1910		
阿肯色州	1927	（√）1987	
加利福尼亚州	1878		（√）1989
科罗拉多州	1895	1915	（√）1958
康涅狄格州		（√）1959	
特拉华州		（√）1917	
哥伦比亚特区		（√）1954	
佛罗里达州		（√）1925	
佐治亚州		（√）1968	
夏威夷州	1945、（√）2000		1985

续表

美国州名	强制性累积投票制年份	许可性累积投票制年份	
		选入式	选出式
爱达荷州	1890	(√)2015	1983
伊利诺伊州*	1870	(√)1981	(√)1981
印第安纳州		(√)1929	
艾奥瓦州		(√)1959	
堪萨斯州**	1876	(√)1988	(√)1988
肯塔基州	1891	(√)2002	
路易斯安那州		(√)1915	
缅因州		(√)1931	
马里兰州		(√)1888	
马萨诸塞州		(√)1955	
密歇根州	1885、1937	1931、(√)1972	1929
明尼苏达州		1905	(√)1933
密西西比州		1890、(√)2001	1890、1988
密苏里州	1875		(√)1989
蒙大拿州	1879	(√)2019	1991
内布拉斯加州	(√)1875		
内华达州	1881	(√)1925	1903
新罕布什尔州	1981	(√)1982	
新泽西州		(√)1900	
新墨西哥州		(√)1905	
纽约		(√)1878	
北卡罗来纳州***	(√)1905	(√)1905	
北达科他州	1889	(√)2005	
俄亥俄州	1898		(√)1986

续表

美国州名	强制性累积投票制年份	许可性累积投票制年份	
		选入式	选出式
俄克拉何马州		(√)1947	
俄勒冈州		(√)1953	
宾夕法尼亚州****	1874	(√)1968	(√)1968
罗得岛州		(√)1920	
南卡罗来纳州	1895		(√)1981
南达科他州	1889		(√)2005
田纳西州		(√)1929	
得克萨斯州		1957、(√)2003	1955、1961
犹他州		(√)1961	
佛蒙特州		(√)1951	
弗吉尼亚州		(√)1903	
华盛顿州	1933	(√)2019	1965
西弗吉尼亚州	1872	(√)2002	
威斯康星州		(√)1989	
怀俄明州	1911	(√)1989	

注：* 伊利诺伊州于 1981 年转变为许可性累积投票制，对新公司适用选入式条款，但对 1982 年之前的公司则要求选出式条款。

** 堪萨斯州于 1988 年转变为许可性累积投票制，对新公司适用选入式条款，对 1988 年之前设立的现存公司适用选出式条款。

*** 北卡罗来纳州于 1905 年对股东持股 25% 以上的公司实行强制性累积投票制，对所有其他公司实行许可性累积投票制，并规定为选入式条款。1955 年对新公司实行强制性累积投票制。1986 年对上市公司实行许可性累积投票制，并规定为选入式条款（但保留非上市公司的强制性累积投票制）。1989 年对所有新公司实行许可性累积投票制，但对 1957 年以前股东持股 25% 以上的公司和 1957 ~ 1990 年非上市公司仍保留强制性累积投票。

**** 宾夕法尼亚州于 1968 年转变为许可性累积投票制，对新公司适用选入式条款，对 1968 年之前设立的现存公司适用选出式条款。1968 年时强制性累积投票制对 1968 年之前关闭的公司仍有效，后于 1988 年取消强制性累积投票制。

（编辑：何昕）

《证券法苑》(2021)
第三十五卷,第206~226页

有限责任公司异议股东股份回购请求权制度实证研究

陈洪磊*　张馨云**

摘要:实证考察发现,在有限责任公司股东请求公司收购股份纠纷中,法院均表现出不同的裁判逻辑。法官遭遇裁判困局的主要原因在于《公司法》第74条的制度设计强调对债权人利益的保护,忽视了对小股东的恰当保护和投资环境优化的现实需求。法院应当运用法律解释和漏洞填补的规则缓和股份回购的主体要件与程序要件,扩展有限责任公司股份回购的场景,明确股份回购价格的计算,防范回购机制的弊端,发挥制度功能,以此推动新一轮公司法改革。

关键词:有限责任公司　异议股东　股份回购请求权　利益衡量　公司法改革

一、问题的提出

异议股东股份回购请求权,也称股东异议评估

* 吉林大学法学院博士研究生。
** 吉林大学法学院硕士研究生。

请求权，其作为一种保护少数股东的退出策略，旨在多数股东过分滥用权利或者公司结构可能发生重大变化时，赋予异议股东以合理的价格将股份卖给公司从而退出的权利。功能在于对“资本多数决”弊端的矫正，弥补和救济少数股东落空的期待利益，以期平衡大小股东的利益冲突，有效率地解决公司纠纷。这一制度对于闭锁且人合性较强的有限责任公司及其中小股东而言，尤为重要。

近年来，学界围绕股份有限公司股权回购的讨论，伴随2018年《公司法》第142条的修改逐渐升温，[1]而较少关注有限责任公司这一制度的运行与规范。与理论界的冷落相反，司法实践中，有限责任公司此类纠纷的数量呈现逐年上涨的趋势，且裁判尺度不尽相同。在最高人民法院公报案例“袁某晖与长江置业（湖南）发展有限公司请求公司收购股份纠纷案”[2]中，对于袁某晖未参加股东会，未通过投反对票的方式表达异议的行为，法院运用目的解释的方法，认为其有权请求长江置业公司以合理价格收购其股份。在该案例之后，仍有法院在类案中作出了相左的判决。[3] 此外，关于股份回购价格应如何确定的问题，公报案例以公司净资产乘以异议股东持股比例来确定，而实践中亦有以可分配利润作为计算基点、法院酌情确定等不同观点。[4] 司法裁判龃龉的原因在于我国《公司法》第74条制度供给的不足，相关纠纷的解决只能依赖法院的自我判断，难以为商事活动注入确定性和可预期性。本文通过对我国有限责任公司股东请求公司收购股份纠纷的相关案例进行实证研究，试图揭示纠纷运行的实然状况，总结裁判焦点与分歧，评估制度实效；并在此基础上，提出对该制度适用与修改的建议，为类

---

〔1〕 参见叶林：《股份有限公司回购股份的规则评析》，载《法律适用》2019年第1期；冯辉：《“维护公司价值及股东权益所必需”而回购的法律规制》，载《东方法学》2019年第6期；张勇健：《股份回购制度的完善与司法应对》，载《法律适用》2019年第1期。

〔2〕 参见《袁某晖与长江置业（湖南）发展有限公司请求公司收购股份纠纷案》，载《最高人民法院公报》2016年第1期。

〔3〕 参见吉林省白山市浑江区人民法院（2018）吉0602民初623号民事判决书、新疆维吾尔自治区乌鲁木齐市天山区人民法院（2019）新0102民初3849号民事判决书等。

〔4〕 参见江苏省南通市通州区人民法院（2016）苏0612民初7660号民事判决书、浙江省高级人民法院（2017）浙民再88号民事判决书、内蒙古自治区乌海市海勃湾区人民法院（2017）内0302民初2066号民事判决书等。

案裁判龃龉的减少、公司法的改革提供有益且有效的智识资源。

二、异议股东股份回购请求权制度实证考察

本文借助"中国裁判文书网""聚法案例"等数据库对法院案例进行搜集和统计学分析,力求揭示我国有限责任股东请求公司收购股份纠纷裁判的全貌,为效果评估和政策建议提供事实基础。截至2020年10月25日,以"《公司法》第七十四条"为关键词在"请求公司收购股份纠纷"案由项下,进行"本院认为"部分的检索,共获得案例421个。对这些案例进行重复案例剔除、系列案件合并等筛查后,以166个适格案例作为本文的研究样本。

(一)司法运行的整体情况

1. 时间及地域分布特征:逐年增长与地区差异

就样本案例的时间分布看,此类纠纷虽然案件总数不多,但呈现逐年增长的趋势,有必要给予这一制度足够的重视。就地域分布来看,在东部11个省市中,发生此类纠纷的有10个,案件数量达88个,占全国案件总数的53.0%,大于中西部地区案件的总和。其中,上海市、山东省和江苏省是案件数量最多的地区,这主要是因为这些地区经济较为发达和中小企业活跃程度较高。

2. 案涉股东与公司特征:中小股东与小型企业

就异议股东持股比例而言,[5]如表1所示,随着持股比例的上升,股东提起请求公司收购股份诉讼的数量逐渐减少,法院支持率也逐渐降低。这与该制度主要用于保护中小股东的理论判断相一致,[6]也支持了法官的经验判断。例如,在"游某勇与北京佰宾科技有限公司股权转让纠纷案"[7]中,法院指出,游某勇持有佰宾公司51%的股份,属于公司控股股东,不属于公司股份回购制度所要保护的对象,故驳回了

---

[5] 样本案件中法院对3家公司名称等信息在裁判文书中作了隐名处理,无法查证。以下对股东兼任公司职务以及公司规模的考察均存在这一问题。

[6] 参见赵旭东主编:《公司法学》(第4版),高等教育出版社2015年版,第233页。

[7] 参见北京市昌平区人民法院(2020)京0114民初6782号民事判决书。

其回购诉请。就异议股东兼任管理职务情况看(见表2),股东所兼任的职务距离经营管理权越近,其提起股份回购诉讼的数量越少,法院的支持率也越低。就被告公司规模看,被告公司股东人数小于等于3人的案件数量为82个,占比49.4%;4~10人的有53个,占比31.9%;10人以上的有28个,占比16.9%。被告公司注册资本小于1000万元的案件数量有100个,占比高达60.2%。这表明,规模较小的公司是此类纠纷频发的场域。

表1　异议股东持股比例

异议股东股份(X)比例	数量(个)	支持(个)	不支持(个)	支持率(%)
X<10%	86	32	54	37.2
10%≤X<33.4%	65	23	42	35.4
33.4%≤X<50%	11	2	9	18.2
50%≤X<66.7%	3	0	3	0
66.7%≤X	1	0	1	0

表2　异议股东兼任管理职务情况

异议股东职务	数量(个)	支持(个)	不支持(个)	支持率(%)
无职务	124	46	78	37.1
监事	27	6	21	22.2
经理	8	2	6	12.5
董事	4	0	4	0

3. 回购事由与支持率:支持率差异与事由突破

从表3可以看出,在166个样本案例中,异议股东以《公司法》第74条明文规定的三种典型事由提起诉讼的频次为144。从支持比例看,以公司连续5年盈利但未分配利润为由提起诉讼的案件数量最多,但其支持率在典型事由中最低,仅为7.9%。究原告败诉因由主要是举证不能,占比达79.3%,其中因不能证明公司连续5年盈利的占比高达60.3%。公司盈利情况集中反映在公司会计账簿上,但股东知情权作为基础性、前提性和手段性的权利,常常被大股东或者公司侵犯,[8]因而原告股东顺利举证绝非易事。此外,公司修改章程延长经营期限事由的支持率最高,为67.4%。这主要是因为以该事由提起诉讼的异议股东举证压力较轻,只要证明公司存在延长营业期限的决议并且其表示过反对即可。除法定事由外,仍有41频次,股东以该条款之外的其他事由起诉公司。总体而言,这些情形得到法院支持的比例与主张法定事由得到支持的比例相差无几。该条款是任意性规则还是强制性规则,是否有足够的理由突破封闭的立法模式,这些问题值得思考。

表3 异议股东股份回购请求权纠纷案件的总体数据

总体数据		样本总数(个)	支持(个)	不支持(个)	支持率(%)
案件数量		166	57	109	34.3
典型案件	汇总	144	45	99	31.3
	①连续5年盈利未分配利润	63	5	58	7.9
	②公司分立、合并、转让主要财产	35	9	26	25.7
	③修改章程延长经营期限	46	31	15	67.4
非典型案件	汇总	41	12	29	29.3
	①与公司签订回购协议	18	11	7	61.1
	②经营管理出现困局	9	0	9	0
	③股东压制	12	1	11	8.3
	④章程约定的其他回购情形	2	2	2	100

注:某些案件中异议股东的诉讼理由既有典型事由又有非典型事由,因此将这些案件同时计入典型事由和非典型事由的数据中。

(二)司法裁判差异的要点

对《公司法》第74条进行严格解构,可以更为清晰地了解原告股东的败诉原因、争议焦点与裁判分歧。提起公司股份收购请求权之诉须同时具备主体要件、实质要件和程序要件。主体要件是指原告须是对股东

[8] 参见陈洪磊:《有限责任公司股东知情权行使中的利益衡量——基于〈公司法解释四〉实施后的291份裁判文书的整理分析》,载《法律适用》2019年第16期。

会相关决议投反对票的股东；实质要件是发生了本条第1款规定的三种情形；程序要件是股东应在60日法定期限内先行与公司协商，协商不成的应自决议通过之日起90日内向法院起诉，即“协商不成、按期起诉”。除上述要件外，隐藏在整个制度背后的还有回购价格，其不仅关涉协商成功与否，更是异议股东所直接追求的价值，故与上述要件同样重要。

1. 主体要件中的裁判分歧

样本中，法院针对主体要件的裁判分歧，主要表现为两点：一是公司是否必须就法定事项召开过股东会并形成决议的观点分歧。样本中有12个案件，法院以公司未召开股东会并形成决议为由判断原告股东败诉。例如，在“房某成与沈阳金茶坊文化有限公司、江某请求公司收购股份纠纷案”〔9〕中，法院严格从法条文本规范出发，认为即便存在金茶坊公司连续5年盈利不向股东分配利润的事实，但由于不具备股东会决议的前提条件，原告亦无权要求回购。与之相反的裁判观点认为，只要存在法定事由，异议股东就有权提出股份回购的请求。例如，在“许某杰、吴某与公司有关的纠纷案”〔10〕中，法院认为：“对回购条件的审查应站在实质条件的成立上，而不能局限于法条的字面含义。”公司连续12年盈利，但从不分配利润，且控股股东以行为明示否定分配，这使股东会是否召开已无实际意义，故支持了股东的回购请求。此外，还有一种较为折中的观点认为，在符合回购实质要件的前提下，即便公司没有就此召开过股东会或未形成股东会决议，表决权不足10%的股东也可以行使回购请求权。主要原因在于“表决权不足10%的小股东无权提议召开临时股东会，在公司不按照法律规定及公司章程召开股东会的情况下，没有机会在股东会上对公司分红问题提出异议”。〔11〕

二是股东是否必须在决议中投反对票的裁判差异。在“李某淳、石某与白山市公共交通有限公司请求公司收购股份纠纷案”〔12〕中，法院以“对该项决议投反对票必须在表决程序中作出”为由，认为原告股东将

---

〔9〕参见辽宁省沈阳市沈河区人民法院（2019）辽0103民初2130号民事裁定书、安徽省合肥市中级人民法院（2020）皖01民终5211号民事裁定书。

〔10〕参见浙江省杭州市中级人民法院（2015）浙杭商终字第657号民事裁定书。

〔11〕山东省济南市中级人民法院（2014）济商终字第57号民事判决书。

〔12〕参见吉林省白山市浑江区人民法院（2018）吉0602民初623号民事判决书。

反对票放到门卫,未在股东会表决程序中投出反对票,进而驳回了原告的诉讼请求。然而,在“李某新、新疆新思路有限公司请求公司收购股份纠纷案”〔13〕中,公司通知原告参加股东会,而原告未能参加,也未在该股东会上对公司是否继续经营投反对票,只在事后以书面形式明确表示反对,并要求公司回购股权,其回购请求却得到了法院支持。

2. 实质要件中的裁判分歧

如上文实证考察所显示的,样本中原告股东以非法定事由请求公司回购股份的频次并不低,有41次,占总频次的22.2%;且有日益增多的趋势,仅2019年(19次)一年的频次就超过2016~2018年3年的总和(16次)。在非法定回购事由中,司法实践的争议焦点主要集中在股东以与公司签订的回购协议为由请求公司回购其股份,法院是否应当支持。其中有7个案例认定回购协议无效,占该部分样本总数的38.9%。法院的理由主要有3点:〔14〕第一,原告股东回购股份的请求实为从公司撤回自己的投资,而这与公司资本维持原则相悖。第二,根据公司法人人格独立原则,若允许公司以自身财产收购并持有本公司的股份,势必使公司责任财产减少,损害债权人利益。第三,股份回购应严格按照约定和法定的情形及程序进行,公司不得随意进行股份回购。

法院回购协议有效的案例有11个,占比为61.1%。且在“吴某华与贵州玲珑网络科技有限公司、颜某林请求公司收购股份纠纷案”〔15〕中,法院就有效理由进行了详细阐述。法院认为,第一,股份回购并不必然损害债权人利益。《公司法》第35条中的“抽逃出资”,应当是指以逃避债务为目的的非法行为。且《公司法》第74条并未禁止公司与股东之间在其他情况下达成收购股份的合意。此外,最高人民法院《关于适用〈中华人民共和国公司法〉若干问题的规定(二)》第5条以及《关于适用

〔13〕 参见新疆维吾尔自治区乌鲁木齐市新市区人民法院(2018)新0104民初10143号民事判决书。

〔14〕 参见辽宁省高级人民法院(2019)辽民终1198号民事判决书、浙江省杭州市下城区人民法院(2016)浙0103民初7356号民事判决书、云南省曲靖市中级人民法院(2019)云03民终269号民事判决书等。

〔15〕 参见贵州省贵阳市白云区人民法院(2019)黔0113民初4563号民事判决书、贵州省贵阳市中级人民法院(2020)黔01民终396号民事判决书。

〈中华人民共和国公司法〉若干问题的规定(五)》第5条分别规定,人民法院在审理解散公司诉讼或有限责任公司股东重大分歧案件时,应注重调解,可以促成公司回购部分股东股份。以上规定均说明,现行《公司法》并非绝对禁止有限责任公司设立后,股东以合法方式收回资本退出公司。因此,只要公司在合理期限内将收购的股份及时转让或者办理减资手续,并且规定在股份转让或者注销之前,出让人不得以公司收购其股份为由对抗公司债权人,以此便不会对公司债权人的利益造成损害。第二,《公司法》第142条是对股份公司的规定,不应当参照该规定过分限制有限公司回购股份的权利。第三,私法坚持"法不禁止即可为"的原则,《公司法》中并没有关于对其应认定为无效的禁止性规定。因此,应尊重当事人的真实意思表示,根据合同有效解释和促进交易原则认定回购协议有效。面对非法定事由的司法裁判矛盾,《公司法》第74条立法模式是封闭抑或开放亟须借助法律解释等方法予以明晰。

3. 程序要件中的裁判分歧

程序要件的分歧主要表现在对异议股东起诉期限起算点的确定问题上。在"济宁新兴房地产开发有限公司、宫某艳请求公司收购股份纠纷案"[16]中,再审法院认为,原告股东起诉期间的起算应该自股东会会议决议通过之日起90日内向法院提起诉讼,且90日为除斥期间。超过此规定期限的,法院不予受理。而在"熊某与遂某思宇企业管理服备有限公司请求公司收购股份纠纷案"[17]中,法院虽然也承认该期间为除斥期间,但却从该期间设置的立法本意上进行了变通,指出除斥期间的立法本意是防止权利人的不当拖延,且从法律制定的角度来说,法律条文无法穷尽现实生活中的所有情形,而是做出最大概率的概括性规定。若非因股东自身原因,致使其未参加或未能知晓股东会会议,仍从股东会会议决议通过之日起计算90日的除斥期间,实与立法本意相悖,且将导致实质不公。因此,此处的除斥期间,应从知晓或应当知晓权利产生之日起计算。

---

〔16〕 参见山东省济宁市中级人民法院(2019)鲁08民再19号民事判决书,与之类似的还有湖北省高级人民法院(2018)鄂民终716号民事判决书。

〔17〕 参见四川省遂宁市船山区人民法院(2019)川0903民初166号民事判决书。

4. 价格要件中的裁判分歧

在异议股东回购诉讼中,除了是否回购问题,另一个核心问题是股份回购价格的确定。有限责任公司股权交易没有公开市场,定价困难,这就导致了法官极易陷入如何定价的裁判困境,并由此带来是否应支持回购款项利息这一问题。

(1)对"合理价格"的计算存在分歧。在法院支持异议股东回购请求权的57个样本案例中,仅有13个案例是由异议股东与公司基于诉前《回购协议》或者诉中合意确定了股份回购的合理价格,而在其余44个案例中仍需法院确定"合理价格",法院表现出不同的裁判路径:其一,根据第三方评估机构对公司净资产(所有者权益)的评估价值乘以异议股东持股比例计算。[18] 样本中共有23个案例使用该计算方式,占比高达54.8%。其二,以公司审计报告中企业所有者权益为基数乘以异议股东持股比例确定(9例)。[19] 此种计算方法与前一种类似,只是参考资料的区别。其三,以公司的可分配利润为基数乘以异议股东持股比例计算(2例)。[20] 其四,以异议股东的实际出资作为回购的合理价格(2例)。[21] 其五,依据多数请求回购的股东所接受的价格确定(1例)。这主要是基于多数股东对公司股价的判断具有理性,也期待自身利益最大化,故诸多交易所采纳的价格足以客观地反映公司的真实股价。[22] 其六,法院酌情确定(2例)。[23] 此种情形一般发生在无法通过第三方评估来确定股价的情况下,法院会结合公司背景、会计年报的资产负债情况等综合确定。此外,样本中有5个法院虽然做出了支持回购的判

---

〔18〕 参见福建省福州市仓山区人民法院(2017)闽0104民初3574号民事判决书、浙江省高级人民法院(2018)浙民申2047号民事裁定书等。

〔19〕 参见上海市嘉定区人民法院(2018)沪0114民初654号民事判决书、湖南省长沙市岳麓区人民法院(2016)湘0104民初1703号民事判决书。

〔20〕 参见最高人民法院(2018)最高法民申793号民事裁定书、江苏省南通市通州区人民法院(2016)苏0612民初7660号民事判决书。

〔21〕 参见江苏省宿迁市中级人民法院(2018)苏13民终4838号民事判决书、内蒙古自治区乌海市海勃湾区人民法院(2017)内0302民初2066号民事判决书。

〔22〕 参见浙江省舟山市中级人民法院(2015)浙舟商终字第251号民事判决书。

〔23〕 参见广西壮族自治区田东县人民法院(2018)桂1022民初392号民事判决书。

决,但并未确定合理价格。[24] 这主要是因为股东没有在指定期限内申请对案涉股份进行司法鉴定、评估公司无法做出结论或者请求公司回购股份之诉的判决生效前该权利还处于不确定状态,不宜在审判程序中处理。在这些案件中,股东很有可能面临胜诉判决无法执行或再次起诉的风险。

(2)对公司是否应支付回购款利息存在分歧。在样本案例中,异议股东请求公司支付回购款利息的案例共 12 件,其中有 8 个案例得到法院支持。在"曹某荣与山东华中园林科技有限公司请求公司收购股份纠纷案"[25] 中,法院认为,股东与公司对股份回购金额确定的过程系双方正常的议价过程,并非因被告过错造成原告损失,法律亦未明确规定公司需支付股东股份回购款的利息。因此,原告股东的此项诉讼请求不能得到支持。而在"洪某与宁波明州投资有限公司请求公司收购股份纠纷案"[26] 中,法院认为,现经诉讼已确定回购价格,故原告主张公司按年利率 6% 赔偿逾期回购利息损失,可予支持;但应给予公司合理且必要的给付准备时间,故起算时间点定于洪某起诉之日较为适宜。以上分歧存在于典型回购事由之中,在股东基于股份回购协议向法院提起回购诉讼的案例中亦有裁判龃龉。在"中国信达资产管理股份公司与太西集团有限公司请求公司收购股份纠纷案"[27] 中,法院认为,股东与公司之间的股份回购协议虽然没有约定回购款利息,但公司并未按照约定履行其义务。对于迟延履行的款项,应当按照中国人民银行逾期利息计算,该利息属于属法定孳息,具有合法依据。而在"高某强与安徽华瑞管业有限公司请求公司收购股份纠纷案"[28] 中,法院却认为,回购协议没有约定

---

〔24〕 参见四川省自贡市中级人民法院(2018)川 03 民终 194 号民事判决书、新疆维吾尔自治区乌鲁木齐市天山区人民法院(2016)新 0102 民初 4502 号民事判决书。

〔25〕 参见山东省淄博市张店区人民法院(2017)鲁 0303 民初 5729 号民事判决书,与之类似的还可参见四川省遂宁市船山区人民法院(2019)川 0903 民初 166 号民事判决书。

〔26〕 参见浙江省宁波市鄞州区人民法院(2019)浙 0212 民初 45 号民事判决书,与之类似的还可参见吉林省长春市中级人民法院(2018)吉 01 民初 384 号民事判决书。

〔27〕 参见最高人民法院(2016)最高法民终 34 号民事判决书,与之类似的还可参见湖北省鄂州市中级人民法院(2018)鄂 07 民终 279 号民事判决书。

〔28〕 参见安徽省寿县人民法院(2017)皖 0422 民初 843 号民事判决书。

且法律没有明确规定公司需支付回购款利息,因此对股东主张的回购款利息请求不予支持。

三、现行异议股东回购请求权制度的立法疏漏

(一)异议股东回购请求权制度的利益结构

美国《示范公司法》第13章评估权的官方注解写道:“这是观点与利益冲突的妥协产物。”它一方面旨在提高股东行使异议评估请求权的频率,从而达致经济且满意的解决之道;另一方面旨在减少这种请求的频率,以避免拖延、成本和抱怨。“每一个法律诫命都在以一个相互对立的利益为基础,仿佛述说着这种冲突的利益角力的结果。”〔29〕为了回应司法实践中异议股东回购请求权诉讼的裁判龃龉,需要解析《公司法》第74条潜在的利益冲突模式,分析立法侧重与漏洞,进而确立各利益间的优先关系,实现利益平衡。

异议股东股份回购请求权制度潜存各种利益冲突,主要表现为两种模式:其一,大股东与小股东间的利益冲突。19世纪的普通法对于诸如合并、分立、转让主要财产等重大且足以影响股东权益的事项,需经股东一致同意。然而,这样的表决方式难以应对股东间的冲突、中小股东的无理反对,甚至使公司陷入僵局。随后产生以绝对多数决取代一致同意的模式,但在“资本多数决”的情况下,公司的控股股东或拥有多数表决权的股东很有可能为获取与其持股份额不相符合的回报而利用股东会决议,在客观上造成“绑架”或“裹挟”其他股东,使中小股东期待的合理利益落空或者蒙受额外风险的情况,即《公司法》第74条第2~3项规定的情形。因此,为反对股东提供退场机会,就成了公司法平衡大小股东利益冲突的办法。虽然《公司法》第74条第1项的回购事由是国外立法例所不具备的,但也是立法者基于同样的利益考量而作出的立法安排。“有些有限责任公司的大股东利用其对公司的控制权,长期不向股东分配利润……权益受到损害的中小股东又无法像股份有限公司股东那样

---

〔29〕 吴从周:《概念法学、利益法学与价值法学》,中国法制出版社2011年版,第240页。

通过转让股份退出公司,致使中小股东的利益受到严重损害。”[30]其二,股东与债权人间的利益冲突。股份回购与利润分配的经济实质相同,均是公司财产无对价地逆向流入股东。如果以公司的资本或公积金作为购买的财源,则必然侵害公司债权人利益。尤其是以资本为财源的买回,似乎在无视公司减资时对债权人的保护。[31] 异议股东与公司债权人对公司期望的差异在公司资本视阈体现得淋漓尽致,二者的冲突也成为立法者不得不面对的问题。

此外,如果允许异议股东任意退出公司,则可能会导致某些中小股东滥用退股权,进而威胁到公司的正常运营。跳脱公司内外部群体利益与资本维持制度利益的层面,股份回购制度合理架构还关涉到实体企业特别是科技创新企业的融资便利程度以及投资环境的优化程度。股份回购条款往往被嵌入投资方与融资方对公司的估值调整协议中,用以解决交易双方对目标公司未来发展的不确定性、信息不对称以及代理成本问题。回购条款是否有效直接关系到便利企业融资与激发市场主体活力这一发展目标的实现。因此,立法者在进行制度设计时,要平衡层级利益,既要阻却抽逃公司资产的交易行为,又不能阻滞公司正常的商业交易运转。[32]

(二)现行异议股东回购请求权制度的利益失衡

为平衡各方利益,公司法创设了股东诉请公司回购股份机制,但对此设置了严格的标准和条件。《公司法》第 74 条是一种封闭的立法模式,其规定过于详细且较为僵化,并不符合有限责任公司较股份有限公司更加尊重公司自治的制度设计逻辑。M. V. 爱森伯格教授将公司的法律规则分为赋权型规则、任意型规则和强制型规则;并根据规整对象,又将规则分为结构性规则、分配性规则和信义性规则。[33] 其中结构性规

---

〔30〕 洪虎:《全国人大法律委员会关于〈中华人民共和国公司法(修订草案)〉修改情况的汇报》,载《中华人民共和国全国人民代表大会常务委员会公报》2005 年第 7 期。

〔31〕 参见林丽香:《企业取回自己股份之法律问题》,载《台北大学法学论丛》2001 年第 48 期。

〔32〕 参见傅穹:《重思公司资本制原理》,法律出版社 2004 年版,第 200 页。

〔33〕 参见[美]M. V. 爱森伯格:《公司法的结构》,张开平译,载王保树主编:《商事法论集》(第 3 卷),法律出版社 1999 年版,第 390 ~439 页。

则是指规制公司机关、代理人间的权利配置,分配性规则规整对股东的财产(包括盈余)分配,信义性规则规定经理人和控制股东的义务。闭锁的有限责任公司往往以股东间的彼此信任为公司成立、存续的连结纽带,且股东人数较公开公司更少,所以他们之间更容易以较低成本达成一致意见。此外,闭锁公司的股东相对公开公司的投资者而言,缺乏风险分散的途径,而且他们有更高的热情参与公司治理,这促使他们更加谨慎地以讨价还价的方式确定最符合公司利益的制度安排。以上特征也表明,对封闭公司而言,在有关结构性和分配性的规则方面,赋权型规则和任意型规则应处于更为核心的地位,即公司法应当更多地交由公司或股东自治,而非不容许公司参与者对既有法律制度进行变更。因此,股份回购制度作为既涉及分配性规则又连接结构性规则的一项公司法制度,在有限责任公司中的规定应当更为灵活、开放,在公司法宏观控制的基础上尊重公司自治。

《公司法》第 74 条的封闭规范模式也带来了公司内外各主体间的利益失衡。其一,强调对债权人利益的保护,这一点集中体现在公司法以资本为核心构筑的整个公司的信用体系上。[34] 依照《公司法》第 3 条、第 35 条、第 200 条的规定,非因法定原因并符合法定程序,公司不得向股东返还出资,否则即构成股东抽逃出资,将受到法律的否定性评价及严厉制裁。这是公司资本确定、资本维持和资本不变原则的具体体现,也是保障公司法律制度两大基石之一的公司独立人格的必然要求。正如"赵某利与营口洪桥磁选机械有限公司收购股份纠纷案"所指出的,"资本是公司对外交往的一般担保和从事生产经营活动的物质基础,公司拥有足够的现实财产,可以在一定程度上减少债权人的交易风险,因此公司原则上不得收购自己的股份"。[35] 所以,从立法的设计看,异议股东股份回购的制度设计虽说是债权人对公司内部治理的让步,但对回购情形的严格限制使得债权人的利益可以获得比公司、股东更为优先的保护。

其二,忽视了对小股东的恰当保护。这主要表现在两个方面:一是

---

〔34〕 参见赵旭东:《从资本信用到资产信用》,载《法学研究》2003 年第 5 期。

〔35〕 参见辽宁省营口市中级人民法院(2017)辽 08 民终 1010 号民事判决书。

回购情形的严苛。有学者认为,《公司法》第 74 条第 1 项回购情形中的“连续五年不分红”时间太长。[36] 据抽样调查显示,中国民营企业平均寿命仅 3.7 年,中小企业平均寿命更是只有 2.5 年,[37] 再加上诉讼时间,使该条款的实际意义大大削减。二是回购条件很容易被规避。首先,如果公司在 5 年期间即将届满时向股东分配了一分钱的利润,是否意味着不符合此项回购情形?这也不难解释司法实践中为什么原告股东以该事由提起诉讼的案件最多,但法院支持率最低。其次,如果公司不召开股东会,表决权不足 10% 的股东并不能依据《公司法》第 40 条自行召集和主持。此时,如果坚持严格文本解释,那么,这部分异议股东的权利就处于实质被剥夺的状态,有违公司正义。最后,如果公司召开股东会,但未通知中小股东参加,那么,异议股东便丧失了在股东会对该项决议进行表决时投反对票的机会,其也就难以在股东会决议通过之日起的 90 日内向法院提起诉讼,保护异议股东合法权益的立法精神也难以实现。综上,我国公司立法并没有预见到因回购情形的严苛以及公司、大股东或管理层对回购条件的刻意规避而产生的对中小股东的压制,这构成了公司法上的一个漏洞,需要借助法律续造的方法进行填补,以恢复法律计划的圆满性。

四、立法疏漏的填补及实现路径

(一)缓和主体要件与程序要件

“目的是全部法律的制造者,每条法律规则的产生都源于一种目的。”[38] 因此,可以借助目的解释缓和主体要件和程序要件文本规范的

---

〔36〕 参见《公司利润分配、股份回购制度的发展完善与公司法修改——“公司法修改巡回论坛”第九场纪实》,载微信公众号“中国法律评论”2020 年 12 月 8 日,https://mp.weixin.qq.com/s/6QVlNcHh7Q0DTZV6FrUMLA。

〔37〕 参见刘兴国:《中国企业平均寿命为什么短》,载《经济日报》2016 年 6 月 1 日,第 9 版。

〔38〕 [美]博登海默:《法理学——法哲学及其方法》,邓正来、姬敬武译,华夏出版社 1987 年版,第 104 页。

僵化,以避免该制度被公司或大股东有意规避而流于形式,进而实现对小股东利益的恰当保护。

首先,公司不必须就法定事项召开过股东会并形成决议。样本中,有86个案例的原告股东为持股不足10%的小股东,占样本总数的51.8%。由于此类诉讼中,公司人数较少(公司人数少于3人的,占比50%),所以这部分股东的表决权一般处于绝对劣势,且不具有提起召开临时股东会的权利。因此,对这一部分股东的保护是减少公司代理成本的关键。〔39〕 如果公司存在法定回购事项,但公司并未召开股东会并形成决议,应当允许持有不足10%表决权的股东请求公司按照合理的价格收购其股份。〔40〕 而持有超过10%表决权的股东在此种情形下应先提议召开临时股东会,穷尽内部救济手段,再寻求外部救济。

其次,股东不必须在决议中投反对票。正如在公报案例"袁某晖案"中,最高人民法院便是运用目的解释的方法,指出,"《公司法》第74条的立法精神在于保护异议股东的合法权益,之所以对投反对票作出规定,意在要求异议股东将反对意见向其他股东明示"。本案中,袁某晖未被通知参加股东会,无从了解股东会决议,并针对股东会决议投反对票,但之后其明确对决议表示反对,故应支持袁某晖股份回购的主张。在公司未通知股东参加股东会的情形下,应当允许股东在会后表达异议,但可归于股东自身的原因除外。另外,我国《公司法》第41条并未要求有限责任公司股东会通知审议事项,这一点不同于第102条对股份有限公司的规定。这主要是由于有限公司更注重内部的人合性,公司治理和日常管理更为灵活,并且股东之间、股东与公司高级管理人员之间的联系也更为紧密,股东对于会议讨论事项也更易掌握。〔41〕 因此,要求小股东应当积极参与公司治理,若原告收到会议通知而放弃出席股东会,则应当承担相应的法律后果。

---

〔39〕 See Rafael La Porta, Florencio Lopez – de Silanes, Andrei Shleifer, *Corporate Ownership around the World*, Journal of Finance, 1999, 54(2).

〔40〕 参见山东省高级人民法院《关于审理公司纠纷案件若干问题的意见(试行)》(鲁高法发〔2007〕3号)第81条和江西省高级人民法院《关于审理公司纠纷案件若干问题的指导意见》(赣高法〔2008〕4号)第66条中均有类似规定。

〔41〕 参见上海市闵行区人民法院(2014)闵民二(商)初字第189号民事判决书。

最后,异议股东起诉期限应当从知晓或应当知晓权利之日起往后计算90日。虽然最高人民法院《关于适用〈中华人民共和国公司法〉若干问题的规定(一)》第3条规定,原告以《公司法》第74条第2款规定事由,向人民法院提起诉讼时,超过《公司法》规定期限的,人民法院不予受理。这主要是考虑当时法院采取的是立案审查制,若任由当事人逾期起诉,可能会造成司法成本的浪费。[42] 但随着立案登记制的实施,这一考量因素不再具有现实意义。就回购请求权的性质而言,应当为形成权。从契约法的视角看,股东与公司间形成的是一种继续性法律关系。[43] 虽然股东的出资行为属一次性义务,但公司向股东提供的资产收益、参与重大决策、选择管理者等权益的保护义务是持续性的。一旦公司经营发生重大变化,可能会导致股东不能实现当初与公司订立投资合同的目的,股东此时享有依据《民法典》第563条解除合同的权利,且根据《民法典》第565条的规定,该法定解除权为形成权。回归到组织法框架下,将股份回购请求权定性为形成权,也可以避免公司拖延,降低异议股东行权难度。就此,依据《民法典》第199条的规定,这一形成权的存续期间应当自权利人知道或者应当知道权利之日起计算。另外,因不可归因于异议股东的原因导致其实际未能参与或未能知晓股东会会议,将会实质剥夺小股东正当权利,有违立法目的。

(二)扩展有限责任公司股权回购的场景

2020年10月29日,中国共产党第十九届中央委员会第五次全体会议通过的《中共中央关于制定国民经济和社会发展第十四个五年规划和二〇三五年远景目标的建议》中指出,支持创新型中小微企业成长、完善促进中小微企业发展的法律环境和政策体系是激发市场主体活力、提升企业技术创新能力的重要举措。[44] 对于闭锁的有限责任公司,借助股

---

〔42〕 参见《就〈关于适用中华人民共和国公司法若干问题的规定(一)〉最高人民法院民二庭负责人答记者问》,载北大法宝,https://www.pkulaw.com/lawexplanation/4e28f1a418e713415ca5f7747fb794cbbdfb.html,2021年12月21日访问。

〔43〕 参见叶林:《反对股东股权收购请求权的行使与保障——〈公司法〉第75条评述》,载《社会科学》2012年第9期。

〔44〕 参见《中共中央关于制定国民经济和社会发展第十四个五年规划和二〇三五年远景目标的建议》,载中华人民共和国中央人民政府网,http://www.gov.cn/zhengce/2020-11/03/content_5556991.htm。

份回购条款实现资金的“融投管退”是实现资本活跃与流动的重要路径之一,有利于激发市场主体的活力,因此,有必要保障回购条款的有效性。目前立法对有限责任公司回购场合的闭锁规定并未意识到由于金融工具创新及融资渠道拓展而诱生的商法漏洞,这给法官带来了裁判规范上供给的局促。司法裁判的分歧难以为投资者提供确定性和可预期性。对中小投资者权益保护力度的不充分,在一定程度上影响了激发市场主体活力这一发展目标的实现。从宏观视角看,股份回购可以吸引各类市场主体投资,便宜企业融资;从微观角度看,也可以改善和优化股权结构,提高公司决策效率。正如美国洛温斯坦教授指出的,一定程度上而言,股份回购是对资本的卓越运用。〔45〕 另外,《公司法》第 74 条并未确立如《公司法》第 142 条股份有限公司“原则禁止,例外允许”的回购规则,这也为有限责任公司股权回购场景的扩展提供了可能。具体而言,可以扩及以下几种模式:

其一,股东基于与公司间的对赌协议请求回购股份。法院对于这一问题的回答可以回归到《全国法院民商事审判工作会议纪要》(法〔2019〕254 号)的司法逻辑上来。原则上在不存在法定无效事由的情况下,一方当事人仅以协议存在股份回购约定为由,主张协议无效的,人民法院不予支持。但在当事人主张实际履行时,法院应当审查是否符合公司法关于“股东不得抽逃出资”或股份回购的强制性规定,判决是否支持。出于对债权人的保护,目标公司应当完成减资程序,以此实现对内外部各利益主体间的均衡保护。值得一提的是,最终出台的纪要相较于之前的征求意见稿,“删除了有限责任公司回购须满足公司法第 74 条的要求,某种意义上承认了有限责任公司回购的自由化”。〔46〕

其二,股东以公司章程约定请求回购股份。在最高人民法院指导案例 96 号“宋某军诉西安市大华餐饮有限公司股东资格确认纠纷案”中,争议焦点为大华公司的公司章程中关于“人走股留”的规定是否有效,大华公司回购宋某军股份是否违反《公司法》第 74 条规定。对此,法院

---

〔45〕 参见前注〔33〕。

〔46〕 刘燕:《“对赌协议”的裁判路径及政策选择——基于 PE/VC 与公司对赌场景的分析》,载《法学研究》2020 年第 2 期。

从尊重公司自治的角度出发，认为这里的股份回购条款是有限责任公司为维持公司人合性特征而设计的，且并不违反《公司法》等法律强制性规定，应认定为有效。〔47〕 公司按照章程约定，支付合理对价回购股东股份，且通过转让给其他股东等方式合理处置的，人民法院应予支持。公司章程是股东意思表示一致的结果，是公司的宪章。在不违反《公司法》强制性规定的范围内，借助公司章程拓展回购情形，可以更大激发市场活力和社会创造力，增强发展动力。正如在“张某让与济南鲁联机械有限公司、济南鲁联集团有限公司请求公司收购股份纠纷案”〔48〕中，法院指出，公司章程对股东在符合相应条件时可将股份退出的约定，是公司股东一致的意思表示和公司对自我权利的自由处分，未违反法律禁止性规定，合法有效。

其三，以公司经营管理出现困境或存在股东压制现象为由要求公司回购股份。当公司经营管理发生严重困难时，股东当然可以请求司法解散公司。司法解散公司是化解公司僵局的最后手段，其带来的结果是公司终局性消灭，对各主体利益影响深远。因此，司法解散公司应当保持相当的谦抑性，劣后于其他救济途径，对此，最高人民法院《关于适用〈中华人民共和国公司法〉若干问题的规定（二）》第 5 条和《关于适用〈中华人民共和国公司法〉若干问题的规定（五）》第 5 条也有类似规定。当股东以此理由请求公司回购时，法院应当注意调解，允许当事人协商一致以公司回购部分股东股份的方式解决分歧。当股东以存在压制事由主张公司回购时，法院如果审查后认为，大小股东间的矛盾已经无法调和且可能会造成公司僵局，也应该积极运用回购手段解决纠纷，而非一味地以不符合《公司法》第 74 条法定回购事项来拒绝。总之，股份回购是解决有限责任公司股东重大分歧和避免公司僵局的路径之一，而且手段较为缓和，解决效果较好，法院应当适时运用。

（三）明确有限责任公司股份回购价格的计算

1.“合理价格”的计算

在 57 个支持异议股东股份回购请求权的案件中，绝大多数法院都

---

〔47〕 参见前注〔37〕。

〔48〕 参见山东省济南市长清区人民法院（2017）鲁 0113 民初 2378 号民事判决书。

会尊重当事人意思自治,希望双方通过协商得出一个计算“合理价格”的方式。[49] 若协商不成,则进入法院评估的程序。此时,一般需要由异议股东申请司法评估,以第三方评估机构对公司净资产(所有者权益)的评估价值乘以异议股东持股比例作为股份回购的“合理价格”。[50] 然而,由异议股东申请评估并不妥当,一是高昂的评估费用可能会阻碍中小股东行使权利。二是在异议股东没有申请司法评估的情况下,有法院以异议股东没有申请司法评估为由,不确定股份回购的“合理价格”,[51] 如此纠纷并未被终局性解决。三是即使异议股东申请了评估,还会面临公司不予配合,延期或者无法得出评估结果等问题。[52] 对此,应当将异议股东申请司法评估的模式换成由公司申请模式。如果公司对于异议股东主张的回购价格有异议,并且认为有必要提起司法评估,可以向法院申请评估;反之,则意味着公司认可原告股东提出的回购价格。该模式有以下优势:第一,异议股东为了避免公司申请评估而导致的拖延,便会在主张回购价格时有所顾虑,不会毫无根据地主张过高的回购价格。第二,公司在面临接受异议股东主张回购价款和提出司法评估两个选择时,会考虑到评估成本、诉讼成本、机会成本等因素,从而做出合理的商业判断。此外,还可减少公司不配合第三方评估机构工作的可能性。

在此基础上,对“合理价格”的计算,应当从评估基准日的选取和评估基准的确定上展开。一方面,对于评估基准日的选取,目前法院存在以下几种判断:第一,选取与异议股东向法院起诉之日最接近的会计结算日;[53] 第二,选取与公司实际延长经营期限、转让主要财产之日最接近的会计结算日;[54] 第三,选取与原章程约定的经营期限届满之日最接

---

〔49〕 参见山东省济南市中级人民法院(2014)济商终字第57号民事判决书。

〔50〕 参见浙江省高级人民法院(2018)浙民申2047号民事裁定书、上海市第二中级人民法院(2020)沪02民终5685号民事裁定书。

〔51〕 参见四川省自贡市中级人民法院(2018)川03民终194号民事判决书、湖北省应城市人民法院(2019)鄂0981民初1580号民事判决书。

〔52〕 参见吉林省长春市中级人民法院(2018)吉01民初384号民事判决书。

〔53〕 参见山东省淄博市张店区人民法院(2017)鲁0303民初5729号民事判决书、福建省福州市仓山区人民法院(2017)闽0104民初3574号民事判决书。

〔54〕 参见上海市黄浦区人民法院(2015)黄浦民二(商)重字第6号民事判决书、福建省福州市仓山区人民法院(2011)仓民初字第2410号民事判决书。

近的会计结算日;[55]第四,选取与股东提出异议的股东会决议通过之日最近的会计结算日。[56] 由于在确定第三方评估净资产的基准日这一问题上,需要考虑会计周期、案例和公司的具体情况,因此,给予法官一定的自由裁量权是合理的;但法院应当进行充分的说理论证,提高判决的可接受度。

另一方面,对于"合理价格"基准的确定,样本中,法院存在6种不同路径。其一,多数法院以第三方对公司净资产的估值作为基准,其本质是一种成本法的评估方式。该方法只能反映公司的静态价值,无法反映公司的动态以及未来价值。[57] 其二,以财务报表显示的所有者权益为基准的方式并一定不可靠。这是因为财务报表是在特定时间点做出的,与回购时间并不完全一致,因此可能会出现价格失真的情况。其三,以可分配利润作为计算基准的方法虽然能控制公司回购资金的来源,进而达到充分保障公司债权人权利的目的,但却是对于股价的一种低估,有损异议股东的权益。其四,"以相当数量的请求回购的股东所接受的价格"是以企业最近一期融资价格为基础计算的"合理价格",本质上是一种市场法的评估方式。[58] 该方法的适用存在或然性,即需要公司在近期存在股权交易的事实。其五,"以股东实际出资""法院酌情确定"等方法都发生于不能对公司资产进行评估的情况下,是一种迫不得已的选择。在中国证券业协会制定的《非上市公司股权估值指引》中给出了市场法、行业指标法、收益法、自由现金流折现法、股利折现法、成本法用以评估非上市公司的股价;并且指出,在评估时应根据被评估企业实际情况、市场交易情况及其他可获得的信息,采用一种或多种估值技术,并选

〔55〕 参见浙江省宁波市鄞州区人民法院(2019)浙0212民初45号民事判决书、上海市崇明县人民法院(2017)沪0151民初11157号民事判决书。

〔56〕 参见浙江省高级人民法院(2018)浙民申2047号民事裁定书、江苏省无锡市梁溪区人民法院(2016)苏0213民初1862号民事判决书。

〔57〕 参见前注〔43〕。

〔58〕 参见汪海粟、张世如主编:《资产评估》(第3版),高等教育出版社2016年版,第36页。

取在当前情况下最能代表公允价值的金额作为公允价值。[59] 由此可见,该问题的解决依赖更多的会计学、评估学的专业知识,因此,当公司申请司法评估得到专业的评估报告后,法院参照评估报告得出的结论更为适宜。

2. 对公司是否应当支付回购款利息问题,应当区分不同的回购事由

第一,异议股东基于《公司法》第 74 条规定的法定事由向法院提出诉讼的,对其主张的回购款利息应不予支持。主要原因在于,异议股东股份回购请求权作为形成权,股东一旦行使该权利,仅是在股东与公司之间形成回购法律关系,公司与股东间就回购的细节不能协商一致的过错并非完全归因于公司,故不能支持股东回购利息的主张。第二,若股东基于回购协议向法院提出股份回购的诉讼,同时主张回购款利息的,法院在支持股东回购请求后,应当对公司课以迟延履行的利息,以推动交易主体诚信意识的树立。第三,扩展回购的其他事由也不应当支持回购款利息。主要原因在于,此类回购请求能否实现依赖于法院的判决,只有当法院判决回购合理价格后,双方当事人间的权利义务才能处于确定状态。因此,在此之前不具备公司向股东支付回购款利息的理论基础。

(编辑:姜沅伯)

---

〔59〕 参见《关于发布〈证券公司金融工具估值指引〉等三项指引的通知》,载中国证券业协会网:https://www.sac.net.cn/tzgg/201809/t20180907_136459.html,2021 年 12 月 24 日访问。

《证券法苑》(2021)
第三十五卷,第227~246页

算法权力之规制:算法影响评估制度的生成及展开*

张永亮** 林盛浩*** 张洁玉****

摘要:算法权力是算法在数据处理过程中借助自我学习而产生的技术优势,以算法决策的方式对社会主体产生的影响力和控制力。异化的算法权力在私营平台领域侵犯了公民的平等权、隐私权和自由选择权,在公权力部门造成了公众自由表达、正当程序、信息公开与司法公平的缺失。算法影响评估制度是规制算法权力异化的一种有效路径,应构建内外兼容的协作治理评估体系,根据算法场景化的不同设定不同的评估标准,增设信息公开流程。

关键词:算法权力 算法影响评估 协作治理 算法问责

---

* 本文系司法部项目“人工智能的法律规制研究”(项目编号:18SFB2049)、浙江省哲学社会科学规划重点项目“监管科技应用之规制体系构建研究”(项目编号:20NDJC15Z)、浙江省属高校基本科研业务费专项资金资助“乡村治理数字化法制体系建设研究”(项目编号:2020TD002)阶段性成果。

** 浙江农林大学文法学院教授、法学博士。

*** 浙江农林大学文法学院法律硕士研究生。

**** 伦敦大学学院(University College London)研究生。

伴随人工智能、大数据分析、云储存等技术的迅猛发展,数据与算法被赋予了新的含义。一方面,数据在数字时代同时拥有了自然属性和社会属性,其既是客观对象的真实记录,又承载了记录主体在数字社会中的"行为轨迹"。另一方面,算法通过对数据的收集、处理和输出的全过程参与,逐渐有了自主性和认知特征,已经不再局限于代码的表现形式,其以算法决策的方式摆脱了纯粹的工具性角色而成为"决策者"。算法不仅在招聘、教育、信贷、证券交易等私营部门中主导着决策结果,而且在公权力领域,诸如智慧司法系统、犯罪算法预测机制、算法推荐中也扮演着至关重要的决策角色。[1] 那么,当承载着社会利益的数据不断累积,算法逐渐取代人类成为数据处理的唯一主体时,社会资源分配权力正在悄然让渡于数据与算法。这也成为算法权力在数字时代崛起的契机,因为当特定主体拥有足以支配他人或影响他人资源的能力时,均可成为权力。[2]

算法进入法学视阈,源自1987年的美国华尔街,券商托马斯·彼得非利用分层算法模仿证券交易员进行交易操作的事件。[3] 此后,大数据、人工智能、云计算、区块链等技术对于金融领域的影响不断加强,金融科技监管成为算法在法学界研究的头号阵地。加强算法人工智能技术对于金融监管、社会管理、行政执法以及司法审判的应用成为近年来的国家目标。中共中央办公厅、国务院办公厅于2021年7月6日印发了《关于依法从严打击证券违法活动的意见》(以下简称"意见")指出,"有效运用大数据、人工智能、区块链等技术,建立证券期货市场监测预警体系,构建以科技为支撑的现代化监管执法新模式,提高监管执法效能"。不仅如此,第十三届全国人大第四次会议表决通过的《中华人民共和国国民经济和社会发展第十四个五年规划和2035年远景目标纲要》(以下简称"十四五规划")指出,加快数字化发展、建设数字中国;聚焦人工智能关键算法,加快推进基础理论、基础算法的研发突破与迭代

---

〔1〕 See *Bruno Lepri et al, Fair, Transparent, and Accountable Algorithmic Decision - Making Processes*, Philosophy & Technology, Vol. 31, 2018.

〔2〕 参见[德]尤尔根·哈尔贝斯:《作为"意识形态"的技术和科学》,李黎、郭官义译,学林出版社1999年版。

〔3〕 参见张凌寒:《算法规制的迭代与革新》,载《法学论坛》2019年第2期。

应用。由此可见，数字中国建设，既是全球化背景下技术竞争的必然选择，也是证券监管、行政司法升级、互联网经济蓬勃发展的内在要求。

算法权力作为数字时代社会发展的重要推动力，是数字中国建设的关键内容，事关数字中国建设的成败，因此，从法学的视角规范算法开发与使用，防范算法风险，充分发挥算法的积极功效，研究意义重大。在探寻规制算法权力的过程中，算法影响评估机制越来越被各国所重视，美国、加拿大、欧盟等都在近年提出了人工智能的治理框架，而算法影响评估机制的构建成为各国在人工智能领域抢占制定国际标准与规则的高地。我国旨在成为科技强国、创新型国家，尽早构建可信、可靠的人工智能体系显得尤为重要。因此，构建算法影响评估机制无论是对人工智能的国际竞争，还是对提升自身科技水平而言，都显得尤为迫切。

一、算法权力：诞生与风险

（一）算法权力的诞生

算法权力是算法在数据处理过程中借助自我学习而产生的技术优势，以算法决策的方式对社会主体产生的影响力和控制力。在数字时代，数据的社会属性使其成为社会权力的基础，而算法主宰着数据收集、处理和输出的整个生命周期，当一方主体通过占有数据并控制另一方主体获取数据的渠道，其同样可以构成权力的来源。[4] 数据与算法结合的动态过程是算法权力产生的必要条件，算法权力通过算法决策最终得以体现。算法权力是一种技术性权力，在市场经济的竞争压力下，企业对于技术创新的需求十分强烈，算法技术的创新也大都缘起各大私营平台企业。当技术优势不断凸显时，公权力部门也加大算法在社会管理、金融监管、司法裁判等领域的运用，用于推动各项公共管理事业的优化。算法权力的影响力和控制力也在私营平台与公权力部门中产生了不同的表现形式。

在私营平台中，算法权力不仅构建了全新的数字经济投资、发展模

〔4〕 See B. H. Raven, *Power and Social Influence*, California University Los Angeles, 1964.

式,而且塑造了无形的资本意识形态。以证券投资为例,智能投顾的出现打破了传统证券投资的投资生态,极大地迎合了投资者迫切希望通过有效的资产管理获取一定收益的需求。[5] 在互联网经济领域,算法推动下的互联网商务已经具备诸多线下市场难以比拟的优越性,其不仅改变了传统的竞争格局,而且营造了一个崭新的市场环境。在数字经济市场环境中,虽然我们还能看到市场竞争的种种特性,但其背后的助推力"无形之手"已经被"数字化的手"取代。[6] 平台成为数字经济时代最重要的社会生产组织,它通过提取的数据流与算法结合,进一步形成用户画像和用户行为预测,再利用平台新闻推荐算法、用户信用评分机制等多种技术手段来塑造用户习惯与价值观,从而主导消费市场。算法权力在构建新的生产方式的同时,也服务于资本逻辑的意识形态。算法权力与资本力量相结合,形成数字资本,新消费主义正是由数字资本所建构的意识形态,数字资本通过变实体消费为电子消费,数据算法直接接管消费世界,消费世界都要按照以数据算法为核心的数字资本逻辑重新规划,数据算法成为一种强劲的意识形态力量,巧妙地实现了对消费者的无意识控制。[7]

在公权力部门中,算法权力嵌入了行政与司法部门,与公权力运行相融合。在行政数字化建设方面,从 2016 年"十三五"时期首次提出"数字中国"概念,到 2019 年党的十九届四中全会首次提出"推进数字政府建设",再到 2021 年"十四五规划"明确提出"加快数字化发展、建设数字中国",要求政府全方位地转型,将算法与数据同政府治理相结合成为近年来国家倡导的趋势。在建的社会信用评估体系、新型冠状病毒肺炎疫情发生以来的疫情轨迹定位防控系统以及政府部门各类人脸识别系统等,都是算法同行政部门深度融合的具体形态。在金融领域,算法应用与公权力合作的脚步也从未停止,从 2010 年科学技术部等五部委发布《关于印发促进科技和金融结合试点实施方案的通知》,到"十四五规划"中提出"构建金融有效支持实体经济的体制机制,提升金融科

〔5〕 参见李文莉、杨玥捷:《智能投顾的法律风险及监管建议》,载《法学》2017 年第 8 期。

〔6〕 参见[英]阿里尔·扎拉奇、[美]莫里斯·E. 斯图克:《算法的陷阱:超级平台、算法垄断与场景欺骗》,余潇译,中信出版社 2018 年版,第 39 页。

〔7〕 参见邓伯军:《数字资本主义的意识形态逻辑批判》,载《社会科学》2020 年第 8 期。

技水平,增强金融普惠性”,再到2021年4月科学技术部发布的《关于加强现代农业科技金融服务创新支撑乡村振兴战略实施的意见》,算法在金融领域的应用愈加受到重视,成为未来金融发展的关键性技术力量。在司法领域,当算法应用于司法部门时,其开始主宰人的自由权利,并引导司法权力的行使。[8] 美国威斯康星州法院已经使用COMPAS算法对被告埃里克·卢米斯(Eric Loomis)进行了判决。[9] 在我国,算法与司法系统结合的例子也不胜枚举。例如,最高人民法院与最高人民检察院提出“智慧法院”与“智慧检务”、北京法院的“睿法官”智能研判系统、上海法院的“206”刑事案件智能辅助办案系统。算法权力与各公权力部门的融合正在进一步加深。

算法权力通过在数字空间扩张,以技术力量完成对现实社会的历史性重构。数据与算法将成为影响世界社会完成体系构建的力量来源,以数据算法为核心的社会构筑力正在各大领域形成。算法权力以意识形态力量与公私主体的融合,获得了对世界政治、经济、文化秩序前所未有的操控。

(二)算法权力的异化

在数字时代,算法最大的优势在于其可以迅速整合大量的、任何人类个体都无法精确地压缩和处理的数据,并且算法可以避免人类在决策时的任意、草率与偏见,它是精确且高效的模拟智能化运行机制。但这种精确和高效的算法决策由于缺乏透明度、可预测性与可解释性,在运行过程中会将人类的偏见或其他扭曲决策的因素复制,并造成决策的歧视性或不公正。因为几乎所有算法系统都是私人和秘密开发的运算程序,甚至是那些应用于公共部门的算法系统——公众对其算法的细节知之甚少。[10] 算法“黑箱效应”的存在使公众无法了解开发者在设计或实

[8] 参见张凌寒:《权力之治:人工智能时代的算法规制》,上海人民出版社2021年版,第8页。

[9] 2016年,一位名为Eric L. Loomis的被告被判处6年有期徒刑,原因是COMPAS认定他为“高风险”。Loomis随即提出审查COMPAS算法的请求,被威斯康星州的州立法院驳回,提交给美国联邦最高法院后也于2017年6月宣告诉讼失败。参见《红星专访美国机器判案法院:机器说你有罪,你果然有罪》,载https://weibo.com/ttarticle/p/show?id=2309404105958811950706,2021年12月10日访问。

[10] See Deirdre K. Mulligan & Kenneth A. Bamberger, *Procurement as Policy: Administrative Process for Machine Learning*, Berkeley Technology Law Journal, Vol. 34, Issue 3, 2019.

施算法系统时所做的具体决策将如何影响其下游结果,公众无法知晓政策目标如何被转化为算法系统的运行逻辑,或者说算法系统如何代表政策权力的发出指令。算法"黑箱"的不可知性,固化了算法权力的排他性。无论是各平台企业所代表的资本权力,还是公权力部门所代表的政治权力,伴随算法权力的嵌入,将造成公正与平等的缺失。权力垄断的异化现象将引发一系列不可规避的风险。

1. 私营平台算法权力使用过程中引发的风险

私营平台作为算法技术发展最大的推动者,也是算法权力最初的控制者。平台利用算法技术优势与架构优势,通过对用户数据的收集来攫取高额的利润,算法权力在商业领域形成了对消费者的掠夺。平台对于数据的掌控也影响着公民隐私信息的安全。不仅如此,基于算法与数据而产生的新型数字产业链在无形之中剥夺了公众的自由选择权。受限于现有法律无法对算法权力膨胀、越界行为施加直接的规制,私营平台所掌控的算法权力带来了严重的法律风险。

算法权力导致平等权受损。算法利用已有的大数据对用户的行为信息和性格特点进行描述,并利用画像数据形成用户画像。用户画像精准的个性化推荐虽然便利了人们的购物需求,但也侵害人们在同货同价购买方面的平等权。算法通过用户画像,对不同群体进行分类与身份构建,从而为消费者制定反映其支付意愿的价格,实施"一人一价"的价格歧视行为。在各大购物平台算法中,会员票价反而比非会员高、使用高档手机购物付费更多、商品搜索频次越多却越贵等算法歧视现象层出不穷。这种歧视非常隐蔽,不易被人们察觉。即使被觉察,也不容易举证。同样,在其他类型的算法中也存在算法歧视。"以 Facebook 泄密门为例,Cambridge Analytica 仅靠'趣味小测试'就拿到了 32 万名用户的授权,据此推断出 5000 万用户喜好,有针对性地设下桃色陷阱、推送诱导新闻、操纵总统选举等严重侵犯平等权的行为。"〔11〕私营平台利用技术能力不对等、信息来源不对称等优势,影响用户在商业活动中最真实的意思表达,使处于弱势地位的消费者无法做出正确的判断,导致不公平

〔11〕 郑智航、徐昭曦:《大数据时代算法歧视的法律规制与司法审查——以美国法律实践为例》,载《比较法研究》2019 年第 4 期。

和低效率现象频现。

算法权力导致隐私权受损。数字化的网络世界产出了一个“数字化人格”。所谓数字化人格,即以个人在网络中所留存的数据信息为基础,以数据模型构建起一个借由数字化信息而建立的人格映像。[12] 数字人格产生的基础是对海量的个人数据的分析处理。个人数据成为算法运行的必要条件,成为互联网经济时代推动经济发展的“原油库”。平台企业的算法,一方面,通过数据的分析为用户提供更为精准化的服务;另一方面,也加剧了数据泄露带来的用户个人隐私的泄露风险。在算法运行过程中可能因本地服务商的不当操作或受非法入侵,而造成大量信息的泄露。同时,算法运行过程中对于数据的获取本身就是对用户隐私的侵害。海量的消费数据被记录在案,用户的偏好和习惯在不经意间就被人知悉。这些数据为平台了解用户、推广产品提供了便利。在这个以商业利益至上的市场经济环境下,平台都极力争取获得用户数据的机会。苹果公司曾表示:“于 2021 年春季将升级 IOS 系统,以加强对广告平台访问其数据的限制,其中要求应用程序必须获得用户同意方可追踪用户在其他公司的应用和网站上的活动数据。”此次升级将影响那些依赖苹果个人设备标识符进行数据跟踪的平台。脸书(Face Book)创始人马克·扎克伯格对此表示强烈抗议。原本应由用户自由支配的隐私,在算法权力的发展之下,却掌控在各科技巨头手中。人们无法知悉算法“黑箱”背后的个人数据流向,也无法掌控自己隐私的权属。

算法权力导致自由选择受限。“监视资本”是算法权力膨胀过程中对公民在市场经济体制下自由选择的严重障碍。[13] “监视资本”,是指超大规模的互联网技术公司利用全球数字平台实现自动化营销而得到经济增长。此种商业模式以“眼球”而不是收入作为公司的估值基础和投资回报的预测指标。[14] 监视资本产生利润的主要来源来自对个人信息流量的引导和控制,但是其利润转化过程不完全透明。平台企业可以通过算法和极为复杂的构建,实现对用户数据的挖掘、分析、处理。大量

[12] 参见齐爱民:《私法视野下的信息》,重庆大学出版社 2012 年版,第 62 页。

[13] 参见《网络法学》,中国政法大学出版社 2019 年版,第 269 页。

[14] See Shoshana Zuboff, *Big Other: Surveillance Capitalism and the Prospects of an Information Civilization*, Journal of Information Technology, Vol 30, Issue 1,2015.

的元数据经由算法的处理,不断被结构化、同质化、模型化,最终被导入数字经济市场。其借助算法将数据转化为“测试性产品”(用户行为预测),将此类产品出售给各类广告客户,从而产生高额利润。平台用户成为生产链上的重要一环,不仅是数据的产出者,用户同样还以消费者身份对平台企业进行数据反馈。[15] 此种模式基本可以实现零成本剥削用户“剩余数据”进而完成资本的原始积累。其将用户原有的知情权和自主选择权剥夺,进一步固化了用户的弱势地位。不仅如此,互联网平台从单一业务转向跨界经营,通过打通上下游产业链,打造复杂的“金融超市”生态。[16] 以已有用户基础为基础,发挥其在数据占有与数据利用上的优势,为广大群众提供“有选择”的金融服务。以金融科技平台为例,其通过大数据结合算法技术的准确计算,对互联网金融服务对象做出准确的信用评分,再据此提供专项的金融服务。以算法技术剥夺了客户的服务选择,同时利用最大的杠杆为金融科技企业带来最大的利润。

2. 公权部门算法权力使用过程中引发的风险

算法权力在公权力部门中的应用主要体现为行政领域与司法领域。算法权力在行政领域的扩张,给传统行政活动的运行规则和基本范式带来了翻天覆地的变化。一方面,算法自动化决策明显地缓解了治理机关与治理对象间信息不对称,进一步增强了行政部门收集、处理、输出信息的能力,提升了行政执法的效率,是行政权力合法和有效运行的催化剂。但另一方面,在算法决策自动化运行过程中,自动化的处理方式剥夺了公众的意志表达,架空了正当程序原则与信息公开原则。在司法领域,一方面,算法自动化决策在预防犯罪、侦查以及司法裁判环节的应用,极大地提升了司法活动的效率;另一方面,算法线性的处理方式无法有效地输出正确的法律结果,将产生司法偏误的现象。针对算法自动化决策在行政与司法领域可能出现的风险,我国现有的法律、法规并未提出系统的规制框架,这将进一步加剧算法权力在公权部门扩张的风险。

算法权力剥夺了行政决策中公众表达意志的自由。在行政决策中,

---

〔15〕 参见胡凌:《论赛博空间的架构及其法律意蕴》,载《东方法学》2018 年第 3 期。

〔16〕 参见孙方江:《数据垄断视角下金融业和互联网平台的共生发展问题研究》,载《西南金融》2021 年第 3 期。

公众参与的核心理念是“听取公众意见”，这需要通过专门的程序保证公民参与，并保证各方信息的对称性。公众的有效参与，意在通过自己的行为影响某种结果的形成，而不是作为一个消极的客体被动地接受某一结果。但在收编算法权力的行政部门中，“自动化偏见”成为公众意志表达中的障碍，人们对于算法决策的倾向度将大于其自主所做出的决策，其自主性表达被算法权力不断抹杀。[17] 算法决策系统所使用的“超级推理”能够以微妙而有效的方式塑造用户的感受和行为，破坏个人的独立判断力。[18] 同时，自动化决策所带来的行政行为自动化运行，造成了行政相对人陈述与申辩环节的缺失。在预测型算法中，算法结果产生的过程都处于算法“黑箱”内部，其完全规避了公众参与、专家论证等信息交换的正当程序控制。在行政相对人面对自动化或半自动化的算法行政决策时，若行政处罚将产生不利于相对人的处罚结果时，相对人囿于算法“黑箱”的不可知性，无法通过有效的陈述申辩来改变行政处罚结果，自动化或半自动化的算法决策相当于否定了行政处罚行程序相对人的陈述申辩权，这将进一步消解公众参与在行政行为中的意志表达。

算法权力架空了行政法的正当程序与信息公开原则。算法的自动化决策为行政执法带来便利的同时，也压缩了原有的行政活动环节，使正当程序原则无法落实。以交通违章为例，算法自动化决策能对交通监控设备采集的数据进行智能识别和分析，并按照输入的技术标准，识别并输出车辆违章数据，经交管部门审核，即可对违法车辆进行处理，最终将违法处理结果通知送至违法者。在此执法过程中，除去人为的审核环节，其各个环节均可通过算法技术在瞬间完成。算法决策的自动化，的确增强了行政权力在运行过程中的效率，但其省略的行政活动环节，将对行政相对人的实体权利造成消减，直接损害其程序性权利。行政程序的设立目的，在于保障相对人能接受客观、公正、合法的行政行为，程序环节的缺失不仅架空了程序正当原则，也架空了信息公开原则。自动化决策的过程本身就无法被行政相对人知悉，加之其压缩了行政行为的必

---

〔17〕 See Carr N. , *The Glass Cage: Where Automation is Taking Us*, Random House, 2015.

〔18〕 See Karen Yeung, *Hypernudge: Big Data as a Mode of Regulation by Design*, Information, Communication& Society, Vol. 20, No. 1, 2017.

要环节,相对人对于行政信息的了解将进一步被限制。程序正当与信息公开原则,是规制行政权力的重要原则,在算法自动化决策的引入下,两大原则在实践中被架空,这将不仅造成行政权力行使的失范,还将造成算法权力的极度膨胀。

算法权力在司法领域的应用的风险。算法在司法领域的部署、应用都可能因技术与司法实践无法契合而产生对法律权威及当事人合法权利的消极影响。算法技术与司法相融的实质,就是将司法的过程纳入数据与算法的泛在监控之中。以司法大数据与算法技术,打造一套静默化、自动化、可视化的全流程监控系统,构筑“数据铁笼”,实现“科技控权”。[19] 算法应用于司法活动的初衷是以人工智能技术来监控司法权力行使的合法性,然而,伴随算法权力影响力的增强,司法活动却被纳入了更隐蔽、更多元、更宽泛的技术权力侵蚀之中,从而丧失司法的独立性。同时,算法权力与司法的结合将进一步削弱法官的主体地位,由算法辅助或主导的审判模式将带来严重的司法风险。一个审判结果的导出,需要大量的法律要素以及对于法律价值的判断,而算法系统无法将法律要素有效地数据化,也无法将法律价值通过数据的形式展现。基于广泛收集数据的充分信息是人工智能有用武之地的基本前提。[20] 缺乏有效的司法数据“喂养”,算法系统在司法审判中所做出的决策将存在偏误与不公。

二、算法影响评估制度在规制算法权力中的应用

(一)算法影响评估制度的生成

算法影响评估机制,是指对自动化决策系统的决策流程、数据使用和系统设计等内容进行系统评判,以明确该系统的影响水平和风险等级的一种算法治理实践。算法影响评估机制设立的目的有二:第一,旨在

---

〔19〕 参见王禄生:《司法大数据与人工智能技术应用的风险及伦理规制》,载《法商研究》2019 年第 2 期。

〔20〕 参见左卫民:《关于法律人工智能在中国运用前景的若干思考》,载《清华法学》2018 年第 2 期。

构建一个系统而合理的方法论来审查算法，在算法做出无法纠正的决策前规避风险。第二，创造并提供算法在自我学习过程中所做出的决定及其理由的文件，留档文件既可以便于全面地对决策进行问责，又可以为日后对算法决策进行干预提供有效信息。

算法影响评估机制源自影响评估机制这一监管方式于算法领域的应用。影响评估机制作最早来自环境保护领域，美国1970年通过的《国家环境政策法案》（NEPA）[21]首创环境影响评估机制（EIS），后来影响评估机制被不断应用于隐私保护（PIA）、人权保护（HRIA）、数据保护（DPIA）等领域。2016年，欧洲从事人工智能研究的学者联合发表了一份题为《负责性算法的原则和算法社会影响声明》，声明中阐述了算法在运用时的5个高级原则——责任、可解释性、准确性、可审计性和公平性，并针对算法设计阶段、发布前与发布后提出了一套具有探索意义的问题作为评估算法社会影响的方案。[22]这成为算法影响评估机制发迹的开端。2016年，欧盟通过的《通用数据保护条例》（GDPR）中提出了"数据保护影响评估"（DPIA），玛戈特·卡明斯基和吉安克劳迪奥·马尔吉里对此提出将"数据保护影响评估"与GDPR中的"协作治理"制度[23]有效联结，构建个人数据权利与算法治理相结合的影响评估机制。[24] 2018年，美国纽约市颁布《算法问责法》，其标志着算法影响评估机制在美国的立法新篇章。2019年，加拿大颁布《自动化决策指令》，将算法影响评估机制广泛地应用于政府公共部门的算法决策过

[21] National Environmental Policy Act, 42 U. S. C. § § 4331 – 4347.

[22] See Nicholas Diakolopous et al., *Principles for Accountable Algorithms and a Social Impact Statement for Algorithms*, Fairness, Accountability, and Transparency in Machine Learning (2018), https://www. fatml. org/resources/principles – for – accountable – algorithms, visited August 16, 2021.

[23] 协作治理主要作为工具性治理措施存在，其目的在于减少自动化决策中的错误、偏见与歧视，力图通过公私协作的监管模式对自动化决策系统进行评估监管。

[24] See Margot Kaminski et al., *Algorithmic Impact Assessments under the GDPR: Producing Multi – layered Explanations*, International Data Privacy Law, Vol. 11, Issue 2, 2021.

程之中。[25]美国与加拿大的框架式治理模式与欧盟的协作治理模式对我国算法影响评估机制的构建有一定的参考价值。

（二）算法影响评估制度在防范算法权力风险中的应用

欧盟的算法影响评估机制框架，通过数据保护影响评估（DPIA）的多重作用进行构建。数据影响评估（DPIA）在《通用数据保护条例》（GDPR）中发挥了协作治理和个人数据保护的功能。首先，DPIA的协作治理功能。DPIA在协作治理中发挥着“元监管”的作用，即通过寻求外部监管意见，改变决策系统的决策过程与决策启发方式，形成一种自我监控、自我调节的模式。协作治理要求算法决策背景下，算法决策系统要充分考虑算法不公、算法错误、算法偏见与算法歧视等风险，向受算法影响的数据主体、监管机构、内部独立数据保护官[26]以及第三方专家等寻求意见，并在此基础上构建风险应对方案。协作治理的目的在于极力避免算法系统构建时的偏见与偏误，通过多方协作的评估方式校正算法决策系统的合理性。其次，DPIA的个人数据保护功能。GDPR中第13条、第14条和第15条，规定了数据收集主体对于个人的通知义务以及个人对于被收集数据的访问权，如此规定赋予了受自动决策系统影响的个人获取决策的运行逻辑以及决策的预期结果的权利。GDPR第35条中还规定，DPIA必须对系统处理的目的进行描述，给数据主体的权利与自由进行风险评估。GDPR充分满足了个人数据权利保护的权利要求，通过事先通知、事后了解以及自动决策系统有关主体的主动披露，对个人数据权利进行保护。在算法决策背景下，DPIA通过将协作治理模式与个人权利相联结，以对个人数据权利的具体描述作为算法决策系统颁布阶段的注意风险点。此种模式的确为各国在算法治理方面提供了很好的监管范本，但其实质上更像一种扩大算法决策系统执行人承

〔25〕 Algorithmic Impact Assessment（AIA），Government of Canada（July 28，2020），https://www.canada.ca/en/government/system/digital - government/digital - government - innovations/responsible - use - ai/algorithmic - impact - assessment.html，visited July 27，202［hereinafter，Canadian AIA］.

〔26〕 在数据保护评估程序要求指南中（DPIA Guidelines），欧盟还将设置一个内部数据官员岗位——数据保护官（独立于算法系统负责人），进行算法系统的评估咨询。See *Article* 29 *Data Protection Working Party*（Adopted on 4 April 2017），http://ec.europa.eu/justice/data - protection/index_en.htm.

诺的手段,由执行人自己在风险评估意见反馈之后提供应对方案,监管部门仅提供一个预估风险的流程,并未提出实质性的监管标准。同时,DPIA 最大的不足在于,并未提供强制向公众披露信息的机制。[27] 公众披露机制被认为是影响评估作为监管工具的一个最基本要素。公众披露不仅有利于构筑算法信任,而且能有效地形成公众监督预防算法风险。在 GDPR 中,其对公司的算法、公司的行为与监管机构的能力都很有信心;DPIA 中,要求公司提出如何实现个人数据权利的方案以及如何解决算法不公、算法偏见和歧视的问题,[28] 其通过多方形成的协作治理评估机制对算法决策风险进行预估,从而省略公众披露与公众参与环节。那么,如何确保此种个人权利保护与协作治理的混合系统正朝着公共利益而努力? 这是 DPIA 需要解决的问题。

美国联邦《算法问责法案》(以下简称"法案")和加拿大的《自动化决策指令》(以下简称"指令")均采取框架治理[29] 与协作治理相结合的模式对算法决策系统进行评估。[30] 纽约市依据"法案"成立了自动化决策工作组,并由其制定自动化决策清单,以问卷调查形式进行算法风险评估;"法案"采取自我评估与政府评估的双轨模式,由联邦委员会制定算法评估标准,并且在面对"高风险自动化决策"时,联邦委员会可在必要时派遣相关人员与专家组进行合作评估。"指令"奉行的是清单式问卷调查型算法影响评估机制,根据"指令"的规定,算法评估标准着重关注经济、社会、生态等方面的影响,评估内容包含了大约 60 个有关业务流程、数据以及系统设计决策问题,并且评估标准和治理框架需每隔 6 个月进行更新。[31] "指令"中还规定使用算法决策的政府机构必须在生

[27] See Michael Veale et al., *When Data Protection by Design and Data Subject Rights Clash*, International Data Privacy Law, Vol. 8, Issue 2, 2018.

[28] See Margot Kaminski et al., *Algorithmic Impact Assessments under the GDPR: Producing Multi – layered Explanations*, International Data Privacy Law, Vol. 11, Issue 2, 2021.

[29] 在确定性的法律规则之外,以可量化的分级标准,构建起约束相关主体认知和行为框架的治理方式。

[30] 参见张欣:《算法影响评估制度的构建机理与中国方案》,载《法商研究》2021 年第 2 期。

[31] See Government of Canada, Algorithmic Impact Assessment (June 3, 2020), https://canada – ca. github. io/aia – eia – js/.

产之前和项目上线前完成算法影响评估机制的相关工作。

无论是美国还是加拿大,都围绕着算法公平、算法透明的核心价值建立问责评估体系,以详细的评估标准遵循技术治理和权利救济的思路。其自上而下封闭式的问卷清单,看似合理但却存在很大的缺陷。奥斯·凯文、杰文·哈森与梅雷迪斯·德宾就以此种封闭式的问卷清单对食品短缺问题设计算法决策系统,他们以各种算法监督框架验证自动化决策结果的公平、透明、无偏见。但在设计评估的封闭式问题的过程中,评估人员必须事先已经对算法决策结果的好坏优劣具有清晰的认识,才能提出正确的评估问题。[32] 此种自上而下的评估模型虽然能让算法决策系统设计师在早期对决策风险进行评估,但算法自动化决策系统在运行时的自主学习,将使自动化决策过程的输出结果处在一个动态更新的状态之中,事先封闭式的问卷评估模式无法做到在早期对算法决策风险的实质防范。

无论是欧盟的 DPIA 模式,还是美国、加拿大的问卷模式,不同的算法影响评估机制模型中都必然存在可取的优势,但如何减少算法决策所带来的风险可能,如何留档以备问责之需,是构建算法影响评估机制时必须着重考虑的问题。

三、算法影响评估机制的法治构建

算法权力的自主性特点给算法权力的规制带来了很大的困境,传统静态的监管体系无法有效地规制算法权力所带来的风险,故应建立动态灵活的监管体系对算法权力进行规制。算法影响评级机制与其他制度的高度适配性,及其协作治理理念将成为算法权力失范规制的有效路径。

(一)构建内外兼容的协作治理评估体系

在欧美的算法评估体系构建经验中,私营平台往往缺乏合规意识,

---

〔32〕 See Os Keyes, Jevan Hutson & Meredith Durbin, *A Mulching Proposal: Analyzing and Improving an Algorithmic System for Turning the Elderly into High – nutrient Slurry*, Chi Conference on Human Factors in Computing Systems (2019).

政府往往缺乏技术与算法流程知识,协作治理能充分发挥政府、行业专家以及社会公众等多元力量,对算法权力失范进行精准化、立体化、框架化的监管。在我国,《个人信息保护法》第 11 条与《数据安全法》第 9 条都鼓励推动政府、企业、相关行业组织以及社会公众共同参与数字化治理。因此,构建内外兼容的协作治理评估体系尤为重要。协作治理评估体系不仅要求多元主体共同协作进行算法影响评估,还要求各制度机制之间相互协作配合,对算法的动态变化进行有效监管。首先,从多元主体协作方面出发,在私营平台中,应通过协作治理强化政府正当程序原则对算法决策系统的合规构建,改变系统设计者组织生产模式与算法设计流程,提升算法决策系统的公平性、公正性与合法性。借鉴金融科技领域的监管经验,减少监管惯性,整合来自政府、市场、社会的资源智识,取长补短,相互补充,促进多元主体的合作,利用技术智力构建多层次的层次的治理框架。[33] 通过国家互联网信息管理部门牵头,构建集中化、一体化评估机制,利用统一的算法影响评估标准对自动化决策系统进行定期评估,通过公私协作提升算法影响评估机制的公信力。在公权力部门中,通过协作治理,提升行政、司法部门对算法系统的利用效率,打破公权力部门在技术与算法流程设计方面缺乏经验的窘境。借鉴欧盟 DPIA 的数据专员评估咨询机制与美国纽约市的自动化决策工作组的多方协作机制,加强公权力部门与平台企业、高校、科研机构以及社会公众的联系,通过多元参与,提升自动化决策系统在公权力部门的合理性、合法性、公平性。通过协作治理模式,充分提高自动化决策系统在公权力部门的透明度,进一步构筑算法信任。在制度协作方面,由于算法影响评估机制不能对整个算法运行周期进行全覆盖,因此需要其他制度进行协作联结。首先,加强数据安全保护制度与算法影响评估机制的协作联结。数据作为算法系统的输入对象,其客观性、无歧视性与否,将影响算法系统的输出结果,充分利用数据安全保护制度能有效地减轻影响评估机制的构建成本,进一步提升影响评估机制的效能。以欧盟的 DPIA 为例,数据处理评估制度设计并非一种停止数据处理的工具,而是作为一

---

〔33〕 参见李有星、王琳:《金融科技监管的合作治理路径》,载《浙江大学学报》(人文社会科学版)2019 年第 1 期。

种改进算法处理的数据活动,并为未来追求法律责任提供问责点的方法。根据《数据安全法》第21条的规定,规定各地区、各行业需对目标领域的重要数据进行分类分级保护。分类分级保护制度能有侧重、有效能地对数据安全进行保护,但却缺少了与算法决策公正之间的联结。因此,在算法分类分级保护的基础上,针对算法影响评估机制的对象需要建立数据分类分级登记备案制度,以数据安全类别与级别的不同,制定影响评估方案,实现影响评估机制的场景化应用,并为未来追究法律责任提供数据处理环节的问责点。其次,通过算法问责机制落实算法影响评估阶段的算法责任。利用算法解释权制度,弥补算法影响评估制度在算法运行阶段的不足。通过影响评估机制与各项制度之间的协作配合,进一步加强算法监管,保证算法公正。

(二)根据算法场景化的不同设定不同的评估标准

算法影响评估标准设立的最大困难,源自"自主学习"型算法的无法预测性,不同于训练型算法可以通过对部分数据进行训练得到训练任务所布置的正确答案,并在此基础上自己建立一个模型来解决未来面临的类似数据的相关任务模式,"自主学习"型算法不会"输入"任何正确答案,而是"自由"地破译数据中可能表明正确答案的模式。[34] 虽然算法设计者肯定能影响其负责的算法的选择,但"自主学习"型算法的选择通常是完全不可预见的。[35] 算法设计者可以通过预编程冻结算法在面临新信息时改变结论的情形,但这将失去算法的工具价值。对此,在构建算法影响评估标准时,需要使用不同的合理标准对不同算法类型进行评估。[36] 首先,在训练型算法中,由于训练结果是预设的,算法需要大量训练数据的输入来保证最终的算法结果无限接近于训练结果。在设立影响评估机制时,需要对算法训练数据的合理性、合法性、公正性进

---

〔34〕 See Avigdor Gal, *It's a Feature, Not a Bug: On Learning Algorithms and What They Teach Us*, OECD(June 7, 2017), https://one.oecd.org/document/DAF/COMP/WD(2017)50/en/pdf, *Harry Surden, Machine Learning and the Law*, Washington Law Review, Vol. 89, No. 1, 2014.

〔35〕 See Jason Millar & Ian Kerr, *Delegation, Relinquishment and Responsibility: The Prospect of Expert Robots*, Ryan Calo et al. eds., Robot Law 102 (2016).

〔36〕 See *Karni Chagal - Feferkornt*, *The Reasonable Algorithm*, University of Illinois Journal of Law, Technology & Policy, Vol. 2018, Issue 1,2018.

行评估，从数据输入环节避免歧视性数据的输入，从而影响算法结果。以证券交易为例，算法可以根据用户数据分析出用户投资行为的关键触点，使模型算法偏离度越来越小，形成不断迭代的运营闭环，从而促进证券投资服务更加精准匹配。因此，在设立训练型算法模型评估标准时，依据不同领域、不同算法使用场景对算法结果准确率的需求，对算法训练结果的准确率进行评估，确保训练型算法在投入使用后的有效运行。其次，针对“自主学习”型算法，在事前影响评估标准设置上，要充分评估算法设计者在设计算法时各项程序的合理性，通过要求算法设计者提供算法神经网络中各层级的运行逻辑、算法决策树模型以及算法决策的可能性结果，在算法自主运行之前排除人为的偏见，从而降低算法失范的风险。在“自主学习”型算法投入运行之后，需要由监管机构进行日常监管，定期对该类型算法进行评估。根据具体领域与场景的不同，检查算法是否存在风险（如预测是否准确、对个人是否存在负面影响、是否存在敏感数据错误），当出现算法风险时，算法设计者与运营人需要提供针对性的解决方案，并进行新一轮评估。

（三）增设信息公开流程以明确被评估主体的强制披露义务

在算法自动化决策中，数据输入与决策结果输出这两个环节的信息公开，将极大地提升算法透明度，促进公众对算法的信任。在数据输入环节的信息公开制度设计上，我国通过《数据安全法》中的数据分级分类制度，以及《个人信息保护法》第 14 条中的“知情同意权”，最大限度地对个人数据用途在公私领域进行公开，提升了数据透明度。但在算法决策输出环节上，法律学者一直以算法“黑箱”作为算法不可揭示的理由，而模糊了算法可以被询问与不能实际被询问之间的界限。[37] 人们无法了解算法内部的具体自主学习与决策过程，但可以通过技术细节了解算法的决策结果的产生逻辑。以算法偏见为例，算法偏见的产生可以来自算法自主学习的不同阶段，在算法自主化运行前而产生的“历史偏见”以及在算法运行后基于应用目的而产生的“应用偏见”，都将影响算

---

〔37〕 See David Lehr & Paul Ohm, *Playing with the Data: What Legal Scholars Should Learn about Machine Learning*, U. C. Davis Law Review, Vol. 51, Issue 2 (December 2017).

法决策的产出。因此,“黑箱”可以刺破,需要的是技术细节。在部署算法影响评估机制时,平台企业与公权力部门,应公布程序输入和输出的数据类别信息,公布算法所涉及的逻辑,包括算法输入数据占决策的比重,助于了解算法运行逻辑的基本专业知识、算法决策的范围以及程序可能的后果。按照欧盟《通用数据保护条例》背景引言中的披露要求,“数据控制者应当以‘易见、易懂、易读’的方式提供真实、可靠可能产生的影响类型示例,包括可视化技术等方式呈现”。〔38〕平台企业与公权力部门在披露算法决策相关信息时,也应遵循最大限度的透明披露标准,以便于公众理解。稍有区别的是,公权力部门有比平台企业更重的算法透明责任与要求。平台企业可以通过商业秘密、知识产权保护的借口,不完全公布设计企业利益的算法内容,但必须以说明报告的形式向公众公布算法决策相关技术细节。

(四)落实算法问责体系加强算法责任追究

算法影响评估机制并非一种独立的机制,其只能成为算法规制体系中的关键部分,算法影响评估机制作用的发挥离不开算法问责在其中的作用。〔39〕算法问责的具体要求在公权力部门的体现将更为直接。在公权力部门,算法决策系统无论是作为辅助决策工具,还是独立决策作出者,公权力部门都无法排除其具体行政行为的定性,需要为自动化决策结果负责。而在平台企业,算法问责机制的构建亟须改变“主体—行为—责任”传统理论下的“责任鸿沟”,〔40〕从以缺失控制权作为理由主张“无过错则无责任”转变为以主观过错归责原则,刺破被隐藏在自动化技术面纱之下的算法设计者部署者的主观意图。具体实施路径需从事前、事中、事后3个算法问责时间节点进行设置。在算法投入运营的事前阶段,首先,将算法影响评估机制与算法问责机制相结合,通过对用户行为干预程度、社会动员程度以及潜在风险可能等为标准,建立不同的算法风险等级评估审计,详尽地调查算法设计者与部署者是否存在主观过错,以便归责。其次,建立算法备案机制,将平台问责节点进行固

〔38〕 See General Data Protection Regulation, Official Journal of the European Union, L 119/2, 2016.

〔39〕 参见前注〔24〕。

〔40〕 参见张凌寒:《网络平台监管的算法问责制构建》,载《东方法学》2021年第3期。

定,获取平台设计部署时具有潜在危害和风险的算法系统的相关资讯,以固定问责点为今后的监管提供信息基础。算法备案形式可以通过监管机构发布模板,由私营平台企业填写,将算法部署的目的、风险、评估过程与风险控制方案记录在案。在算法运营的事中阶段,由于人工智能系统面临的监管挑战部分来自缺乏留档文件以及文档标准。[41] 为进一步强化问责体系,化解风险,需要建立算法日志记录制度,通过在算法运行过程中存留周期性日志,建立类似于金融领域的"审计线索",为监管部门提供监管线索,加强对运行阶段的算法责任落实。在算法决策完成的事后阶段,以算法解释制度作为问责的最后环节。若算法决策结果产生损害,则法律问责必然产生,但算法决策的自主性特点使问责流程必须给算法设计者、部署者以解释说明的机会。以证券交易中的因算法做出的虚假申报操作为例,授予金融监管机构针对存在异常交易的市场主体解释其算法交易程序的权利,并责令算法交易者限期修正算法参数瑕疵。[42] 这不仅有利于问责流程的程序正当,也有利于监管部门对其他相类似算法的合规检查留下数据支撑与技术支持。当平台能够记录并诚实地重放导致特定决策结果的计算时,算法解释制度的作用才能真正发挥。[43] 算法解释制度无论从监管成本、监管对象还是监管内容角度来看,都应成为算法问责制的独立环节。[44] 除此之外,建立与前文证券"意见"中提及的证券纠纷代表人诉讼制度相类似的算法纠纷诉讼制度或算法纠纷集体诉讼制度,通过对算法领域相关司法问题的精细化诉讼制度划分,进一步保障因算法决策受损害主体的合法权益。

---

〔41〕 See Ben Hutchinson et al. , *Towards Accountability for Machine Learning Datasets: Practices from Software Engineering and Infrastructure*, Proceedings of the 2021 ACM Conference on Fairness, Accountability, and Transparency, 2021.

〔42〕 参见夏中宝:《算法交易对虚假申报操纵法律认定逻辑的新挑战》,载《证券市场导报》2017 年第 10 期。

〔43〕 See Philip Adler et al. , *Auditing Black – Box Models for Indirect Influence*, Knowledge and Information Systems, Vol. 55.

〔44〕 参见前注〔8〕,第 221 页。

四、结语

在“十四五规划”背景下,算法权力的规制在数字中国建设过程中成为越来越重要的议题,并成为推动数字化建设的重要驱动力。对于算法权力,我们不仅要深刻认识其技术本质,而且要时刻警醒算法权力展现出的异化风险,以发挥算法对于加快数字化发展、建设数字中国的推动作用。对于算法权力的规制,我国应充分汲取域外经验,将欧盟模式、美国与加拿大模式中的协作治理与框架治理理念与现有法律法规体系融合,构建以算法影响评估机制为核心的规制框架。必须指出,制度的有效性不仅取决于制度本身,还受制度实施环境的综合影响,因此,在未来还需要构建与之相配套的算法问责、数据评估值等衔接制度,从而达到对算法权力的一体化规制。

(编辑:谢贵春)

《证券法苑》(2021)
第三十五卷,第 247 ~274 页

信用债违约风险及化解处置机制研究*

张小义　孙　磊　辛　欣　洪　娟　李　智
张　琳**

摘要:我国信用债市场违约的演变进程,不同阶段的违约处置路径也反映出市场化、法治化的历史特征。债券违约有其契约性质,既是风险事件,也有其积极作用。一定程度上,债券市场的建立和运行,其内在逻辑是基于不同发行人具有不同的信用风险和违约概率,形成信用和风险市场,实现市场资源的有效配置。需要区分债券违约和信贷违约、正常违约和无序违约,构建有效的风险监测识别、市场化处置机制、司法救济机制和日常监管风险防控机制。

关键词:信用债　违约风险　化解处置机制　市场化　法治化

债券市场是我国资本市场的重要组成部分,在提高直接融资比重、支持实体经济发展方面发挥了

---

* 本文仅为作者学术见解,不代表所在单位意见。

** 本文作者单位分别为:上海证券交易所、中国证券监督管理委员会法律部、海南监管局、贵州监管局、江西监管局、辽宁监管局。

积极作用。近年来,信用债市场不断发展壮大,其违约风险也有所积聚,引起了市场广泛关注。2020 年第四季度,“永煤”“华晨”等个案违约对市场运行造成一定冲击,国务院金融稳定发展委员会(以下简称“金融委”)就此专门召开会议,就加强债券市场法制建设提出了要求。2021 年,证监会系统工作会议将稳妥化解债券违约风险作为打赢防范化解重大金融风险攻坚战、持久战的首要任务。为贯彻国务院金融委的要求,落实证监会工作部署,按照市场化、法治化原则处置好债券违约风险,需要找准问题,在具体路径、制度安排等方面予以深入研究。

关于债券违约的市场讨论和研究不少,但主要集中在市场形势分析、个案处置路径、违约救济安排、相关利益主体权利维护等方面。而对基础问题的研究和思考不多,在制度上提出的系统应对性安排方面也较少。本文旨在就债券违约这一市场普遍关心的现象,深入分析其现状、性质、影响、成因,找出债券违约及处置的规律性认识,为准确把握债券违约风险、形成债券市场违约处置市场化、法治化的制度路径提供参考。

通常市场所谓债券违约主要指信用债违约,本文即以此为研究范围。本文有时也使用公司债券一词,在非特别说明情况下,其含义与信用债基本一致,主要采用《公司法》第 153 条所定义之范畴,即公司依照法定程序发行、约定在一定期限还本付息的有价证券,涵盖交易所市场公司债券、银行间市场非金融企业债务融资工具和发改委批准发行的企业债券。

一、债券违约演变及现状

我国债券市场违约演变进程,与改革开放以来我国信用债市场发展历史相伴随行,大致上可以 1997 年和 2014 年为重要时间节点。1997 年之前,我国信用债市场处于初步探索阶段,市场规模不大,其间也出现过市场普遍关注的大范围违约事件,后主要由政府介入得以解决。[1] 1997年,银行间债券市场建立,此后交易所债券市场也迅速发展起来,其间债券违约苗头时有显现,但直至2014年"11超日债"打破刚兑,债券市场违约处置的市场化、法治化进程进入新的阶段。2020年后,债券市场出现新的情况,债券违约表现出不同的特征,国企债、城投债的风险引发更多市场担心。总体上看,一方面,债券违约风险有所积聚,风险处置趋于复杂;另一方面,债券市场一些深层次问题暴露,市场共识在逐步形成,市场法制和机制建设也在此推动下更加深入。

(一)1997年前的债券违约情况

20世纪80年代初期,我国企业债券市场开始萌芽。初期的企业债券发行以社会自发融资或者企业内部集资为主,至1986年年底总共发行规模约100亿元。1987年,国务院颁布《企业债券管理暂行条例》,企业债券发行由国家统一审批安排,每年发债规模由国家计委编制发行计划。企业债券发行规模快速扩张,1991年、1992年与1993年编制的发债计划达到了250亿元、350亿元和490亿元,远超同期股票发行量。与此同时,债券发行多级审批导致地方政府一定程度上掌握了审批权,加之债券发行的风险意识薄弱,为之后违约风险的出现埋下了伏笔。

1993年,我国经济进入过热状态,国家调控力度加强,全国范围内出现大面积债券不能按期兑付的情况。当年4月,国务院颁布《关于坚决制止乱集资和加强债券发行管理的通知》;8月,《企业债券管理条例》出台(后于2011年修订),债券管理得以进一步规范。至1997年年底,全国出现违约风险的企业债券达到了近30亿元,在风险严重的区域,债券未能兑付比例占到总额50%以上。较大面积的债券违约给以个人投资者为主的债券投资人造成了巨大损失。此后,在政府主导下,违约债券中,一部分由银行替企业偿付,企业欠银行的钱转为贷款,另一部分由承销商垫付,还有一部分通过财政拨款的形式偿还,最终避免了普通投资者受到损失。

---

[1] 参见乔国荣等:《中国信用违约的历史、现状和展望》,载《金融市场研究》2021年第5期。

总体上看,这一阶段的债券违约处置方式以政府干预为主。在债券发行、债券履约和债券风险处置方面的市场化、法治化机制明显不足。

(二)1997~2014 年的债券违约情况

前述债券群体性违约事件后,政府严格把关企业债券发行,1998 年之后,债券所募集的资金大多用于支持国家重点项目。2000 年后,企业债券每年的额度一度由国务院特批,更是增加了发行难度。与此同时,市场建设方面也出现了重大变化。1997 年 6 月,商业银行退出交易所债券市场,将其所持有的国债、融资券和政策性金融债统一托管于中央国债登记结算公司,并可进行债券回购和现券买卖。银行间债券市场开始形成。2005 年,银行间市场开始发行面向企业的短期融资券,将企业债券纳入可交易品种。2007 年,证监会发布《公司债券发行试点办法》,长江电力在上交所市场发行首单公司债。2008 年,银行间市场中期票据发行。信用债市场进入快速发展时期,债券审核发行市场化程度加深。

这期间,债券市场基本处于"零违约"状态。但这并不意味着信用债发行人信用良好,更多是各方市场主体,甚至政府信用参与其中,为商业信用形成背书。债券出现违约风险后,一旦发行主体与投资者之间无法互相达成一致,往往政府这只有形之手就会介入,对市场进行干预,或是斡旋调解,甚至直接以财政资金先行垫付。典型案例如 2006 年的"06 福禧 CP01"〔2〕"08 鞍钢 MTN1""11 海龙 CP01"。之所以出现这种情况,一方面是监管层面有历史前车之鉴,担心债券违约带来系统风险,有消化风险于萌芽之际的考虑;另一方面,市场相关方如债券承销商、受托管理人及发行人顾虑个债违约带来的重大责任,在采取变通措施化解违约风险上采取了更加积极的措施。"零违约"在一定时期内,推动了债券市场的稳步发展。但长期来看,债券市场"风险分

〔2〕 福禧投资是国内第一家发行短期融资债券的非上市民营企业,2006 年 3 月,面向投资者发行了 10 亿元为期 1 年的短期融资债券。在当年 7 月有关部门查出该公司存在违规拆借上海社保资金的现象,并将这些资金用于购买高速公路收费经营权,后该公司主要财产被法院冻结引发市场震动,06 福禧 CP01 面临违约风险。在主承销商工商银行及有关部门协调下,本息最终按期兑付。

担、利益共享”的市场约束机制难以形成,“隐形刚兑”阻碍了债券利率市场化进程,债券市场的优胜劣汰机制难以有效形成。

(三)2014~2019年的债券违约情况

这一阶段,债券市场违约以打破“刚兑”起始,演进到违约逐步常态化,违约主体以民营企业为主。这段时期,信用债市场发展迅猛。2015年1月,证监会发布《公司债发行与交易管理办法》,交易所公司债发行主体由上市公司扩大至所有公司制法人。一定程度上,银行间市场和交易所市场的信用债形成竞争关系,整个信用债市场规模得以扩大。

2014年,交易所市场“11超日”“11锐电”两只公司债违约,打破长期市场惯性预期,引发了市场的广泛关注。虽然后续处置中“11超日”债在破产重整中实现全额清偿,“11锐电”债通过新增股东投资实现全额清偿,但债券“刚兑信仰”由此开始发生动摇。此后2015年、2016年、2017年三年,债券违约只数逐步增加,市场化趋势已有所体现,违约主体主要集中在一些供给侧结构性改革背景下的产能过剩企业。

2017年,中国人民银行、银监会先后出台多项政策,金融去杠杆进程加速,2018年资金流动性明显趋紧。Wind数据显示,在债券市场上,2018年违约事件大幅增长,全年新增40家违约发行人,共有156只债券发生违约,涉及债券余额1479.06亿元,而2017年全年仅有40只债券发生违约,涉及债券余额353.44亿元。2019年,中美贸易摩擦背景下经济形势更趋复杂,金融去杠杆压力有所缓和,债券市场违约规模相较2018年继续小幅上升,全年新增43家违约发行人,违约债券共204只,违约金额合计约1580.40亿元。在此期间,债券违约基本成为市场认知和接受的常态现象。违约企业大部分为民营企业,行业分布比较分散,这与金融去杠杆下民营企业融资环境相对承压更重相关。

(四)2020年以来债券违约情况

2020年,在党中央坚强领导下,抗击新型冠状病毒肺炎疫情取得阶段性胜利,全年经济运行平稳。从债券违约情况来看,Wind数据显示:一方面,整体市场资金相对宽松,全年债券违约形势有所缓和,新增违约主体30家,较2019年减少13家,但债券违约金额达1994亿元,违约规模大幅增加;另一方面,第四季度永煤、华晨债券违约事件导致

“国企信仰”打破,深层次上也引发对占比较高的城投债信用风险的担忧。在此背景下,加强债券市场法制建设、消除债券市场分割、防范债券市场风险在不同场合被多次提及。2021 年证监会系统工作会议上,稳妥化解债券市场风险成为防范化解金融风险的首要任务。

2021 年,Wind 数据显示,全市场信用债(扣除短期融资券)到期回售规模约 5.1 万亿元,较去年增长 30%,其中交易所市场公司债(不含金融债)全年到期回售规模合计 2.5 万亿元,较去年 1.8 万亿元增加 38%。一季度以来,一些大体量企业如华夏幸福、海航集团、苏宁电器的债务风险凸显,“大而不能倒”的惯性认知受到挑战。2021 年上半年,债券市场共有 36 家发行人的 90 只债券发生违约,涉及金额 916.42 亿元,较上年同期分别增长 20%、20% 和 6%。全年债券市场违约风险防范任务较之往年,更趋复杂。

(五)2020 年以来债券违约的主要特征

与国际市场违约率相比,近年来我国信用债的违约率处于相对低位,从边际违约率来看,有向上提升的趋势。[3] 2020 年债券违约出现了与此前明显不同的特征,也因此使市场和监管层对违约风险的担心大大增加,开始警惕个案风险溢出可能引发系统性风险,主要有三个方面:

一是国有企业违约占比提升。从边际违约率[4]数据看,按全产业债口径,2020 年违约率为 2.96%,低于 2019 年;但按国企产业债口径,2020 年违约率为 1.73%,高于 2019 年的 1.7%,其中 AAA 国企产业债 2020 年违约率为 1.21%,明显高于 2019 年的 0.72%。[5] 高评级国企信用债风险苗头隐现。

二是房地产、公用事业行业违约趋于集中。2020 年以来,债市新

---

〔3〕 2016 年、2017 年、2018 年和 2019 年全球企业的边际违约率分别为 1.49%、0.78%、0.61% 和 1.01%,而同期的中国信用债违约率分别为 0.58%、0.25%、1.04% 和 1.08%,17 年之前中国信用债违约率明显低于全球平均水平,18 年以来逐渐向全球平均水平看齐。参见《中国债券违约率趋势如何?——信用违约潮梳理及违约率测算》,载新浪财经,http://finance.sina.com.cn/money/bond/market/2020-11-24/doc-iiznctke2946834.shtml。

〔4〕 边际违约率 = 当年违约主体存量债/年初健康主体存量债。

〔5〕 参见前注〔3〕网站链接。

增违约主体共41家，其中7家房地产企业，8家公用事业类企业。受“三条红线”政策影响，不少房地产企业融资能力受限，流动性紧张，行业风险显现，如重庆协信、福晟集团均因偿债能力陷入困境。一些公用事业领域企业受政府款项回收放缓影响，出现流动性紧张，导致违约主体增加。

三是部分省、市、区域债务风险暴露。永煤违约后，河南省、山西省、天津市、贵州省、云南省等省市的债券发行遇到困难，反映出市场对区域性债务风险的担忧。总体上看，部分中西部地区债券发行规模，尤其是城投类债券规模与其GDP规模、资产现金流创造能力等不相匹配，债务偿还存在较大困难。[6]

二、当前债券违约的原因及影响分析

对债券违约的风险处置，需要考虑两方面因素：一是找到违约原因，既要考虑个债违约的原因，也要考虑市场整体结构性原因，以对症下药，从根本上提出应对之策。二是要评估违约影响，统筹考量微观、宏观上可能对企业、市场、区域带来的影响，把握应对措施的分寸和力度。2014年以来，债券违约从早期零星状态，到目前债券违约相对常态化，再到永煤、华晨违约引发的市场波动，其影响不仅波及微观层面的利益相关方，也需要密切观察风险溢出可能对市场产生的冲击，守住不发生系统性风险的底线。从境外实践看，不少重大金融危机即从债

〔6〕 例如，2020年天津、贵州的城投债券规模与GDP比分别为29.82%、15.21%，远高于全国平均10.49%；云南的财政自给率为0.304，远低于全国平均0.85。

券市场肇始。[7] 因此,也需要从宏观层面,对债券违约的风险传播路径和可能影响予以讨论分析。

(一)债券违约的企业个体原因

发行人债券违约后,最基础的原因往往在其自身,典型情况如经营恶化、过度扩张、治理缺陷。"风起于青萍之末。"不少违约发行人在债券融资之初,就可能抱着盲目、侥幸心理,不充分考虑其债务结构合理性,风险内积其中。防范债券违约风险,就需要在发行端即充分揭示其风险基本面和偿债能力,并通过持续信息披露督促其持续改善经营,维护企业信用。

一是自身经营基本面弱化。从违约案例来看,违约主体自身竞争力羸弱、"造血"功能不足主要有三种表现形式:其一,主营业务突出,但主业竞争力明显弱化、无法对企业信用形成支撑。其二,业务板块较为多元,但均无明显竞争优势。其三,本身竞争力羸弱,叠加行业景气度弱化或疫情冲击等外部因素影响。典型案例如顺风光电、保利协鑫均受光伏行业景气度下滑导致基本面大幅弱化。

二是企业对外投资和债务结构不合理。有些发行人热衷于以钱生钱,形成投资激进、投资盈利不达预期、自身盈利弱化、投融资期限错配等负向循环,企业基本面弱化。激进投资不断推高企业债务,增加刚性利息支出。有些发行人过度依赖债务支撑经营,债务结构中资产负债比、长短期匹配不合理,一旦长期无有效现金流回报或者融资渠道受限,企业信用急剧下降,风险快速爆发。典型案例有:银亿集团战略过度激进,缺少主业聚焦;永泰能源在主业盈利能力较差的情况下仍多渠

〔7〕 例如,1997年亚洲金融危机的根源之一是金融过度自由化下催生资本市场泡沫;泰国1994年实现国内股票和债券市场对外全面开放,允许企业自由对外借债,高外债环境下引发货币和金融危机;20世纪90年代初,日本资产价格泡沫破灭前证券市场管制放松吸引大企业通过股权和债券进行融资,商业银行大量投放贷款,居民及企业部门债务与杠杆高增,推动股市楼市价格快速上涨;2007年美国次贷危机和2008年国际金融危机起源之一就是购房刺激政策和金融市场创新创造穷人购房需求,次级贷款大量发放后资产证券化将风险隐藏并转移至二级市场;2020年美国流动性危机起源之一就是长期货币超发下上市公司大量发债进行股票回购和分红,共同推高股市泡沫,同时,企业部门杠杆率快速上升,偿债能力持续下降,高风险企业债占比扩大,进而酝酿风险。

道融资、对外激进扩张。

三是公司内部治理存在重大缺陷。公司治理有效性对公司生产经营有关键影响，其中实际控制人和关键少数的作用尤其突出。发行人债券违约，大都暴露出其在公司治理和内部控制上积弊已久。外在表现如实控人负面事件、母子公司关系复杂、关联交易频繁、管理层频繁变动、资金往来和资产交易存疑、财务信息披露质量下降、重大诉讼纠纷等。这些情形的出现，意味着公司内部治理出现重大问题，需要高度警惕公司信用的恶化。典型案例有：亿阳集团实控人涉嫌行贿引发债务风险；中弘控股实控人违规收购涉嫌侵占公司利益；盛运环保违规担保和关联方占款等。

（二）2020 年以来债券违约的市场结构性原因

2020 年我国信用债违约出现的不同特征，也有其市场结构性原因，主要表现在信用债产品以国有为主、城投债占比偏高及周期性行业、资金密集行业发行人集中等方面。

一是国有企业债券融资占比较高。据统计，截至 2021 年一季度末，地方国企存量债券规模达 16.16 万亿元，接近全部信用债规模的 70%。与此同时，自 2017 年起每年新增违约国企数量一直在增加。2020 年，全年新增违约国企数量达 17 家（其中地方国企 15 家），创近几年新高。

二是城投债占比较高。全市场数据来看，城投债存量规模 12.03 万亿元，占全市场信用债规模比重近一半，这类债券因其有潜在政府信用支持，规模迅速扩张，但随着国家严肃财经纪律、严控地方债务，其续作出现困难，兑付风险显现。

三是周期性行业、资金密集型行业发行人集中。房地产、煤炭、钢铁等行业企业前期发债规模较高。这些企业高度依赖外部融资，其债务结构合理性值得关注。行业环境发生重大变化后，因其企业体量和债务规模通常比较大，往往牵一发而动全身，债务风险易集中爆发。

（三）微观影响：对债券行为相关主体的影响

1. 发行人

债务违约对发行人的影响如下：

一是削弱外部融资功能。企业一旦发生债务违约，投资者对其偿付能力、经营状况丧失信心,再融资难度加大。尤其是公开市场的债券违约,负面舆论影响较大,投资者产生规避情绪,削弱了企业的外部融资功能。主要表现为市场规避风险,二级市场上的关联企业的债券收益率迅速走高,并且增加了后续的融资难度。

二是特殊条款引发偿债压力急升。发行人债券违约后,可能触发其所发行的其他债券交叉违约和加强到期。如果相关条款中约定的其他债务构成实质性违约,触发债券提前到期条约,投资者提前求偿,发行人需要集中应对高于原计划到期的债务,发行人偿付压力提前。

三是影响发行人正常生产经营。发行人违约将面临诉讼、仲裁、银行账户被冻结、资产被冻结、供应商账期收短等状况,还需要面对支付违约金、违约引起的惩罚性利息等。这些情况还会影响到公司下游客户的信心,可能进一步加剧公司生产经营困难。

四是影响内部管理的稳定。债券违约后,发行人需要应对债务追偿、资产处置、维持生产经营等问题。非常时期,公司内部治理也可能受到调整,内部治理矛盾如进一步激化,还可能引起内部管理层的动荡。

2. 债券持有人

对于债券持有人而言,债券违约的直接影响就是发生直接投资损失。债券一旦违约,债券持有人将面临本金损失。如债券持有人为机构投资者,将面临委托人集中赎回带来的压力。一旦某一只债券违约,该主体发行的其余债券便基本丧失了流动性,持仓基金很难将其变现,并面临中债估值收益率瞬间飙升带来的净值下降压力。如果投资者大规模赎回该只基金,那持仓基金就可能无法备足流动性应付赎回。另外,先赎回的投资者得到流动性好的资产所变现的现金,而后赎回的投资者可能会承担低流动性资产带来的损失,这一预期也可能加剧集中赎回的情况。

从实际情况看,债券违约后,债券持有人获得兑付清偿的比例不高。Wind 数据显示,截至 2021 年一季度末,债券违约后足额兑付的只数占比为7.16%,金额占比为5.98%;部分兑付只数占比约为4.97%,金额占比仅为0.89%。累计违约债券兑付金额占累计违约金额的比例(平均兑付比例)由 2014 年年末的 79.37% 降至 2021 一季度的

6.87%；全额兑付债券只数占违约债券只数比例由20%降至7.16%。部分发行人违约后的兑付进度较慢，这对投资者而言，除了本金的损失，违约后的时间投入通常是一项较大的成本。发行人出现债券违约，绝大多数是较长时间内已经存在资金紧张、负债规模较大的问题，因此，违约债券的兑付进度必然缓慢，且若走诉讼执行程序则需要更多的时间。

另外，债券市场一些非市场化的隐形安排也可能会给投资者带来损失，如结构化发行。当结构化发行采用“发行人购买债券并质押融资”模式，资金提供方对风险的认知度存在偏差，可能引发交易纠纷：资金提供方可能认为其进行的是低风险的资金交易，但这个交易模式的本质是债券发行人使用债券质押融资代替债券发行融资。在这个模式下，一旦债券发行人的资金链断裂，其可能在债券兑付上违约，同时在回购融资中违约，此时资金供给方既无法收回通过回购融出的资金，又无法依靠处置质押品获得足够的补偿。

（四）整体影响：对市场或区域信用造成的冲击

债券集中违约或者有重大指标意义的债券违约，除对利益相关方产生微观层面的影响外，还会对债券一、二级市场带来冲击，特定区域融资也可能出现阶段性困难，需要谨防出现连锁性的负反馈。

1. 冲击区域及行业发行人一级市场正常融资

债券集中违约会引起债券发行市场大幅降温，一级市场发行难度增加，部分投资者区域性暂停债券投资，再融资渠道受限，公司违约风险加剧，市场出现连锁反应。例如，2016年3~4月，连续出现周期行业的企业债券首次违约，如淄博宏达矿业有限公司、广西有色金属集团有限公司、东北特殊钢集团股份有限公司、中煤集团山西华昱能源有限公司等，均在此期间债券首次违约。东北特钢于2016年3月28日首次债券违约，在违约之前，信用债取消发行或推迟发行的周度规模大约在70亿元；在违约之后，取消发行的规模开始上升，最高在2016年6月11日当周，发行失败规模为491亿元。受东北特钢等周期行业债券违约影响，周期行业出现较多企业取消债券发行，如本钢集团有限公司、广铝集团有限公司、攀钢集团有限公司等。

再如，2020年年底永煤债违约后，投资者情绪悲观，债券价格剧烈波动,引发融资端连锁反应,不少债券取消发行。市场情绪趋于谨慎,甚至对部分区域或行业"一刀切",2020 年年末后很长时间内河南省信用债券发行受阻即为直接反映。[8] 弱资质主体、部分区域或行业的公开市场融资受到明显冲击,煤炭企业一级市场债券融资难以有效恢复。据统计,2020 年 11 月取消发行金额在 800 亿元左右,全月发行和净增分别为 9200 亿元和负 60 亿元,截至 2020 年 12 月 23 日统计,12 月发行和净增量分别为 6604 亿元和负 303 亿元。区域发行困难明显。河南省 2020 年 11 月信用债发行仅 40 亿元,而 10 月及之前月度发行规模在 200 亿 ~ 300 亿元。辽宁省 2020 年 10 月以来月度发行量仅 50 亿元左右,而在 9 月及之前月份发行大多超过 100 亿元。进入 2021 年一季度,信用风险事件相关地区的融资功能尚未恢复,河南省、河北省、辽宁省的债券发行金额分别较 2020 年同期下滑了 66%、74%、77%。

2. 二级市场形成流动性负反馈

公司债违约事件发生之后,市场舆情集中爆发,债券市场投资者对相关企业信用信心动摇,债券价格大幅下跌,相关行业、相关企业的公司债可能遭到集体抛售。例如,在 2020 年四季度国企违约风波下,投资者产生避险情绪,大量债券遭遇抛售。因永煤超短融到期违约超出市场预期并挑战市场择券逻辑,同时引发了投资者对政府支持意愿变化的担忧。投资者对债券契约保护条款和机制的信心不足,其风险偏好受到较大冲击,信用恐慌情绪弥漫。债市整体走弱,二级市场收益率大幅抬升,从而引发"债券抛售—债券估值下行—基金、资管产品净值下降—被动赎回—债券进一步抛售—债券估值继续下行"的恶性循环,形成流动性的负反馈。

投资者可能"用脚投票"后,还可能加快信用收缩的速度。总体上看,信用违约对市场的冲击,主要是可能形成负反馈:"信用违约—债券产品赎回—机构率先抛售流动性好的资产(利率债及高等级信用债)、信用利差走阔—引发局部或全局的流动性危机、机构解杠杆—加剧信用违约"。当债券信用质量恶化时,投资者倾向于抛弃不安全债

[8] 参见中泰证券研究所:《信用债违约手册(2020 年)》,载新浪财经,https://finance.sina.com.cn/money/bond/market/2020-12-30/doc-iiznctke9210905.shtml。

券而寻求信用质量好的债券,在此过程中增强了高信用质量债券的流动性,恶化了低信用质量债券的流动性,形成流动性分层效应。

三、债券违约的契约性质及其证券市场特性

近年来,在我国不断深化改革,加强多层次资本市场体系建设的背景下,债券市场得到了长足发展,公司债券发行规模不断扩大。自2014年“11超日债”事件爆发以来,公司债券违约呈现“常态化”趋势。对债券违约性质的不同认识,会产生不同的监管判断,影响风险化解路径的选择。这其中,把握债券市场作为证券市场的内在特性和发展规律,对理解债券市场违约的性质、功能有基础性意义。

(一)债券违约的契约性质

债券交易本质上为商事交易,其运行基础是依托于债券契约的商事信用,以契约双方意思自治运行。从债券发行到投资者购买债券所产生的主要法律关系是发行人与投资者之间的债权债务关系,债券发行是投资者与发行人之间直接建立契约关系,而债券交易则是债券不同投资者之间就已经成立的债券契约关系的承继。根据《民法典》第473条的规定,债券募集办法系以要约邀请为基础发展的契约文件,债券募集说明书作为“一纸契约”约束双方的债权债务行为,按照权利义务对等原则,双方均应有风险自担的意识。

而就债券违约的法律性质而言,违约的本质是违反了募集说明书的约定。无论违约的类型为兑付、回售、展期、加速到期抑或交叉违约,究其本质,均是对募集说明书(或嗣后变更的募集说明书)约定的违反。因此,发生债券违约时,发行人和投资者应充分尊重契约精神,平等理性地处理债权债务关系,争取处置效果最优化。

长期以来,当债券出现兑付危机时,地方政府以及监管机构都会扮演“救火队”的角色,通过行政干预、斡旋、组织当地国有企业参与重组等方式使企业摆脱兑付危机,甚至形成刚性兑付的惯性预期。但是,这样的做法使风险与收益相匹配的市场原则难以落实,往往带来饮鸩止渴的后果,与债券市场的发展规律背道而驰。从公司债券发行的法理

基础来看,公司债券发行以公司的商事信用为基础,发行人和投资者为契约合同中的双方当事人,当地政府及监管机构参与债权债务法律关系中改变了法律关系的商事基础,违背了契约建立的初衷。回归市场化、法治化的公司债券监管理念是大势所趋,既要让债券违约事件按照市场规律发生,又要用市场化、法治化的思维处置违约事件。

(二)债券违约对债券利率市场化的基础意义

债券违约既是风险事件,也有其积极作用。在一定意义上,债券市场的建立和运行,其内在逻辑就是不同发行人具有不同的信用风险和违约概率,由此形成风险市场。在此市场中,债券作为证券品种,可以通过多方交易匹配,通过价格信号实现社会资本的有效集中和风险的有效分散,进而实现市场资源有效配置。

首先,债券违约有利于金融资源更有效配置。从债券定价机制上来看,债券收益率 = 无风险收益率 + 风险溢价(信用利差)。信用利差反映了企业的违约风险,如果投资者判断企业违约风险高,则会要求更高的信用利差。反之,债券的刚性兑付,将使投资者相信政府会为企业提供“隐性担保”,投资者则不会担心债券可能存在的信用风险。这种状况下,投资者会无视弱资质债券的潜在风险,只去追逐那些高收益的资产。由此,不同资质发行人债券的信用利差会趋于收窄,市场无法有效发挥配置资源的作用。反过来,伴随债券违约的出现以及刚性兑付被逐步打破,债券市场的定价体系得以矫正,可以形成真正反映企业信用风险的价格。

其次,债券违约有利于实现债券市场投融资平衡。一方面,债券违约,将有利于债券市场风险定价,提升债券市场运行的质量和效率,推进“僵尸企业”出清及去杠杆等宏观目标的实现;另一方面,违约风险事件的发生,将推动市场各方更加重视信息披露的真实性,市场也将更注重对投资人利益的保护,从而吸引更多的长期资金入市,实现投融资平衡发展。

最后,违约损失的市场化吸收是利率市场化的应有之义,投资者通过构建的投资组合吸收单个债券可能造成的违约损失。根据诺贝尔经济学奖获得者马科维茨(Markowitz)提出的投资组合理论,投资组合可有效地分散投资风险。在投资者构建了投资组合的情况下,即使部分债券发生了违约,其损失也可通过投资组合中其他债券的收益予以弥补。换言之,债券违约产生的损失可通过投资者市场化资源配置予以内部吸收。

(三)债券违约与信贷违约的区别

债券违约和信贷违约虽都属于债务违约,但因其涉众性、透明度、可预期性、市场化程度的不同,有着本质的区别。债券是一对多的债权债务关系,发行人和投资者之间建立直接融资关系,利率的形成是市场询价发行的结果,债券市场有强制的信息披露要求,违约的损失由投资者承担后可通过违约债券交易在投资者间分担风险。[9] 而信贷与债券不同,信贷是一对一的债权债务关系,相应的信贷风险集中于信贷机构内部,利率的确定主要依靠放贷机构内部决策。信贷市场没有信息披露要求,在发生不良时也可以通过展期、债务重组等方式灵活消化,相关信息无须公开,违约信贷资产的流动性相对较差,[10] 违约损失相对较难通过交易机制进行转嫁。

债券违约是债券市场市场化、法治化的必然结果。因为信息披露的存在,发行人需主动披露影响与违约风险相关的重大事项,信息披露对发行人起到激励和约束作用,且投资机构可以根据发行人的信息披露内容判断企业信用风险,其跟踪成本较低。[11] 在银行信贷中,因为没有强制信息披露制度,也没有比较有效的二级市场交易制度,信贷机构对债务人的跟踪成本较大。从规律上看,信用贷款更强调的是完全的兑付,但债券发行可以由投资者根据其风险偏好去容忍一定程度的违约概率。

---

〔9〕 交易所市场的规则包括:《关于为上市期间特定债券提供转让结算服务有关事项的通知》《关于为挂牌期间特定非公开发行债券提供转让结算服务有关事项的通知》等,银行间市场的规则包括《关于开展债券匿名拍卖业务的通知》《全国银行间同业拆借中心债券匿名拍卖实施细则(试行)》《北京金融资产交易所银行间市场到期违约债券转让业务操作指南》等。

〔10〕 包括对受让机构牌照限制、转让户数的限制、不良资产成因限制、受让的不良资产交易流通不便等。

〔11〕 强制信息披露并不会单纯增加发行人的成本,有研究显示,"公司信息披露质量越高,其所发行债券的信用利差越低",参见刘镜秀、何亮:《信息披露质量与公司债信用利差——来自深交所的经验证据》,载《现代管理科学》2019 年第 4 期。

债券违约和信贷违约的一个很大的不同,还在于债券违约的损失可以通过市场机制得以系统性地分散吸收,信贷违约则只能由借款人承担。"哪怕只出来很小额度的卖量无人接盘,价格信号会通过市场迅速传递,可能刺激越来越多的抛盘",〔12〕并通过交易机制由投资者进行分担,"交易机制的构建也是存有将风险转移到有能力承担风险、处置风险的投资者手中,实现高效率处理的想法"。〔13〕 而对于信贷违约而言,因为相对缺乏便利的交易机制,信贷违约较难转嫁成本,相应风险集中于信贷机构内部,无法实现风险共担、利益共享。

(四)区分正常违约与无序违约

公司债券违约的原因多种多样,对此需要一分为二地看待。从市场规律来看,没有债券违约的市场不称其为市场,需要防范的是可能造成系统性风险或者存在严重违法违规的违约事件。可以基于发生原因和实际影响的不同,对将违约分为正常违约和无序违约:一方面,常态有序的违约有助于市场成长以及信用定价的合理化;但另一方面,无序的违约则有可能挫伤市场信心,增加债券市场整体的融资成本和难度。

公司债券正常违约,可以理解为发行人主要因经营原因导致无法按照募集说明书约定履行偿付义务导致的违约。这其中违约的原因既有行业不景气等外部诱因,也有企业自身经营不善等内生因素。比如,有些企业投资失误,缺乏长期规划,财务杠杆过高,资金链紧绷,在投资项目收益不及预期、回款不及时或外部流动性支持减弱时兑付风险随之而来。还有些企业属于强周期性行业,所在行业严重产能过剩,产品价格深度下跌,导致出现行业性亏损,企业现金流恶化,逐步陷入流动性困境。比如,金属、煤炭、化工、船舶、光伏等行业,风险具有较强的传导性,易导致行业内企业集中违约。

在市场经济条件下,债券市场发生适度的正常违约,通过市场机制的"大浪淘沙"将一些行业产能过剩、自身经营不善企业的风险暴露出来,有助于行业产能的出清和市场机制下的优胜劣汰,有助于打破刚性

---

〔12〕 石磊:《债券违约潮真相解析》,载网易,https://www.163.com/dy/article/DNJFJLQ205198NMR.html,2018年7月25日。

〔13〕 阮昊:《论违约债券交易风险防范》,华东政法大学2020年博士学位论文,第21页。

兑付，实现价格合理化，资源配置优化。从市场基础原理来看，有债券市场就有债券违约，一定程度上的债券违约是市场的客观现象，也是市场形成信用利差的基础。没有债券违约，债券品种就都趋同于利率债，市场也就无从谈起。在此意义上，常态的债券违约能够促进激励约束机制的形成，发挥证券市场特有的风险共担、利益共享机制。

另外也要看到，当前国内国际经济金融环境较为复杂，如果债券违约集中无序爆发，会严重影响金融市场信心，导致风险传染扩散，最终影响实体经济。尤其是部分发行人在债券违约前，在信息披露、风险管理等方面存在较大瑕疵，甚至出现财务造假、恶意逃废债等违规行为，这类违约常被市场称为“无序违约”，对投资者信心挫伤比较大。例如，永煤在上一轮新债发行 20 日后且账面资金充足情形之下毫无预警而直接公告债券违约，市场普遍质疑其存在包括逃废债、结构化发行、欺诈发行、虚假评级、信息披露不真实和不及时等违规行为。对于这种无序违约行为，需要严格执法，强化市场纪律，维护市场信心，让债券市场更为持续健康发展。

从监管角度来看，需要准确认识债券违约性质，区分正常违约和无序违约，对应实施不同的监管策略，以市场化方式化解纠纷。信用风险的存在是市场经济发展的客观规律，债券市场正常有序的违约是风险定价的重要基础，相关风险也可以在较广的范围内得到吸收缓释，可以有效发挥优胜劣汰市场机制，对于消除债券市场定价扭曲、完善市场风险分散分担机制具有积极意义。要加快完善市场化违约处置和责任机制，明确违约中各方的责任和义务边界，引导政府信用逐步从商事信用市场退出，为市场化违约、打破刚性兑付提供保障。同时，要严厉打击发行人欺诈发行、虚假信息披露、恶意逃废债行为。对于可能引起系统风险的无序违约，由各方形成合力，提早监测预警，稳妥处置。

四、债券违约市场化法治化处置的机制建设

债券违约的化解处置，要遵循市场化、法治化原则，已成为市场共识。但在市场化、法治化的路径、方法选择上，还缺乏整体性、系统性的

研究讨论。总体上看,可以按照风险监测识别、市场化处置机制、司法救济机制、日常监管机制等方面展开讨论。实践中,这些机制或多或少都还不尽如人意,突出表现在机制本身的系统化不够,机制之间的协同不足。

(一)债券违约风险的监测识别

风险监测识别是风险管理的第一步,也是后续风险处置的基础。只有准确识别所面临的关键风险点,才有可能选择合理有效的方法进行处置。在我国债券市场的监管实践中,违约后的化解处置措施比较常见,但对风险的监测预警不够。"上工治未病",预研预判、抓早抓小,对于及时发现潜在隐患、提高债券风险防范化解有效性、降低风险处置成本,其意义不可低估。

在讨论违约风险的具体识别方式前,有必要先对需要识别的风险类型加以区分。尽管风险分类的维度有很多,但对债券市场组织者而言,核心关注要点无疑是风险是否可能扩散外溢并评估其具体影响。据此,可以将违约风险进一步分为系统性风险和非系统性风险。

非系统性风险,又可将其称为个债风险,指单一债券发行人因资信水平恶化导致不能按约定偿还债券本息的风险。从当前违约案例的成因角度分析,企业自身经营管理问题仍是导致违约的主因,表现为财经纪律缺失、财务管理能力薄弱、经营获现及可持续经营能力不足、盲目多元化投资等。此外,宏观经济发展的周期性、结构性因素加重了企业的经营风险,而债券市场投资者乃至国内整个金融体系的风险偏好趋同则导致问题企业的风险加速暴露。从实践角度来看,对于单一发行人个债违约风险的识别,可以从发行人日常经营风险、财务舞弊风险、公司治理风险、行业周期性风险、个债交易价格异动与负面舆情等外部性影响这5个角度展开。

系统性风险是债券违约风险溢出的结果,任何一家债券发行人的违约风险只有具备关联性、传染性才可能引发系统性风险。就证券市场而言,多市场主体以及关联效应的存在,使证券市场系统性风险具有较强的外部性和溢出效应。[14] 具体监测维度方面，陶玲、朱迎（2016年）[15]提出，从宏观经济数据、金融机构风险水平以及股票、债券、货币、外汇等金融子市场风险水平维度入手，选取基础指标构建指标池，形成系统性风险综合指数，其中债券市场维度主要以AAA企业债与央票的信用利差、长短期国债到期收益率利差以及中债综合指数（总值）财富指数同比这三个指标为主。庞加兰等（2021年）[16]则提出，除了利率变动引起债券市场价格波动外，还需进一步关注个债违约事件对投资者情绪、企业股价、市场流动性等的影响，而突发的外部冲击也会通过利率变动渠道影响债券收益。因此，债券市场系统性违约风险的识别，需要加强对宏观经济、货币政策、市场利率、二级市场波动、投资者风险偏好变化、个债风险外部性影响等因素的监测及整体评估。

区分个债风险和系统性债券风险的意义不仅在于更为精准有效地识别相应风险，还能为后续风险处置提供方向。从市场原理看，单个主体的债券违约风险通常可以通过资本市场"多对多交易"而降低甚至消除。但换个角度看，也是由于资本市场的存在，加强了不同主体间的关联，为风险的转移和扩散提供了便利。因此，对于个债风险的处置，应当充分利用资本市场风险共担的优势，引导相关主体积极运用市场化方式缓释、出清风险，同时畅通违约司法救济渠道，强化投资者权益的司法保障。对于系统性风险，因其风险成因和传导机制的复杂性，处置时也并非单一监管机构力所能及之事，需要站在整个金融体系监管的高度予以考虑。对于作为市场组织者和自律监管机构的证券交易场所，更多侧重于相关风险因素的有效识别和防控，避免单个风险因素扩散外溢为系统性风险，方为务实之举。从实践角度来看，当前需要重点防范的系统性风险因素有市场流动性情况、城投债违约情况、大体量发

---

〔14〕 参见孙国茂、张辉、张运才：《宏观审慎监管与证券市场系统性风险测度研究》，载《济南大学学报》（社会科学版）2020年第6期。

〔15〕 参见陶玲、朱迎：《系统性金融风险的监测和度量——基于中国金融体系的研究》，载《金融研究》2016年第6期。

〔16〕 参见庞加兰、王倩倩、吴露露：《金融开放背景下系统性金融风险测度与方法》，载《征信》2021年第5期。

行人违约情况等。

(二)债券违约风险的市场化处置机制

准确识别个债违约风险后,以市场化手段及时加以缓释、出清是效率较高但成本较低的处置方式,也是债券市场投资者合理的选择。建立债券违约风险市场化处置机制,需要构建一套符合市场需求的市场化风险分配工具和体系,引导市场各方按照资本市场规律办事,充分发挥债券市场"风险分担、利益共享"的功能,促进我国债券市场走向真正的市场化。

一是创新信用风险缓释工具。鼓励产品创新,借鉴境外成熟债券市场经验,积极研究引入各类债务管理工具,引导发行人根据自身资信状况主动科学管理负债规模与结构,便利投资者优化调整持仓结构以将风险敞口控制在合理水平内。近年来,交易所和银行间市场均推出了信用风险缓释工具,包括信用保护合约、信用风险缓释合约(CRMA)和信用风险缓释凭证(CRMW)、信用违约互换合约(CDS)、信用联结票据等(CLN)。信用风险缓释工具可以缓释信用风险,助力市场改进风险偏好,促进债券发行。不过从现阶段情况来看,我国信用风险缓释工具市场并不活跃,发展仍处于初级阶段,与企业扩张的债券需求之间失衡。

二是研究出台债务主动管理工具。借鉴境外成熟市场经验,继续完善交易所市场推出的优化债券回售业务、推出回售撤销与转售机制、试点债券购回等方式,为企业缓解集中兑付压力、主动优化债务结构、降低风险敞口提供便利。例如,据不完全统计,债券回售机制优化调整以来,仅上海证券交易所市场即已累计协助缓解近千只债券的回售压力,金额达2000余亿元。又如,山东宏桥在存量债券收益率高企、市场普遍回避民企债券的时点,以平价方式提前购回存量债券,待外部环境趋于缓和后又重新发行新债,不仅平抑了自身融资成本的波动,也赢得了投资者的一致好评。

三是丰富流动性风险处置工具。流动性风险在近两年的债券违约事件中比较突出,一定程度上放大了个债违约风险的影响。可继续用好债券停复牌、交易机制调整等方式,为债券发行人履行兑付义务留下空间,防范个债风险进一步扩散外溢。2020年7月,交易所市场推出债券置换业务，允许发行人新发债券用于置换投资者所持有的存量债券，也为促进投融资双方就存量债券的兑付达成和解安排提供了便利。今后，还可考虑鼓励第三方主体发行债券或为风险发行人的新发债券提供增信等方式，推动提升债券置换在流动性风险处置中的实效。

四是完善违约债券定价机制。债券信用风险暴露后，其定价基础的缺失在一定程度上限制了违约风险的市场化释放。健全完善债券信息披露、提升资信评级和债券估值水平，有利于促进违约风险通过市场化方式有序释放。这其中，债券违约的信息披露对债券风险的揭示具有重要意义。要改变消除债券违约后，投资者无法通过信息披露得到有效决策信息的局面。这样，违约债券才能获得市场化估值，为其流通转让提供基础。

五是优化违约债券转让市场。二级市场有效退出，是债券市场风险分散的重要保障。近年来，交易所和银行间市场先后试点推出了违约债券转让机制，包括特定债券转让与竞买、违约债券匿名拍卖、到期违约债券动态报价机制等。相关安排改变了过往债券违约后债券持有人无法交易、只能被动等待兑付或司法救济的局面，为部分违约债券的风险出清提供了制度便利。但客观看，现阶段的违约债券转让机制的效用仍然有限，其优化完善需从以下两方面着手：其一，在参与主体选择方面，考虑违约债券高收益、高风险特点，构建相适应的投资者适当性安排。其二，在交易机制的设计上，考虑违约债券非标准化、交易频率较低等特点，研究推出更为灵活高效的交易机制。

六是适时研究推出高收益债券市场。目前国内尚未推出专门的高收益债发行市场。市场对高收益债的认知不深，投资体系尚未搭建完全。投资机会主要来自折价抛售资质边际恶化债券的低风险偏好投资者和低价拿券赌刚性兑付的高风险偏好投资者的撮合，在这样的环境下，“违约”“爆雷”债券会迅速陷入流动性危机，即使大幅折价，也常“有价无市”。建立高收益债发行机制，有利于满足低评级债券、违约债券、结构化融资和杠杆融资中的劣后级等的交易需求，有助于发展培育高风险偏好的专业投资者，丰富债券市场投资者结构。

（三）债券违约风险处置中的治理机制

债券违约事件发生后，基于其契约性质，利益相关方应当按照民事争议解决方式来处理其利益冲突。但债券违约中投资者众多的特征,也就要求其在纠纷解决中需要有更有效的机制安排。借鉴成熟市场经验,[17]我国债券市场的债券持有人会议和受托人管理制度是关键的两大安排,[18]共同组成债券存续期内的治理约束机制。两大机制在实践中发挥了重要作用,但也存在一些需要解决的问题。

1. 受托管理人制度

公司债券受托管理人制度的良好运行,极大地依赖于规范的市场以及完备的法治环境。[19] 境外市场的债券受托管理人制度多是基于信托法律基础构建。与英国、美国等普通法系国家不同,我国不具备成熟的信托法体系和丰富的实践经验,因此,在相应的投资者认可度、专业机构培育、法律监督与保障等方面均存在欠缺,实务中则主要表现为债券持有人因缺乏信任而对受托管理人赋权不足,削弱了受托管理人在债券违约司法救济中的功能发挥。受托管理人履职不到位或未能妥善处理利益冲突问题(多为债券承销机构兼任所致),又缺乏对受托管理人履职行为的有效监督,从而加剧了投资者的不信任感。

解决以上问题,首先,需要在法律层面明确受托管理人的功能定位与法定职责,强化履职不到位的法律监督。其次,通过健全完善的契约安排,解决投资者对受托管理人多层次多维度的赋权与契约监督,在保留投资者重大事项决策权的同时,尽可能发挥受托管理人的主观能动性。

2. 债券持有人会议制度

债券持有人会议可以集合全体债券持有人之力,协助实现参与公司治理、平衡债权人与股东利益的目的,也能在一定程度上弥补受托管

---

〔17〕 为了应对债券市场投资者分散带来的一系列难题,成熟债券市场的处理方式主要有两种:一种是如英国、美国等普通法系国家采用的受托管理人制度,即通过信托安排聘请专业机构对债券进行管理;另一种是如瑞士、法国等大陆法系国家采用的集体自治方式,即通过债券持有人会议的方式形成决议,管理债券事务。

〔18〕 徐承志、于萍:《公司债券受托管理人制度的法理逻辑与完善——以债券投资者权益保护为视角》,载《上海政法学院学报》2016 年第 6 期。

〔19〕 汪文渊:《公司债券持有人组织性保护制度的理念更新与法律变革——基于制度融合的视角》,载黄红元、徐明主编:《证券法苑》(第 17 卷),法律出版社 2018 年版。

理制度的局限性，同时降低中小投资者维权成本。[20] 但与此同时，在缺乏法律、行政法规的强制规范下，持有人会议的合议困境难以通过自律规则或契约约束有效解决，国内债券市场实践中关于债券持有人会议的权限范围、表决机制、决议效力等问题的争议不休即源于此，对于少数异议持有人的权利救济机制也暂未明确，导致持有人会议制度往往形同虚设。特别是在债券违约处置中难以促进形成有效的违约处置方案，反而导致债券持有人的维权效率低下，有悖于集约高效的制度设计初衷。

《证券法》已明确了债券持有人会议制度的法律地位，但相关内容仍偏原则。后续，仍需进一步在法律层面做出具体规定，明确持有人会议制度的职责边界、决议效力、异议持有人权利救济等事项，进一步发挥该项制度对债券投资者权益的保障力度。

（四）债券违约的司法救济机制

如前所述，因法律供给与保障不足、市场规范度与成熟度不够等因素，制约了受托管理人制度和债券持有人会议制度的功能发挥，进而影响了债券持有人参与违约司法处置的效率。如要畅通债券违约司法救济渠道，提升处置实效，首先需要解决与现有司法救济机制的有效衔接问题。在当前债券市场缺乏统一且符合其特征的法律适用大背景下，投资者唯有依靠传统合同法、侵权法、破产法等规定，运用传统民事诉讼机制展开司法救济。在此过程中，受托管理人代表债券持有人参与诉讼的主体适格性长期存在争议，发行人与持有人、持有人与持有人间的利益博弈也进一步升级，加剧了形成统一意志的难度。

为了尽快解决上述问题，最高人民法院于2020年7月发布了《全国法院审理债券纠纷案件座谈会纪要》（以下简称《纪要》），通过司法指引的方式，解决了当前债券违约司法救济中的诸多痛点和堵点，对健全债券市场法制具有深远影响。在债券受托管理人制度完善方面，《纪要》明确了受托管理人的诉讼主体资格，强调其必须忠实表达持有人意愿，并在行使担保物权、领受案件执行款项等持有人纯获利事项上

---

〔20〕 参见张媛：《论债券持有人弱势地位与持有人会议制度的完善》，载蒋锋、卢文道主编：《证券法苑》（第24卷），法律出版社2018年版。

赋予受托管理人履职便利。同时,也明确了受托管理人未能勤勉尽责时的赔偿责任。而在债券持有人会议制度方面,《纪要》就持有人会议可决议事项范围、重大事项决定权保留、表决与回避、会议决议效力等争议焦点给出明确的司法态度,相信能在一定程度上弥合不同债券持有人之间的利益冲突,促进持有人会议制度的广泛应用。[21]

诚然,《纪要》为在司法层面解决债券违约司法救济中的实务问题开了好头,但债券市场基础法律适用不统一、法治化方式处置债券违约风险的投资者保护配套机制缺乏立法层面的系统规划、司法处置方式下受偿标准和最终受偿率的可预期尚待提高等问题仍待破题。

(五)债券违约的风险防控机制

债券违约处置中,证券监管层面的风险防控机制在个案快速有效处置和系统性风险防范上有其特定的功能。债券违约处置是一项系统性工程,仅关注违约事后处置往往效果不彰。日常监管中,可以通过建立事前、事中、事后的违约风险链条,对风险处置实现早发现、早处置,保障债券市场的平稳运行有重要意义。实践证明,在应对诸如外部性较强的大体量主体违约风险,尤其是防范系统性风险发生的过程中,单一的风险处置手段效果相对有限。有必要运用系统思维,创新思路,形成积极有效的工作机制。

1.全链条债券风险防控机制

构建全链条的风险防控机制,其目标是协同推进入口端、持续监管端、处置端和责任端在违约风险上的作用,实现债券违约风险在结构上的有效收敛。入口端要以调结构为中心,推动优化债券产品结构,重点关注弱资质城投、大体量发行人的债券发行。发行承销端要加强对一级市场中利益交换行为和结构化发债行为的制度约束,提升发行定价市场化水平。持续监管端要强化压实发行人和受托管理人职责,突出债券信息披露核心作用,提升风险识别的有效性。违约处置端进一步健全债券市场化退出机制,促进形成债券市场良性循环、优胜劣汰的健康生态。责任端要加快完善市场化违约处置和责任机制,为投资者风

[21] 参见李曙光:《审理债券纠纷案件座谈会纪要的意义与突破》,载《人民法院报》2020年7月23日,第5版。

险退出和利益实现提供保障。

2. 区域违约风险系统解决方案

当前债券市场违约风险的共振效应明显，一些财政能力相对薄弱的省、市、区域债务风险集中，发新债、续旧债遇到困难，融资成本呈上行趋势。对此，除对个案严格依法依规处理外，还需积极作为，加强区域化风险识别和处置的系统谋划，以整体提升区域债券信用水平，提高风险防控能力。实施路径上，可把地方政府用好债券市场支持地方经济发展和维护金融生态做好风险防控作为结合点，推动地方政府担起风险化解属地责任、维护地方金融生态主体责任以及地方国有企业出资人责任。具体措施上，要建立健全与地方政府全链条、多维度的风险信息共享机制，准确把握区域风险底数和特征；因地施策，研究推动建立由地方政府牵头，协助区域内企业优化债务结构、盘活存量资产、提升资信水平，进而提振市场信心，改善企业乃至区域整体融资环境的违约风险处置长效机制。

3. 违约处置中的股债联动模式

与信贷市场不同，债券市场作为证券市场在资源配置方式上有其独特优势，股债联动就是通过资源的再整合，来达到违约风险化解的目的。化解债券违约风险中，很重要的一项任务是要多举措优化债券发行人的债务结构，逐步恢复其现金流造血能力。股债联动，狭义的解释是债转股，但在更宽泛意义上是借鉴股票市场上业务整合、资产重组、破产重整、引入战略第三方等方式，为债券发行人优化生产经营模式、调整债务结构、提升持续经营能力，进而恢复企业信用提供市场工具。这方面，要积极推动债券市场中介机构尤其是证券公司固收投行队伍业务转型，从简单的债务发行承销和债务兑付督导，转换为更加主动地为发行人信用的维护、巩固、修复、提升提供专业投行服务。

五、债券违约风险化解处置的基础制度支持

债券违约风险的化解，既需要从处置机制上研究办法，提出应对之策，也需要探究债券违约发生的深层次原因和影响其化解处置效果的

深层次障碍,从制度层面形成解决之道。从基础制度层面上看,债券发行审核、违约风险有效定价以及债券市场统一监管这几个方面尤为重要。

(一)债券市场发行审核

《证券法》生效后,交易所债券市场发行审核正式施行注册制。在此之前,银行间市场和交易所市场实际上已经按照类似注册制的理念开展债券发行审核工作,其实质是以信息披露为中心,减少对发行人债券发行申请的实质把关,债券风险水平几何、能否发行成功,交由市场来决定。统计显示,交易所市场每年通过的债券发行申请,约有一半以上未能发行,市场选择功能初步显现。

但是,对于债券市场注册制实施取得的效果也不能过于理想化,要考虑债券市场实际问题,及时做出相应的制度调整。比较突出的问题表现在债券产品结构不合理、部分发行人信息披露重大缺陷,由此也导致特定行业、特定品种的债券违约风险比较集中,部分债券违约后投资者诟病发行人涉嫌财务造假。从入口端分析,主要有两个方面原因:一是债券市场的利率市场化进程尚未完成,债券兑付风险与利率价格并未真正匹配,一些风险较高但有"隐形刚兑"的债券产品得以大量发行;二是注册制的市场化还需要有强大的法治化保障,在违法违规成本相对较低的情况下,可能出现铤而走险、带病闯关的情况,其中隐含的风险不可小视。

基于此,防范化解债券违约风险,需要从入口端完善债券发行上市审核制度,其主要目标是推动债券产品结构优化。具体而言:一是针对当前城投企业债券占比相对较高的情况,疏堵结合,控增量、化存量,对弱资质区县级城投债予以适当限制,引导城投债信用水平逐步提升。二是积极推进债券市场实体企业产业债的发行,尤其是引导带动优质民营企业在债券市场发行债券,提高债券市场服务实体经济的能力,增强债券产品可选性。三是总结债券违约案例出现的问题,推进分类审核,对诸如大体量发行、债务结构不合理、母子结构公司以及特定行业的债券发行申请,制定更有针对性的审核标准,从源头减少风险隐患。

（二）违约风险有效定价

债券市场本应通过有效的价格机制，实现对金融资源的市场化配置功能。但当前债券市场中仍然存在较多扭曲定价的行为，“高信用低息，低信用高息”的正常融资秩序没有形成。债券产品的风险定价机制受到干扰，风险与收益未实现有效匹配，阻碍了利率市场化进程，使市场优胜劣汰机制难以发挥作用。一级市场隐形利益交换、结构化发行及隐形刚兑等情况，造成了债券价格不能真正反映债券风险。对投资者而言，难以通过价格识别债券的违约风险，也就难以在投资之初即通过市场化的投资组合实现风险有效分散，后续违约风险处置困难重重。

就此，需要系统分析影响债券利率市场化的客观障碍，尽快围绕利率市场化推出相应制度机制安排。一是尽快推动制定统一的发行承销规则，完善对一级市场中利益交换行为和结构化发债行为的制度约束。二是加快完善市场化违约处置和责任机制，明确违约中各方的责任和义务边界，引导政府信用逐步从商事信用市场退出，为市场化违约、打破刚性兑付提供制度环境保障。三是加快完善做市商制度，提升债券市场价格发现功能，推动债券利率实现市场化。

（三）债券市场统一监管

当前，我国债券市场仍处于三部门监管、双前台成交、三后台结算的模式，2019 年修订后的《证券法》也没有改变这一格局。两个交易市场在基础法律适用以及债券发行条件、募集资金用途、信息披露要求、主承销商业务资质、承销机制、托管体系等标准仍存在不一致，弊病不少。分割的市场造成不同市场的债券定价偏离，也难免出现“监管竞次”的问题，并最终影响违约风险防控机制作用的发挥。目前来看，对于要统一债券市场规则、加强监管执法协调，监管层和市场在目标上是一致的。但对于如何统一，认识上的分歧仍然比较大。

从市场运行规律考虑，为解决债券市场分割问题，首先需明确统一的债券市场监管机构，提高制度运行有效性。没有统一的监管机构，也很难有统一的立法和统一的市场。从境外来看，美国、英国等成熟债券市场普遍形成了集中统一的监管体系、适用统一的监管法规。当前，我国债券市场在各个层面的要素分割，其中的关节点之一就在于监管机制的分割。事实上,各管一片甚至各管一段的客观难题仍然存在,单纯通过有机互补难以解决实际存在的问题。在此情况下,难以实现认识和制度的统一,降低基础制度的实施效果和市场运行效率。因此,统一认识,及早优先消除债券市场分割的局面,已是当务之急。在此基础上,由统一的主管机构,全面梳理影响债券市场违约风险及处置的掣肘因素,明确《证券法》作为规范债券市场的基础法律地位,并推动完善债券发行、交易等关键制度,可以取得事半功倍的效果。

(编辑:谢贵春)

《证券法苑》(2021)
第三十五卷,第275~334页

表决权与控制权的分离:合同在公司治理中的角色*

[美]加布利尔·劳特伯格** 著
钟华韵 周苇航 蔺锦波 李林倚*** 译

摘要:在封闭公司中,股东往往会通过合同来变

---

* Gabriel Rauterberg, *The Separation of Voting and Control: The Role of Contract in Corporate Governance*, Yale Journal on Regulation, Vol. 38, No. 4, 2021.

** 密歇根大学法学院(University of Michigan Law School)助理教授。感谢 Robert Bartlett、Richard Brooks、Ryan Bubb、Tony Casey、Emiliano Catan、Albert Choi、Anne Choike、Patrick Corrigan、John Denniston、Jill Fisch、Jeffrey Gordon、Monica Hakimi、Henry Hansmann、Don Herzog、Jim Hines、Randy Holland、Marcel Kahan、Vikramaditya Khanna、Michael Klausner、Vice Chancellor Travis Laster、Kyle Logue、Elizabeth Pollman、J. J. Prescott、Roberta Romano、Sarath Sanga、Martin Schmalz、Stephen Davidoff Solomon、Holger Spamann、Richard Squire、Eric Talley、Andrew Verstein 和在 Iowa、Michigan、Notre Dame、Northwest ern、NYU、Oxford、Wisconsin、CLAWS 举办的研讨会的参与者,以及在 BYU Winter Deals 上有益的评论。Nick Orr、Sarah Smith、Gabriel VanLoozen、Jenna Chen、Chase Glasser 和 Megan Short 提供了范例式的研究帮助。所有错误由笔者一人负责。

*** 译者分别为北京大学国际法学院2018级硕士研究生、华东政法大学经济法学院2019级硕士研究生、中央财经大学法学院2020级硕士研究生、中国政法大学民商经济法学院2020级硕士研究生。感谢上海证券交易所2021年暑期实习生计划给予的支持。

更权利。这种现象远没有得到其该有的关注。近些年上市的公司中,15%都有股东协议。在很大程度上,股东通过合同重新界定了控制权。《公司法》以股东表决权的运用来实现控制权,而股东协议是以合同机制来实现,同时将表决权与控制权做了分离。这些实践暗示我们,需要进一步丰富公司治理和控制权的概念。

关键词:表决权　控制权　股东协议　公司治理

引　言

每年公司董事会中的部分或全部董事都面临选举。谁将在董事会中任职取决于股东如何表决,区别于不受关注的“沉睡事项”(sleepy affairs),对董事会控制权的争夺可能会成为头条新闻并产生数以千万美元的花费。[1] 但在2019年5月,当Uber提交上市申请时,其披露了关于时任董事会的一种不同产生方式:一份股东间的合同决定了董事会中全部的12名董事。[2] 选举的结果早已为人所知。Uber的大股东达成了共识,每名大股东都有权委任特定的董事,并被承诺可以对其他的被委任董事行使表决权。因为协议的签订者拥有Uber的大多数表决权,所以协议便保证了他们委任的董事能够当选。协议的签订者包括了Uber从创立到发展壮大期间的主要投资者(如Benchmark Capital、TPG、SoftBank)、员工及创始人,包括近期离职的CEO Travis Kalanick。利益不同甚至冲突的协议签订者通过股东协议,维持了对公司多年的精心安排的控制共享(sharing control),每一方都能确保在董事会中有自己的代表。在首发上市(IPO)之后,股东协议便终止了,Uber成了一家上市公

---

〔1〕 See, e. g., David Benoit, *P&G vs. Nelson Peltz: The Most - Expensive Shareholder War Ever*, WALL ST. J. (Oct. 6, 2017, 6:07 PM ET), https://www.wsj.com/articles/p-g-vs-nelson-peltz-the-most-expensive-shareholder-war-ever-1507327243 [https://perma.cc/CMA6-XHM6](描述了宝洁公司董事会选举花费了6000万美元的事实)。

〔2〕 Uber Techs. Inc. Amendment No. 1 to Form S-1 Registration Statement 224 (Apr. 26, 2019).

司,其董事会的构成也由每年的选举产生。[3]

股东协议(公司所有者之间的合同或有时是公司所有者与公司自身的合同)是公司法中约定的核心文件并处于封闭公司治理的核心。[4]封闭公司的投资者依据这些协议来拟定所有权条款以及选择跳出公司法的其他治理规则。[5] 近年来关于股东协议的法律事务在急速增加。涉及股东协议的纠纷迅速占据了特拉华州高等公司法庭(Nation's Preeminent Corporate Law Courts in Delaware),大多数大公司都在该州注册。这一趋势在特拉华州最高法院(Delaware Supreme Court)于2019年10月作出的一份具有争议的判决后达到顶峰,该判决聚焦于股东协议的当事人是否共同构成控股股东。[6]

---

〔3〕 随着IPO的结束,股东协议也宣告终止,Uber成了一家上市公司,其董事会的构成也完全取决于每年选举的结果。参见前注〔2〕,第262页("在本次发行结束时,投票协议将终止,我们的股东将不会有任何在董事会成员选举和委任方面的特权。")

〔4〕 See, e. g., *Corporate Law Committee of the Association of the Bar of the City of New York*, *The Enforceability and Effectiveness of Typical Shareholders Agreement Provisions*, 65 Bus. Law. 1153, 1155 (2010) [以下为强制性和效力] ("公司中两个或两个以上股东间的协议常被用于私募股权投资、风险投资、合营和其他的公司交易");参见下文第二部分第二节。

〔5〕 See, e. g., 1 F. Hodge O' Neal & Robert B. Thompson, Close Corporations and LLCS: Law and Practice § 1:4, 1 – 14 (rev. 3d ed. 2004). 公司可采用的几个股东协议范例。See, e. g., *Voting Agreement*, *Nat' l Venture Cap. Ass'n* (July 2020), https://nvca. org/ – model – legal – documents [https://perma. cc/SNY2 – MZDR] (点击"Voting Agreement"下载)。

〔6〕 Sheldon v. Pinto Tech. Ventures, L. P., 220 A. 3d 245, 251 (Del. Oct. 4, 2019) (认为表决协议的签订者们不构成控制集团)。近期其他涉及股东协议法律问题的案件, see, for example, Arkansas Teacher Retirement System v. Alon USA Energy, Inc., No. CV 2017 – 0453 – KSJM, 2019 WL 2714331 (Del. Ch. June 28, 2019); Manti Holdings, LLC v. Authentix Acquisition Co., C. A. No. 2017 – 0887 – SG, 2018 WL 4698255 (Del. Ch. Oct. 1, 2018); In re Hansen Medical, Inc. Stockholders Litigation, No. 12316 – VCMR, 2018 Del. Ch. LEXIS 197 (Ch. June 18, 2018); Schroeder v. Buhannic, C. A. No. 2017 – 0746 – JTL (Del. Ch. 2017); OptimisCorp v. Waite, No. CV 8773 – VCP, 2015 WL 5147038, at *74 (Del. Ch. Aug. 26, 2015), aff'd, 137 A. 3d 970 (Del. 2016); Huff Energy Fund L. P. v. Gershen, C. A. No. 1116 – VCS, 2016 WL 5462958 (Del. Ch. 2016); Caspian Select Credit Master Fund Ltd. v. Gohl, No. CV 10244 – VCN, 2015 WL 5718592 (Del. Ch. Sept. 28, 2015); and Halpin v. Riverstone National, Inc., C. A. No. 9796 – VCG, (Del. Ch. Feb. 26, 2015).

然而,经济学家和法学学者往往容易忽视股东协议。〔7〕 对一些基本问题的回答有时依然不可知也从未被提及,包括股东协议的法律结构如何运行和公司治理的法理内涵。笔者将从一般学理、实证、法解释学角度出发,对股东协议提出一些分析。

本文主要有三个贡献。首先,笔者解释了涉及股东协议的各项法律规则。究竟为何要用合同来实现对公司的控制而不是用公司法的基础文件——公司章程和章程细则(以下简称“细则”)? 笔者认为,答案同时来自股东协议和公司章程在程序和实质上的区别。程序上,章程和协议都被认为是公司集体决策的不同范例和机制,在两种机制下,权利义务如何产生和变化却有相当大的区别。若要修改公司章程,董事会需要提出修正案并获得由全体参与表决的股东中的大多数(甚至更多)股东支持。若要修改股东协议,既要没有授予董事会否决权,也没有所有股东投票或多数通过的要求。〔8〕

造成这一实质区别的原因是公司法允许股东可通过合同放弃自己的特定权利,而公司章程或细则则不可以。〔9〕 对公司章程和细则具有强制效力的法定规则对于股东协议有时并没有强制性。例如,公司法将控制权与表决权绑定时,股东协议则允许控制权和表决权的分离。在公司民主上,默认规则规定的是投票表决。公司法授予董事会有权处理公司事务并赋予股东选举产生的董事会权利的合法性。〔10〕 法律体系下,选举董事会成为股东表决权的一个功能。甚至最灵活的默认规则也将董事席位与股东表决绑定,如差异化表决权(class - specific voting rights)。〔11〕 股东持有的控制权默认表现为他们如何表决,如赞成公司

〔7〕 文章将在下文第一部分第二节中讨论相关学术研究,特别是风险投资方面。

〔8〕 这些差异是基本的,本文关注实质性的差异。在下文中,笔者将通过精确聚焦这些广泛的程序差异来探讨股东协议的规范性。

〔9〕 参见下文第二部分第二节。

〔10〕 See, e. g., In re CNX Gas Corp. S' holders Litig., No. 5377 - VCL, 2010 WL 2291842, at *15 (Del. Ch. May 25, 2010) (“董事至上仍然是特拉华州法律的核心……”); Blasius Indus., Inc. v. Atlas Corp., 564 A. 2d 651, 659 (Del. Ch. 1988) (“股东特许权是董事权力合法性的意识形态基础”)。

〔11〕 笔者将在下文第二部分第三节中深入探讨在实现相似目标时,使用公司章程和股东合同的区别。

合并分立。然而，股东可以通过合同来变更这些默认规则，在封闭公司中，这种应用十分普遍。股东如果有迫切意愿的话，可以通过合同直接与管理层磋商。

股东协议可以这样安排的原因来自公司治理的判例法。判例法中对当事人制定公司章程和细则自由的限制是极宽容的，但最终还需在法定规则体系的界限之内，这一体系由《特拉华州普通公司法》(*Delaware General Corporation Law*，DGCL)精心建构。〔12〕 股东协议不需要被严格限制，法律有时仅设置了普通的合同自由边界——如特拉华州规定了州的公共政策因素。〔13〕 为何会有这样不同的处理呢？对于合同来说，股东协议是当事人合意的产物且只能通过合意来改变。〔14〕 相反，公司章程和内部章程可以被集体决策所变更，该集体决策可能会非自愿性地从属于特定股东的权益。特拉华州法院对待该区分的态度十分严肃：有些权利除非股东自愿放弃，否则不能被剥夺。

但是，为何股东如此重视通过合同与其他股东协商确立管理者的权利呢？一个关键原因在于，通过允许中小股东为了董事会席位签订协议，股东协议建立了一种控制权共享——这是一种广泛的公司治理安排，在此之下，中小股东积极参与控制公司的事务。〔15〕 关于风险投资和私募股权投资的研究已经在广泛探讨封闭公司中的这种控制权共享。〔16〕

---

〔12〕 参见下文第二部分第三节。

〔13〕 参见下文第二部分第二节。特别是，判例法表明虽然公司章程不能废除股东的罢免权，但他们可以单方放弃。参见下文第四部分第一节。

〔14〕 合同当事人当然可以选择不同的规则来规范合同的后续变更。

〔15〕 参见下文第二部分第二节。笔者的观点不是说股东协议是实施控制权共享的唯一法律机制。在第二部分第(三)节中笔者关注了潜在的替代方式。笔者仅认为设立控制权共享是股东协议的独特作用，而部分替代方式只是重要的部分。它们不能像股东协议那样实现所有相同的目的，而且它们对成本的影响也不同于股东协议。

〔16〕 See, e. g. , Robert P. Bartlett, Ⅲ, *Shareholder Wealth Maximization as Means to an End*, 38 Seattle U. L. Rev. 255 (2015); Steven N. Kaplan & Per Strömberg, *Financial Contracting Theory Meets the Real World: An Empirical Analysis of Venture Capital Contracts*, 70 Rev. Econ. Stud. 281, 288 (2003); Elizabeth Pollman, *Startup Governance*, 168 U. Pa. L. Rev. 155, 221 (2019); D. Gordon Smith, *The Exit Structure of Venture Capital*, 53 Ucla L. Rev. 315 (2005).

本文的第二大贡献在于实证研究。从某种程度上讲,关于股东协议的传统观点认为股东协议常见于封闭公司,但封闭公司在公司的“宇宙”中属于“暗物质”(dark matter)——虽然重要,但很难进行实证研究。除了向州务卿(Secretary of State)提交公司章程外,封闭公司无须向公众披露公司的任何治理文件。在上市公司中,股东协议被认为作用微不足道或根本不存在。[17] 这种观点的说服力很明显——上市公司股东分散,互相怎么会真正签订合同?而对控股股东来说,与公司签订这样的协议又有何意义呢?

事实证明,这种观点是错误的。本文附表中的资料显示,在过去6年上市的公司中,大约有15%的公司存在这样的股东协议。[18] 通过这些协议,股东普遍变更了他们的权利。他们常态性地针对董事会的组成签订协议。绝大多数股东协议均授予了特定股东提名董事的权利,而又有超过一半的股东协议包含这样的条款:部分或全部的协议当事人可以以特殊的方式表决。协议同样应用于股东与公司间订立合同。在极少数的股东协议中,公司授予特定股东对公司重大决定的否决权,如合并、解雇CEO,或变更主营业务。其他协议放弃了公司机会准则,以穷尽方式限制股票转让,或授权仲裁解决纠纷。最让人惊讶的是,大多数股东协议中,公司承诺支持特定股东提名董事的方法是将被提名者纳入代理人候选名单,然后尽最大努力保证被提名者当选。[19]

---

〔17〕 See, e. g. , Steven N. Bulloch, *Shareholder Agreements in Closely Held Corporations: Is Sterilization an Issue?* 59 Temp. L. Q. 61, 62 (1986) (“股东协议几乎总是由封闭持股的公司而非公共持股的公司的参与者达成”); Suren Gomtsian, *The Governance of Publicly Traded Limited Liability Companies*, 40 Del. J. Corp. L. 207, 229 (2015) (“不同于美国上市公司,股东协议似乎只存在于上市交易的有限责任公司”); Marco Ventoruzzo, *Why Shareholders' Agreements Are Not Used in U. S. Listed Corporations: A Conundrum in Search of an Explanation* 1 (Pa. State Univ. Dickinson Sch. of L. , Bocconi Legal Studies Research Paper No. 42 - 2013, 2013), https://ssrn. com/abstract = 2246005 [https://perma. cc/E9WM - L5KG] (“关于美国公司法和证券监管最困惑和被忽视的问题之一……是股东间的协议为什么不被广泛频繁地应用……”)。

〔18〕 参见下文第三部分第二节。

〔19〕 参见下文第三部分第二、三、四节。另外,40%的上市公司披露它们曾设置了股东协议,但在IPO时协议终止了。这些协议包含了许多之前讨论的条款,但通常会施加更多的转让限制和表决协议。

本文第三大贡献是归纳总结了首发上市后股东协议的概念特征及伴随而生的新法律问题。人们可以有效地将这些协议承诺区分为“横向”(horizontal)和“纵向”(vertical)两个维度。其中横向维度指股东间承诺,纵向维度指一名或多名股东与公司间的承诺。[20] 股东间关于对其他股东提名者表决的承诺属于横向承诺(horizontal commitments);与之相对,公司承诺支持被提名者、公司授权股东否决权,或股东向公司承诺放弃本可以行使的权利,都属于纵向承诺(vertical commitments)。每一种承诺都伴随不同的法律问题,而公司纵向承诺会引起强制执行问题,这是其他条款通常不会引起的。[21] 然而,令人惊讶的是,即便是关于股东协议的基础性法律也仍十分不完善,一些重大问题缺乏规范,包括一般条款的合法性、表决协议和受信义务(fiduciary duties)的关系,以及对于股东可通过合同放弃何种权利的原则性限制。

本文因此解释了如何用股东协议来直接设置一组上市公司的控制权分配方式。这种法解释学(explanatory)和实证主义的论证解释对一些公司法最基础性的争论具有规范性影响。例如,理解股东协议会引起人们思索两大公司法中的核心区别——对董事会的控制应伴随受信义务,而仅仅用合同权利控制不会涉及受信义务;公众股东(public shareholders)为了自由行使“公司剩余控制权”(residual rights of control)进行磋商,而其他的利益相关者(如债权人)则通过合同保护自己的权益。

股东合同权利的广泛运用迫使笔者重新审视前述两种控制权的实质。此外还引发了一个基本规范性问题:本应与公司章程和股东身份绑定的公司控制权可以被股东通过合同进行重新分配是否为股东所希望。

文章行文结构如下:在第一部分,笔者简要解释了公司治理的机制

[20] 纵向承诺的广泛使用可能发生在上市后股东协议大多与典型的股东协议相异,如封闭、风险投资公司,这些承诺通常位于公司章程之中。同时参见下文第二部分第二节。cf. Voting Agreement, supra note 5. 然而,像笔者之后将要讨论的,笔者发现在一定程度上,股东协议的设置是上市公司信息披露规则的作用结果。

[21] 特别是纵向承诺提出了关于股东和董事在公司治理中适当作用的理论和规范问题。参见下文第六部分。这些还意味着上市后股东协议涉及在两个不同层面上分享控制权——在确保董事会席位的股东之间,以及在控制公司必须做出重大决策的股东与董事会之间。

及相关文献研究,并提供了一个典型股东协议的例子。在第二部分,笔者构建了一个框架来理解股东协议在公司法和公司治理中的独特作用。在第三部分,笔者阐述了所研究的股东协议的丰富内涵并探讨他们的作用。在第四部分、第五部分和第六部分,笔者总体研究了它们的影响,并提出自己的初步观点,涉及股东协议的积极效应(第四部分),伴随产生的众多法律问题(第五部分),以及它们在公司法领域产生的更广泛的讨论(第六部分)。

一、股东协议与公司治理

本部分,笔者将概述公司治理的主要机制和关于股东协议的文献研究,之后再举一个股东协议的例子。

(一)公司治理的机制

股东协议是公司治理中的一个特定领域,对公司法中相似机制作一宏观审视可能会有所启发和帮助。[22] 公司注册证(certificate of incorporation)或"章程"(charter)是公司治理的基础文件。[23] 一家公司还需要有一份细则(bylaws),这是一份程序性文件,它解决以下事项:何时需召开董事会会议,董事会规模,董事会委员会以及一系列类似事项。[24] 一家公司不一定必须拥有股东协议,即便普遍认为封闭公司一

〔22〕 关于州法律,笔者主要聚焦于特拉华州的法律,因为绝大多数公司都在特拉华州注册,这使它成为美国事实上的国家公司法。笔者有时会在脚注中提到《模范公司法》(MBCA),它是公司法第二重要的法源(被许多州采用)。See Model Bus. Corp. Act (AM. Bar Ass'n 2017).

〔23〕 每一家公司想要合法成立(或"公司注册"),都必须向州务卿提交一份章程。章程必须包含少量条款,包括公司股票的定义以及每一类股票的权力、优先权和权利。See Del. Code Ann. tit. 8, § 102(a)(2020).

〔24〕 See Del. Code Ann. tit. 8, § 109(a)(2020). 细则中没有强制性的条款,它们可以包含任何与章程相一致的条款,只要它们不"要求股东承担与公司或与公司内部索赔有关的律师费或费用的责任"。as defined in § 115 of this title. 参见前注〔23〕,第109页(a)-(b)。

般拥有。[25]

在程序性特征上,章程、细则和股东协议存在显著的不同,如谁能修改它们,何时修改和怎样修改。章程只能通过修正案来修改,修正案需要经过董事会和多数股东表决通过。[26] 通常情况,董事会或多数股东都可以单方修改公司细则。[27] 相反,股东协议是一份合同,因此,受合同法规则调整(至少默认)。因此,当且仅当所有签署方同意时,协议才能被修改,除非他们采取其他替代性规则。[28] 董事会随时都可以做出行动,如董事会决议。

〔25〕 See Bulloch, supra note 17, at 62 ("股东协议几乎总是由封闭持股的公司而非公众持股的公司的参与者达成。"); Mark R. High, *Drafting Buy - Sell Provisions in Shareholder Agreements*: *Can We "Insure" Compliance?*, Bus. L. Today, May - June 2010, at 59, 62 ("股东协议是封闭公司文件中最常见、最关键的文件。"); Brett H. McDonnell, Sticky Defaults and Altering Rules in Corporate Law, 60 Smu l. Rev. 383, 406 n. 136 (2007) ("股东协议是在封闭公司中构建公司内部股东关系的一种常见方法")。关于股东协议的学术研究和实践评论,高度集中在它们在封闭公司中的作用上。See generally Enforceability and Effectiveness, supra note 4; Wulf A. Kaal, *United States of America* (*National Report*), in Kristian Csach, Bohumil Havel & Sebastian Mock eds., International Handbook on Shareholders' Agreements 2018.

〔26〕 更准确地说,公司的发起人(通常是创始人或他们的律师)起草了最初的章程。See Del. Code Ann. tit. 8, § 103(a)(1) (2020)。然而,一旦公司收到任何关于其股份的付款,特拉华州就章程后续任何变更都强加了一条苛刻的规则:董事会需通过一项决议,阐述拟议的修正案,并且持有投票权股票的股东必须投票赞成修正案。See Del, Code Ann. tit. 8, § 242(b)(1) (2020).

〔27〕 准确地说,公司的创始人或其最初的董事会,可以采用和修改最初的细则。See Del. Code Ann. tit. 8, § 109(a)(2020). 然而,一旦公司收到了关于其股票的任何支付,新的细则就可以被采用且只有通过股东投票表决才能修改现行章程。参见上注,公司还可以在其章程中授权董事会通过和废除细则的权力,绝大多数公司都这样做。实际在大多数公司中,股东和董事会都可以单方面修改公司细则,尽管在上市公司中,股东这样做的实际能力较董事而言远远有限。See Jill E. Fisch, *Govern - ance by Contract*: *The Implications for Corporate Bylaws*, 106 Calif. L. Rev. 373, 382 - 99 (2018).

〔28〕 See, e. g., Blount v. Taft, 225 S. E. 2d 583, 586 (N. C. Ct. App. 1976) ("股东协议不得变更或终止,除非协议另有约定或经所有当事人同意……")。

然而,尽管公司章程和细则一直都是具有启发性的研究课题,[29]但对于股东协议法律特征的关注甚少。笔者将在下一小节中讨论相关的文献研究。

(二)相关研究文献

在美国,对于股东协议的实证研究是十分有限的。[30] 笔者唯一所知以美国上市公司股东协议为研究对象的是一项巴西的研究,该项研究将2010年至2012年54家巴西上市公司与65家美国上市公司的股东协议做了对比,并强调他们之间缺乏风格上和解决争议方法上的差别。[31] 会计学教授 Jordan Schoenfeld 对涉及 13D 表格的个体股东与公司间的双边合同进行了深刻而广泛的研究。[32]

另外,对封闭公司的股东协议的学术研究可以追溯到至少 1 个世纪之前。[33] 特别是聚焦于"封闭公司"的许多评论员已经观察到股东是如

---

〔29〕 For seminal work on corporate charters, see, for example, Roberta Romano, *Law as a Product: Some Pieces of the Incorporation Puzzle*, 1 J. L. Econ. & Org. 225 (1985); and Robert Daines & Michael Klausner, *Do IPO Charters Maximize Firm Value? Antitakeover Protection in IPOs*, 17 J. L. Econ. & Org. 83 (2001). For important work on bylaws, see, for example, Albert H. Choi & Geeyoung Min, *Contractarian Theory and Unilateral Bylaw Amendments*, 104 Iowa L. Rev. 1, 4 (2018); Jill E. Fisch, *The New Governance and the Challenge of Litigation Bylaws*, 81 Brook. L. Rev. 1637 (2016).

〔30〕 See, e. g., Ventoruzzo, supra note 17 (seeking to explain why U. S. public companies do not use shareholder agreements).

〔31〕 Helena Masullo, *Shareholder Agreements in Publicly Traded Companies: A Com－parison Between the US and Brazil*, 12 Braz. J. Int'l L. 402 (2015). Masullo 的分析指出,股东就董事席位达成投票协议,并限制了股份的可转让性。

〔32〕 Schoenfeld 的重要论文研究了大股东与上市公司签订的与大宗投资相关的双边合同,发现成千上万的大宗投资都附随着此类双边合同。See Jordan Schoenfeld, *Contracts Between Firms and Shareholders*, 58 J. Acct. Res. 383 (2020). 虽然法学学者深入研究的"股东协议"往往涉及多个股东,但 Schoenfeld 研究涉及的许多条款和本文分析的许多条款还是存在有趣的重叠。Schoenfeld 还对股东—经理型合同是否有助于减少管理代理问题进行了具有启发性的分析。参见上注。

〔33〕 See Jesse W. Lilienthal, *Corporate Voting and Public Policy*, 10 Harv. L. Rev. 428, 433 (1897) (讨论投票表决协议). Jill Fisch vigorously criticizes the wide scope that share－holder agreements in large corporations provide for private ordering. Jill E. Fisch, *Private Ordering and the Role of Shareholder Agreements*, 99 Wash. U. L. Rev. (forthcoming 2022).

何利用合同来共同安排他们的事务。[34] 在其他封闭公司环境下,股东协议所起到的关键作用也同样受到高度的肯定。例如,在风险投资和私募股权融资中,股东协议被广泛地运用,特别是与类别化章程安排(class - specific charter arrangements)相结合,来设置不同投资者间的控制权共享。[35] 事实上,大量关于风险投资支持的封闭公司的实证研究探讨了这些公司的治理和控制权的实质。[36] 业内人士对上市后公司治理结构的评论也深刻提醒着股东协议的作用。[37]

此外,股东协议的作用(如就董事会的组成签订合同)与很多文献中的研究主题紧密相关,如围绕风险投资支持的封闭公司治理、私募股权投资组合公司(private equity portfolio companies)、股份转让限制所扮

---

〔34〕 See George D. Hornstein, *Stockholders' Agreements in the Closely Held Corporation*, 59 Yale L. J. 1040 (1950). For more recent treatment, see O'Neal & Thompson, supra note 5, § 5; Kerry M. Lavalle, *Drafting Shareholder Agreements for the Closely - Held Business*, 4 Depaul Bus. L. J. 109 (1991); Robert B. Thompson, *The Law's Limits on Contracts in a Corporation*, 15 J. Corp. L. 377 (1990).

〔35〕 See, e. g., William Carney, Robert Bartlett III & George Geis, *Corporate Finance: Principles and Practice* 566 (4th ed. 2019); see also Voting Agreement, supra note 5, § 1.2 (讨论投票表决协议以及其与基于章程的董事委任权的关系); Certificate of Incorporation, Nat'l Venture Cap. Ass'n, at art. IV, § B, cl. 3 (Sept. 2020), https://nvca. org/ - model - legal - documents [https://perma. cc/G866 - T59S] (讨论董事的选举及其通过分类表决权行使后在各章程类别中的分配)。对于为什么风险投资公司首选公司形式进行的一项具有启发性的讨论, see Gregg D. Polsky, *Explaining Choice - of - Entity Decisions by Silicon Valley Start - Ups*, 70 Hastings L. J. 409 (2019). 关于风险投资的研究已经非常广泛地探讨了股东之间控制权的分配和股东协议的作用,但通常不会将股东协议作为直接研究的对象。See, e. g., Brian J. Broughman, *The Role of Independent Directors in Startup Firms*, 2010 Utah L. Rev. 461, 468 (在封闭公司中,各方通常在章程和表决协议中确定董事会席位的分配)。

〔36〕 See Kaplan & Strömberg, supra note 16, at 288. For recent empirical work, see, for example, Michael Ewens, Alex Gorbenko & Arthur Korteweg, *Venture Capital Contracts* (Dec. 2020) (unpublished manuscript), https://ssrn. com/abstract = 3423155 [https://perma. cc/SGL3 - KF5U].

〔37〕 See, e. g., Douglas P. Warner et al., *A Look at Governance and Liquidity Arrangements in Sponsor - Backed Initial Public Offerings*, *Weil: Global PE Watch* (2017), https://privateequity. weil. com/whats - market/a - look - at - governance - and - liquidity - arrangements - in - 2019 - sponsor - backed - initial - public - offerings [https://perma. cc/8XK2 - BJPB].

演的角色、债权人控制权等,又如股东协议能够用契约的方式组成董事会。[38] 然而,如何解释股东协议相对受到的忽视仍是一个问题。至少两方面原因值得关注。首先,缺乏实证研究基础,这意味着有趣的概念问题面临研究动力不足或无依据。其次,从历史角度来看,倾向于将章程、细则和股东协议都视为一种统一的"合同",而忽略了它们之间的许多重要差异。

(三)用合同来治理

法学学者强调公司法给予公司所有者三种基本的权利:退出(exit)、发声(voice)、追责权(liability)——出售股份的权利、董事会选举时表决的权利、起诉不忠实管理人员的权利。[39] 根据特拉华州的默认规则,股东可以自由出售他们的股份、[40] 董事会选举和特定重大交易时表决,[41] 以及在高管董事违反勤勉忠实的受信义务时起诉他们。

笔者所研究的股东协议在上述各个方面都改变了股东的权利。首先,股东协议通常授予股东提名董事会董事的权利并通过投票协议使其生效,投票协议中的股东承诺为其他被提名的董事投票。股东协议赋予特定群体——有时是中小股东——在一系列重大公司决策上的否决权,如是否解雇 CEO、是否改变控制权、是否变更主营业务。股东协议放弃了大股东提出公司机会的义务,而这是受信义务中忠实义务所需遵守的,且股东协议虽然极少,但有时也会通过随售权(tag – along rights,授予一方以与另一方相同的条件将其股票出售给投标人的权利)、强制出售权(drag – along rights,如果另一方选择出售他们的股票,则强制一方也出售他们的股票)和其他转让限制来限制股东出售他们股份的权利。[42]

---

〔38〕 See infra notes 81, 85, 117, 161, and accompanying text.

〔39〕 Albert O. Hirschman, Exit, Voice, and Loyalty: Responses to Decline in Firms, Organizations, and States (1970); Henry Hansmann & Reinier Kraakman, *Exit, Voice and Liability: The Dimensions of Organizational Structure* (2008)(未出版的手稿), https://papers.sioe.org/paper/131.html [https://perma.cc/M376 – K3D9].

〔40〕 Del. Code Ann. tit. 8, § 202 (2020).

〔41〕 See, e.g., Del. Code Ann. tit. 8, § § 141(k), 251 (2020).

〔42〕 其他常见的限制包括授予一方优先购买权(一方在未将其股票先提供给享有优先购买权一方之前不能出售其股票),尽管存在其他更多的选项。

举一个股东协议的例子——GoDaddy 公司。GoDaddy 公司是世界上最大的网站持有者，或更宏观地说，是为小企业提供云端服务的全球领军者。公司于 2015 年 4 月 1 日上市并在上市前不久向 SEC 提交了股东协议。[43] 签署方包括 GoDaddy 公司本身，私募股权投资公司 Kohlberg Kravis Roberts & Co.（KKR）、Silver Lake Partners 和 Crossover Ventures（全部是 GoDaddy 上市前的主要投资者）以及公司的创始人 Bob Parsons。协议从许多方面改变了法律的默认规则。在公司治理方面，协议建立了包含 9 名董事的董事会并授予 KKR 和 Silver Lake 各向董事会提名 2 名董事的权利（只要他们持有超过公司 10% 的股份），[44] 协议还授予 Parsons 向董事会提名 1 名董事的权利（前提是他持有 5% 或以上的股份）。[45] GoDaddy 承诺通过将被提名者纳入其委托书和推举名单中来支持他们，否则“将尽公司合理的最大努力，使这些被提名者当选为董事会成员”。[46] 同样，每一股东当事人也承诺表决支持其他股东提名的对象。[47]

这份股东协议同样规定，如果 GoDaddy 想要完成以下任一重大决定，需要得到 Silver Lake 和 KKR 每一方的支持，包括改变控制权、主营业务的重大变化、CEO 任期的终止。[48] 股东各方达成合意，几乎无例外情形，在没有 KKR 和 Silver Lake 均同意的情况下，3 年内不出售任何证券。[49] 最后，在出现与私募股权投资公司提名董事利益冲突时，股东协议规定放弃公司的任何商业机会权利。[50] 因此，协议重新修改了特拉

---

[43] See Stockholder Agreement by and Among GoDaddy Inc., Desert Newco, LLC, and the Other Parties Named Herein (Form S-1, ex. 10.3) (Mar. 31, 2015).

[44] 同上。

[45] 同上。

[46] 同上。

[47] 同上。

[48] 同上。

[49] 同上。这种限制的运行，就像其他大多数转让限制一样，是极其复杂的。

[50] 参见前注[43]。更确切地说，该协议“包含了一项契约要求我们修改和重述公司注册登记凭证，以规定放弃提供给以下主体的公司机会，包括 KKR、Silver Lake、TCV、Parsons 先生、各自关联及 KKR 董事、Silver Lake 董事、Parsons 董事和任何与 TCV 关联的董事，主体的范围应为 DGCL122(17) 条款下所准许的最大范围”。GoDaddy Prospectus [filed pursuant to Rule 424(b)(4)] (Mar. 31, 2015).

华州在退出、发声、追责权的各个方面都长期默认的规则。

在这里值得提出一个疑问。以上描述的内容大多也可以通过章程或细则来实现。事实上,其中一些条款(如放弃公司机会准则)似乎更常出现在公司章程中,而不是股东协议中。[51] 疑问是为什么公司治理的基础性特征要通过投资者间的合同来建立(股东协议)而不是章程或细则。章程和细则不仅是公司治理最常见的形式,并且也能提供显著的优势,因为较其他治理工具而言,法院更重视公司章程条款。股东协议为何存在?它们是否能够显著推动实现公司治理的实质目标?在第二部分,笔者将转向探讨这个问题并针对后一问题提出一个确定性答案。

二、股东协议的功能

在本部分中,笔者将阐释股东通过合同而非章程,设立与变更公司控制权这一重要事项的原因。概括而言,其包含程序和实体两方面原因。从程序上看,章程和合同都可以作为组织体集体决策的有效方式,可以确定组织体成员的基本权利义务。二者也常被用以实现类似的实质性目标,但他们在做出实质决策的程序方面存在区别,且通常情况下,这些程序性差异也将导致实质性差异。

故本部分还将特别论述二者存在的实质性差异,即成文公司法确立了选任董事的权利是股东表决权项下的权能,而股东协议则授予股东基于合同约定得以选任董事的权利,笔者称后者为"表决权和控制权的分离"(the separation of voting and control)。[52] 此外,笔者也将简要概述成文公司法所设想的默认投票规则,并将解释特拉华州法院为何认定通

---

〔51〕 See Gabriel Rauterberg & Eric Talley, *Contracting out of the Fiduciary Duty of Loyalty: An Empirical Analysis of Corporate Opportunity Waivers*, 117 Colum. L. Rev. 1075, 1125 (2017)(发现大多数对公司机会放弃的规则都可在章程中找到)。

〔52〕 使用这句话的目的不仅是要引出 Berle 和 Mean 那句著名的"所有权和控制权的分离",也是要引出 John Morley 通过对投资基金结构进行观察继而将其定义为"基金持有人和管理人的分离"。See Adolf A. Berle & Gardiner C. Means, *The Modern Corporation and Private Property* (1932); John Morley, *The Separation of Funds and Managers*, 123 Yale L. J. 1118 (2014).

过股东协议对章程有关事项作出特别约定属于法律所允许的实践范畴（尽管法院得出该结论的逻辑和背后的深刻意义被巧妙地隐藏于判例中）。事实上，股东协议的作用并不局限于此，它还赋予了公司在董事选任方式上极大的灵活性。

（一）程序性差异

股东可以借助公司法项下的基础工具即公司章程，或者依据合同法项下的股东协议来构建公司治理的基本制度。可见，章程和合同都可以被视为创设和变更公司治理有关权利的方法，但它们为集体决策程序（collective decision - making）的构建提供了具有实质区别的两种模式。

任何学习过商业组织有关知识的学生都熟知公司章程的修改程序。即若要修改章程，董事会必须通过一项列明章程修改内容的决议，且该决议须经持有公司流通股股票对应多数表决权的股东投票赞成方能通过。[53] 此外，公司可以通过规定"修改章程须经超多数表决权的股东同意"这一强制性程序，增加章程修改的难度。但股东协议的变更方式，仅取决于协议是否就其变更程序约定应具体适用的规则。合同法规定变更规则为"各方一致"，即所有合同当事人必须达成合意方能变更合同。针对上述程序性差异的重要性及其原因，本文将详细阐述。

公司法对于股东通过修改章程改变公司治理结构的强制性程序规定，实际上授予了董事会在修改章程基本事项上的否决权，在股东多数决制度中，如果董事会仅作为程序性的一环，那么它的作用将显得无关紧要（甚至多余）。无论如何，董事会受到忠实义务和勤勉义务的约束，使其能够成为独立于公司及全体股东的忠实管理核心。但不尽如人意的是，董事会可能对大股东决策产生或积极或消极的阻力，这使董事会也成了潜在的代理成本中心。

（二）控制权的基本法定分配

DGCL 在构想一个由董事会控制的公司的同时，也为股东保留了对公司基本事项的控制权，[54] 或许其中最重要的即为选任董事和批准重

---

〔53〕 Del. Code Ann. tit. 8, §242(b)(1) (2020).

〔54〕 See Del. Code Ann. tit. 8, §141(a) (2020) ("一切公司经营管理事务均由董事会负责或由董事会指导"); §141(d); §141(k).

大交易的权利。[55] 正如笔者简要介绍的那样,这些权利的基础即股东表决权。

公司法制定了关于董事选任的默认规则,并规定了修改默认规则的具体方式。按照规定,董事会每年需重新选举并由得票最多的候选人当选董事。[56] 公司可以采用要求候选人获得多数票才能当选董事的标准取代法定的得票多者当选的标准,多数大型公众公司都采用了某种形式的多数票标准(作为董事候选人成功获任董事的标准)。[57] 但无论采用何种标准,持有多数表决权的股东都将能确保其提名的候选人赢得选举。

而这些默认规则通常可以通过法律授权的方式被一些制度替代——董事会年度选举可以由交错董事会(staggered board)制度取代,在交错董事会中,每年只有一部分董事会席位可供选任。[58] 公司还可以发行附有不同权利(包括委任特定董事的权利)乃至特权的多种类别股(classes of stock),并规定每位董事仍必须由持有该特殊类别股中的多数投票权股东委任,从而改变所有董事由同一类别普通股股东选举的默认规则。[59] 最后一个重要的法定例外是累积投票制(cumulative voting),[60] 如果一家公司采用累积投票制,则股东获得的表决权数等于其所持有表决权的股份与待选举董事席位数的乘积,股东可以在董事选举投票中自由分配其累积的表决权。

---

〔55〕 See, e. g. , Del. Code Ann. tit. 8, §211 (2020) (概述了有关公司表决权的基本规则); §242 (股东对章程修正案的表决权); §251 (股东合并表决权); §275 (股东对公司出售重大资产的表决权); §275 (股东对公司解散的表决权)。这当然不是详尽无遗的(股东也就公司有关代理事宜进行表决,如高管薪酬问题等,股东对公司的控制还体现在表决权以外的广泛权利上,从股东查阅公司账簿和会计凭证的知情权到董事受信义务对股东控制权的间接保护)。

〔56〕 See Del. Code Ann. tit. 8, §141(d) (2020).

〔57〕 See Stephen J. Choi et al. , *Does Majority Voting Improve Board Accountability?*, 83 U. Chi. L. Rev. 1119, 1121 (2016).

〔58〕 实行交错董事会制度的公司每年可以选举1/3的董事,董事任期最长为3年。Del. Code Ann. tit. 8, §141(d) (2020).

〔59〕 参见前注〔58〕。企业注册证书可授予持有任何类别股或系列股的股东委任一名或多名董事的权利,这些董事的任期和投票权应符合企业注册证书的规定。

〔60〕 同上,第214页。

董事的罢免和委任规则是并行的，除非公司采用交错董事会和/或累积投票权制度，否则，“任何董事或整个董事会均可由当时委任该董事的持有多数表决权的股东无条件罢免”。〔61〕 在交错董事会的情况下，董事只能基于合理原因被免职。〔62〕 而在累积投票的情况下，董事仅在持有大多数表决权选举该董事的股东反对其继续担任董事的前提下，才能基于合理原因被免职。〔63〕 最后，如果某一特定类别股的持有人有权选举一名或多名董事，则持有多数该类别股的股东可以（并且是必要的）无故罢免其选任的董事。〔64〕 一旦认识到罢免的力量，就能意识到这些在董事罢免与委任中的平行制度设计是十分必要的——如果不存在这些限制，持有公司多数表决权股票的股东总是可以通过股东会决议罢免董事而架空交错董事会、累积投票制或类别股股东表决权等制度。〔65〕

股东行使批准某些重大交易的权利则更为简便。DGCL 中散布着一些规定，如要求由股东会对公司章程的修订，公司合并、出售重大资产或解散公司等事项进行表决。〔66〕 这些规定要求董事会须向股东会就每项重大交易提出议案，按照默认规则，议案须获持有公司多数表决权股票的股东支持方可通过。

（三）表决权和控制权的分离

表决权与控制权分离的体系虽然为公司治理提供了极大的灵活性，但仍然受到一定限制。这种制度将表决权与委任董事这一权利紧密相

〔61〕 第 141(k) 条首先确立了“任何董事或整个董事会均可由当时所持多数表决权股东因故或无故罢免”的规则，然后规定了该规则适用的三个限定条件。同上，§ 141(k)。第 141(k)(1) - (2) 节规定了采取交错董事会或累积投票权制度的公司的例外情况，该条款最后规定，如果特定董事是由持有特定类别股或系列股股票的股东委任的，则持有上述类别股票多数表决权的股东，而非持有公司全部流通股对应多数表决权的股东可以无故罢免该董事。同上，§ 141(k)(1) - (2)。

〔62〕 同上，§ 141(k)。

〔63〕 在累积投票制下，如果整个董事会被罢免，则持有公司多数表决权股票的股东可以罢免董事，同上，§ 141(k)。

〔64〕 同上，§ 142。

〔65〕 See Emiliano M. Catan & Marcel Kahan, *The Never - Ending Quest for Shareholder Rights: Special Meetings and Written Consent*, 99 B. U. L. Rev. 743, 751 - 58 (2019).

〔66〕 See supra text accompanying note 55.

联。因此,很多文章中都隐含着一种倾向,即将表决权简单地等同于控制权。

正如笔者将在下文中解释的,法院将“表决权与控制权”分离这一法定原则视为统领公司章程的强制性规定。而股东协议至关重要的作用在于其不受上述原则的约束,故股东可以选择利用股东协议这一方式直接分配控制权。上述法律逻辑隐含在许多涉及私人公司的判例法中,在 Klaassen v. Allegro Development Corp. 案中最为明确。[67]

Eldon Klaassen 是行业领先的能源交易软件供应商 Allegro Development Corporation 的创始人、CEO 和持股比例 70% 的股东。通常情况下,毋庸置疑,Klaassen 以控股股东、董事和高管的身份控制着公司,并在公司身兼其作为股东和受托管理人所能担任的 3 项重要职务。但出人意料的是,在掌舵公司 20 多年后,他在出席一次董事会会议时被突然告知公司解雇了他的 CEO 职务。根据公司法的默认规则,Klaassen 通常应该可以轻易地撤换整个董事会,委任新的董事会并要求董事会重新任命他为 CEO。然而,Allegro 公司的情况并非如此,因为 Klaassen 通过股东协议将上述权利授予他人,该协议规定了公司董事会的成员构成(股东可能将此条款作为公司进行股权融资交易时的重要筹码)。[68] 股东协议授予 Allegro 公司的中小股东委任 7 名董事中 3 名董事的权利,并规定董事会应包含独立董事,该两名独立董事由 Klaassen 提名,但须获得中小股东批准。普通股东(主要是 Klaassen)提名了 2 位独立董事候选人,股东协议约定各方投票支持两位候选人。

但从公司章程的角度看,章程对于董事委任的规定是为约束公司全体股东,甚至包含股东协议的非当事方。所以,Klaassen 被解雇后也曾试图依据章程罢免解雇他的董事,而董事会则主张 Klaassen 的行为违反了股东协议中有关董事罢免权仅被授予提名该董事的股东的约定。因此,这一争议需要法院厘清章程规定的董事任免规则能否被部分股东通过股东协议的方式改变。

---

〔67〕 See Klaassen v. Allegro Dev. Corp., No. CV 8626 – VCL, 2013 WL 5739680, at *24 (Del. Ch. Oct. 11, 2013), aff'd, 82 A.3d 730 (Del. 2013), and aff'd, 106 A.3d 1035 (Del. 2014).

〔68〕 参见前注〔9〕。

针对这一问题，副大法官 Laster 表示，公司章程会因“试图授权有正当理由的罢免，并限制无正当理由的罢免”这一理由受到质疑，相关条款可能会因改变法定表决规则而被认定为无效。〔69〕法院进一步指出，一些公司章程或细则条款意图以 DGCL 未规定的方式限制罢免权，这将与 DGCL 冲突并被认定无效。〔70〕另外，法院又明确认可合同各方通过股东协议选择不适用以上法定规则，故本案中通过股东协议限制 Klaassen 的委任和罢免董事权利是合理的。〔71〕法院认定，根据股东协议，Klaassen 已放弃其单方任命董事以填补空缺席位的权利，并承诺自己支持其他股东指定的候选人。〔72〕其他案例也同样表明，章程条款必须符合 DGCL 法定表决制度的规定，但股东协议则不受此限制。〔73〕

Frechter v. Zier 案也说明了 DGCL 对股东协议以外领域的限制。〔74〕该案中，被告公司章程条款要求“罢免公司管理层须经公司至少三分之二比例的表决权支持通过”。〔75〕特拉华州衡平法院认为，该章程条款与 DGCL 第 141(k) 款相抵触，该条款规定：“无论是否有正当理由，经公司过半数表决权股东同意可以罢免公司任何董事乃至整个董事会。”〔76〕法院赞成并引用了副大法官 Laster 在 VAALCO 案中的论述，即

〔69〕 参见前注〔24〕; see also In re VAALCO Energy, Inc., S' holder Litig., Consol. C. A. No. 11775 – VCL (Del. Ch. Dec. 21, 2015) (transcript) [认为章程和章程细则规定“在非交错董事会的情况下，仅允许股东在有正当理由情况下方可罢免董事的条款，因与 DGCL 第 141(k) 款相冲突而无效”]。

〔70〕 同上。

〔71〕 参见前注〔25〕。

〔72〕 参见前注〔27〕。

〔73〕 See Rohe v. Reliance Training Network, Inc., No. CIV. A. 17992, 2000 WL 1038190, at *16 n.49 (Del. Ch. July 21, 2000); id. at *11[“股东罢免董事的权利不受企业注册证书或公司章程的影响……第 141(k) 对非交错董事会制度下股东罢免董事会成员的权利未做限制”]。特拉华州高等法院在 Salamone v. Gorman 案中，明确承认公司可以通过股东协议选择退出其他强制性公司法规则。在萨拉莫内，法院认可并强制执行了与公司法在董事委任上采取股东表决权多数票相反的股东人数上的多数票的表决方式。

〔74〕 See C. A. No. 12038 – VCG, 2017 WL 345142 (Del. Ch. Jan. 24, 2017).

〔75〕 参见前注〔2〕。

〔76〕 参见前注〔8〕。法院指出，这项规定包括两种例外情况，但经过讨论与本案无关。

认定第141(k)款禁止章程就董事罢免事项作出法律之外的其他限制。[77] 后来成为首席大法官的副大法官Strine也在Rohe案中明确指出,"股东可以通过在企业注册证书中不被允许的方式在股东协议中对自己进行约束"。[78] 第141(k)款是公司章程的强制性规则,但不适用于合同。特拉华州法院也因此给予股东在协议中更大的自由。这是法律对待章程和股东协议的一个基本区别,它不允许公司章程的表决规则违反相关法律强制性规定,但允许股东通过股东协议来突破相关规则,从而实现表决权和控制权的分离。[79]

(四)合同与合意

上述法院的逻辑远不止于理论上的精确性,更是对公司法架构的深刻揭示。特拉华州法院(以及一些公司法学者)喜欢将公司章程和具体细则描述为公司与其股东之间的合同。[80] 这似乎可以追溯到著名的公司理论,即认为公司是各投资人缔结的一系列"合同束"。事实上,在ATP Tour, Inc. v. Deutscher Tennis Bund案中,特拉华州最高法院甚至宣称"公司章程是'公司股东之间的合同'",[81] 衡平法院附和了这一观

---

〔77〕 参见前注〔16〕。"141(k) states affirmatively 明确了'无论是否有正当理由,经多数表决权股东同意可以罢免公司任何董事乃至整个董事会'这一规则"(此处省略引文)。

〔78〕 See Rohe, 2000 WL 1038190, at *11 (补充强调); 同上(因为"强制性年度选举"条款, RTN必须召开董事选举的年度会议,无论公司注册证书第八条最初是否打算为7名指定的董事提供永久任期)。

〔79〕 Klaassen案还说明,如果一方违反股东协议,法院将要求违约方采取继续履行的补救措施。如在此案中,法院认为,公司以多数表决权股东通过的决议罢免董事的而不是对因此遭受损失的股东予以赔偿。事实上在案例中,履行股东协议的请求得到了多数法院的批准。See, e.g., Blaustein v. Lord Baltimore Capital Corp., No. CIV. A. 6685-VCN, 2012 WL 2126111, at *7 (Del. Ch. May 31, 2012)(建议对违反股东协议的行为采取继续履行这一补救措施); TR Inv'rs, LLC v. Genger, No. CIV. A. 3994-VCS, 2010 WL 2901704, at *22 (Del. Ch. July 23, 2010), aff'd, 26 A.3d 180 (Del. 2011); Gildor v. Optical Sols., Inc., No. 1416-N, 2006 WL 4782348, at *11 (Del. Ch. June 5, 2006) (Strine, V.C.)(在协议因未履行而寻求法律救济时,法院责令履行股东协议授予缔约方的优先购买权)。

〔80〕 See, e.g., Frank H. Easterbrook & Daniel R. Fischel, *The Corporate Contract*, 89 Colum. L. Rev. 1416, 1433 (1989).

〔81〕 91 A.3d 554, 557 (Del. 2014) [quoting Airgas, Inc. v. Air Prods. & Chems., Inc., 8 A.3d 1182, 1188 (Del. 2010)].

点,认为“特拉华州公司的章程可以视为对公司董事、高级管理人员、股东更为宽泛意义上具有约束力的‘合同’”,〔82〕这个比喻的魅力在于章程和细则确实是当事人基于自身意思并在当事人间达成合意的法律工具,与合同具有一定的类似性。但这个比喻也会产生误解——根据公司法,公司章程变更需由董事会或者股东会投票表决通过。换言之,即使把章程视为“合同”,它也有其作为“合同”的独特性。因为公司章程的修改通常可以由董事会单方面进行,并将股东的合意置于劣后地位,而基于合同法的默认规则,普通合同只有基于各缔约方合意才能修改。

事实上,特拉华州法院也在受到质疑时认真审视了上述观点,并进一步阐明(在“合同”修改过程中)存在不同种类的“合意”。类似Klaassen案中的股东协议对各方主体权利义务作出的进一步限制可以被比作后续缔结的股东协议对公司章程和细则进行的“合同修订”。因此,法院对章程和细则采用了与股东协议不同的审查模式。〔83〕也即,DGCL限制了章程对于法定表决权事项的任意变动,但对于股东协议来说,此类意思自治的限制更为宽松。〔84〕

(五)表决权和控制权分离的案例研究——控制权共享

出于种种原因,各方均对其在缔约过程中获得表决权和其他控制权的能力十分重视。笔者将基于经验探讨其中的重要原因之一:这种能力将帮助股东能够基于协议达成其通过其他方式难以实现的控制权共享。

笔者将在此讨论何谓控制权共享,并说明股东协议如何显著促进控制权共享安排的实现。一个理想化的公司治理制度愿景的搭建,依赖于通过探究两种极端情况下的公司股权分布形态来描述这两种公司所有

---

〔82〕 Boilermakers Local 154 Ret. Fund v. Chevron Corp., 73 A.3d 934, 939 (Del. Ch. 2013).

〔83〕 See Klaassen v. Allegro Dev. Corp., No. CV 8626 – VCL, 2013 WL 5739680, at * 24 (Del. Ch. Oct. 11, 2013), (对于章程和细则适用DGLE属于强制性规则,但此强制性规则不适用于股东协议); 亦见前注〔22〕(章程和细则在不同类别股股东间实现权利分配,而股东协议则通过“合同修订”的方式对协议各方行使权利的方式作出进一步限制)。

〔84〕 因此,在Salamone v. Gorman案中,106 A.3d 354, 370 (Del. 2014),针对股东协议,特拉华州最高法院认为:“当各方自愿通过缔结具有约束力的合同的方式对相关事项作出规定时,特拉华州法律强烈倾向于尊重其协议,并且只会在存在强有力的证据表明不尊重合同自由是维护公共政策利益的必要条件时进行干预。”同上。

权和管理权的特征。一种是以英美国家上市公司为标准的广泛分散的股权结构，这种所有权结构是学界对于美国公司的研究重点，也是 Berle 和 Means 提出的“所有权和控制权分离”理论的基石。另一种则是由个人、机构、家族作为控股股东的集中股权结构，这通常被认为是世界其他地区的常态。然而，实践中存在大量方案来改变这两种所有权结构对公司控制权的影响，也成为股东不依赖所有权实现对公司控制的替代性方案。其中，一种重要的方案即为控制权共享，这也被证实为被初创企业和风险投资支持型私人公司经常采用的协议安排，〔85〕而探究此类协议如何发挥作用也一直是风险投资领域学术研究的焦点。〔86〕 在任何股权结构的公司中，通过控制权共享均能实现由多名股东共同控制公司。笔者也将重点探讨由两个或多个在董事会有董事提名权的独立股东，通过控制权共享的方案对公司治理产生的影响。〔87〕

〔85〕 See, e. g., Michael Ewens, Ramana Nanda & Matthew Rhodes - Kropf, *Cost of Experimentation and the Evolution of Venture Capital*, 128 J. Fin. Econ. 422 (2018).

〔86〕 在一篇具有开创性意义的论文中，Kaplan and Strömberg 指出，在大多数风险投资公司中，控制权是由股东共享的，这意味着没有单一股东或股东团体（如公司创始人或风险投资人）主宰董事会。在 Kaplan & Strömberg 案中（supra note 16, at 288）可以看出，事实上，控制权共享问题尤其是其中的共享控制的股东之间的冲突，是对风险投资公司学术研究的中心主题。See, e. g., Brian Broughman & Jesse M. Fried, *Carrots and Sticks: How VCs Induce Entrepreneurial Teams to Sell Startups*, 98 Cornell L. Rev. 1319, 1329 (2013); Elizabeth Pollman, *Startup Governance*, 168 U. Pa. L. Rev. 155, 221 (2019); see also Jill E. Fisch & Simone M. Sepe, *Shareholder Collaboration*, 98 Tex. L. Rev. 863 (2020)（讨论了主导公司法的两种典型公司模式）。

〔87〕 需要明确的是，并非每个公司都有数位持股比例达到 5% 或 10% 以上的股东选择采用控制权共享这一形式，现在许多美国上市公司的最大股东是大型家族基金，如 BlackRock、Vanguard 和 State Street。See, e. g., Martin C. Schmalz, *Common - Ownership Concentration and Corporate Conduct*, 10 Ann. Rev. Fin. Econ. 413, 415 (2018). 然而，正如笔者认定的那样，他们不参与控制权共享安排，因为他们不保证能在这些公司的董事会中享有董事席位。据笔者所知，这些公司的大股东均没有董事任命权。这些大型基金家族不追求董事职位的原因多样且微妙，包括其受到投资公司法的限制，以及基于证券交易法第 13 节和第 16 节的规定，基金股东可能遭受的损失。See John D. Morley, *Too Big to Be Activist*, 92 S. Cal. L. Rev. 1407 (2019). 因此，许多美国上市公司的大股东不采取控制权共享模式的现实也很正常。See Clifford Holderness, *The Myth of Diffuse Ownership in the United States*, 22 Rev. Fin. Stud. 1377 (2007).

股东协议至少可以通过两种不同的约定实现控制权共享。一是股东通过协议获得对公司事务的直接决策权。例如，股东在公司控制权变更或 CEO 任免等事项上被授予否决权，这意味着股东通过协议获得了应由董事会享有的控制权。

二是涉及股东之间的表决权约定，即股东通过协议允许非控股股东在多年内能够可靠、灵活地向公司派驻董事来实现控制权共享。需要特别强调的是，这种方式使中小股东派驻的董事能够不被持有多数表决权的股东以法定方式罢免。否则，根据选举和罢免的默认规则，控股股东可以选举并罢免公司的整个董事会，中小股东将很难在公司控制董事席位。控股股东同意中小股东任免董事的非正式承诺，能够以股东协议实现，这一方式极具吸引力，同时也消除了中小股东对于控股股东的承诺无法兑现的顾虑。离开控制权共享这一方案，中小股东每年都只能临时随意地组成一个拥有足够表决权的联盟来推选董事候选人，故即使是在一家没有控股股东的公司里，中小股东仍然很难保证自己提名的董事候选人能够当选。针对这一问题，股东协议向中小股东提供了灵活的方案来确保其提名的候选人当选董事。

为了进一步阐明这一问题，还需要探讨股东协议样本中存在的一些常见表决权约定条款的变体。我们不妨将目光转向 GoDaddy 公司——该公司的股东协议涉及公司的三大股东，即 KKR、Silver Lake 和创始人 Bob Parsons，以上三方在公司 IPO 后均持有公司 23% 的股份。股东协议约定，只要 KKR 或 Silver Lake 中一方的持股比例达 10%，双方将有权各自提名 2 名董事（如果持股比例为 5% 以上，则可提名 1 名董事），而只要 Parsons 持股比例为 5% 以上，将有权提名 1 名董事，此外，三方承诺将支持彼此提名的董事候选人。协议还约定，在未获得 KKR 和 Silver Lake 许可的情况下，3 名股东都不能出售其所持股份。该股东协议将确保他们在未来几年内能够在公司持续获得董事会席位。根据特拉华州法律，他们合同中诸如为彼此提名的董事候选人投票、保证不出售所持公司股份等约定都可以通过强制执行的方式确保履行。这就意味着如果董事会共有 9 名董事，只要 3 名股东保持其对应的持股比例，该控制集团就可以提名 5 名董事。

股东协议能够达到一些通过公司章程无法达成的目的。例如，股东协议可以通过合同条款事先确定将组成董事会各委员会(如合规委员会、提名委员会、管理委员会)的特定人(或特定股东提名人员)的身份,如确定由谁担任董事会主席,或者指定1名特定负责人(如CEO)担任董事。[88] 股东还可以通过合同放弃其在公司章程和内部细则中不能放弃的其他法定权利。[89]

但股东协议并不是取代默认规则、创造某种形式的控制权共享的唯一途径,实践中仍有一系列灵活性有限的工具和另一种强大的灵活手段来达成控制权共享的目的,成为股东协议的"替代品"。不具灵活性的范例之一是累积投票制,虽然它可以为中小股东提供有保证的董事席位,但无法提供股东协议中灵活的表决权安排。然而,有另一种稳健而灵活的替代方案可以实现与股东协议相同的多项目标,即创设分类表决权,更具体地说,设定特定类别的董事席位,笔者将在下节对这一问题重点讨论。

(六)章程、合同和控制权共享

股东协议或创设分类表决权的章程,均可相对灵活地确定公司董事会的组成。特拉华州法律允许公司发行多种类别股,并授予特殊类别股不同的表决权、优先权或其他特殊权利。[90] 因此,公司章程可以授予特定类别或系列股票的持有人选举一名或多名特定董事的权利,[91] 这显然可以成为股东协议的重要替代方案。大股东通过推动公司发行附有委任特定董事权利的类别股,能够确保中小股东在董事会长期控制董事席位。事实上,通过股东协议设定特定类别的董事席位说明了股东协议的一个更为普遍的特征,即合同约定可以在某种程度上取代股权结构在公司治理中的作用——想要控制董事席位的股东可以通过获得相应比例的股权,或者从其他股东处通过协议获得承诺。

---

〔88〕 章程无法实施此类治理安排的原因正如上文中所述 Klaassen 和 Vaalco 案中法院所认为的,章程不得无故废除股东罢免董事的权力。

〔89〕 See infra Section V. A. 2.

〔90〕 第151(a)款授权公司发行多种类别股,并授予特殊类别股不同的表决权、优先权或其他特殊权利。Del. Code Ann. tit. 8, §151(a) (2020).

〔91〕 第141(d)款规定,章程可授予特定类别或系列股票的持有人选举一名或多名特定董事的权利。同上,§141(d)。

本部分中，笔者将从参与制定公司治理制度的私人主体的角度来比较这两种法律工具，并从股东协议积极效应的一面探讨其意义。通过章程与股东协议控制董事席位之间最重要的区别回到前文中论述的"程序性差异"，即章程修改需要董事会参与，发行类别股则属于公司行为并需经董事会同意。而签订股东协议在程序上无须董事会参与并同意，即便公司是签订方且在协议中做出其他承诺。

董事会的参与会产生几项重要影响。首先，这意味着董事会同意创设分类表决权的决议是基于受信义务审查后做出，因此，决议的合理性也可能因为存在违反受信义务的嫌疑而受到质疑。[92] 其次，这也意味着遭到董事会反对的股东无法通过创设分类表决权的模式来分配董事席位。结合前文介绍可知，15%的公司中小股东试图组成一个联盟以形成对董事会的控制，却收效甚微。事实上，中小股东难以乃至不能说服现任董事会创设分类表决权以达到他们的目的。但通过彼此间签订的股东协议，他们可以不必与现任董事会"讨价还价"。一般而言，公司董事负有受信义务，而中小股东则不负有此类义务，除非他们也被认定为"控制团体"(a control group)。[93] 从股东之间互相磋商的角度来看，负有受信义务的董事会不参与缔约，可能减少磋商过程中可以避免的摩擦。

此外，尽管分类表决权和表决权协议的操作路径不同，但均会增加我们变更公司治理结构的难度。由于绝大多数表决权协议不会改变合同变更中的"一致合意"原则，因此，对其进行变更须经所有签署方同意。然而，至少在原则上，合同当事人可以为日后的合同变更预先约定不同的规则。对于章程，特拉华州法律规定了某些法定的分类表决权类型，根据第242(b)(2)款，如果修改章程将"改变某一类别股股东的权利、优先权或特殊权利，从而对其产生不利影响"，则持有该类别股的股

〔92〕 近期涉及创设类别股引发的集体诉讼，参见诸如被合并审理的 Facebook Inc. 发行 C 类股引发的集体诉讼，C. A. No. 12286 – VCL (Del. Ch. June 6, 2016)；在该集体诉讼起诉状的第 7 页，也提及了 Google Inc. 发行 C 类股引发的集体诉讼，C. A. No. 7469 – CS (Del. Ch. Apr. 2012).

〔93〕 参见下文第四部分第二节。

东必须单独表决同意章程修改,才能使该议案得以通过。[94] 因此,每增设一种特殊类别股,就意味着有额外一组类别股股东在特定情况下有权依法就章程修改进行单独表决。在此方面,各方也可以(而且确实能够)通过修改章程排除默认规则的适用,以便在获得该类别股股东批准的情况下,对分类表决条款进行后续修改。

这两种工具的一般性特征有时也会影响公司在二者间做出选择。例如,在变更合同过程中重新磋商较修改公司章程更简单、方便(尤其是在公众公司)。变更部分股东间签订的股东协议也比修改公司章程造成的影响更小,尤其是针对上市公司,修改章程需要公司在其委托声明书中对章程修改的合理性进行详细论证并在股东大会上进行表决,履行这些程序意味着公司需要支付高昂的费用。

最后,在封闭公司(或也在部分公众公司)中,两者还有其他的区别。例如,封闭公司不需要公开披露股东协议,但必须向州务卿递交章程文件。因此,对公司治理有关事项存在保密需求的公司可能更倾向于采用股东协议这一非公开的模式。

概言之,以上所有利弊的综合作用将在这两种法律工具之间形成一个有意义的楔子。二者的相似之处仅限于都可以确保中小股东获得董事席位,并促进控制权的共享。但在所需承担的责任、董事会是否有参与的必要以及对公司可能引发的后续后果等方面的差异,意味着二者存在重大区别。

三、实证分析

从过去6年间完成IPO的公司出发,本文在本部分对其所签订的股

---

〔94〕 Del. Code Ann. tit. 8, §242(b)(2) (2020); see also Hartford Accident & Indemnity & Co. v. W. S. Dickey Clay Mfg. Co., 24 A.2d 315 (Del. 1942)[狭义地解释了242(b)(2)款规定的投票范围];McDonnell, supra note 25, at 417 ("在特拉华州,无论公司章程是否存在相关规定,影响现有类别股股东权利的章程修改必须经过该类别股股东投票表决方能通过")。特拉华州法院狭义地解释了对类别股股东的"权力、优先权或特殊权利"产生不利影响的含义。See, e. g., Benchmark Capital Partners IV, L. P. v. Juniper Fin. Corp., 822 A.2d 396 (Del. 2003).

东协议进行了展开——首先阐明这些股东协议是如何被收集整理成数据库的;其次分析讨论股东协议中的条款,以及受股东协议约束的公司所具备的特征;最后基于前文控制权共享相关的案例研究,对后文提出的相应假设进行检验。

(一)数据

为了理解股东协议的作用,笔者搭建了一个股东协议的原始数据库——依托于一个在 IPO 领域内被广泛运用的数据来源,[95] 笔者查阅了 2013 年至 2018 年(含 2018 年)上市的 901 家公司,并人工识别这些公司是否披露过与 IPO 相关的股东协议。[96] 但由于识别、分析协议所涉及的工作量,笔者将追踪收集的股东协议年限限定在 6 年以内,并着重关注那些最新上市的公众公司。

大部分(55%)进行 IPO 的公司披露,其曾签署过股东协议,或目前仍受股东协议约束。这其中,约 40% 的公司披露,在其曾签署过的股东协议中,除注册权条款外,其他所有条款已自 IPO 起即终止;15% 的公司(139 家)披露,其在 IPO 时仍受到股东协议的约束——相应股东协议可能在 IPO 前即已生效,但更常见的是在先协议的修订版本,或一份全新的协议;但无论如何,纵观所有签有股东协议的上市公司,所涉协议的签订主体在签订时均已为公司股东,即"pre - IPO 股东"。

笔者对 IPO 后签订的股东协议予以了关注,并进行了整理分析——这些股东协议的篇幅从 10 页到 100 多页不等,但一般在 30 页左右。基于现有的学术、实践研究,及本文对小部分股东协议的初步实证分析,笔

〔95〕 笔者使用了 Jay Ritter 推荐的由 IPO Scoop 网站整理的 IPO 清单,其中有 901 家在美国完成 IPO。*Scoop Track Record from* 2000 *to Present*, IPO SCOOP, https://www.iposcoop.com/scoop - track - record - from - 2000 - to - present [https://perma.cc/MLZ2 - WPVF]. 在对 IPO 进行的研究中,保持对美国运营实体公司的关注是一种常见范式。但即使将外国公司、房地产投资信托基金和有限合伙企业也囊括在内,本文中所涉及的相应比例的数值也不会发生实质性变化。

〔96〕 如果一家公司计划在 IPO 后签订股东协议,考虑到股东协议对公司治理的实质影响,公司应当披露相关协议——在美国证券交易委员会的 EDGAR 网站系统(Electronic Data Gathering, Analysis, and Retrieval system)公开提交。该网站系统可供公众查询超过 2100 多万份的申请文件。

者设计了一个囊括 36 个变量的编码准则(coding rubric)。[97] 该准则在开头记录了相应协议的名称、签订主体、主要各方类型(法人或自然人)以及公司本身是否为缔约方。尽管该编码准则着眼于对公司控制权的探讨,但其同时包含了许多其他内容,如股权转让限制及其性质,协议各方对公司信息的知情权是否被选择性赋予,以及协议是否包含对公司机会准则的豁免(the corporate opportunity doctrine)。

如前所述,在理解股东协议如何改变股东的控制权时,对股东协议进行横向与纵向上的划分将大有益处。一个纯粹的横向协议例子即为股东之间签订的投票协议,此种投票协议的签订主体并不包括公司。相反,就一个纯粹的纵向协议而言,其可能包含公司授予特定股东以否决权,并承诺支持其所提名董事的内容。

控制权的协议分配在横向协议与纵向协议中都有所涉及,编码标准中的大部分内容也与此息息相关——首先,其对股东协议如何影响董事会的构成展开了分析。具体而言,为探寻协议是如何创设对董事会的提名权并使其生效,笔者在此设置了部分变量:(1)协议是否授予股东以提名董事的权利,如果是,哪些股东拥有这些权利,又以何种标准行使这些权利(例如,KKR 拥有公司 10% ~20% 的股份即可提名 2 名董事,拥有 20% 以上股份即可提名 3 名董事);(2)公司是否承诺支持股东提名的董事人选——公司是否将该提名董事列入公司的候选名单(slate of nominees),公司是否必须努力确保该提名董事当选(如公司承诺将 KKR 所提名的董事列入公司候选名单,并将尽最大努力确保该提名董事的当选);(3)当董事会认为被提名董事不适宜担任董事职务时,其是否可以依受信义务否决此被提名董事(例如,当公司管理层与提名委员会认为该提名董事的当选与其受信义务有悖,且与公司最佳利益不符时,即可否决相应提名董事)。同时,笔者还对股东间是否签订有投票协议以投票给特定提名董事的情形进行了整理分析——谁是合同缔约方、何为协议项下创设的具体义务内容(例如,所有缔约方都承诺将投票给 KKR 提名的董事)。

还有一个重要问题与控制权密切相关,即被授予给特定股东的否决

〔97〕 此编码系统可经请求获得。

权。笔者对这一问题进行了整理分析——哪些股东拥有这些否决权及其保留这些权利所需要的最低股份份额。同时,笔者还整理分析了13种涉及具体事项类型的否决权,以及1种能将所有事项囊括在内的兜底性否决权。

(二)实践中的股东协议

实践中的股东协议表明,股东在协议中对其退出、发声以及追偿权等典型默认规则所涉内容均有所约定,但其核心关注点仍在于对控制权的话语能力。

控制权条款:董事会相关。如附表1所示,多数协议都改变了默认规则中涉及董事会选举的内容,绝大多数协议都赋予了一个或多个股东提名一名或多名董事进入董事会的权利。通常,这些提名权还附随对股东提名董事人选(能够获任董事)在横向和/或纵向上的承诺。

多数协议都包含了签订主体间对表决权的投票安排,即签订相应协议的股东们承诺投票给特定提名董事,但不同的投票安排之间也存在很大差异——如基于持股比例,则2名持股较多的少数股东可分别行使表决权,各提名最多1/3的董事会成员,并签订合同,约定投票支持彼此所提名的董事人选(一种对称的投票安排)。抑或,基于合同约定,大量股东集中投票给某一特定股东所提名的董事人选(一种不对称的投票安排)。当投票协议的签订主体拥有超50%的表决权时,此种投票安排即可保证提名董事的当选。但在通常实践情形下,即使签订主体的持股比例总和仍未超过控股股东的持股比例,也足以保证相应提名董事的当选。

在多数协议中,公司自身也会作为协议签订方,以实现对缔约股东基于合同授权所提名董事人选的支持。通常而言,这意味着公司承诺在公司推荐的董事会候选人名单中,列入该提名董事,并且尽其最大或合理的努力以确保该候选人当选。例如,Sabre Corporation 即承诺"采取一切必要行动,促使董事会、管理层以及提名委员会……在董事会推荐股东选举的人选名单中列入(股东)的指定人选……"并"寻求对其有利的代理人的支持或股东的同意”。[98]

控制权条款:否决权相关。有相当一部分协议,在公司具体决策事项上,赋予了一个或多个股东以否决权(或同意权)50 份,占比 36%,如控制权变更、雇佣或解雇 CEO 及重大新股发行事项。附表 2 即描述了在至少存有一项否决权时,不同事项对应否决权的发生率。此外,当一方主体的持股比例低于了特定百分比(通常在 30% ~50%)时,即构成了否决权停止生效的一个典型标准。

公司机会豁免条款。公司高管、董事和控股股东对公司负有勤勉和忠实的受信义务。忠实义务,作为一项核心义务及履行受信义务的重要方面,在特拉华州公司法中通常表现为强制性规则,[99] 但却存在一个唯一的例外——公司机会准则作为忠实义务的部分内容,可被约定放弃遵守。[100] 原则上,公司机会准则要求,在可能获得属于公司业务范围内的机会时,受信义务人应首先将此等机会向公司提出,而非自己把握该机会,否则其即构成了对忠实义务的违反。但公司章程或由董事会批准的任何其他文书可对此等规则做出相反安排,使受信义务人可以在不违反忠实义务的前提下追求此类商业机会。该类条款在 50% 的协议中都有所体现。

转让限制条款。在特拉华州的默认规则之下,任何股东持有的股份均可自由转让,但众所周知的是,私人公司的股份转让受到了广泛的限制。少数股东协议约定了股份转让的限制条款,这些条款在性质上有很大差异,并且非常复杂。基于前述原因考虑,笔者将在未来的研究工作中再对这部分内容进行分析。

其他条款。股东协议同时包含了大量其他条款,其中许多都是合同典型条款但却同样反映出了股东协议的特有关注点。以合同常见的终

[98] See Sabre Corp., Amended and Restated Stockholders' Agreement, S-1, Ex. 10-45, at 11.

[99] 这意味着,即使包括高管、董事及股东在内的,享有控制权的每一方主体,均同意放弃履行忠实义务,该等放弃的一致约定并不具备可执行性。

[100] See Del. Code Ann. tit. 8, § 122(17) (2020). See generally Rauterberg & Talley, 参见前注[51](解释了,特拉华州以一项法律规定的形式,授权了公司即使在忠实义务之下,也可以放弃本属于其的机会)。

止条款简单举例——当一方签署主体的持股比例低于保有委任权所要求的最低比例时,终止条款即通常被用以终止相应的合同义务。股东协议通常还包含有一项救济条款规定——(当面临违约时)应采取特定的履行措施,而非仅金钱损害赔偿,才足以符合正当救济措施的要求。

此外,股东协议还囊括了一些尚未在本文整理分析范围内的条款,但其中有两项仍值得我们特别关注:其一,公司通常承诺将股东提名的董事候选人纳入特定委员会中,如审计、治理或执行委员会,乃至是所有委员会中。其二,即便没有全部,也是绝大部分的投票协议,均附有罢免条款,并规定其他协议签订人不得罢免董事会成员,除非提名该董事的股东已同意。

股东协议主要受州公司法约束,因此,公司在哪一州完成注册则变得至关重要。[101] 附表 3 比较了以美国为总部的新上市公司的(2014 ~ 2018 年完成 IPO)注册地,并将这些公司分为了两类:上市时即受股东协议约束的公司和上市时未受股东协议约束的公司。就特拉华州公司而言,其在前者占比为 91%,在后者占比为 84%。

特拉华州公司在前者占比相对更高,此种现象存在至少两个合理的解释:首先,正如我们将看到的那样,股东协议的签订各方往往是诸多的复杂金融主体,这类金融主体拥有更为成熟的投资者,也往往更倾向于在特拉华州完成公司注册。其次,《商业公司示范法》(*the Model Business Corporation Act*,MBCA)中有关股东协议的条款非常复杂,且在

---

[101] 笔者将受股东协议约束的公司与 Compustat、S&P Capital IQ 数据库中的信息进行了匹配,使笔者能够将这些公司与一系列法律、金融背景信息加以联系。尽管这一步骤将使后续的分析更加丰富,但如经常发生的一样,相应操作也会导致部分数据丢失。

最近有所修订。[102] 因此,对于那些适用 MBCA 条款的公众公司,其股东协议的效力也被置于不确定之中。

附表 4 比较了两类公司分别所属的行业,其中有几个值得注意的对比——在与计算机编程相关的泛"科技"领域,签订或未签订股东协议的公司占比均非常多,而在石油、天然气行业,签订了股东协议的公司占比略高,在生物产品行业,未签订股东协议的公司则更为常见。

---

〔102〕 作为特拉华州之外公司法规则的最重要来源,MBCA 与特拉华州相关法律规范保持了一致——明确授权股东可以起草股东协议。MBCA Section 7.32 为与此相关的核心条款,其立法语言在其他许多州的法条中都有近乎相同的体现。Model Bus. Corp. Act § 7.32(Am. Bar Ass'n 2017)["实践中涉及股东及其顾问的几乎所有类型的股东协议,都因 Section 7.32(a)而合法有效"]; see, e.g., Model Bus. Corp. Act Ann. § § 7-275-7-277 (Am. Bar Ass'n 2013)(清单列明了与 Section 7.32 有相同或类似规定的 20 余个州)即使股东协议违背了 MBCA 下的多条规定,但若"股东间签订的该协议遵守了"MBCA Section 7.32 的相关内容,则其仍因 MBCA Section 7.32 相关内容的支持而合法有效。Model Bus. Corp. Act § 7.32(Am. Bar Ass'n 2017). 就前所述的股东协议对 MBCA 的违反,根据 MBCA Section 7.32,具体体现为:股东协议限制了董事会的裁量权[§ 7.32(a)(1)];股东协议约定了董事或高管的具体人选、相应人选的任期或选择、罢免方式[§ 7.32(a)(3)];以及其他等[具体参见§ 7.32(a)(1)-(8)的规定]。除此之外,Section 7.32 还包含了大量针对股东协议的程序性要求——那些适用 MBCA Section 7.32 有关条款的股东协议,必须获得协议签订时的所有公司股东批准,并在股权证上显著标明(或替代以信息陈述的方式)[§ 7.32(b)(1)]。若未能获得前述一致同意,即意味着相应股东协议无法适用 Section 7.32 这一特殊豁免。此外,直到最近之前,MBCA 中都还有当主体公司变成公众公司时,其据 Section 7.32 所做出的股东协议即停止生效的内容。该项内容对公众公司不适用 Section 7.32 的要求进行了明确[§ 7.32(d)]。See, e.g., Committee on Corporate Laws, *Changes in the Model Business Corporation Act—Proposed Amendments Relating to Chapter 1 and Chapter 8 (including Subchapters F and G and Duties of Directors and Officers)*, 59 Bus. Law. 569, 632 (2004). 在最新修订版本的 MBCA 中,则删除了公众公司的相关内容。但即使是在此前版本的 MBCA 下,不符合 Section 7.32 相关内容的股东协议也不必然归于无效,但其显然因不符合 Section 7.32 的规定而无法适用相应的豁免。See id. § 7.32 (Official Comment). "在 1990 年示范法引入 Section 7.32 以前,其也并未明确股东协议系合法有效……"MBCA 规则此前的任何一个版本,对涉及公众公司的股东协议所采取的态度都并非清晰明确的,但其中一个隐晦的原因可能在于,在公众公司中,无法获得所有股东一致同意的股东协议,并不具备可适用 sections 7.32(a)(1)-(8)豁免条件的特征。

在附表5中,笔者还对两类公司的财务指标进行了比较。原则上,该比较的结果应当可以为股东协议的不利影响提供提示性证据——如果签订有股东协议的公司整体规模更小、资产更少、市场价值更低、债务更高,则意味着劣质公司和股东协议之间可能存在着关联关系。但附表5的数据却证明了事实恰恰相反——尽管债务确实更高,但签订有股东协议的新上市公司,在总资产、市值以及现金方面均显著更高。笔者同时在此进行了简单的均值差异测试,(相比之下两类公司在)各项指标在常规显著性水平上均显示了不同的均值。

最后,针对部分受股东协议约束的公司,笔者对其相应协议的历史缔约方展开了非正式的探讨。[103] 到目前为止,私募股权公司是该等股东协议中最为常见的机构签订方,其他常见机构签订方则表现为公众公司、私人公司、风险投资公司及对冲基金。自然人同样也是该等股东协议的常见签订主体。尽管本文不对此问题进一步探讨,但非常有可能的是,随着时间的推移,自然人将出售其所持有的股权,而这或将构成对股东协议存续的某种限制——股东协议往往规定,当签订主体的持股比例低于规定标准时(如5%),股东协议项下的权利义务即归于终止。

(三)对少数股东共享控制权的探讨

有观点认为,通过增强投资者在董事会构成上的话语权,股东协议实现了对控制权的共享。本文在此将对此种观点展开相应探讨。

需要提醒的是,我们必须认识到,控制权的共享可以不借助股东协议这一方式实现,否则,股东协议将直接等同于控制权共享。如前文所述,累积投票制度和特定类别董事席位制度(class - specific directorships)同样可实现控制权的共享(前者作用较为有限,后者形式则灵活许多)。此外,在仅有非正式基础的情况下,控制权的共享同样可以实现,原因在于,即使没有相应的法律框架,两股东也可基于承诺以共同行使其拥有的表决权。由此,本文试图探讨的关键点是——我们所观察到的控制权共享安排,是更依赖于股东协议的约定,还是更常见于股东协议之外的其他方式。由此可见,为直接测试股东协议和控制权共享间的关系,笔

〔103〕 笔者对该项探讨的完成系基于S& P Capital IQ数据库中的相应数据。

者将对比两组其他条件完全相同的公司(第一组公司的控制权已通过其他方式在股东间实现共享),并继而测试第二组公司是否受股东间签订的董事相关协议约束。

但前述的直接测试显然是不可行的——与所有合同一样,股东协议是股东对其所处的经济、法律环境做出的审慎回应。由于这种内生关系,前述对照组的设计并不能证明股东协议与控制权共享间的直接关联,笔者也将继续探寻相应证据是否能证明股东协议对股东间控制权共享的促进作用。

此外,前述直接测试还面临一个潜在的致命障碍:无形的“控制权”是很难作为观察对象被充分观察的。即使我们可以观察到一个拥有公司50%表决权,并依法被认定为控股股东的对象,但在控制权共享语境里,其要么涉及一个控股股东对其控制权的共享,要么以更多见的形式在多个中小股东间形成控制权共享安排。有时,特拉华州法院也需要去评估,即当一组中小股东集体行动时,法院是否应当将他们认定为控股股东。对此,得益于诉讼当事人所发现并提出的丰富证据,特拉华州法院采用了一种依据“事实与情节”的评估方法,但执行该项任务可谓困难重重,法院基于此种方法得出的结论也经常受到批评。[104]

为避免前述问题,笔者借鉴了证券交易所上市规则中的规定——在纽约证券交易所和纳斯达克的上市标准下,只要相应主体持有的表决权比例超过50%,无论相应持有主体是个人、机构还是某种团体,该等公

〔104〕 See Ann M. Lipton, *After Corwin: Down the Controlling Shareholder Rabbit Hole*, 72 Vand. L. Rev. 1977 (2019).

司都将被认定为是“受控公司”（controlled company），[105]并可免于公众公司所需要遵守的强制性治理要求，尤其是独立董事应占据董事会成员多数的要求。[106] 而在确定是否存在相应的“团体”时，交易所则沿用了联邦证券法下极为宽泛的“团体”定义。[107]

笔者在此引用前述“受控公司”的概念来验证一个假设——在受控公司里，即便签订投票协议的中小股东间存在诸多不同，但当其共同持有的表决权比例超50%时，投票协议的约定将在这些股东间得到很好遵守。[108]

笔者亲自收集了受控公司的注册地信息，以及前述数据库中特拉华

---

〔105〕 See *Corporate Governance Requirements*, Nasdaq Reg. § 5615(a)（列举了特定公司治理要求的豁免情形）；*Listed Company Manual*, N. Y. Stock Exchange § 303A, https://nyseguide.srorules.com/listed-company-manual/document? treeNodeId = csh-da-filter! WKUS-TAL-DOCS-PHC-%7B0588BF4A-D3B5-4B91-94EABE9F17057DF0%7D--WKUS_TAL_5667%23teid-66 [https://perma.cc/3FXQ-D6QQ]（提供了一个类似的定义以及相应豁免情形）；*NYSE Listed Company Manual Section 303A Corporate Governance Standards: Frequently Asked Questions*, N. Y. Stock Exchange 7 (Jan. 4, 2010), https://www.nyse.com/publicdocs/nyse/regulation/nyse/final_faq_nyse_listed_company_manual_section_303a_updated_1_4_10.pdf [https://perma.cc/HB3E-8LXF]［“纽约证券交易所将关注《证券交易法》第13(d)(3)中所规定的‘团体’概念，并预计相应集体将按照附表13D或附表13G的要求向SEC提交文件，以确认该团体的法律地位，包括对该团体在董事选举过程中的行动方式进行披露”］。《证券交易法》第13(d)(3)规定，“当两个或两个以上主体，为收购、持有或是处置发行人股份而一致行动时”，则存在相应的团体。15 U.S.C. § 78m(d)(3) (2018)；17 C.F.R. § 240.13d-5(b)(1) (2020)（SEC的规定同样遵循类似的条款）。

〔106〕 See NYSE Listed Company Manual, Section 303A.00［受控公司可豁免适用第303A.01节的规定（上市公司董事会中，独立董事应占多数），303A.04（上市公司必须有一个完全由独立董事所组成的公司治理委员会）或者303A.05（上市公司必须有一个由独立董事组成的薪酬委员会）］。

〔107〕 参见前注〔105〕。

〔108〕 很显然，控制团体的存在并不需要明确的协议约定。See KN Energy, Inc. v. Gulf Interstate Co., 607 F. Supp. 756, 765 (D. Colo. 1983)［“一致行动的约定不需要正式签署书面文件或借助其他任何正式形式……”］van der Fluit v. Yates, No. CV 12553-VCMR, 2017 WL 5953514, at *5 (Del. Ch. Nov. 30, 2017)（“‘法律并不要求正式的书面协议’”）。因此，该假设实际上是探讨，股东协议对松散的控制权共享安排的促进作用，并证伪了一种假设——即使在没有股东协议的情况下，少数股东间的控制权共享仍然可能实现。

州公司的股权结构,[109]当一家公司因多个小股东共同行使表决权而满足受控公司条件时,本文即将其归类为是"控制权共享公司"(或称为"少数股东控制的公司")——在行使表决权时,少数股东们必须以集体形式行动,否则公司即不再符合"受控公司"条件。例如,Shake Shack 即在 IPO 过程中披露,因公司创始人、名人主厨 Danny Mayer 及部分金融机构集中行使表决权,其应当被认定为"受控公司",并据此适用相应豁免规则。[110] 由此可见,如前文所述,控制权的共享并不取决于投资者之间是否签订有相应股东协议。只要一组股东为符合 13D 附表或 13G 附表披露义务的主体,并持有总计超 50% 的表决权,其所持股的公司即为交易所上市规则下的"受控公司",同时也是本文所述的"控制权共享公司"。但在拥有足够表决权的股东之间,若确实签订有投票协议,则公司同样也符合控制权共享公司的要求。基于此,就前文提出的假设而言,其本质在于揭示股东协议对促进并不稳固的投票权共享安排时的重要作用。但以上结论最多也只能提供一种暗示性证据——在少数股东之间,即使不存在相应股东协议,控制权也能轻易实现共享是一种错误的无效假设。

但就笔者所使用的研究方法而言,还存在诸多需要注意的地方。首先,尽管某些公司的确存在着对控制权的共享,但若该公司同时有一位持有超 50% 表决权的控股股东,则这类公司在提交申请时往往不会将自己归入控制团体的控制之下。由此可见,我们的观察对象仅是一小部分的控制权共享公司,本文基于小部分观察对象而展开的测试方法也并不牢固。更重要的是,即使少数股东之间存在有控制权共享安排,若其集合后的表决权比例仍低于 50%,则同样不符合上市规则中所定义的受控公司,并由此不在本文的观察对象之列。[111] 但尽管如此,根据特拉华州法律的规定,在一家公司中,若 4 名持有 10% 表决权的股东对其各

---

[109] 公司若为 Reg. S – K 指引下的受控公司,其即需要按要求进行相应披露。

[110] See Shake Shack Inc., Stockholders' Agreement (Jan. 20, 2015).

[111] 在未来研究中,存在一种潜在的办法以修正该缺陷——对 13G 申请中是否披露有控制权共享安排加以确认,不论该等控制权共享安排是否基于投票协议做出。

自表决权协商一致行使,仍可以将其认定为是控股股东。[112]

其次,与本文其他所有实证分析一样,此处的实证测试仅以已上市公司为分析对象,而公司是否上市则又是基于公司控制权所做出的决策。

最后,如本文"四(三)部分"内容所述,股东协议很显然还有很多其他功能。特别是,许多签订有股东协议的公司选择以股东协议构建起公司与股东间的纵向义务关系——如公司与股东间关于公司治理的承诺。观察做出此等安排的公司,如下文即将讨论到的一样,这些公司在经济层面、规范层面以及法律层面展现出截然不同形态,于是这类相似安排的发生及其所对应的发生率,就多少让人有些惊讶了。

附表6列出了以公司为最小观察单位的基本汇总数据——以此前收集的648家特拉华州公司为基础,筛选出其中于2013~2018年上市的公司后发现,有25%的公司符合证券交易所定义下的受控公司,这当中的绝大部分都签订有股东协议。此外,在没有签订股东协议的公司中,仅有22%的公司实现了控制权的集中;相反,在签订有股东协议的公司中,绝大多数公司(79%)都实现了前述相同目的,这当中又有21%的公司控制权的集中依赖于多个少数股东表决权的共同行使。与此相对应,在未签订有股东协议的公司中,仅有4%的公司同等实现了少数股东对公司的控制。然而,该4%所对应的公司数量,在绝对值上仍较为庞大,这部分公司的存在也向我们提出了一个有趣的问题——这部分公司内的少数股东是借助了何种法律或非法律的手段以实现共同控制的呢?但就前述数据而言,真正出乎我们意料的是,少数股东在实现对公司的控制或是对控制权进行共享时,其签订有股东协议的比例仍相对较低,所对应样本公司数量也仅有45家。基于这些协议的属性,这些内容仅涉及投票安排的协议,在实质上也完成了控制权共享的安排。在笔者的测试中,同时还存在这样的28家(未通过投票协议但少数股东实现对公司控制)公司,该数据也再次体现了协议不是实现控制权共享的唯一方式。此外,在附表6中,[113]根据公司是否为股东协议的签署主体,

---

〔112〕 特拉华州公司法、联邦证券法以及交易所上市标准对控制权的认定各异,联邦证券法有一个宽泛的控制团体的概念,特拉华州公司法有一个控股股东的概念,证券交易所则明确地将50%作为相应标准。

〔113〕 原文表述内容为"Table 7",应为笔误。——译者注

笔者交叉列明了有控制权共享安排和无控制权共享安排的公司。

综上,相应实证检验的结果证实了一种观点——股东协议有助于实现对控制权的共享,在未签订有股东协议的情况下,对控制权的共享是非常脆弱的。相较于未签订投票协议的公司,受投票协议约束的公司将更可能成为控制权共享公司。

四、股东协议的积极效应

股东协议的积极效应如何?本文尝试针对几个主要问题进行探讨,但有几点值得注意。首先,我们对美国股东协议的具体实践知之甚少,因此,急于提供一个明确的结论还为时过早。其次,股东协议是异质性的,涉及不同的协议安排,而这些安排则会有不同的积极效应问题。事实上,不同的投资者很可能会用相同的协议安排,用以达成完全不同的目的。同样,对这些协议目的的评价需依赖于尚未完成的股东协议实证研究。最后,股东在公司治理中应该拥有多大程度的自由这一问题与一个关于强制性规则在公司法中的地位究竟为何的经典学术讨论有关。三十年前,在一次针对此问题的专门研讨会上,一位权威学者提出:"应在何种程度上允许公司通过章程条款来选择规避公司法规则?也就是说,公司法规则是否是强制性的,如果是,哪些规则属于强制性规则?这是公司法理论和实践的一个基本问题。"[114]股东协议以一种新的形式提出了这个问题——公司法规则是否是强制性的,如果是,仅针对公司章

---

〔114〕 解决这一论题的开创性研讨,参见 Lucian Arye Bebchuk, *Foreword: The Debate on Contractual Freedom in Corporate Law*, 89 Colum. L. Rev. 1395 (1989)以及研讨会的文章。超出本文范围的相关而深刻的问题是,为什么公司法为投资者提供的自由不如有限合伙和有限责任公司等其他实体形式,以及为什么各方使用股东协议而不是采用其他实体形式。有关这些实体的一些有见地的研究,参见 Peter Molk, *How Do LLC Owners Contract Around Default Statutory Protections?* 42 J. Corp. L. 503 (2017);以及 Larry E. Ribstein, *The Uncorporation and Corporate Indeterminacy*, 2009 U. Iii. L. Rev. 131;另见前注〔33〕,Fisch 文(以超出了对公司直接股东影响的理由批判股东协议,如破坏公司形式的可预测性和清晰度)。这些是将在后续研究中充分讨论的重要论点。

程具有强制性效力,还是对合同同样具有强制性效力?——该问题项下的许多子问题都是相互关联的,因此,笔者在进入本部分所讨论的正式主题前,笔者将先对股东协议展开相应的规范分析。

笔者提出了两个相互关联的看法。首先,相较于实践中公司做出的纵向承诺,横向协议的案例与前文提出的问题更为贴切。本质上看,横向协议的应用为公司与股东之间的控制权交易扩大了一定的谈判空间。虽然各方对相互之间存在的代理成本和达成协议的益处之间进行了折中平衡,但还尚不清楚直接监管是否可以合理地提高当事各方进行权衡的能力。

其次,纵向股东协议的案件较为微弱,因为它们似乎更像是保护公司章程修正案的"迂回方式"(end - run)。此外,其中一些公司对股东的承诺在多大程度上是公平的"交易"是值得怀疑的,还有一些协议用以控制少数股东,这类应接受法院的受信义务审查。[115]

(一)横向股东协议

针对横向股东协议的基本论点是,基于法院给予的更广泛的自由,它们增加了股东调整公司控制结构的谈判空间。例如,主要投资者可以利用股东协议,通过促进关于董事会组织架构的谈判来确保董事席位,否则,他们只能在更大的分歧摩擦(或根本没有)下推进。

大量上市前公司的投资者采用股东协议的案例表明,他们认为这些协议具有巨大的价值和意义。在涉及协议签署的角度上,支持合同的福利主义的逻辑似乎是合理的:如果知情方自愿签订协议,我们可以推定至少有一签署方获益(至少从他们自己的角度来看),如果没有涉及外部第三方,那么合同是帕累托式优化(Pareto)。鉴于签署协议的当事人富有经验,他们签订的股东协议不太可能损害他们的利益。

另外,正是因为横向股东协议有助于控制权共享,所以,横向股东协议可能会增加某些种类的代理成本,并减少非签署人的利益。公司的代

---

〔115〕 关于更熟悉的少数控制结构(如双层股权结构)的文献非常多。一个重要的早期例子,参见 Lucian A. Bebchuk, Reinier H. Kraakman & George G. Triantis, *Stock Pyramids, Cross - Ownership, and Dual Class Equity: The Mechanisms and Agency Costs of Separating Control from Cash - Flow Rights*, Randall K. Morck ed., Concentrated Corporate Ownership 295, 295, 2000。

理成本可以有效地分为两类:公司管理者对股东的管理代理成本,以及股东(如控股股东)对其他投资者的代理成本。[116] 基于股东协议促进了股东的控制,股东协议通常应该有助于降低管理代理成本,因为积极的股东通常被认为是公司管理的有效监督者。

再者,如果控制团体对其以外的股东采取机会主义行动,这些协议可能会增加对于控制团体以外的股东的代理成本。例如,如果控制团体的成员都是私募股权公司,那么,它们的利益可能会在某些方面保持一致。比如,支持对公司进行出售,尽管该出售会损害其他投资者的利益。然而,股东协议对这些代理成本的影响实际上可能低于其他替代方式。如果替代控制团体的方式是单一的控股股东,那么,控制团体的形式可能会很有吸引力。这是因为控制团体拥有公司的很大一部分现金流,而此种对现金流的掌控即意味着他们将公司的成功与自身绑定,有强烈的原动力去卓有成效地经营公司,但由于他们拥有不同的利益,控制团体可能面临在集体行动中从公司谋取私人利益的问题。[117] 因此,从代理成本的角度来看,股东协议的净影响是相当微弱的。[118]

既往实证文献对 IPO 公司治理的分析,是否给予了我们强烈支持它的原因?可能没有。在早期法经济学分析层面,传统观点认为上市公司拥有有效的治理方式,因为其在上市的过程中面临潜在买家、分析师和监管机构的大量审查。[119] 这一观点认为,由于市场参与者为治理较差的公司出的价格通常更低,公司即具有强烈的动机去实施有效的治理,以帮助其股票获得更高的价格。因此,我们应该对上市公司治理的效率

---

〔116〕 See Zohar Goshen & Assaf Hamdani, *Corporate Control and Idiosyncratic Vision*, 125 YALE L. J. 560, 582 (2016).

〔117〕 See Ronald J. Gilson, Henry Hansmann & Mariana Pargendler, *Regulatory Dualism as a Development Strategy: Corporate Reform in Brazil, the United States, and the European Union*, 63 Stan. L. Rev. 475, 498 (2011).

〔118〕 除了代理成本之外,还有其他方式可以将股东之间的横向协议机会主义地用于第三位股东。在债权人协议的背景下对这个问题进行了深入探讨,参见 Kenneth Ayotte, Anthony J. Casey & David A. Skeel Jr., *Bankruptcy on the Side*, 112 NW. U. L. Rev. 255 (2017)。

〔119〕 See Michael Klausner, *Fact and Fiction in Corporate Law and Governance*, 65 Stan. L. Rev. 1325, 1327 (2013) [“契约论逻辑在公司首次公开募股(IPO)时最为清晰。”]。

保持信心。投资者几十年后显然会在一定程度上将公司治理水平纳入投资决策。

然而，一篇重要的实证文献让人们对 IPO 公司治理是否最优提出了质疑，如果对上市过程的成效不持乐观态度，那么，就可能会担心这些协议架构只是用巨大的权力奖励当前的控股股东。〔120〕 从这一角度来看，笔者研究的部分股东协议可以被视为私人公司投资者以公共股权为代价，寻求控制权和私人公司治理权力的治理技术，从而通过公众股权获益。〔121〕

（二）纵向股东协议

股东协议还涉及公司和股东之间的承诺。这些承诺采取几种不同的形式，但最常见的是：（1）公司承诺支持特定股东的董事会提名，包括在公司的委托书和/或使用其最大努力确保他们的选举；（2）授予特定股东在公司重大决策中的否决权。除此之外还有其他形式的例子，包括授予股东和/或其指定人员的公司机会豁免权和知情权。正如笔者下文将指出的，大量公司给出的承诺在公司法下可能是不具有强制执行力的。

有一个简单的观点认为，这些纵向股东协议是有成效的：它们代表了富有经验的公司和假定拥有共同利益的投资者之间达成的交易。〔122〕 从表面上看，这是一个合理的观点，但它也因公司经常与债权人签订涉及否决权或董事会提名权的合同这一事实中产生巨大争议。

但无论如何，纵向股东协议的确争议较大，比横向股东协议的争议更甚。主要原因是，它们似乎是围绕股东所参与的公司章程的修正程序进行展开。毕竟，股东可以通过合同来对董事会席位进行谈判，这些是无法通过章程实现的，但否决权或公司机会准则豁免（corporate

〔120〕 参见前注〔119〕，第 1329 页（争辩 IPO 程序功能失调的证据，并声称“过去 30 年的实证文献几乎没有为契约理论提供支持”）。

〔121〕 “中游”协议（一旦公司上市后即采用的协议）是否或多或少令人不安仍然是一个有待讨论的问题。参见前注〔57〕（探索中游协议中采用多数投票要求的情形）。

〔122〕 此种观点参见 Simone Sepe, *Intruders in the Boardroom*: *The Case of Constituency Directors*, 91 Wash. U. L. Rev. 309, 312, 315, 337 – 38 (2013). Sepe 认为，某些现金匮乏的公司受益于能够就董事会控制权进行交易，从而获得融资。

opportunity waivers)可以被列入公司章程(承诺无条件支持提名者的约定,无论在什么情况下都不具有强制执行力)。事实上,由于公司正在筹划签订这些合同,董事会早已参与进来。双方选择通过合同来完成他们本可以通过章程修正案所做的事情,这一事实也引起了相应的担忧,即纵向股东协议反映出本可以由公司章程进行解决的代理问题。例如,这种代理问题可能表现为董事被不当控制在控股股东手中(当授予债权人类似权利时,通常不存在此问题)。另外,合同可能只是采用这些条款的一种更便捷的方式,也不太容易受到其他股东的阻碍。

(三)相互作用

与任何其他合同的条款一样,股东协议的条款也会相互作用。研究这些合同条款之间的关系,也将更好地帮助我们理解各方如何以及为什么制定该合同。[123] 横向与纵向承诺之间存在一些有趣的相互作用。例如,少数股东之间的良性投票协议,如果附有公司保证在委托书候选名单中包含提名人员,协议的吸引力可能会较低。

(四)少数股东控制

纵向股东协议有部分采用“少数股东控制结构”(controlling minority structures)的形式——股东对与其股权规模不成比例的公司行使控制权的治理模式。[124] 例如,拥有30%投票权股份的股东可以拥有提名董事会多数成员的权利,即使其持股比例降至公司股权的30%或20%,股东也可以保留一系列否决权。

在IPO公司治理安排为最优的主流观点下,即使是这些纵向安排也是可取的。但从代理成本的角度来看,他们是值得商榷的。根据定义,少数股东控制结构赋予当事各方对企业决策的影响力比它们股权对应的现金流所具有的影响力具有更大。[125] 因此,行使控制权的一方,其最

---

〔123〕 例如,有人可能会问,“哪些控制权条款通常伴随着转让限制?”或者,“否决权是否为董事指定权的补充或替代品?”

〔124〕 其中最熟悉的是双层股权结构,即一家公司发行两种具有不同投票权的普通股。

〔125〕 例如,最近围绕少数股东控制结构危害性展开的研究,参见Lucian A. Bebchuk & Kobi Kastiel, *The Perils of Small – Minority Controllers*, 107 GEO. L. J. 1453 (2019)。Bebchuk和Kastiel在对多层股权结构的分析背景下,简要讨论IPO后的投票协议。见本注前文,第1484~1485页。

大化公司业绩的动力可能很弱,但对控制权的行使动力却很强。[126] 附表7总结了对代理成本的分析。

五、股东协议法律问题

股东协议提出了许多复杂的法律问题,几乎所有这些问题都被许多文献所忽视。总体来看,这些问题是特拉华州不断发展的公司法的核心——股东协议相关问题通常在诉讼争议中予以呈现。判例法也为法院针对公司上市后如何处理这类股东协议的问题提供了指导。

在这里,笔者将讨论分为协议的纵向和横向部分所引发的问题。纵向问题涉及:(1)何种公司承诺是具有强制执行力的;(2)股东何时可以通过股东协议放弃章程所不能放弃的法定权利,横向问题主要是股东协议各方何时成为控股股东。

虽然没有足够的空间在此充分探讨这个问题,但值得注意的是,股东协议可以说对特拉华州法律的受信架构构成了深远的挑战。公司法整体描绘了控制权和合同权利之间、债权人权利(通常的、约定的和固有的)和股权(一般是其他权利和自由裁量权)之间,以及内部和外部之间、最终承担和不承担受信义务的主体之间的基本对比。股东协议会构成挑战的原因很简单:它们将巨大的公司治理权力赋予以典型的"内部"赞助人——股东——但却以一种固定的、外部的和合同的方式,而不是通过董事会的渠道。[127] 因此,它们提出了一个困难的问题:为什么只有某些形式的控制会受到受信义务审查?[128]

---

〔126〕 股东协议不如双层股权结构那么令人不安的另一个原因是,当股权比例低于规定门槛时,这些协议往往会终止。

〔127〕 笔者在第六部分第(一)节中进一步讨论了该问题的某一方面。

〔128〕 另外,笔者建议,当受信义务分析涉及对公司决策的广泛、自由裁量和持续影响时,应关注控制权的行使。而法院容易出错的地方即在于,其忽视了权利,或至少是正式的合同控制权,对公司决策能力简历的影响。

(一)纵向承诺

1. 公司承诺

或许公司承诺所导致的最困难和最有趣的问题是公司承诺无限期地支持股东提名人。[129] 就像公司授予否决权一样,这些协议与特拉华州法律不符,因为它们修改了控制权的默认分配规则,将通常属于董事会的权力分配在了股东手中。然而,支持董事会提名人的承诺是存在问题的,因为他们去除了董事会最核心的受信义务,并旨在约束未来董事会的自由裁量权。

在年度委托书中,董事会一般建议股东选择某些特定的人为董事会成员。在这一过程中,董事行使了受信义务下的核心权力:他们必须建议股东选择那些董事会认为足够诚信从而最适合担任下一届董事的人。值得强调的是,公司的支持对于那些不了解公司选举的提名者有多么重要。在大多数时候,大多数公司都是控制权集中于一方的实体。股东们通常会投票支持该公司在其委托书中提供的董事会候选人名单,作为该公司建议的候选人。[130] 那么,如果经过适当的考虑,董事会认为一个特定的个人非常合适,并承诺股东将该人纳入该年的公司选举候选人名单,并尽最大努力地支持他,那么就不存在受信义务问题了。然而,当董事会承诺在不知道董事提名人的具体信息的情况下支持其上任时(通常,只要股东所占股权超过规定门槛),一个严重的理论问题就会产生。笔者观察到的股东协议经常通过这一方式有效地约束未来董事会的权力,并剥夺董事会作为受托人的自由裁量权。[131]

更广泛的紧张关系源于董事会对公司事务的权力是特拉华州法律

[129] 公司通过合同授予控制权的现象并不明晰。贷款协议通常授予债权人强大的控制权(这通常在公司违反合同承诺的情况下触发),债务治理文献仔细研究了这些条款及其在治理中的作用。参见前注[117]。

[130] 在新的上市公司中尤其如此。特拉华州法律的默认规则是,当选为董事的个人只是获得最多选票的候选人("简单多数票"规则)。因此,如果选举没有竞争,一个人不需要赢得太多选票。在这种情况下,公司的认可通常意味着胜利。许多成熟的上市公司已经自愿转向"绝对多数"规则,即一个人只有获得绝对多数选票,才能成功当选为董事。

[131] See, e.g., SolarWinds, Shareholder Agreement § 2.1.2(c); Shake Shack Inc., Stockholders' Agreement § 2.1(b) (Jan. 20, 2015).

的核心强制性特征之一。[132] 特拉华州一系列开创性的先例——商业组织的案例集——认为各种公司治理措施因不当侵犯董事会权力从而无效。这些先例让上述引用的股东协议条款存在不可强制执行的潜在可能性。因为这些案例都有些特殊，只是可能性，而不是清晰的判定。

Quickturn 案尤其具有指导意义。[133] 该案中，一家公司的董事会采用了“毒丸计划”，其包括一项条款，限制新当选的董事会在 180 日内去除“毒丸”的能力。特拉华州最高法院驳回了这一延迟补救的效力，指出“拉华州公司法最基本的原则是董事会对公司的业务和事务负有最终责任”。[134] 尽管该“毒丸”只在“某一方面”限制了董事会的权力，但它涉及“一个对股东至关重要的领域——就公司可能的出售进行谈判”。[135] 与先前的法院相比，它得出以下结论：“如果合同或合同条款要求董事会以限制董事会的受信义务的方式采取或不采取行动，该合同或条款是无效的以及无强制执行力的。”[136]

在 CA, Inc. v. AFSCME Employees' Pension Plan 案中，[137] 股东提议增加一项公司章程，要求公司偿还候选人因选举产生的合理费用。这是一项有争议的裁决（后来被立法推翻），特拉华州最高法院认为股东提案无效，因为它不恰当地干扰了董事会的权力。[138] 具体来说，AFSCME 的股东提出了一项修正案，使董事会“应要求公司补偿股东或股东团体（提名者）因参与公司董事会选举所产生的有关的合理费用

[132] 董事会具有强制性特点的出发点是 DGCL 第 141(a)条，该条款宣布：“每个公司的业务和事务……应由董事会管理或由董事会指导。”该条款规定，“除非本章或[公司]注册另有规定”，但特拉华州的判例似乎没有这样的警告。最后一个需要注意的是，如果特拉华州的公司采用了董事会，那么，特拉华州的公司法和判例法确立了一套董事会权力的强制性制度。虽然几乎所有特拉华州的公司都有董事会，但并不是全部公司都有董事会。See Del. Code Ann. tit. 8, § 141(a) (2020).

[133] Quickturn Design Sys., Inc. v. Shapiro, 721 A.2d 1281 (Del. 1998).

[134] 同上，第 1291 页；第 1292 页[“第 141(a)条……授予任何新当选的董事会管理和指导特拉华州公司的业务和事务的全部权力。”]。

[135] 同上，第 1291 页。

[136] 同上。（引用符及引文已删除）

[137] See 953 A.2d 227(2008)；同上，第 231 页（“DGCL 还没有向董事会和股东分配相同的、广泛的权力，用以采纳、修改和废除公司章程。”）。

[138] 同上，第 230 页。

(‘开支’)”。[139] 最高法院认为,这不恰当地限制了董事“行使其决定在特定情况下是否适合补偿的受信义务”。[140] 这些先例使公司承诺在一种法律困境下支持股东提名,其强制执行力尚不清楚。

2. 股东协议可以放弃多少法定权利?

股东可以通过合同放弃多少法定权利?更广泛地说,合同在取代股东权利方面的强制性规定上可以走多远?特拉华州法律没有就这一问题给出明确的答案,但最近的判例法表明答案是合同确实可能走得很远。

例如,在 Manti Holdings, LLC v. Authentix Acquisition Co. 案[141]中,特拉华州衡平法院(Court of Chancery)认为,股东应当受到股东协议的约束以放弃其法定回购请求权。[142] 法定回购请求权似乎可以通过合同放弃。Bonanno v. VTB Holdings, Inc. 案[143]解决了 DGCL 第 115 条规定的股东法定权利。第 115 条授权公司仅在特拉华州管辖内通过公司资格证或章程要求在州内提起诉讼。它还禁止章程和细则制定禁止股东在州内提起诉讼的规定。衡平法院认为,第 115 条并不限制股东在股东协议中放弃法定权利。[144] 法院认为,第 115 条并没有改变特拉华州有利于合同自由的一般公共政策。它指出,该法案的概要表明立法者并不打算“阻止在股东协议或股东签署的其他书面文件中适用该条款”。[145]

衡平法院在 Kortum v. Webasto Sunroofs, Inc. 案[146]中的意见表明,股东协议可以被用来禁止重要的诉讼工具(important tool of contemporary litigation)。法院着力解决根据 DGCL 第 220 条规定董事和股东有检查公司的账簿和记录的权利。[147] 在该案中,法院发现股东协议的条款要求提

[139] 参见前注[138]。

[140] 同上,第 240 页。

[141] See C. A. No. 2017 - 0887 - VCSG (Del. Ch. Oct. 12, 2018).

[142] 该判决与案件事实紧密相关。

[143] See 2016 WL 614412, at *15 (Del. Ch. Feb. 8, 2016)。

[144] 同上。

[145] 同上[引用 S. 75 syn., 148th Gen. Assemb. § 5 (Del. 2015)“概要”]。

[146] See 769 A. 2d 113, 125 (Del. Ch. 2000).

[147] 这项权利在 DGCL 中以明显的强制性条款措辞进行规制。See Del. Code Ann. tit. 8 § 220(2020).

供某些信息,但“合同上没有限制必须提供的信息……协议也没有明确规定在第220条下放弃法定检查权利”。法院进一步表明,“除非在文件中由明确具体的弃权规定,股东不可放弃其法定权利”。[148]

最后,DGCL的第109(b)条和第102(f)条分别禁止章程或细则要求在诉讼中进行费用转移。采用这些条款的DGCL修正案所附带的立法评论明确指出,股东协议不受其限制。[149]

因此,法院意见和立法评论都表明,股东可以放弃一系列公司法定权利,包括回购请求权、特拉华州公司在州内提起诉讼的权利、检查公司账簿和记录的权利,以及禁止费用转移。通过股东协议,许多现代企业诉讼当事人青睐的工具可能会被破坏。这是一个理想的政策结果吗?如果是,为什么?对这一点进行全面的分析还需要用另一篇论文进行探讨,[150]但笔者认为有一件事是明确的:“强制性”公司法是一个比最初看起来更棘手的概念。某些规则是强制性的,但只适用于公司章程及细则规定,而不是股东协议;有些规则约束前述三种。那么就遗留下一个问题,公司法中的强制性规定有多少可以被股东合同放弃?

(二)横向承诺:关于合同、控股股东和受信义务

股东协议提出的最深刻的理论问题在于如何对公司控制的特性予以合同化?一般来说,特拉华州的判例明确区分了行使合同权利和受信义务的董事会权力,前者负有受信义务,后者并不负有受信义务。因为它们在公司内部政治上分层,股东协议位于控制股东地位和单纯的合同权利之间。

一致控制股东。当股东就其控制权相互订立合同时,即向公司法提出了一个核心问题:协议股东联盟何时形成(集体)控股股东?股东协

---

〔148〕 See 769 A. 2d at 125; See Matter of Appraisal of Ford Holdings, Inc. Preferred Stock, 698 A. 2d 973, 976 (Del. Ch. 1997)(这表明优先股股东可以通过股东协议放弃其回购请求权)。

〔149〕 See S. 75 syn., 148th Gen. Assemb. § § 2, 3 (Del. 2015)[注意到第109(b)条和第102(f)条“都无意……禁止股东协议或股东签署的其他书面文件适用此类条款”]。

〔150〕 事实上,Jill Fisch对Manti及其所暗示的推理提出了有力且有启发性的批评。参见前注〔33〕Fisch的分析涉及的几个因素,包括股东协议破坏公司法的普遍性和确定性的能力。

议的签署人是否对其他人股东附有受信义务?这些是两年前在 Sheldon v. Pinto 案中特拉华最高法院所面临的问题。[151]

原则上,特拉华州的法律可以将几个独立的股东共同定义为控股股东。[152] 如果多个股东共同行使“多数或有效控制”,那么,“每个成员都受控制人的受信义务约束”。[153] 为了证明股东构成控股股东,有必要表明他们“以某种具有法律意义的方式联系——如通过合同、共同所有权、合意或其他安排——为了共同目标而努力”。[154] 但股东协议由于面临事实层面的诸多棘手问题,前述逻辑在适用上也并不容易。

在 Sheldon v. Pinto 案中,关键问题是股东协议的签署人是否构成了控股股东。[155] 被告共同控制了公司 60% 的投票权,是投票协议的签署人,该协议授予他们任命 3 名董事,然后 3 名董事再选择 2 名董事。这 5 名董事是董事会的绝大多数成员。股东们之前曾共同投资于其他业务,并共同行动建立了融资安排,原告认为自己被不合理不公平的稀释了。衡平法院最近裁决了大量相似事实的案例并将结果指向了不同的方向。[156]

特拉华州最高法院认为本案中没有控股股东。然而,法院的逻辑推理却很薄弱。它认为“诉请未能合理的论述风险投资公司在任何时候都

---

〔151〕 See Sheldon v. Pinto Tech. Ventures, L. P., No. 81, 2019, 2019 WL 4892348, at *4 (Del. Oct. 4, 2019).

〔152〕 根据特拉华州法律,成为控股股东有两种方式(同上)。第一,也是最简单的一种,股东是否拥有公司 50% 以上的投票权(同上)。第二,如果股东持有的股份少于 50%,但“行使对公司商业事务的控制权”。In re KKR Fin. Holdings LLC S' holder Litig., 101 A. 3d 980, 991 (Del. Ch. 2014). 对公司事务的控制可以一般性存在,也可以与特定的交易有关。In re Tesla Motors Stockholder Litig., 2018 WL 1560293, at *13 (Del. Ch. Mar. 8, 2018) (本案引用了其他案件)。

〔153〕 See Sheldon, 2019 WL 4892348, at *4.

〔154〕 同上。法律上重要的联系不仅仅是“某些股东之间自身利益的同意”。Carr v. New Enter. Assocs. Inc., 2018 WL 1472336, at *10 (Del. Ch. Mar. 26, 2018). 相反,必须有“实际协议”的证据,尽管没有必要采取正式形式或书面形式。In re Crimson Expl. Inc. S' holder Litig., 2014 WL 5449419, at *15 (Del. Ch. Oct. 24, 2014).

〔155〕 See 2019 WL 4892348, at *4.

〔156〕 See van der Fluit v. Yates, No. CV 12553 - VCMR, 2017 WL 5953514, at *5 (Del. Ch. Nov. 30, 2017); In re Hansen Med., Inc. Stockholders Litig., No. 12316 - VCMR, 2018 WL 3030808 (Del. Ch. June 18, 2018).

以‘具有重大法律意义’的方式存在联系”。尽管风险投资公司是一项股东协议的当事人,该协议保证他们可以委任几乎整个董事会成员。法院做出判断的缘由似乎是任命董事只是融资交易中的一个独立问题。[157]

人们很容易认为特拉华州最高法院错过了一个简单的答案。然而,此时最简单的明确规则却不起作用。试想,在严格规则下,股东协议的签署人即为集体控股股东的成员,从而负有受信义务责任。在许多私营公司中,每个股东都是公司股东协议的签署方。因此,将所有签署人视为构成控股股东,意味着他们中没有人彼此负有受信义务(因为他们均构成了控股股东)。这将使股东的受托责任基本消失。因此,将股东协议签署方直接等同于控股股东是行不通的。然而,将参与股东协议视为从未形成控股股东,显然也是错误的。例如,一项要求签署人在选举董事和任何其他会造成此类法律后果的问题上始终保持以特定方式一致投票的协议,肯定会使签署方成为控股股东。

笔者认为,存在一种替代方案,通过对企业权力的密切跟踪,能够更好地服务于公司法。首先,讨论一个需要澄清的类比示例:一个创始家族成员共同拥有超过50%的投票权的公司。这里也有一个微妙的问题,即家庭成员是否在任何特定的情况下均是集体控股股东。这对投票协议的签署方来说是一个有启发的参考。虽然有相互合作的历史,但家庭成员可能会发生争吵,并由此产生分歧。他们是家庭成员的事实并不能保证他们同意一起经营公司。尽管如此,3个兄弟姐妹各自拥有一家公司20%的股份,肯定假定他们是一个集体控股股东。同样,法院更好的方法是采用可反驳的推定,即在股东协议具有实质性投票权(如超过35%),并形成了公司选举中最大的投票集团的情况下,[158]任何根据其共同签署的股东协议有权委任董事会席位的股东将被推定为共同组成一个控股股东。为了

---

[157] Pinto, 2019 WL 4892348, at *6(约束IDEV所有股东的投票协议,与2010年融资和Abbott收购无关,只约束IDEV董事会选举。);见该案(“风投公司在没有其他投资公司的情况下,无法建立实际的控制权或控制权。”)[引用Williamson v. Cox Commc'ns, Inc., 2006 WL 1586375, at *4 (Del. Ch. June 25, 2006)]。

[158] 投票协议的签署人将不被包括在集体控股股东中;只有在协议中被正式提名才是。需要最大投票集团和高投票权的原因是,投票集团至少在原则上可能是一个小规模的(例如5%,还不足以影响选举)。

推翻这一推定，股东必须证明双方的行为肯定地违背了彼此的利益。

这种方法建立在Pinto案所忽视的一个事实之上。一个包含3个20%的股权持有人之间的投票协议，每人提名2名董事进入6人或9人的董事会，这种安排是对未来权力的投射，在这种情况下，股东及其董事指定的人不仅会阻止其他控股股东的到来，且共同决定董事会的组成。虽然这并不能保证他们能对每一个基本的公司决定做出一致承诺，但要求做出这样的承诺忽略了这样一个事实，即决定“谁”会做出决定本身，将会对这些决策的结果产生巨大影响。

在这种替代方法下，Pinto案的被告将被推定为控股股东。被告将必须通过证明他们以相互矛盾的方式行事来推翻这一推定。根据这一规则，这将是这些当事各方所面临的一个困难的挑战。法院裁决可能会产生完全不同的结果。[159]

---

〔159〕 法院所面临的一个相关但明显的问题是，何时少数股东何时因其他相关事实和情况而构成控股股东。在一些股东协议中实施的广泛的控制权合同化，使这一问题成为一个特别重要和令人担忧的审查。近年来，特拉华州法院已经处理了一小部分案件，即少数股东是否可以在它享有特定的权利时成为控股股东，比如强有力的合同权利。See, e. g., Corwin v. KKR Fin. Holdings LLC, 125 A. 3d 304 (Del. 2015); FrontFour Capital Grp. v. Taube, 2019 WL 1313408 (Del. Ch. Mar. 22, 2019); In re Tesla Motors Stockholder Litig., 2018 WL 1560293, at *9 (Del. Ch. Mar. 8, 2018); Basho Techs. Holdco B. v. Georgetown Basho Inv'rs, 2018 WL 3326693, at *26 – 27 (Del. Ch. July 6, 2018). 有关这些案例和问题的批判性讨论，请参见前注〔104〕。投票协议引发了另一个重要的治理问题——为什么它们不是一种非法的投票买卖？投票协议中股东承诺将投票给另一个股东的董事提名人，而不转让现金或标的股东的股权；除了直接放弃投票权，无其他安排。一个具有指导意义的案例，Schreiber v. Carney, 447 A. 2d 17 (Del. Ch. 1982)，将“买卖投票”定义为“由股东个人考虑支持的投票承诺，即股东解除其自由裁量投票权和按要约人的指示投票。”见该案第23页。然而，只要其目的不是欺骗或剥夺其他股东的权利，买卖投票本身并不非法。相反，“每一项安排［涉及股票转让而没有所有权转让］都必须根据其交易目标或目的进行审查。见该案第25页。根据Schreiber案，纯粹的横向投票协议似乎显然是允许的，但如果公司的董事参与向双方施压以达成投票协议，法院的分析将会复杂得多。See Crown EMAK Partners, LLC v. Kurz, 992 A. 2d 377, 387 (Del. 2010); Williams v. Ji, C. A., No. 12729 – VCMR, slip op. at 18 – 20 (Del. Ch. June 28, 2017); Portnoy v. Cryo – Cell Int'l, Inc., 940 A. 2d 43, 73 – 76 (Del. Ch. 2008). 还值得注意的是，关于投票协议和普遍的空洞表决权文献之间的关系，存在一些重要的问题。See Henry T. C. Hu & Bernard S. Black, *The New Vote Buying: Empty Voting and Hidden (Morphable) Ownership*, 79 S. Cal. L. Rev. 811 (2006).

六、展望

在最后部分，笔者将探讨股东协议对公司法中一些更广范问题的影响，却不会做出任何关于相关争论的假设。

（一）什么是对公司的控制？

关于公司控制的概念，学界的主流观点较模糊，如股东只享有"剩余控制权"（residual rights of control）。[160] 该观点认为，在尚未被合同削弱的公司独立意志决策方面，股东在努力争取对公司的持续性权力，之后股东再将该权力委托给董事会。相反，其他利益相关者则是通过合同来保障他们对公司享有的权利。

至此，可以清晰地看出，这一概念比较薄弱，且忽略了实际操作的复杂性。股东可以且确实利用了广泛的合同技巧来保障他们的控制权。标准概念更像是更丰富概念的一个特例，它最适用于上市公司的子公司，子公司股东除了默认规则授予的权利外，几乎或极少拥有其他权利。控制权应至少包含两个维度——通过投票或董事会直接行使的剩余控制权和合同控制权。

这对学术研究提出了两方面的问题。首先，资金提供者争取特权的公司治理模式是不完整的，其倾向于认为促进公司高效运行需要授权部分资金提供者可依据其自由裁量作出行动（如公司法授予股东表决权）以及授予其他资金提供者合同权利（如为债权人创设借款合同），但并没有将两者合并考虑。然而，股东协议也授予拥有剩余控制权的股东一系列合同控制权利，如对重大公司交易的否决权，这让人联想到那些同样被授权的债权人。协议的签订使合同控制权与自由裁量控制权相结合，而在别处却没有结合。如何看待这种现象呢？

其次，如人们通常认为的那样，合同和权力的区分既不清晰，也不甚

〔160〕 列举一个重要的概念界定例子。See Bernard Black, *Corporate Law and Residual Claimants* (Stanford Law & Econ. Olin Working Paper No. 217, 2009), https://ssrn.com/abstract = 1528437 [https://perma.cc/UCU8 - DVVM].

重要。在特拉华州的公司法司法裁判中,对合同授权下公司决策权和自由意志权的区分形成了一条主要的分界线。在特拉华州法律中,通过控制董事会来影响公司事务的股东是受信义务下的控制股东,而简单通过合同权利影响董事会的股东则不是。[161] 授予股东否决权也增加了区分合同与授权债权人基于契约的权利的压力。在借款合同中,债权人通常被授予股东协议中的部分种类否决权。而事实上债权人通常被赋予更极端的权利来迫使违约的公司进行清算。如果公司违反了金钱合同约定,如未能维持借款合同中载明的运营现金流金额,往往会导致进入破产程序。众所周知,债权人通常不会这样做,相反,他们会利用宽容违约(waiving the violation)的好处,来重新磋商借款合同条款和公司治理结构。[162] 至少部分合同性权利的作用是为影响董事权力行使。在这一点上,区别可能依然是清晰的(契约是一种依实际情况而定的获取权力的方式),这符合一般的理解,即债权人是固定的索赔人,当公司陷入财务困境或破产时,他们会成为剩余索赔人。

设想公司授权一名投资者享有对董事会作出的任何重大决策的否决权,区分持续性权力和对比合同权利是否还有必要呢?

这个例子并不如它表面看来那么奇特。Moelis & Company 所签订的股东协议即以清单的形式授予了一系列否决权——这些否决权首先涉及一些常规事项,继而包括了特定股东拥有的否决(或同意)董事会

---

[161] See, e. g. , Calesa Assocs, L. P. v. Am. Capital, Ltd. , No. CV 10557 – VCG, 2016 WL 770251, at * 11 (Del. Ch. Feb. 29, 2016); Thermopylae Capital Partners v. Simbol, Inc. , 2016 WL 368170, at * 14 (Del. Ch. Jan. 29, 2016)["一个控制公司决策话语权的股东(通过高比例持股或通过控制董事会)是传统的受信……相反地,一个拥有和利用合同权利(甚至以一种迫使公司回应的方式)的主体仅仅是在行使自己的正当权利,而不包含其他内容也不是受信"]。

[162] See, e. g. , Douglas G. Baird & Robert K. Rasmussen, *Private Debt and the Missing Lever of Corporate Governance*, 154 U. Pa. L. Rev. 1209 (2006); Greg Nini, David C. Smith & Amir Sufi, *Creditor Control Rights, Corporate Governance, and Firm Value*, 25 Rev. Fin. Stud. 1713, 1758 (2012). 如前所述,将这种经营权授予股东也会引起关于董事至上,集中管理和上市公司典型委托的法律限制和规范可取性问。See, e. g. , Stephen M. Bainbridge, *Director Primacy: The Means and Ends of Corporate Governance*, 97 Nw. U. L. Rev. 547 (2003) (在公司治理领域,为董事权力提供了开创性的辩护)。

考虑中的每一份“重大合同”的权利。[163] 同时，前述否决权清单所涉及的事项越重要，则相应合同所蕴含的权限即越高，这也意味着合同本身与相应权限是无法等同的，但却确实提示了，我们对控制权最终与何有关的最佳理解应在于——不能将控制权简化为合同抑或权限。

（二）什么是公众公司的公司治理？

近年来，证券法下长达近一个世纪的公私分类正承受着巨大的压力。[164] 其中一个突出的方面即来源于对当前公众公司治理现状的不满，尤其是对其中涉及公众公司董事会的部分，以及公众公司在治理时对独立董事的特别强调。[165] 最近，学者们积极主张对公众公司治理模式的替代。在私募股权投资组合公司董事会构成的启发下，学界提出了对“第三代董事会”（Board 3.0）[166] 的期待——董事们将获得充分的信息与资源，并有强烈的动力监督管理层的操作技能和履行措施，而与那些着重对管理层的不当行为进行监督的董事会有所区分（虽然这在当前公众公司中是非常常见的现象）。同时，第三代董事会下的公司董事可以与长期股东（并不必然是控股股东）保持更紧密的联系。就前述观点而言，签订有股东协议的上市公司为我们提供了数量众多的潜在研究对象——大多数公司仍由IPO前的股东控制。这些股东借助于股东协议的安排，继续保持了此前私有公司典型治理规范的特征——否决权及协议安排下的董事会。从某种意义上说，前述公司就像是悬浮在公开股权市场上的“封闭公司”，其采用了一种公私混合的治理模式，并可能成为第三代董事会的一个实例。

（三）什么是公司治理？

章程细则与股东协议是公司治理中非常重要的两个方面，但法律对

---

〔163〕 Moelis & Co., Stockholders Agreement (Mar. 24, 2014)（“未经事先批准，董事会不得授权、批准或认可下列任何行动或与之相关的任何计划……签订或实质性修订任何重大合同……”）。重大合同包括 Regulation S－K 第 601（b）（10）项下所规定的类型以及许多其他类型的合同。

〔164〕 See, e.g., Elisabeth de Fontenay, *The Deregulation of Private Capital and the Decline of the Public Company*, 68 Hastings L. J. 445 (2017); Michael Ewens & Joan Farre－Mensa, *The Deregulation of the Private Equity Markets and the Decline in IPOs*, 33 Rev. Fin. Stud. 5463 (2020).

〔165〕 See, e.g., Ronald J. Gilson & Jeffrey N. Gordon, *Board* 3.0, 74 Bus. Law. 351 (2019).

〔166〕 同上，第 358～361 页。

这两者的处理却截然不同。这是为何呢?此外,在法律规范下对章程细则与股东协议的合法性进行起诉是完全可能的,而相应问题的标准与界限则或多或少地取决于一个或多个规则条款的规定。然而,近来的判例法却表明,当法院在回答关于股东协议以及章程细则的一系列问题时,现有规则条款普遍不能起到相应的决定指导作用。[167]

在此,考虑到私法理论对财产与合同做出的区分,笔者将探讨法院对股东协议与章程细则所采取的不同态度。尽管相应观点仍存争议,但有一个核心共识在于——财产权利和合同权利之间的一个关键区别是,"财产权利不仅对权利的原始设定人具有强制执行力,对财产的其他占有人或该资产上其他权利随后的受让人同样具有强制执行力,与财产权利有关的义务'随资产本身流转'"。[168] 相比之下,合同权利仅能约束就初始协议达成一致的各方。[169] 因此所产生的一个关键问题就是,两个(或两个以上)的当事人就一项资产所订立的自愿安排是否对其他同样拥有该项资产或对该项资产享有权利的第三方具有约束力。

Henry Hansmann 和 Reinier Kraakman 认为,财产权利与合同权利的区分认定,是由(未直接参与创设该权利的)其他相应主体对二者的社会期望注意程度不同而决定的。特拉华州法院在处理股东协议时更具灵活性的操作方法似乎也暗中契合了这种观点——在公司章程外签订股东协议,本身即意味着股东们承担了更高的注意程度,法院也会据此

---

〔167〕 See, e. g., Ark. Teacher Ret. Sys. v. Alon USA Energy, Inc., No. CV 2017 – 0453 – KSJM, 2019 WL 2714331 (Del. Ch. June 28, 2019)(说明在第三方受益规则之下,股东协议对非签订主体是否具有强制执行力);Caspian Select Credit Master Fund Ltd. v. Gohl, No. CV 10244 – VCN, 2015 WL 5718592 (Del. Ch. Sept. 28, 2015)(说明了股东协议能否被特别强制执行的问题)。

〔168〕 Henry Hansmann & Reinier Kraakman, *Property, Contract, and Verification: The Numerus Clausus Problem and the Divisibility of Rights*, 31 J. Legal Stud. S373, S378 (2002); see also id. at S374 ("不同于合同权利,资产上的财产权可以对资产上其他权利的后续受让人予以强制执行……财产权随资产流转");Thomas W. Merrill & Henry E. Smith, *What Happened to Property in Law and Economics?*, 111 Yale L. J. 357, 360 – 64 (2001). 尽管当前学界对 Hansmann 与 Kraakman 文中的观点、Merrill 与 Smith 文中的观点间仍存在分歧,但不可否认的是,此两种观点都点明了财产权与合同权间的强烈差异。

〔169〕 合同法的转让与委托规则(如适用)规定,经适当转让的合同权利对受让人具有约束力,但受让人应知悉所涉权利或义务。

在公司治理层面给予股东们更多的自由。如果回到私有公司层面讨论,相应的逻辑也会更加清晰,私有公司也是特拉华州法院股东协议相关争议所涉及的主要背景。对于私有公司的股东而言,注意程度可能因相应条款是否包含于章程或股东协议中而有实质性的区别。但无论股东是否知情或同意公司章程中的个别条款,其均直接受到公司章程的约束。但股东只有在签署了股东协议时才直接受到股东协议的约束。

因此,公司治理的核心工具对应了财产/合同区分项下的不同方面,这为法律对它们的处理方式的差异提供了强有力的功能性理由,否则,相应的法律处理可能是临时性的。公司章程和细则约束非当事人,而这些协议所确立的条款通常“与资产一起运行”(run with the asset)。如果购买低投票权股票的股东抱怨那些拥有公司很少的现金流的股东(可能令人惊讶)却持有高投票权,拥有坚不可摧的控制地位,那么这些抱怨只会被忽视。你根本不需要知道公司章程所赋予的公司治理权利,都是由其合法内容决定的。这些章程虽然在范围上更严格,但也非自愿地改变了股东的权利。相比之下,股东协议对签署人具有约束力,而且一般根本不约束非签署方。这是一个实际的合同,仅此而已。附表 8 总结了不同的公司治理模式,有的更具财产权特性,有的则更具合同特性。

那么,公司治理是财产问题还是合同问题?这似乎两者都有。当公司治理基于公司章程时,股东权利随股权转让而转移;而当公司治理基于合同时,股东权利不会随之而转移。公司章程和细则是财产特性的,约束所有非签署方,而合同性质的则不会约束非签署方,仅在签署方之间优先适用。在某些方面,这里的法律非常符合此理论:法院在很大程度上将合同视为仅对签署方强加义务,因此,相比于公司章程或细则,其允许合同更进一步地改变强制性规则。这些书面文件对公司治理自由边界的限制对签署方的知识变化和直接合意进行了考虑。基于合同的直接同意和简单的对公司章程的知晓,此二者所代表的股东自愿程度是不同的,法院对二者的处理非常谨慎。

然而,从另一方面来看,达成这种适配并不简单,即当公司通过合同授予否决权、承诺支持董事会提名,或其他授予特定股东的此类权利。这些权利确实直接影响到非签署方股东。例如,如果少数股东对控制权变更拥有否决权,则股东无法再出售公司。在私人公司中,如果该权利是通过合同创设的,那么,他们可能都不会收到其股东权利丧失的通知(尽管该公司是签署人)。[170]

无论如何,笔者并非试图回答公司治理在财产/合同体系中所处的位置,而是试图强调,普遍使用合同控制公司给公司治理概念带来了压力。

结　论

本文论述了股东协议在法律、理论和实践中的作用。在现代判例法中,合同形式作为一种独特的治理形式,允许股东退出、发声和追责。最重要的是,股东利用它们通过合同直接分配公司控制权——从董事会席位到否决权,改变了公司法立法中的控制权分配默认规则。

基于对新上市公司适用股东协议的实证研究,笔者探讨了股东协议的功能,它们为理论研究提供了丰富的依据,并提出了多维度的问题。特别地,这些协议破坏了公司法下的一些根本区分——控制权和合同权利之间的区分、债权人权利(通常的、约定的和固有的)和股权(一般是其他权利和自由裁量权)之间的区分,内部和外部之间的区分,以及谁对谁负有受信义务的区分。实践暗示我们需要进一步丰富公司治理和控制权的概念。

附表清单(本文基于附表1中的139份统计样本进行考察,其中有50份样本授予股东以不同事项的否决权,附表2具体列明了不同事项否决权的发生率)

附表1　对董事会的控制权

附表2　否决权

附表3　2013~2018年IPO公司适用股东协议的情况

附表4　2013~2018年IPO公司行业分布

附表5　受股东协议约束和不受股东协议约束的新上市公司

[170] 这一分析还表明,将优先股或普通股等证券视为普通合同会有误导性。因为它的权利可以非经同意被公司章程所改变。

附表 6　实行控制权共享制度公司的汇总统计
附表 7　股东协议中的代理成本
附表 8　公司治理——介于财产权与合同权之间

附表 1　对董事会的控制权

控制要素	数量（份）	股权协议占比（%）（N = 139）
董事提名权	118	85
公司支持	98	71
列入公司代理名单	79	57
公司支持选举	73	53
表决权约定协议	71	51

附表 2　否决权

公司交易	否决权的发生率（%）
合并、出售所有资产或变更控制权	53
聘用或解雇 CEO	35
修改章程或细则	33
改变经营范围或增加新业务线	24
进行重大并购	42
并入合资企业	22
发生重大债务	36
进入清算或自愿破产程序	38
改变董事会的规模	38
发行新股	40
分红	18
进行关联交易	15
解决重大诉讼	11

注：①授予股东的否决权条款事项［N = 50（36%）］。
②上述否决权均值为 4。

附表3　2013～2018年IPO公司适用股东协议的情况

公司注册地	适用股东协议占比(%)	不适用股东协议占比(%)
特拉华州	95	83
马里兰州	0	8
内华达州	2	1
得克萨斯州	0	2
加利福尼亚州	0	0
纽约州	0	0
佛罗里达州	0	0

附表4　2013～2018年IPO公司行业分布

行业	适用股东协议占比(%)(N=120)	不适用股东协议占比(%)(N=714)
计算机软件	11.67	14.85
生物制品	5.00	26.75
油气田服务	2.50	0.56
制药	2.50	6.16
餐饮场所	4.17	0.86
商业银行	4.17	5.46
投资咨询	3.13	0.42
其他	66.86	44.96
总计	100	100

附表5　受股东协议约束和不受股东协议约束的新上市公司

项目	不受股东协议约束			受股东协议约束			平均值差距
变量	N	平均值	标准差	N	平均值	标准差	—
市值	650	1091.25	2338.64	111	2228.80	2991.75	-4.53(0.00)***
总资产	468	1474.71	7530.14	78	1866.91	5160.38	-0.44

续表

项目	不受股东协议约束			受股东协议约束			平均值差距
无形资产	704	199.36	1038.06	118	972.74	1839.27	-6.56(0.00)***
总负债	705	387.17	2388.42	120	1277.71	2781.59	-3.68(0.00)***
现金流	710	163.83	832.95	120	192.01	533.88	-0.36

注:附表5报告了2013~2018年上市公司的5个公司层面财务特征的统计数据(观察数量反映了Compustat提供的数据),包括在上市过程中不受股东协议约束的公众公司和受其约束的公众公司。它还提供了这两个公司子集之间均值差异的t检验。对于方差不等的两侧t检验,在括号中报告了p值。统计显著性以1%(***)水平表示。

附表6 实行控制权共享制度公司的汇总统计

状态	投票协议(N=53)	无投票协议(N=529)
受控公司	79%(42)	27%(116)
非受控公司	21%(11)	78%(413)
少数股东控制公司	32%(17)	5%(28)

附表7 股东协议中的代理成本

股东协议	管理成本	控制成本:缔约方	控制成本:非缔约方
横向协议	低	低	低/中
纵向协议	低	—	高
少数股东控制结构	低	中	高

附表8 公司治理——介于财产权与合同权之间

项目	章程	法律规定	优先股	契约	横向协议	纵向协议
是否对非缔约方有约束力	是	是	是	是	否	是
权利行使是否建立在股权上	是	是	是	否	否	否
是否需要公司决议	是	是	是	是	否	是
是否可由非缔约方强制执行	是	是	否	否	极少	极少/从不
是否需要公告	州备案	无	无	无	无	无

(编辑:姜沅伯)

《证券法苑》(2021)
第三十五卷,第 334 ~346 页

《表决权与控制权的分离:合同在公司治理中的角色》一文介评

——也论公司治理中的“律敕之争”

薛前强*

阿云之狱……议论纷纭,迄无定说,推原所自,皆是争律、敕之文。[1]

——(明)邱浚

阿云之狱以法律问题开始,以政治解决结束。[2]

——李勤通

一、初识:谁是加布利尔·劳特伯格?

在短评《表决权与控制权分离:合同在公司治理中的角色》一文前,有必要先介绍下该文的作者——加布利尔·劳特伯格(Gabriel Rauterberg)教授。他对于中国证券法、公司法研究者而言可能颇为陌生。毕竟较 Robert Clark、Louis Loss 等学术巨

---

* 中央民族大学法学院讲师。

〔1〕(明)邱浚:《大学衍义补》,林冠群、周济夫校,京华出版社 1999 年版。

〔2〕李勤通:《法律事件抑或政治事件:从法律解释方法看阿云之狱的定性》,载《法律方法》2014 年第 2 期。

擘及更为中国学界耳熟能详的 John Coffee、Mark Roe、William Bratton、Lucian Bebchuk、Jill Fisch、James Cox 等人而言，蜚声稍显逊色。但如果仔细通览其学术履历后，可发现加布利尔·劳特伯格教授无疑是学术明星云集的美国公司法/证券法学界近几年的新锐学者。

加布利尔·劳特伯格现担任密歇根大学法学院助理教授。在加入密歇根法学院之前，他曾在哥伦比亚大学法学院做访问学者，参与资本市场研究项目，并先后供职于多家知名律所从事律师助理一职，处理与证券集体诉讼、欺诈诉讼相关的各种辩护/代理业务。[3] 可能正是这些个人工作经历，逐渐形塑了劳特伯格的研究方向与范式选择：以金融交易市场、公司法实证研究和公司合同为研究阵地，以实证统计、案例分析为研究手段。当前，其研究工作包括探索公司公共治理与私人治理之间的实证差异以及与密歇根大学经济学和计算机科学部门合作探索算法交易市场操纵课题。他对热点事件的评议观点也频频登上报纸头条。

在学术成果方面，劳特伯格教授已先后出版《合同：法律、理论和实践》（与 Daniel Markovits 合著）、《新股票市场：法律、经济学和政策》（与 Merritt Fox、Larry Glosten 二人合著）及《百页公司法》（与 Holger Spamann 等人合著）三本著作。独著及合著论文也频频发表在《哥伦比亚法律评论》《密歇根法律评论》《杜克法律杂志》《耶鲁规制研究》等法学核心期刊。其中尤其值得一提的是：美国公司法杂志《公司实践评议者》（Corporate Practice Commentator）每年都会组织公司法、证券法学者投票选出 10 篇上一年中最为经典和最有影响力的公司法、证券法论文，即“公司证券法十佳论文”（Top 10 Corporate and Securities Articles）。劳特伯格教授凭借 2 篇以实证主义为分析范式的公司法/证券法文章两次入选：他与哥伦比亚大学法学院 Eric Talley 教授合著的《忠实义务的协议化：关于公司机会豁免的实证分析》[4] 一文荣登

[3] 参见 https://michigan.law.umich.edu/faculty-and-scholarship/our-faculty/gabriel-v-rauterberg，2021 年 9 月 15 日访问。

[4] See Rauterberg, Gabriel V. & E. L. Talley, *Contracting out of the Fiduciary Duty of Loyalty: An Empirical Analysis of Corporate Opportunity Waivers*, Social Science Electronic Publishing.

2017 美国公司证券法十佳论文榜单;与 Merritt Fox 及 Lawrence Glosten 三人合著的《新股票市场:理智与废言》〔5〕也于 2016 年登榜。这些无疑是对劳特伯格教授学术研究的理论创新性,对现实司法实践及监管重要性最为直接之肯定。

二、探寻:什么是《表决权与控制权分离》一文的贡献?

坦白而言,不论是关于"表决权与控制权分离"还是"合同在公司治理中的作用",这两个主题项下都存在浩如烟海的学术讨论,毕竟两权分离是公司存在并得以流行的核心所在,而公司契约论(合同束)在美国公司法理论中已然成为事实性统治学说,推动、撑着公司法规则的适用不断在"选入"(option in)与"选出"(option out)模式之间演进,并逐渐发展出以缺省性规则(default rule)、朝顶竞争(race to the top)、逐底竞争(race to the bottom)、董事会中心主义、股东会中心主义等为代表的学术靶向与研究话语。

除此之外,近些年有多篇以公司治理中的各类合同为主题的文章频频进入"公司证券法十佳论文"的榜单。例如,2017 年,Cathy Hwang 凭借《非捆绑式交易:复杂并购中多协议交易方式的研究》〔6〕一文对并购交易中的附随协议进行研究而荣列榜单。翌年,Jill Fisch 发表《以合同进行治理:公司章程细则的影响》〔7〕一文探讨股东会与董事会在修改章程细则上的角力;Cathy Hwang 同年发表的《交易的势头》〔8〕一文聚焦并购交易中非强制性的初步协议的作用,等等。那么,这就更需探寻,在众多以公司各类合同为主题的文献中,是哪些因素助推了《表

---

〔5〕 See Fox, Merritt B., Lawrence R. Glosten & Gabriel V. Rauterberg, *The New Stock Market: Sense and Nonsense*, 65 Duke L. J. 191 – 277 (2015).

〔6〕 See Cathy Hwang, *Unbundled Bargains: Multi – Agreement Dealmaking in Complex Mergers and Acquisitions*, University of Pennsylvania Law Review, Vol. 164.

〔7〕 See Jill E. Fisch, *Governance by Contract: The Implications for Corporate Bylaws*, 106 Cal. L. Rev. 373 – 409 (2018).

〔8〕 See Cathy Hwang, *Deal Momentum*, 65 UCLA L. Rev. 376 – 425 (2018).

决权与控制权分离》一文脱颖而出？与既有以股东协议为研究对象的文献相比,该文的独特贡献又是什么？

(一)强意定性股东协议更能凸显两权分离的矛盾与张力

公司中可发挥治理功能的合同类型众多。一种是架构公司主体框架与运行机制的组织契约,这类治理性合同签订主体为公司所有者与公司控制者,具有较强的稳定性和公开性,前者通常表现为作为股东之间集体契约的公司章程;后者则表现为股东与董事之间的权力分配契约——章程细则。当然,章程细则更多运用于英美法系国家,尤其是美国形成了一套围绕章程细则设计的规制董事会日常运营的具体行为体系。在中国,日渐兴起的"股东授权董事会"商业实践实际发挥着等同功能。公司中另一种合同则是具体行为拘束或行为指引契约——以规制特定权属事项或商业行为而签订的行为性/交易性合同。这类合同不触及公司中的根本权属结构,具有非常态性,只就特定事项做意定安排。例如,美国并购交易中的辅助协议、捆绑协议、反收购中止协议、[9]非约束性初步协议等多种新兴实践;又如,受 MeToo 运动影响,美国公司并购界晚近出现的"韦恩斯坦条款"(Weinstein Clause)性骚扰行为拘束契约,[10]等等。

在上述治理性合同与行为性合同的二元光谱之中,股东协议无疑处于交叉地带。如果采用"股东 + 他者"的认定模式,那么,股东协议签订者的主体身份可能是股东之间、股东与公司之间、股东与董事/高管之间。股东之间的股东协议多表现为对股东行权约定,尤其是表决权具体行使方式的约定;股东与公司之间的协议则意欲在其他控制事项上与公司进行磋商;股东与董事之间的协议是对董事决策行为的控制,如金带协议(golden belt)。[11] 故此恰恰因缔约主体的身份是多元

---

[9] See Joseph W. Bartlett & Christopher B. Andrews, *The Standstill Agreement: Legal and Business Considerations Underlying a Corporate Peace Treaty*, 62 B. U. L. Rev. 143 (1982).

[10] 参见薛前强:《上市公司董事、高管个人事务的法律规制——团体法、行为法及信息法的三维进路》,载《上海财经大学学报》2021 年第 4 期。

[11] 关于金带协议的内容,可参见薛前强:《论股东资助和补偿董事选举的法律规制——兼译我国防范董事选任利益输送的前置性变革》,载《政治与法律》2018 年第 9 期。

性的,这就在一定程度上决定了合同内容可能兼具治理性与行为性双重面向,外加司法裁判中对股东协议性质和效力判断标准并不统一,“任何对于股东协议的处理都易导致股东与公司管理者、投资人、债权人的矛盾加剧”,[12]从而在其之上更集中凸显经营权与控制权间的矛盾与张力。

(二)以主体纵横论实现股东协议的二元类型区分

综上所述,实际上学界对于到底什么是股东协议莫衷一是,尚无定论。整体分为三种观点,分别认为:股东协议是发起人协议;是分配安排股东权利的协议;是关于公司内部权力的分配和行使、公司事务的管理方式、股东之间的关系等事项所订立的协议。[13]《表决权与控制权分离》一文则从缔约主体出发,将股东协议区分为“横向”(horizontal)和“纵向”(vertical)两个维度。前者指股东与公司之间的协议,如股东之间就股东提名者的表决安排;后者则指一名或多名股东与公司之间签订的协议,如公司对于被提名者的支持承诺、公司授权股东否决权以及股东向公司承诺放弃行使特定权利等。紧接着,作者以主体纵横论铺设全文,具体探讨两类股东协议分别在公司承诺的可强制执行力、股东通过股东协议放弃不能由章程排除的法定权利以及横向承诺中控股股东地位及受信义务等问题。与很多同主题碎片式的文献而言,此种架构方式逻辑清晰,娓娓道来,颇似东方学者的行文风格。

(三)以实证研究为手段还原美国股东协议的具体实践面向

域外,对于股东协议的研究起源较早。研究重点包括立法及司法机关对股东协议的差异化态度及变化,公司法中的合同自由对保护小股东以及公司权力行使的影响,股东协议的效力界限等。区分研究所有股东一致同意的股东协议与部分股东达成的股东协议,研究方法也涵盖法学与经济学等不同角度。在著作方面,最早有 Stedman《股东协议》一书,主要研究股东协议与章程的性质及二者关系,具体分析股东协议在小股东保护、风险投资、合资企业(joint venture)及合伙企业中

〔12〕 陆苹:《民法典背景团体性股东协议制度研究》,载《湖南社会研究》2021 年第 2 期。
〔13〕 参见张学文:《股东协议制度初论》,载《法商研究》2010 年第 6 期。

的运用。[14] 之后相继有整体思路类似的 Cadman《股东协议》[15]及系统介绍英国公司法 2006 年修改中与股东协议相关规定的 Muth《股东协议》[16]等书。但文献层面的研究在很大程度还停留在对控制权与表决权分离的“理论配置”,即使存在特定案件的细微观察,也很容易流入自说自话的外围解读,与现实商业实践相脱节。

与既往研究不同,劳特伯格一文用充分翔实的数据还原了美国上市公司股东协议的具体类型、构造及动态分布,契合了美国近些年来对于“合同治理公司”的研究手段偏好——以实证研究为手段,用实证数据校验抑或是挑战“法律想象”,以此填补与商业事实间的缝隙。鉴于“公司证券法十佳论文”对实证研究的文献存在独特的偏爱,这一定程度也预言了该文入主明年榜单的可能。

三、反思与质疑:《表决权与控制权的分离》一文未解难题

(一)现象描述遮蔽了立法论与效力判断难题

虽然劳特伯格一文工作量巨大,搭建了一个股东协议的原始数据库,对 2013 ~ 2018 年的 901 家上市公司股东协议做了统计分析,但如很多美国公司法、证券法实证分析文献一样,其重点着墨在股东协议的商业现象描述之上,遮蔽了背后的立法论与效力判断难题。就这一点,作者在文中也作出承认,“本文并非试图回答公司治理在财产/合同体系中所处的位置,而是强调普遍适用合同控制公司给公司治理概念带来了压力”。实际上,《表决权与控制权分离》一文忽视的是对美国相关立法的梳理——毕竟股东协议的效力判断直接对接着相关法律规定。鉴于美国公司法是州法这一既定事实,如果省去各州差异化立法规定的介绍,那么,文中裁判结果很容易被当然视为美国股东协议的整

[14] See Graham Stedman & Janet Jones, *Shareholders' Agreements*, Longman Commercial Series, 1986.

[15] See John Cadman, *Shareholders' Agreements*, Sweet & Maxwell, Forth Edition, 2004.

[16] See Sean Fitz Gerald & Graham Muth, *Shareholders' Agreements*, Sweet & Maxwell, Sixth Edition, 2012.

体面向。

然而，美国关于股东协议的立法起源最早且较为成熟，可以追溯到20世纪50年代，其以《标准商业公司法》为范本。华盛顿州、艾奥瓦州、南达科达州、弗吉尼亚州、密歇根州、密西西比州、威斯康星州、犹他州、北达科他州参照该法在本州的公司法中也做出了相关规定，且具体内容基本与《标准商业公司法》无异，即在股东章节中专门设置一条款规定股东协议。但这不妨碍其他一些州的规定在立法体例、内容等方面都存在特殊之处。具体而言，《标准商业公司法》第7.32条专门规定了股东协议（shareholder agreements），但各州对股东协议的称谓不尽相同，包括“股东间的协议”（agreements among shareholders）、“闭锁公司协议”（close corporation agreement）、“一致治理协议”（unanimous governancc agreements）、“股东控制协议”（shareholder control agreements）等。

同样，以英美法系的代表性国家加拿大为例，对该国股东协议做立法论考察，仍可发现加拿大各州之间关于股东协议的规定也存在差异化表现，如关于股东协议内容，各州在吸纳《加拿大商业公司法》的基础上又进行了或多或少的补充（见表1）。

表1　加拿大各州股东协议的差异化规定

各个公司法	内容
加拿大商业公司法	董事会与股东会决议的投票比例；股份发行的时间、对象、条件；公司细则的制定、修改或撤销；公司高管的任命；公司董事、高管及雇员的报酬；董事会向股东报告的信息；公司向外借款、发行公司债券、保证、抵押特殊规定；董事管理权力的委派；股东有权要求清算与解散公司的特定情形
阿尔伯塔商业公司法	公司转让股份的限制；非募集公司回购股份的时间、数量、股东、价格；董事或董事会的选举；股东解雇董事；董事会书面决议的效力；董事及员工关联交易的披露；强制收购时要约人与被要约人的权利
安大略商业公司法	增发股份时某类股东的优先购买权；公司通过缴足股、期权的方式支付股利；股东未支付股份购买额时，公司对相关股份的留置权及权利行使；股东会会议地点

续表

各个公司法	内容
萨斯喀彻温商业公司法	重大交易利益披露及董事对此投票规则
新不伦瑞克商业公司法	股东会会议通知;大股东参与会议的方式及投票规则;股东会会议最低出席人数

注:魁北克商业公司法与马尼托巴公司法未补充特别规定

在某种程度上,“合同在公司治理中的作用”的上位概念实际是国家法律强制与股东自治选择间的边界与较量,而这无疑又回到了到底是鸡生蛋还是蛋生鸡的生物学难题。但无论如何,缺少国家法律强制的立法因素考量,都会使这一问题的答案有待商榷。比如,美国州法层面的公司立法实际上会先入为主的圈定股东协议的范围,如《北卡罗来纳州商业公司法》第 55 - 7 - 31 条“股东协议”则规定了三种类型的协议,分别是部分股东之间达成的投票权协议、所有股东之间达成的关于公司事务管理的协议、股东之间或股东与非股东之间达成的关于董事会裁量权的协议。〔17〕 这无疑从法律规定角度自上而下地形塑了股东协议的内容与效力,但这些在该文中很少被提及。

(二)实证统计所选取的对象与股东协议的私密特性相左

在数据的选取上,劳特伯格选取的是美国上市公司的相关数据。虽然上市公司中股东冷漠主义、委托代理问题等利益冲突问题更为明显。但需注意,这可能与股东协议的私密特性及其存在场域相左。

第一,上市公司股东协议的意定性存疑。上市公司的治理具有“强合规”偏好,〔18〕这导致“IPO 章程并不像公司契约论设想的那样是治理创新和个性化定制的载体”。〔19〕 因此,其所筛选出的数据可能是经证券法律转化或迎合信息披露规定后的再加工版本。

---

〔17〕 See North Carolina General Statutes – Chapter 55: North Carolina Business Corporation Act.

〔18〕 参见薛前强:《公司治理“遵守或解释”法规则的移植空间质疑——来自深交所三个板块上市公司的实证回应》,载《商业研究》2018 年第 12 期。

〔19〕 [美]迈克尔·克劳斯纳:《公司法和公司治理中的现实与幻想》,李诗鸿译,载《华东政法大学学报》2018 年第 3 期。

同时,基于信息的公共产品属性,上市公司的章程、信息披露报告等公开性文件存在趋同化现象。[20] 这就意味着,上市公司所披露的股东协议同样存在雷同化可能。证据在于,结合《标准商业公司法》的一般规定及美国州公司法的列举性规定,美国的股东协议可约定事项内容众多(见表2),包括公司层面上公司事务管理、公司权力行使、公司形式的转换及公司僵局的解决程序等。股东层面包括股东资格条件、分配权、投票权、解散公司的请求权、股份买卖与转让等。董事与高管层面上董事裁量权的限制或取消、董事投票权与代理权、董事高管的任免与雇佣等。但实证统计原文末附表1、附表2中的约定内容集中在对董事会的控制权与否决权两个领域,并未呈现与法律规定相同的多元化局面。

表2　美国股东协议可约定事项

各个公司法	约定事项
标准商业公司法	取消董事会或者限制董事会的裁量权或权力;股利分配;任命公司董事或高管,设立高管规则或者选任、辞退的方式;董事或股东投票权行使规则;公司、股东、董事、高管、雇员之间财产或服务转让或使用协议的条款;公司权力或管理公司事务权力的转让;在特定事件或者意外发生时或者根据一个或多个股东的请求,解散公司;对公司股份转让或股份登记过户施加限制;其他规制公司权力的行使、公司事务的管理、股东、董事与公司之间的关系或者股东之间、董事之间的关系,且不违反公共政策
华盛顿商业公司法	规定解决董事或股东之间僵局的程序,如仲裁或调解
内华达州封闭公司法	授权董事代理权或加权投票权;将公司视为合伙;将股东之间或股东与公司之间的关系视为是合伙人之间的关系
马萨诸塞州福利公司法	按照第11条额外规定福利董事的资格条件
密歇根州公司法	规定股份估价的程序及股东未支付股份价款时的后果

[20] 例如,2015年"宝万之争"后,上市公司频频在章程中增设反收购条款,但其内容及类型存在高度趋同化现象。

续表

各个公司法	约定事项
得克萨斯商业组织法典	利润与亏损的分配方式;与公司设立证书中所列举的一个或多个社会目的相关,治理公司权力的行使、公司事务及运转、股东或其他人公司行为的批准、股东、董事与公司之间的管理;规定封闭公司股份或其他证券的买卖、优先选择权、优先购买权或相似安排,对股份或其他证券转让更多的限制;对股份受让人参与封闭公司管理的限制;封闭公司股东、董事、高管或其他雇员雇佣的条款;封闭公司地位的终止,包括异议权或反对终止股东可能享有的其他权利;封闭公司股东的资格条件;股东协议的修改或终止;其他法律规定细则应该或可以包含的条款
俄亥俄州公司法	对公司股份发行的禁止或限制,包括库存股,不需要全部或部分股份持有人的赞成或需要满足特定条件
特拉华州公司法	瑕疵公司行为与瑕疵股份批准所需要的董事投票规则

第二,美国一些州将股东协议限制在封闭公司,导致原文末附表3实证数据存疑。在美国,各州对可制定股东协议的公司类型有着不同规定。一些州将其限定在封闭性公司的场域之中,如《佛罗里达商业公司法》第607.0731条规定股东协议专指两个或多个股东签订的约定他们投票方式的协议;而第607.0732条规定的股东协议强调在股东人数为100人以下的公司中适用。[21]《怀俄明州商业公司法》也比较特殊,首先在股东一章对股东协议制度作了与《标准商业公司法》类似的规定,同时又在《封闭公司增补》中特别规定了法定封闭公司(statutory close corporation)的股东协议制度,且法定封闭公司则指专业公司(professional corporation)。[22]《伊利诺伊州商业公司法》首先在第2A封闭公司一章中规定封闭公司所有股东签订的关于公司事务的书面协

〔21〕 See 2016 Florida Statutes – Title XXXVI Business Organizations – Chapter 607 Florida Business Corporation Act.

〔22〕 See 2016 Wyoming Statutes – TITLE 17 Corporations, Partnerships and Associations.

议,其次是在第7股东一章中规定股东协议。[23] 由此来看,该文文末附表3中虽然特拉华州上市公司中有95%的公司制定股东协议,马里兰州、得克萨斯州、加利福尼亚州、纽约州及佛罗里达州的数据为0,但实际原因可能在于这些州的公司法事先排除了股东协议在上市公司中的适用空间。

(三)特拉华州存在"亲董事会"规制偏好,使相关的司法实践代表性存疑

众所周知,特拉华州一直是其他州所效仿的模板,"作为公司设立领先于全国的特拉华州,一直以来致力于重大和持续的法律创新……特拉华州并非唯一持续修改公司法的州,但其他州总是效仿该州修改公司法以跟随特拉华州的法律创新"。[24] 因此,在《表决权与控制权分离》一文中,以特拉华州的相关司法实践来评述股东协议的效力问题无可厚非。

但值得注意的是,在美国各州的公司法竞争中,特拉华州逐渐发展出公认的"亲董事会"公司立法及司法实践偏好。同时有研究指出,在对公司法供给方面的州际竞争研究中,尽管大型企业通常在特拉华州注册,但如果其总部设在较小的州,那么其更倾向于在该州注册。那些公司在较小州注册时,更期待对该州公司法未来的变化施加影响。[25] 故那些发生在特拉华州以外其他州的相关司法案例,实际更能反映出公司治理合同自意安排与法律他意规定之间的紧张关系。

四、追问:公司治理中"律敕之争"何时休矣?

历史总是惊人的相似。治理国家的手段有时也可用于治理作为类政治实体的现代公司。如果把"合同在公司治理中的角色"看作公司法

〔23〕 See Illinois Compiled Statutes – Chapter 805 Business Organizations – (805 ILCS 5/) Business Corporation Act of 1983.

〔24〕 Roberta Romano, *The Need for Competition in International Securities Regulation*, 2 Theoretical Inquiries L. 387, 394 n. 21, 509 (2001).

〔25〕 参见前注〔19〕。

上的一个现代难题，那么，在中国法史上具有里程碑意义的北宋“登州阿云案”及其经典的“律敕之争”[26]中同样能找到类似情节的历史叙事，后者实际对接着“合同选出公司法规定”这一现代话语——作为公司所有者的股东签订的敕（股东协议、治理合同等）在多大程度上优位于律（公司法规则）的适用。但与“阿云案”背后的礼法冲突、政治党争所不同，以股东协议为代表的公司治理契约实际融入了“公司治理的解章程化”“解公司法化”“股东积极主义”“股东民主”等元素，并不断游走于契约法与团体法之间。

就直接表现而言，以股东、董事、公司间制定的各类合同不断试探着公司法，不断瓜分国家规定的公司法与团体契约性质的公司章程的既有领域，使公司治理日趋解章程化与解公司法化，股东不断收回或放弃所有权的派生权能。这背后的原因是多方面的，既包括受外部股东积极主义兴起的影响，还有内部修章程序的成本高昂、中小股东与控股股东利益博弈等。这一话题的深层意蕴，实际在于公司治理多元话语元素的共治与追问——公司本质上到底是何者的公司？公司法规则的目的到底为何？对于这些“合同”的解读，是采用契约法的意思自治逻辑还是需采用团体法意思受限的逻辑？若仔细研究早期的判例法，就会发现指导股东协议的司法原则存在两个基本动机：一方面，涉及投资者相对于“他的”公司之立场；另一方面更为根本，直接关系到国家在公司法发展中的作用。[27] 此外，特定事件与经济环境同样会引爆股东自治与司法强制之间的紧张关系，扩张或限缩“合同”的边界：如安然丑闻后董事责任与公司审计的严苛转向，经济危机后为盘活经济而不断满足董事决策灵活性、商业判断自由的渴求，各国在提升营商环境以吸引资本中的修法较量……

但凡此种种，并不意味着合同在公司治理中的作用是忽左忽右抑或是和稀泥式的无解难题——它无疑首先一个合同法与团体法上的法解释学问题，但同时还是一个国家意志、团体意志及个人自由间互动的法

---

〔26〕（清）沈家本：《寄簃文存》，商务印书馆2015年版，第134~138页。

〔27〕See Rainer Kulms, *A Shareholder's Freedom of Contract in Close Corporations – Shareholder Agreements in the USA and Germany*, European Business Organization Law Review 2: 685 – 701.

政策学问题。法律人对法律问题总希望获得非黑即白的确定性答案,即“上帝的归上帝,凯撒的归凯撒”。但现实中,总会存在“坠落人间的天使”抑或“魔鬼中的天使”——只能说合同能在多大程度上决定、形塑公司治理及其效力,必须放置在公司法的功能定位、公司类型、协议具体内容、合同根本目的、所牵涉规则的性质、公共政策/利益与外部人保护等具体情境中进行考量。

(编辑:邹莹)

征 稿 启 事

《证券法苑》是上海证券交易所主办、面向国内外公开连续出版的法学学术著作，并已被中国社会科学评价中心收录为中文社会科学引文索引数据库（CSSCI）来源出版物。《证券法苑》致力于繁荣资本市场法治研究，弘扬资本市场法治理念，推动资本市场法治建设，促进资本市场健康稳定发展。

《证券法苑》坚持学术性与实践性并重、现实性和前瞻性兼顾，紧紧围绕我国资本市场的改革发展，密切关注资本市场法治动态，集中研究资本市场立法、监管执法和司法等法治活动，深入剖析资本市场法律制度和法律关系，积极探讨资本市场法治建设中的重点、难点、热点问题。

《证券法苑》设置"理论前沿""专题研究""名家论坛""热点追踪""制度研究""市场监管""域外法制""法学随笔""案例评析"等栏目，每卷根据实际情况略有不同。

2017 年起，《证券法苑》计划每季度出版 1 卷、视稿件质量全年出版 3 ~ 4 卷，诚邀各界惠赐稿件。现就征稿相关事项说明如下：

一、征稿范围

《证券法苑》选题范围包括：证券法、公司法、金融法等的法理研究，资本市场法治发展动态研究，资本市场监管的法律研究，资本市场创新的法律研究，资本市场典型法律案例研究，境外资本市场法律制度研究等。

参考选题如下（可不受此限）：

1. 新《证券法》实施：我国新《证券法》实施的重大理论问题研究，《证券法》具体制度的实证研究，证券衍生品种、财资产管理产品、场外市场监管制度的完善，资本市场法律体系的构建与完善，境外资本市场法制动态及其对我国证券法制体系的借鉴意义。

2.《公司法》修订：优化营商环境背景下我国《公司法》修订的思路与建议，上市公司控股股东、实际控制人等"关键少数"的规制路径，公司治理结构的职权与设置,非上市公众公司监管制度,股份发行与转让制度的改革方向,公司集团化趋势下的法律应对策略。

3. 设立科创板试点注册制改革相关制度:各国(地区)证券发行注册制的比较研究,试点注册制的制度创新与实践评估,科创板上市公司监管的制度实践、法律问题与对策,科创板试点注册制司法保障的法律问题分析。

4. 信息披露制度:信息披露制度的完善方向,如何提高信息披露制度的有效性,如何界定信息披露的"重大性",信息披露法律责任分配,自愿性信息披露制度的逻辑与建构。

5. 证券交易制度:多层次市场上市、交易、登记结算、转板制度的构建,错误交易撤销制度,交易技术发展(ATS、ECN、程序化交易、高频交易、暗池交易等)对传统证券交易制度的挑战与监管对策。

6. 证券监管执法:近年来境外资本市场监管体系与制度的发展变化,我国证券执法机制的完善,我国金融监管协调机制的完善,资本市场监管转型的配套制度建设。

7. 投资者保护:网络环境下的投资者保护,投资者适当性制度研究,新型证券违法行为研究,证券市场侵权民事责任与民事诉讼制度的完善,投资者保护基金制度的完善,证券市场多元化纠纷解决机制的完善。

8. 资本市场对外开放:红筹企业境内发行上市法律问题研究,证券法律冲突与法律适用,跨境监管协作机制的构建。

9. 资本市场创新法律制度:私募基金的法律规制,可交债的制度设计,市场创新对现有法律制度的冲击与立法完善。

10. 金融监管法律制度:金融业综合经营的法律问题,金融统合监管立法,全球金融监管法律制度的发展演变与最新动态,互联网金融的监管对策,金融消费者保护。

二、投稿要求

1. 论文应当立论科学、论据充足、论证严密、层次清晰、语言流畅,尤其欢迎贴近市场脉搏、具有学术深度和实践应用价值的文章。稿件篇幅以一万字左右为宜,特别优秀稿件不受此限。

2. 投稿请发送至以下电子邮箱:zqfy@ sse. com. cn(建议投稿后电话确认)。所有投稿应符合国家著作权规定、公认学术规范和本书"编辑体例"要求(详见上海证券交易所官方网站 http://www. sse. com. cn/ "关于"栏目或《证券法苑》图书)。

3. 本书实行匿名审稿制度,作者投稿时请一律将作者简介(姓名、出生年月、工作单位、学位、职称、研究成果等)、通讯方式(地址、邮编、电话、电子信箱等)以及本文是否为何种课题成果等内容,另页单独注明,正文中不要出现任何个人信息。

4.《证券法苑》编辑部保留对来稿进行文字性和技术性修改的权利。《证券法苑》所载文章,均不代表上海证券交易所观点,文责由作者自负。除作者特别说明外,其文章均为其个人观点,与其所在单位、职务无关。

5. 向《证券法苑》投稿即视为授权本书将稿件纳入《中国学术期刊网络出版总库》及 CNKI 系列数据库、"北大法宝"(北大法律信息网)数据库、万方数据库以及本书确定的其他学术资源数据库,本书支付给作者的稿酬已包含上述数据库著作权使用费。如有异议,请在来稿时注明,本书将做适当处理。

6. 凡投给本书的稿件,请勿一稿多投。自投稿之日起 3 个月未接到本书用稿通知的,作者可以自行处理。稿件编辑过程中如拟被其他出版物采用的,请作者及时告知相关决定,以免重复出版。

7. 联系人:

姜沅伯　电话:021－68602370;

宋　澜　电话:021－68602679。

编辑体例*

一、标题：宋体小三号字，居中。如有关于本篇文章的说明，注脚注，用上标(＊)。

二、作者：宋体小四号字，居中，并用上标星号(＊)作为介绍作者脚注的标志，在脚注中注明作者姓名、工作单位、职务、职称(为便于联系，另请作者向《证券法苑》联系邮箱提供通信地址、邮政编码、固定及移动电话、电子邮箱，本书对此予以保密)。如有两名作者，第二名作者用两枚上标星号(＊＊)，依此类推。

三、中文摘要、关键词：楷体 GB2312 小四号字，摘要 200 字以内、关键词 3～5 个。

四、英文标题、摘要、关键词："Times New Roman"字体，标题小三号字居中，摘要与关键词小四号字。

五、正文：宋体小四号字，首行缩进，行距 18 磅。区分标题和要点，标题层级依次为"一、……""(一)……""1. ……""(1)……"，要点层级依次为"1. ……""(1)……""①……"，一段之内的要点列举使用"(1)……"一级标题采用四号宋体加粗；二级标题采用黑体小四号字不加粗；三级标题宋体小四号字，不加粗。引用具体法律文件应加书名号，如《证券法》《上市公司收购管理办法》。法条序号(第×条、第×款、第×项)、时间(世纪、年代、年月日等)、数量金额等用阿拉伯数字，但直接引用原文的从原文。

六、注释：采用脚注，全文连续注码，注码放标点之后，注码符号为"1、2、3、……"非引用原文者，注释前加"参见"；引用资料非原始出处者，注明"转引自"；数个注释引自同一资料者，可合并同注某。宋体小五号字。

注释示例如下：

＊ 本体例供作者参考，最终以出版社编排为准。

1. 著作类

（独著作品）史尚宽：《民法总论》，中国政法大学出版社2000年版，第19页、第22页。

（合著作品）崔建远、韩世远：《债权保障法律制度研究》，清华大学出版社2004年版，第10页。

（多人合著作品）蔡守秋等：《可持续发展与环境资源法制建设》，中国法制出版社2003年版，第214～216页。

（编辑作品）张文显主编：《法理学》，法律出版社2004年版，第65～67页。

2. 论文类

（期刊）俞荣根、刘霜：《立法助理制度述论》，载《法学杂志》2007年第2期。

（论文集）尹田：《论动产善意取得的理论基础及相关问题》，载梁慧星主编：《民商法论丛》（第29卷），法律出版社2004年版。

（学位论文）刘晓华：《私法上的信赖保护原则研究》，山东大学2013年博士学位论文。

3. 译作类

［英］亚当·斯密：《国富论》，唐日松等译，华夏出版社2005年版，第224页。

4. 报纸类

李希慧等：《"轻轻重重"应成为一项长期的刑事政策》，载《检察日报》2005年5月26日版。

5. 古籍类

《明太祖实录》卷二十六。

6. 辞书类

《牛津法律大辞典》，光明日报出版社1988年版，第68页。

7. 网络类

梁慧星：《关于中国物权法的起草》，载北大法律信息网，http://article.chinalawinfo.com/article/user/article_display.asp?ArticleID=29283，2009年8月8日访问。

8. 判决书类

最高人民法院:上海大智慧股份有限公司与冯某雄证券虚假陈述责任纠纷二审民事判决书,案号:(2018)沪民终28号,2018年9月17日。

9. 外文类

从该文种注释惯例。英文注释体例如下:

著作类:

Harold U. Faulkner, *American Economic History*, New York, Harper & Brothers Publishers, 1960, pp. 23 – 25.

论文类:

Gavin Goh & Andreas R. Iiegler, *Retrospective Remedies in the WTO after Automotive Leather*, Journal of International Economic Law, Vol. 6, 2003.

网络类:

Impact Exchange, *Impact Exchange Board Listing Guide: A Board of the Stock Exchange of Mauritius*, https://iixglobal. com/wp – content/uploads/2017/04/Impact_Exchange_Listing_Guide – 2017 – 1. pdf, visited May 4, 2017.